Bernkastel-Kueser Kriminalgeschichten

von

Jörg Matthias Braun

Zur Erinnerung
an meinen Schwiegervater
Georgios „Schorsch“ **Sairakis**

Bibliografische Information der Deutschen Nationalbibliothek: Die Deutsche Nationalbibliothek verzeichnet diese Publikation in der Deutschen Nationalbibliografie; detaillierte bibliografische Daten sind im Internet über dnb.dnb.de abrufbar.

Die automatisierte Analyse des Werkes, um daraus Informationen insbesondere über Muster,
Trends und Korrelationen gemäß §44b UrhG („Text und Data Mining") zu gewinnen, ist
untersagt.

Verlag: BoD · Books on Demand GmbH, Überseering 33, 22297 Hamburg, bod@bod.de

Druck: Libri Plureos GmbH, Friedensallee 273, 22763 Hamburg

ISBN: 978-3-7693-6829-1

Weitere Bücher desselben Autors

ISBN 978-3-86579-156-6

ISBN 978-3-7578450-8-7

ISBN 978-3-9825928-0-0

Inhaltsverzeichnis

Abbildungsverzeichnis

Tabellenverzeichnis

Vorwort

Das Moselstädtchen Bernkastel-Kues ist den meisten Lesern wohl wegen seiner gut erhaltenen mittelalterlichen Altstadt mit den schmucken Fachwerkhäusern und der schönen Lage an der Mittelmosel bekannt.

Aber wie überall wo Menschen zusammenleben haben sich auch hier im Laufe der Zeit größere bis schwerste Verbrechen — von Diebstahl, Amtsmissbrauch, Justizirrtum und -willkür, bis hin zu Mord und Totschlag — ereignet, über die in diesem Buch berichtet wird, um diese Ereignisse vor dem Vergessen zu bewahren.

Die einzelnen Fälle sind im Buch chronologisch angeordnet. Vereinzelt wurden sie früher schon vom Autor veröffentlicht, in diesem Buch aber durch neue Erkenntnisse ergänzt.

Manche Geschichten erschließen sich lediglich anhand von Zeitungsartikeln, in denen darüber berichtet wurde, während andere — wie zum Beispiel die Fälle Hirschling, Kagenbusch, Bildhauer und Klock — durch neue Funde in Archiven oder dem Internet in ein völlig neues Licht getaucht werden.

Jörg Matthias Braun im Mai 2025

Übersicht der im Buch behandelten Kriminalfälle

Die folgende Tabelle gibt eine Übersicht über alle in diesem Buch behandelten Kriminalfälle.

Kap.	Opfer	Täter	Verbrechen	Jahr(e)
1	Stadt Bernkastel	Bayerische Armee	Raub	1636
2	Kreiskasse Bernkastel	Johann Hirschling	Diebstahl	1832–1834
3	Lazar Ackermann	Unspezifisch	Erfrieren lassen	1847
4	Peter Joseph Coblenz und Consorten	Der Preußische Staat	Versuch des Umsturzes der Regierung	1848/49
5	Anna Conrad	Valentin Conrad & Frau	Verhungern lassen	1855
6	Stadt Bernkastel	Johann Meisterburg	Brandstiftung	1857
7	Stadt Bernkastel	Johann Peter Kagenbusch	Hochstapelei, Betrug	1857–1859
8	Margaretha Hilsamer	Eduard Simon	Falsche Anschuldigung	1877–1883
9	Johann Marx	NN May	Erstechen	1892
10	Franz Bildhauer	Stadt & Land Bernkastel	Amtsmißbrauch, Justizwillkür	1907–1929
11	Barbara & Katharina Herges	Peter Herges	Erschießen	1909
12	Der Pulverturm	Unbekannt	Brandstiftung	1921
13	Franz Klock	Heinrich Hoffmann	Erschießen	1930
14	NN Ulbrich & Sohn Emanuel	Hans Wilhelm Lippert	Erschlagen	1954

Tabelle 1: Übersicht der Kriminalfälle

Liste der Abkürzungen

alb	Albus (Weißpfennig)
Bern.	Bernkastel
Best.	Bestand
BGB	Bundesgesetzbuch
Bl.	Blatt
BZ	Bernkasteler Zeitung
c/a	contra, gegen
fl	florin (Gulden)
G	Geburtsakt
geb.	geboren(e)
gez.	gezeichnet (unterhalb eines Schriftstücks)
GStA PK	Geheimes Staatsarchiv Preußischer Kulturbesitz
H	Heiratsakt
KB	Kirchenbuch
kgl.	königlich
JMB	Jörg Matthias Braun
LHAK	Landeshauptarchiv Koblenz
Mk	Mark
Pfd	Pfund
RK	Roland Klinger
RM	Reichsmark
Rtl	Reichstaler
S	Sterbeakt
SA/BKS	Standesamt Bernkastel-Kues (ab 1905)
SA/BL	Standesamt Bernkastel-Land (ab 1858)
SA/BS	Standesamt Bernkastel-Stadt
SA/Tr	Standesamt Trier
s. g.	so genannt
Sgr	Silbergroschen
StGB	Strafgesetzbuch
S. v.	Sohn von
Thlr	Taler
TV	Trierischer Volksfreund
T. v.	Tochter von
v. g. u.	vorgelesen, genehmigt (und) unterzeichnet
ZPO	Zivilprozessordnung

1 Der Raub des Bernkasteler Ratssilbers

1.1 Neue archivalische Quellen

Über den Dreißigjährigen Krieg (1618–1648) und seine Auswirkungen auf die Stadt Bernkastel ist kaum etwas bekannt. Dies ist nicht zuletzt auf die spärliche Quellenlage zurückzuführen. Vieles wurde in diesem oder einem späteren Krieg zerstört, fiel Bränden zum Opfer oder wurde schlichtweg fahrlässig und unüberlegt entsorgt. Krämer schreibt hierzu:[1] „Im Stadt-Archiv Bernkastel-Kues befanden sich noch um 1840 nachweislich eine Reihe wichtiger Hexenprozeßakten aus den Jahren 1590–1630, die heute nicht mehr vorhanden sind, ohne daß die Stadtverwaltung weiß, wann und auf welche Weise sie verschwanden. Da sie bei Abgabe anderer Archivalien weder an das Stadtarchiv Koblenz noch an das Bistumsarchiv Trier gelangten, gewinnt ein Vermerk von Krudewig[2] zum Archiv der Stadt Bernkastel Bedeutung." — „Um 1900 soll unter dem Bürgermeister Kunz ein Wagen voll älterer Akten an einen Händler verkauft worden sein." [3]

Durch intensive Auswertung der wenigen Akten, die sich im Archiv der Stadt Bernkastel[4] aus der Zeit des Dreißigjährigen Krieges mit Informationen über denselben erhalten haben, konnten während der Arbeit an den neuen Stadtchroniken[5] von Bernkastel Kues viele neue Erkenntnisse aus der entsprechenden Zeit gewonnen werden, die im Folgenden vorgestellt werden. Bei den ausgewerteten Quellen handelt es sich um:

- Baumeisterrechnungen der Stadt Bernkastel 1634 – 1639 (LHAK 615, Nr. 237)
- Baumeisterrechnungen der Stadt Bernkastel 1641 – 1642 (LHAK 615, Nr. 238)
- Baumeisterrechnung der Stadt Bernkastel 1644 (LHAK 615, Nr. 239)
- Baumeisterrechnungen der Stadt Bernkastel 1648 – 1649 (LHAK 615, Nr. 240)
- Baumeisterrechnung der Stadt Bernkastel 1650 (LHAK 615, Nr. 241)
- Rechnungsbuch der Stadt Bernkastel 1634 – 1638 (LHAK 615, Nr. 273)

---

[1] [Krä59, S. 106].

[2] [Kru15].

[3] Möglicherweise ist auch der Bernkasteler Landrat Julius Wiethaus gemeint, der am 20. Juni 1858 in der „Bernkasteler Zeitung" eine Annonce schaltete, um 30 – 40 Zentner ausrangierte alte Akten an den Meistbietenden zu verkaufen!

[4] LHAK Bestand 615.

[5] [SB24a] — hier wurde in Kapitel 9.2 bereits über den Raub des Ratssilbers berichtet, [SB24c] und [SB24b].

1.2 Die Katholische Liga

In den Jahren 1608 und 1609 führten die Spannungen unter den deutschen Religionsparteien zur Bildung der protestantischen Union und der katholischen Liga[6] (in Bernkastel oft „Union" genannt). Diese benötigten zur Kriegsführung enorme Geldmengen. Marx schreibt:[7] „Bereits im Jahre 1609, als sich die katholischen Fürsten zu ihrer Selbstvertheidigung gegen die protestantische Union in der Liga verbunden haben, betrug der behufs der Rüstungen von Churtrier zu erlegende Geldbeitrag 99.000 Florin. Hurter[8] hat aus archivalischen Rechnungen in Wien zusammengestellt, was der 1618 ausgebrochene Krieg allein in den zwei Jahren 1624 und 1625 die katholischen Reichsstände gekostet hat; und hier ... ist das Churfürstenthum Trier mit 237.000 Florin aufgeführt."

1624 musste das Erzstift Trier die Summe von 106.232 Reichstalern aufnehmen, wovon das Amt Bernkastel — dazu gehörten die Stadt Bernkastel sowie die Dörfer Graach, Kues, Monzel und Osann[9] — einen Anteil von 4.725 Taler übernehmen musste.[10] An anderer Stelle ist von einer „eilenden Unionssteuer" die Rede, die im August 1624 allem Anschein nach so dringlich war, dass sie vom Trierer Kurfürsten beschlossen wurde, ohne dass vorher der Landtag zusammengekommen war und darüber abgestimmt hatte. Der Anteil des Amtes Bernkastel wird diesmal mit 3.000 Reichstaler respektive 6.750 florin angegeben.[11] Das Schriftstück („ein Zettel") stammte von der Hand des Johann Philipps, der sich von 1622 – 1629 als Stadtschreiber zu Bernkastel nachweisen lässt.[12] Der vom Amt Bernkastel aufzubringende Anteil an der genannten Steuer wurde bei folgenden Institutionen respektive Privatpersonen aufgenommen:

1. Dem Prälaten der Abtei St. Martin zu Trier — 1.175 fl

2. Dem Offizial Franz Peter [von Hagen zur Motten][13] — 625 fl

---

[6] Die Liga war das Bündnis katholischer Reichsstände vom 10. Juli 1609 zur Verteidigung des Landfriedens und der katholischen Religion, 1619 neu formiert, maßgeblich unter Führung Maximilians I. von Bayern zusammen mit spanischen und österreichischen Habsburgern an der Phase des Dreißigjährigen Krieges bis zum Prager Frieden (1635) beteiligt, danach erfolgte formell die Auflösung. Das bayerische Heer wurde Teil der Reichsarmada (https://www.30jaehrigerkrieg.de).

[7] [Mar59, S. 214].

[8] [Hur55, S. 73].

[9] LHAK 615, Nr. 273, Bild 1880.

[10] *In denen im Jahr 1624 zur Catholischer Union aufgenohmener 106.232 Rtl ist daß Ambt Berncastell Schuldigkeit 4.725 Rtl.* (LHAK 615, Nr. 273, Bild 1772r).

[11] *Daß Ambt BernCastel aus Befelch Ihrer Churf(ürstlichen) G(na)d(en) undt d(er) Landtschafften a(nn)o 1624 in Augusto zu Ablegung einer eilenden Unionsteur 3.000 Rr so thun ahn Current 6.750 fl* (LHAK 615, Nr. 273, pag. 238 (Bild 1902r)).

[12] [Bra21, Nr. 3354, S. 2397–2399].

[13] Franz Peter I. von Hagen (auch de la Haye) (* um 1575, †04.12.1629), 1598/99 – 1629 Propst von St. Simeon zu Trier, war ein Sohn des Philipp von Hagen. Seit Mai 1609 auch kurfürstlicher Rat und Offizial zu Trier. 1607, 1626, 1627 und 1629 Rektor der Universität Trier [Hey02, S. 770]. Dass es sich bei der Familie von Hagen um die Familie von Hagen zur Motten handelt, ergibt sich aus einem Vertrag vom 9. Dezember 1590, der auf Schloss Motten geschlossen wurde (LHAK Best. 54H, Nr. 1180-15). Ein weiterer Vertrag vom 2. Juli 1608 lautet:... 2) Franz Peter erhält alles Eigentum der Mutter zu Nauroy vor Metz ... (LHAK Best. 54H, Nr. 1213-c). Später erscheint Dr. jur. Johann Richard Krautheim als Schuldner dieser

3. Dem Herrn Siegeler — 1.250 fl

4. Den Karthäuserpatern [zu Trier oder Koblenz] — 400 fl

5. Herrn Bernhard Enkirch[14] (*Engkerich*) — 1.361 fl

6. Simon Kohl aus Bernkastel[15] — 1.088 fl

7. Salentin Ludovici[16], Rektor im Cusanus-Hospital — 450 fl

8. Barbara Arnoldt aus Kues — 451 fl.

Insgesamt ergeben die obigen Beträge die Summe von 6.800 florin, also etwas mehr als die zuvor genannten 6.750 fl. Daneben scheint sich das Amt Bernkastel auch bei dem ehemaligen Amtskellner Georg Mörtzer für die „Landschaft" 500 Goldgulden geliehen zu haben und später nochmals 6.000 florin. Diese Schulden schleppte das Amt Bernkastel noch 1662 größtenteils mit sich herum, wie eine Liste über die *assignirte Landtschafftliche Schuldten dem Ambt BernCastel 1662 nemblich die Gemeindt BernCastel, Grach, Cueß, Montzel undt Osan* beweist.[17] Dort sind als Kreditgeber genannt:

1. Der Herr Prälat zu St. Martin [zu Trier] — 500 Rtl

2. Die Herren Karthäuser — 177 Rtl 42 alb

3. Die Herren Dominikaner — 177 Rtl 42 alb

4. Das Hospital St. Nikolaus zu St. Simeon in Trier — 177 Rtl 42 alb

5. Georg Mörtzers Erben — 625 Rtl

6. Simon Kohl, nun das Cusanus-Hospital — 480 Rtl

7. Herr [Dr. Johann Richard] Krautheim[18] — 277 Rtl 42 alb

8. Herr Doktor [Heinrich Andreas] Schneidt zu Köln und Konsorten — 1.000 Rtl

9. Noch demselben 500 Königstaler — 555 Rtl 30 alb

10. Noch demselben — 500 Rtl.

Die genannten Beträge summieren sich zu einer Kreditsumme von insgesamt 9.661 florin auf, was hauptsächlich auf die — wohl nach 1624 — aufgenommenen Schulden bei den Herren Schneidt beziehungsweise Mörtzer zurückzuführen ist. Wendet man den Umrechnungskurs von 1 Rtl = 2,25 florin bei einem Reichstaler zu 54 albus an und betrachtet die originären

---

Position (siehe unten).

[14] Diese Schulden waren 1646 noch nicht getilgt, denn am 6. Dezember jenes Jahres erhielt Bernard Engkirch von der Stadt Bernkastel einen Betrag von 24 Reichstalern (oder 54 florin) zurückgezahlt (LHAK 615, Nr. 273, pag. 236 (Bild 1901r)).

[15] Er war insgesamt dreimal verheiratet, blieb jedoch kinderlos [Bra21, Nr. 2314, S. 1677–1679]. Er und seine dritte Ehefrau Angela Raup zahlten 1641 die Summe von 2.500 florin an das St.-Nikolaus-Hospital zu Kues, um dort als Pfründner aufgenommen zu werden [HG07, S. 136, Anm. 133].

[16] Er stammte aus Lieser und war seit 1623 Rektor des St.-Nikolaus-Hospitals in Kues. Er verstarb am 26. August 1624, also kurz nach Vergabe des genannten Kredites an das Amt Bernkastel [Sch81, S. 332].

[17] LHAK 615, Nr. 273, Bild 1880.

[18] Anno 1582 erhält *Rich(ardus) Crutemius, Treverens* den Titel des Bakkalaureus und 1583 den Titel des Magisters an der Trierer Artistenfakultät [Kei17, S. 72 und 74].

Schulden von 1624, so erkennt man, dass die 177 Rtl 42 alb der Karthäuserpater exakt den verliehen 400 Gulden entsprechen, d.h. das Amt Bernkastel hatte von diesem Schuldenposten seit 38 Jahren nichts getilgt (sondern vermutlich nur die jährlich fälligen Zinsen gezahlt). Gleiches galt für die 625 Gulden, die man beim Propst von St. Simeon aufgenommen hatte und nun den Erben des Dr. Krautheim schuldete. Die Schuldensumme bei Simon Kohl (respektive dem Cusanus-Hospital) hatte sich marginal von 1.088 auf 1.080 florin reduziert, bei dem Stift St. Martin stand man immer noch mit 1.125 von ursprünglich 1.175 Gulden „in der Kreide".

Eine saubere Buchführung gab es allerdings in den Zeiten des Dreißigjährigen Krieges nicht, wie der Stadtschreiber und Schöffe Nikolaus Gracher zugibt. In Bezug auf eine fehlende Quittung bezüglich des Krediets von Hagen/Krautheim schreibt er: „mißlich, weiln in dahsiger Zeit deß Kriechswesens, stetig Gelt ausgeben undt nit allemahl darüber richtiges protocol geführt wordten weder werdten können". Was die Verbuchung der durch den Stadtbaumeister, Stadtboten oder den ein oder anderen Stadtverordneten ausgegebenen oder eingenommenen Geldbeträge angeht, schreibt er, dass „nuhn ein od(er) ander ... deren Verzeichnußen, wan die Rechnung(en) gehaltten, verlegt wordten etc." [19]

1.3 Zeitliche Anwesenheit der verschiedenen Truppen

In diesem Abschnitt soll für die Jahre 1635 bis 1638 versucht werden, die für die Stadt Bernkastel wichtigen Kriegsereignisse aufzulisten. Des Weiteren werden die dort stationierten Truppen chronologisch aufgeführt. Die Genauigkeit dieser Aussage ist vor allem davon abhängig, die genannten Soldaten und ihre Zugehörigkeit zu einer der beiden Parteien zu identifizieren. Insbesondere bei gewöhnlichen Nachnamen gestaltete sich dies schwierig. Außerdem können zwei Träger eines solchen Namens zur selben Zeit bei den konkurrierenden Religionsparteien im Dienst gestanden haben, was die Zuordnung umso mehr erschwert. Grundsätzlich lässt sich sagen, dass in der Stadt Bernkastel, in der — abgesehen von ein paar Juden — ausschließlich Katholiken wohnten, überwiegend (kaiserliche, lothringische, spanische) Truppen der Katholischen Liga stationiert waren. Wie das später folgende Beispiel des geraubten Ratssilbers zeigt, waren diese Truppen jedoch längst nicht als Freunde zu betrachten, nur weil sie für dieselbe Konfession ins Feld zogen!

Für die Jahre 1635 und 1636 gab es folgende Winterquartiere in der Stadt Bernkastel:[20]

- 1635 – Bayerisches Winterquartier[21]
- 1636 – Haußmannische (d.h. bayerische) Einquartierung[22]

---

[19] LHAK 615, Nr. 273, Bild 1889 vom 25. September 1672.

[20] LHAK Best. 615, Nr. 273.

[21] Am 11. Juni 1636 leiht Heinrich Stamph, Schultheiß zu Koblenz, der Stadt Bernkastel 337 Reichstaler, um damit einen Teil der Verbindlichkeiten aus dem diesjährigen Bayerischen Winterquartier zu begleichen.

[22] Die Haußmannische Armee war wohl bis zum 31. Mai 1636 in Bernkastel einquartiert, wie eine Notiz vom 21. August desselben Jahres andeutet.

Datum	Ereignis
26. März 1635	Die Spanier unter dem General Graf von Emden überrumpeln die Stadt Trier und nehmen den Kurfürsten Philipp Christoph von Sötern unter persönlicher Mitwirkung des Trierer Domherrn und spanischen Obersten Karl von Metternich ... in seinem Palast gefangen.[23]
März/April 1635	Der französische Kommandant la Rose räumt das Schloss Bernkastel.
2. April 1635	Johann Gerhard [oder Karl? von] Metternich erlässt Order nach Bernkastel, das Schloss durch Schützen sorgfältig bewachen zu lassen. Zum Kommandanten des Schlosses wird Franz Osorius, Bürger von Bernkastel ernannt.
20. Mai 1635	Franz Osorius scheitert[24] bei dem Versuch, das Bernkasteler Schloss einzunehmen. Er wird im Rathaus eingekerkert. Möglicherweise hatte der französische Kommandant la Rose damals die Stadt besetzt (siehe April 1635).
18. Juni 1635	In der Nacht wird die Stadt Trarbach [von kaiserlichen und spanischen Truppen] überrumpelt und die schwache schwedische Besatzung der Grevenburg ... lässt schließlich die Feinde sogar in die Festung ein ... Die Belagerung hatte immerhin 6 – 8 Wochen in Anspruch genommen.[25]
24. August 1635	Der Obrist Haußmann erobert mit seinen Soldaten die Stadt Bernkastel und das Bernkasteler Schloss (die Burg Landshut) — wohl von den Franzosen.
Winter 1635	Die bayerischen Truppen liegen im Winterquartier zu Bernkastel.
1636	Vermutlich das ganze Jahr über sind kurbayerische Soldaten in der Stadt stationiert.
11. Juni 1636	Heinrich Stampf, Schultheiß zu Koblenz, überlässt der Stadt Bernkastel 5 Fuder Wein für Herrn Schütz, Generalkommissar der im Erzstift Trier einquartierten kurbayerischen Armee, wofür ihm die Stadt 337 Reichstaler schuldet.
9. Nov. 1636	Der kurbayerische Kriegskommissar Pittinger ist in Bernkastel, um rückständige Kontributionen einzufordern.
20. Nov. 1636	**Der bayerische Kriegskommissar Pittinger lässt das Ratssilber der Stadt Bernkastel sowie Kontributionsgelder nach Bayern bringen.**
Winter 1636	Die bayerischen Truppen liegen abermals im Winterquartier zu Bernkastel.
1637	Vermutlich das ganze Jahr über sind kurbayerische Soldaten in der Stadt stationiert.
Frühjahr 1638	Weiterhin sind bayerische oder kaiserliche Truppen in Bernkastel stationiert.

Tabelle 2: Truppen, die sich während des Dreißigjährigen Krieges in Bernkastel aufhielten

---

[23] [Chr18].

[24] Das bedeutet, dass la Rose entweder im April noch nicht abgezogen war (was wiederum der Aussage widerspricht, dass Osorius am 2. April bereits Kommandant des Schlosses war) oder zwischen Anfang April und 20. Mai hatten die Franzosen das Bernkasteler Schloss wieder zurückerobert!

[25] Zu Hermann Fortunat, der als Oberst die ganze Operation leitete, stieß außer dem kaiserlichen Regiment Coloredo von Trier her auch noch das spanische Regiment [Karl von] Metternich, das mit einer zügellosen Wildheit alle offenen Orte an der Mosel ausplünderte und auch auf den Hunsrück schweifte [Chr18].

1.4 Das Bernkasteler Ratssilber

Eine der interessantesten Informationen aus den ausgewerteten Akten der Stadt Bernkastel bezieht sich auf das Ratssilber und stammt circa vom 20. November 1636.

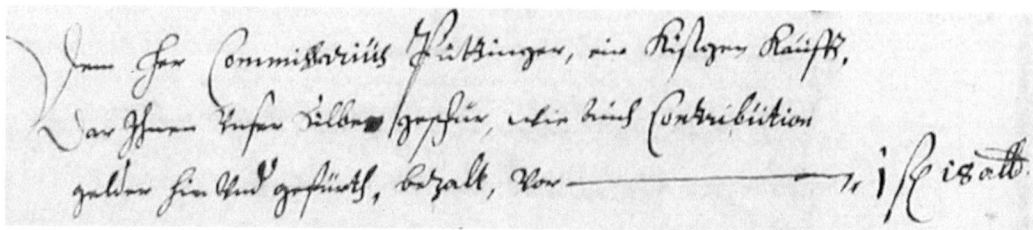

Abb. 1: Meldung über das Bernkasteler Ratssilber vom November 1636

Die Transkription lautet: *Dem Her Commissarius Püttinger, ein Kistgen kaufft, darlhnen unser Silbergeschür, wie auch Contributiongelder hinund(er) gefürth, bezalt, vor 1 fl 18 alb.*[26]

Man kaufte demnach eine kleine Holzkiste, in der das Bernkasteler Ratssilber sowie Kontributionsgelder „hinunter" nach Bayern gebracht werden konnten. Die Bayerischen Truppen waren — genau wie die Stadt Bernkastel auch — katholisch, was jedoch allem Anschein nach nicht dazu führte, dass sie als „Freunde" kamen, sondern sich bei den Städten in denen sie ihr Quartier aufschlugen und an der dortigen Bevölkerung schadlos hielten und bereicherten. Dazu passt auch die oben genannte Tatsache, dass der bayerische Obrist Hausmann im September 1635 — keine drei Wochen nach der Einnahme des Bernkasteler Schlosses — der Stadt bereits Geldforderungen vorlegte.

Die bayerischen Truppen unter dem Kriegskommissar Pittinger fielen auch später dadurch unangenehm auf, dass sie die Städte, in denen sie einquartiert waren, übervorteilten, wie der folgende Vorfall schildert, der sich 1639 an der Donau ereignete: „Auch Höchstädt und Gundelfingen hatten in diesen Monaten viel Volk im Quartier. Mitte März [1639] trat eine Erleichterung ein. ... Die Haslang'sche Kompagnie wurde nach Günzburg verlegt und von dort Hauptmann Reischl mit seiner Kompagnie nach Lauingen beordert. Die Stadt machte dabei schlechte Geschäfte, denn sie hatte infolge dieses Tausches, gegen den sie sich mit Recht, aber vergeblich gesträubt hatte, monatlich 500 – 600 fl. Mehrauslagen. Beim Auszuge verlangten die Haslang'schen Offiziere auch noch den Sold vom 1.–15. Januar, im Betrag von 337 fl. 45 kr., obwohl sie um diese Zeit gar nicht in Lauingen gewesen waren. Die Sache wurde später zu Gunsten der Stadt entschieden. Auch in Höchstädt hatte Oberst von Löwenstein sich derartige Überforderungen zu Schulden kommen lassen. Kriegs-Commissarius Alexander Pittinger erhielt deshalb vom Kurfürsten Maximilian einen strengen Verweis, weil es seine Pflicht gewesen wäre, diese Missbräuche abzustellen."[27]

---

[26] LHAK Best. 615, Nr. 237, Bild 67l.
[27] https://www.30jaehrigerkrieg.de/pittinger-puttinger-alexander/

Durch diesen Raub des Bernkasteler Ratssilbers klärt sich auch die Inschrift in dem ältesten noch erhaltenen Pokal des Ratssilbers, den man 1636 anscheinend noch rechtzeitig in Sicherheit bringen konnte und von dem es heute (mindestens) noch eine weitere Kopie gibt (siehe Abbildung 2). Möglich — beim Verhalten der bayerischen Truppen aber eher undenkbar — wäre auch, dass man seitens der Soldateska der Stadt Bernkastel einen Pokal übrigließ. Ein kleiner Vermerk in den Ausgaben der Stadt Bernkastel von 1636 über eine unscheinbare Holzkiste bringt somit Licht ins Dunkel was die Inschrift auf dem noch erhaltenen Pokal betrifft.

Abb. 2: Zwei unterschiedliche Exemplare des Pokals von 1636 (JMB 2021)

Abb. 3: Bär mit Stadtwappen (Pokal 1, JMB 2021)

Abb. 4: Bär mit Stadtwappen (Pokal 2, JMB 2021)

Hans Vogts schreibt über diesen ältesten Pokal:[28] „Auf rundem Fuß mit sechs Buckeln er-
hebt sich ein schlanker Schaft mit Nodus; Kelch von Birnform mit Buckeln und getriebenem
Rankenwerk; Deckel mit sechs Buckeln und Zinnenknauf; als Bekrönung ein Bär, der das
Stadtwappen trägt, das von dem sonst überlieferten abweicht (quergeteilter Schild, oben
Kreuz und Schlüssel, darunter ein Bär).
Auf dem unteren Deckelrand die Inschrift: ICH BIN DAS EINTZIG TRINKGESCHIRR
WELCHS IM BAYRSCHEN HAUPTSTABS-QUARTIER ZUR GEDECHTNUS
HINDERHALTEN HAT SCHULTHEIS UND SCHEFFEN IN DER STAT. 1636. ALS
AMBTMAN WAR PHIL. + AGUS: H. ZU ELTZ. KELNER HEN: SPRUNCKER.
SCHEFFEN JAK: KNOD. ADAM BOHN. MATH + RAUPH. FRID: STEPHANI
UND VON ... ORBEN. HANS GEORG KREMER UND PETRUS ADENAW.
Im Deckel die Inschrift: ERNEUERT AO 1649 ALS AMBTMAN JOHANN WOLF VON
KESSTAT. KELN. S. BLASIUS SCH. JO. HETZRODT UND ZUKOMNE SCHEF-
FEN P. KAUT. NIC. MONZI (?) NIC. GRACHER. Am Becher Kölner Beschau und die
Marke; am Deckel die Marke mit gekreuzten Schwertern und den Buchstaben I (oder N) P
über A G, 31 cm hoch"

Die korrekte Inschrift — man bemerke die vertauschten Zeilen 3 und 4 sowie den Paarreim
der ersten vier Zeilen — lautet:

ICH BIN DAS EINTZIG TRINCKGESCHIER
WELCHS IM BEYRSCHEN HAUBTSTABSQUARTIER
SCULTHEIS UND SCHEFFEN IN DER STAT.
1636. ZUR GEDACHTNUS HINDERHALTEN HAT
ALS AMBTMAN WAR PHIL. + AUGUS: H. ZU ELTZ. KELNER HEN:
SPRUNCKER. SCHEFFEN IAC: KNOD. ADAM BOHN. MATH + RAUPH.
FRID: STEPHANI
UND V[ORVERSTO]RBEN. HANS GORG KREMER UND PETRUS ADENAW.

Abbildung 5 zeigt die im Original dreizeilige Umschrift auf dem unteren Deckelrand des
Pokals, die zur besseren Lesbarkeit „aufgeschnitten", halbiert und jeweils versetzt zueinander
gesetzt die korrekte Reihenfolge der Inschrift wiedergibt.

Abb. 5: Inschrift auf dem Rand des Pokals von 1636 (JMB 2021)

---

[28] [Vog35, S. 79–80].

Die Inschrift im Deckel lautet (siehe Abbildung 6):

ERNEWERT AO 1649 ALS AMBTMAN H. IOHAN WOLF VON KESSTAT.
KELN. S. BLASIUS SCH. IO. HETZRAT
UND ZUKOMNE SCHEFFEN
R. KAUT. NIC. MONR. NIC. GRACHER.

Abb. 6: Inschrift im Deckel des Pokals von 1636 (JMB 2021)

1.5 Auf dem Pokal genannte Personen

Die meisten Daten über die genannten Personen wurden dem *Einwohnerbuch Bernkastel* entnommen.[29] Folgende Personen sind (in alphabetischer Reihenfolge) auf dem Rand des Pokals genannt:

1. Peter Adenau (* um 1565 Metternich, † zwischen 27. September 1635 und 31. Dezember 1638), Zender, Gerichtsschöffe.

2. Adam Bohn (* um 1591 Bernkastel, † 15. März 1659 Bernkastel), Send- und Gerichtsschöffe, Almosenpfleger, Spitalsmeister.

3. Philipp Augustin von Eltz (* um 1580, † 24. August 1648 Bernkastel), Amtmann, Statthalter, Domherr.

4. Jakob Knodt (* ? um 1585, † vermutlich nach 1. Januar 1641), Gerichtsschöffe.

5. Johann Georg Krämer (* um 1575 Bernkastel, † zwischen 27. September 1635 und 31. Dezember 1635), Send- und Gerichtsschöffe, Stadt- und Gerichtsschreiber.

6. Matthias Raup (* um 1585 Bernkastel, † zwischen 19. Januar 1637 und 31. Dezember 1638), Gerichtsschöffe.

7. Heinrich Spruncker (* um 1585, † zwischen 8. August 1635 und 31. Dezember 1641), Amtskellner.

8. Friedrich Stephani (* um 1595 Bernkastel, † 15. Juni 1664 Bernkastel), Send- und Gerichtsschöffe.

Folgende Personen sind (in alphabetischer Reihenfolge) im Deckel des Pokals genannt:

1. Stephan Blasius (* um 1590, † 18. Februar 1667 Bernkastel), Schultheiß, Amtskellner, Gerichtsschöffe, Notar.

2. Nikolaus Gracher (*28. Februar 1609 Bernkastel, † 27. Oktober 1687 Bernkastel), Send- und Gerichtsschöffe, Stadt- und Gerichtsschreiber.

3. Johann Hetzerath (* um 1605 Hetzerath, † 15. November 1688 Bernkastel), Schultheiß, Zender, Sendschöffe.

4. Rupert Kaut (* um 1585 Wittlich, † 15. November 1665 Bernkastel), Schöffe.

5. Johann Wolfgang von Kesselstatt (* 1603, † 17. November 1667 Bernkastel), Amtmann, Obervogt.

6. Nikolaus Monreal (* ? um 1600, † zwischen 17. April 1668 und 16. Mai 1669), Amtmann, Vogt, Gerichtsschöffe, Stadtrat.

---

[29] [Bra21]. Weitere verwendete Quelle: [Bra13].

2 Leben, Flucht und Tod des Kreiskassenrendanten Johann Hirschling

2.1 Anstellung im Regierungsbezirk Trier

Wie aus weiter unten zitierten Akten hervorgeht, wurde Johann Hirschling im Jahr 1814 im Regierungsbezirk Trier amtlich angestellt — wo genau und in welcher Funktion konnte bisher nicht ermittelt werden.[30] Am 4. Dezember 1817 erscheint „der Herr Johann Herschling, Rendant der Kreißcasse zu Berncastel, alda wohnhaft" vor dem königlichen Notar Karl Philipp Doufner zu Mülheim an der Mosel und erklärt, dass Herr Anton Cetto, Gutsbesitzer zu Bernkastel, als Bürge für die von Hirschling als Sicherheit für sein Amt zu stellende Kaution von 2.000 Talern haftet.[31] Drei Monate später, am 21. März 1818, begegnet uns Johann Hirschling, königlicher Rendant, 42 Jahre alt, wohnhaft zu Bernkastel, als Zeuge im standesamtlichen Geburtsakt von Otto Franz, Sohn des oben genannten Bürgen Anton Cetto, Bürgermeister zu Bernkastel, und dessen Ehefrau Susanna Karicht, abermals in der Moselstadt.[32]

Abb. 7: Unterschrift des J. Hirschling vom 21. März 1818

---

[30] Diese Geschichte wurde zuerst veröffentlicht unter dem Titel „Leben, Flucht und Tod des Johann Hirschling" in [Bra22].

[31] LHAK Best. 587,35, Akte 36, Nr. 156.

[32] SA/BS G 1818/40.

Am 18. Mai 1818 stellt Hirschling vor dem Notar Doufner eine weitere Dienstkaution von 2.000 Talern, diesmal mit Franz Joseph Walter, Steuereinnehmer zu Lieser, als Bürgen.[33] Unklar ist, ob es sich dabei um weitere 2.000 Taler handelte oder ob der bisherige Bürge Cetto durch Walter ersetzt wurde. Am 23. Juni 1823 muss Johann Hirschling als Rendant der königlichen Kreiskassen von Berncastel und Wittlich abermals eine Dienstkaution stellen, diesmal 3.000 Taler, wofür Herr Nikolaus Recking, Eigentümer zu Lieser, als Bürge liegende Güter zur Absicherung der Summe zur Verfügung stellt.[34]

2.2 Lebenslauf

Über das Leben des Johann Hirschling erfahren wir aus einem Schreiben, welches er am 26. Mai 1819 an den Prokurator Nikolaus Grell zu Trier sandte und in dem er nach einem Dispens für seine beabsichtigte Heirat ersuchte, da er die erforderliche Geburtsurkunde nicht vorweisen konnte. Das dreiseitige Schreiben, welches dem Heiratsakt[35] im Buch vorangeheftet ist, lautet:

> *S(ein)e Hochwohlgebohrn dem königlichen Staats Prokurator Hern Crell zu Trier.*
>
> *Berncastel den 26$^{t(en)}$ Maii 1819, Dispens zur Heuyrath betrefend.*
>
> *Im Jahre 1775 wurde mein in Oesterreichisch kaiserlichen Militärdiensten gestanden Vater Josef Hirschling von Freyburg im Breisgau zu der in Mähren aufgestellt gewesener Armee beordert. Während dieser Reiße durch das Tyroll wurde ich von meiner Mutter gebohren und einer Seugamme bis zur Rückkunft meiner Eltern übergeben. In dem Jahre 1788^{36} erfolgte neuer Ruf für meinen Vater nach Hungarn^{37} zu der Armee gegen die Tirken, woselbst derselbe an einer Wunde, meine Mutter hingegen an einer in Servien^{38} herschend(en) Nerwenkranckheit das zeitliche mit dem ewigen verwechselten, folglich ich als Kind von 13 Jahren ohne Eltern mit dem wenigen was mir diese hinterließen, meine Ausbildung und das Fortkomen in der Welt suchen mußte. Ich hatte zwar meinen von einem Regiements=Capelan ausgestelten Taufschein stets bei mir, welcher mir jedoch nebst meiner Bagage bei der Rußischen Armee, wo ich als Sekretär bei der Armeekriegespolizeidirection gestanden in dem Hauptquartier zu Basel^{39} entwendet wurde.*

---

[33] LHAK, Best. 587,35, Akte 37, Nr. 95.

[34] LHAK, Best. 587,35, Akte 42, Nr. 118.

[35] SA/BS H 1819/25.

[36] Hierbei handelte es sich um den zweiten Russisch-Österreichischen Türkenkrieg (1787–1792). Ursache war die Annexion der Krim durch die russische Kaiserin Katharina II. (freundlicher Hinweis von Tobias A. Kemper, Alfter).

[37] Ungarn

[38] Serbien

[39] Ende 1813 rückten 130.000 russische und österreichische Soldaten in die Schweiz ein. Zeitweise hatten Kaiser Alexander von Russland, Kaiser Franz von Österreich und König Friedrich Wilhelm III. von Preußen ihr Hauptquartier in Basel. Napoleon wurde besiegt und auf die Insel Elba verbannt (www.kapomuck.ch/tag/hauptquartier-in-basel) (freundlicher Hinweis von Tobias A. Kemper).

S(ein)e Excellenz der hochverehrte Staatsminister Baron von Stein gaben die Bestimung in die hießige Rheinprovinzen, nachdeme ich zuvor durch Hochdenselben von der rußischen Armee die Entlasung erhielt. Den Todenschein meiner Eltern aus Servien beizubringen, wie nicht minder den Taufschein, ist mir in diesem Momente nicht möglich, weil mir unbekannt ist, von welchem militärischen Regimentsgeistlichen meine Eltern beerdigt und so auch bei dem Durchzug der Armee in Tyroll ich getauft seyn mochte. Auch glaubte ich nicht diese Documente irgendwie nöthig zu haben.

Da ich aber gegenwertig ein armes aber gutes Mägten[40] Franziska Weinem von Bernkastel, dessen Vater seit 15 Jahre todt, die Mutter Katharina Weinem gebohrne Bas[t]gen noch am Leben ist, zu heurathen gedenke, wolte ich hiermit Euer Hochwohlgebohren gehorsam bitten von der Beibringung des Todtenscheins meiner Eltern so wie auch meines Taufscheins aus vorerwähnten Gründen mich hochgefälligst dispensiren, und den in dem französischen Geseze für diese Fälle beim Ausländern aufgestelten Nachtrag auch mir geneigtest willfahren zu wollen.

Der geneigten Willfahrung entgegen sehend habe die Ehre mit besonder Hochachtung zu seyn.

Euer Hochwohlgebohren ergebenster Diener Joh(ann) Hirschling, Kreiß=Einnehmer.

Den eigenen Angaben zufolge war Johann Hirschling demnach in Tirol geboren worden (und aufgewachsen), nachdem sein Vater Joseph als Angehöriger des Österreichisch-kaiserlichen Militärs von Freiburg im Breisgau nach Mähren versetzt wurde. Im Alter von dreizehn Jahren verstarben seine Eltern — der Vater an einer Wunde, die er sich in Ungarn zugezogen hatte, die Mutter an einer „Nervenkrankheit" [41], die sie in Serbien ereilt hatte. Johann Hirschling war demnach Vollwaise, was zur damaligen Zeit fast gleichbedeutend mit sozialem Abstieg war. Wie er schreibt, musste er seine Ausbildung und seinen Unterhalt von dem Wenigen bestreiten, das ihm seine Eltern hinterlassen hatten. Es scheint auch vorstellbar, dass er selbst weiterhin Kontakt zum Militär hielt, die ihm bei seiner Ausbildung förderlich waren. Zumindest war er selbst vor seinem Wechsel in die Position eines Kreiskassenrendanten nach Bernkastel bei der russischen Armee in Basel als Sekretär angestellt.

Die Schilderung der Lebensgeschichte scheint für den Prokurator Grell plausibel gewesen zu sein, denn nur zwei Tage später, am 28. Mai erteilte er zu Trier die beantragte Heiratsgenehmigung.

2.3 Ehevertrag

Am 6. Juni 1819 schlossen Johann Hirschling und seine Braut Franziska Weinem vor dem Notar Doufner folgenden Ehevertrag:[42]

---

[40] Mädchen
[41] Womöglich handelte es sich um eine Infektionskrankheit.
[42] LHAK, Best. 587,35, Akte 38, Nr. 96.

Heute den sechsten Juny achtzehnhundert neunzehn vor mir Carl Philipp Douf-
ner königlich preußischer Notar wohnhaft in Mülheim, Bezirk des Kreisgerichtes von
Trier und unterschriebenen Zeugen waren gegenwärtig Herr Johann Hirschling Kreis-
Rendant wohnhaft zu Berncastel und die Jun[g]fer Franciska Weynam ohne Gewerb
wohnhaft in besagtem Bernkastel, welche, um die eheliche Rechte ihrer zukünftigen
Ehe zu reguliren, folgendes zu ihrem Heurats-Contract festsetzen:
1. Solle zwischen ihnen Gemeinschaft der Güter bestehen.
2. Sollten aus ihrer Ehe Kinder erzeuget werden, so ist ihre Bestimmung, daß das
letztlebende Ehegemach von dem Erstverstorbenen seiner Hinterlassenschaft die
lebenslängliche Leibzucht zu genießen hat, und die Kinder nichts als mit Bewilligung
des Letztlebenden oder nach dessen Tod auf die Herausgab des ihnen zuerfallenen
Eigenthums Anspruch machen können.
3. Sollten keine Kinder aus ihrer ehelichen Verbindung erzeuget werden, so ist ihr
Wille, daß dem Längstlebenden von Ihnen die ganze Hinterlassenschaft des Erstver-
storbenen, sie bestehe in liegenden Gütern oder Möblen(?) zu einem unwiederrufli-
chen Eigenthum bleiben solle.

Abb. 8: Unterschriften der Brautleute Hirschling–Weinem vom 6. Juni 1819

2.4 Heirat und eigene Familie

Drei Tage nach dem Ehevertrag heirateten am 9. Juni auf dem Standesamt Bernkastel:[43]

Einerseits Johann Hirschling, Kreiskassenrendant, 40 Jahre alt, geboren im Oestrei-
chen, wohnhaft zu Bernkastel, Sohn der verstorbenen Eheleute Joseph Hirschling,
Stabs-Lieutenant im Oesterreichen, und Anna Maria Freyberg. Andererseits die
Jungfer Franziska Weinem, 21 Jahre alt, geboren und wohnhaft zu Bernkastel,
Tochter des verstorbenen Franz Joseph Weinem, Schlosser, zuletzt wohnhaft zu
Bernkastel, und der noch lebenden Catharina Bastgen, gegenwärtig und in die Ehe
einwilligend.
Als Zeugen fungieren:
- Johann Friedrich Budingen, Kreiskassencontrolleur, 30 Jahre alt,
- Claudius Niederehe, Gerichtsschreiber, 38 Jahre alt,
- Carlo Brachetty, Rendant-Both[44], 49 Jahre alt,

---

[43] SA/BS H 1819/25.
[44] Bote

    - *Johann Adam Hansen, Eigenthümer, 66 Jahre alt,*
    alle Zeugen wohnhaft zu Bernkastel.

Im Heiratsakt wird auch der Name von Hirschlings Mutter genannt: Anna Maria Freyberg. Seine Braut Catharina Franziska Weinem stammte aus Bernkastel, war 20 Jahre alt[45] und damit nicht einmal halb so alt wie ihr Bräutigam. Ihr Vater war vor 12 Jahren verstorben, die Mutter lebte noch. Da nur fünf Monate später bereits der erste Sohn zur Welt kam, kann man von einer „Muss-Ehe" aufgrund einer Schwangerschaft ausgehen. Am 7. November 1819 wurde auf dem Standesamt die Geburt von *Heinrich Karl Hermann, Sohn von Johann Hirschling, Kreiskassenrendant, 40 Jahre alt, wohnhaft zu Bernkastel* angezeigt.[46] Zeugen waren wie schon bei der Heirat zwei städtische Bedienstete: der Feldschütz Nikolaus Grube, sowie der Schreiber Johann Pleins. Das Familienglück war jedoch nur von kurzer Dauer, denn bereits am 5. Februar 1820 verstarb der Säugling nur 13 Wochen nach seiner Geburt.

Zwei Jahre später, am 7. März 1822, kam der zweite Sohn *Eduard Wilhelm Johann Evangelist* zur Welt.[47] Zeugen im standesamtlichen Geburtsakt waren *Johann Friedrich Jakob Budinger (königlicher Kaßen-Controlleur, 32 Jahre alt)* und *Karl Brachetty* (Eigentümer, 52 Jahre alt), beide wohnhaft zu Bernkastel.

In den folgenden Jahren trat Johann Hirschling in Bernkastel und Umgebung selten in Erscheinung, zumindest wurden bisher kaum Angaben hierüber gefunden. Am 2. Juli 1822 ist *Johann Hirschling, Kreiskassenrendant, 44 Jahre alt, wohnhaft zu Bernkastel* Zeuge im standesamtlichen Heiratsakt von Friedrich Wilhelm Ferdinand von Renzel, Zollbeamter, und Carolina Viktoria Angelika Douez.[48] Am 19. November 1828 ist seine Ehefrau *Franziska Catharina Hirschling geborene Weinen* Taufpatin von Franziska Catharina Lohmeier, Tochter von Karl Heinrich Lohmeyer, königlicher Kreissekretär, wohnhaft zu Bernkastel, und Sophia Ebentheur.[49] Am 14. Oktober 1829 wird Johann Hirschling, Rentschreiber zu Bernkastel als Taufpate von Johann Nikolaus Franz, Sohn von Franz Ludwig Fuchs, Bürgermeister zu Kinheim, und Friederika Elisabeth Marx genannt.[50] Insgesamt hat es den Anschein, dass Johann Hirschling wenig Kontakt zur einheimischen Bevölkerung gefunden hatte. Selbst am 11. Juli 1829 bei der standesamtlichen Heirat seiner Schwägerin Genoveva Weinem, die mit Franz Michael Petry sogar einen Schreiber heiratete, mit dem Hirschling aufgrund seiner Funktion gut bekannt gewesen sein dürfte, wird er nicht unter den vier Trauzeugen genannt.[51] Jedoch war er am 10. Dezember 1829 (als Johann Hirschling, *'circuli receptor'* [= Kreis(steuer)einnehmer] zu Bernkastel) Taufpate seines Neffen Johann Petri, des erstgeborenen Sohnes aus der vorgenannten Ehe.[52]

---

[45] Sie wurde am 29. Januar 1799 in ihrem Elternhaus in der Römergasse zu Bernkastel geboren [Bra21].
[46] SA/BS G 1819/162.
[47] SA/BS G 1822/45.
[48] SA/BS H 1822/24.
[49] KB Bern 3/38/6.
[50] [OS01, Nr. 400].
[51] SA/BS H 1829/37.
[52] KB Bern 3/51/3.

2.5 Griff in die Kasse und Flucht

Zwei Jahre später geschah etwas Ungeheuerliches — Johann Hirschling hatte einen großen Geldbetrag aus der ihm anvertrauten Kasse entwendet und war auf der Flucht. Er wurde im ganzen Gebiet des Königreiches Preußen steckbrieflich gesucht. Beispielsweise heißt es im Amtsblatt der Königlichen Regierung zu Düsseldorf 1832:

> *Sicherheits-Polizei (Steckbrief wider den Kreis-Kassen-Rendanten Johann Hirschling zu Bernkastel).*
> *Der Kreis-Kassen-Rendant Johann Hirschling zu Bernkastel, dessen Signalement[53] hierunten folgt, hat eine bedeutende Summe aus der ihm anvertrauten Staats-Kasse entnommen und sich eines ansehnlichen Kassendefekts schuldig gemacht, diesemnächst aber sich auf flüchtigen Fuß, angeblich nach St. Petersburg, gesetzt. Alle Behörden des In- und Auslandes werden ergebenst ersucht, den Flüchtigen anzuhalten und davon dem Unterzeichneten Nachricht zu geben.*
> *Trier, den 30. Dezember 1831.*
> *Der Ober-Prokurator beim Königl(ich) Preuß(ischen) Landgerichte: Heintzmann.*

> *Signalement des wegen Kassendefekts auf flüchtigem Fuße sich befindenden, bisherigen Königl(ich) Preuß(ischen) Kreis-Einnehmers Hirschling von Bernkastel, im Großherzogthum Niederrhein.*
> *Name Hirschling, Johann; Stand, Kreis-Kassen-Rendant; Vaterland, Tirol; Ort des gewöhnlichen Aufenthalts, Bernkastel; Religion katholisch; Alter 60 Jahre ungefähr; Größe 5 Fuß 4 Zoll; Haare wenig, dunkelbraun; Stirn platt; Augenbrauen dunkelbraun; Nase aufgeschürzt, ungewöhnlich große Naselöcher; Mund groß; Zähne gut; Bart dunkelbraun, Kinn oval; Gesicht breit, voll, gelblich; Gesichtsfarbe gesund.*
> *Besondere Zeichen: starker untersetzter Statur, schnupft sehr stark, hat auf dem Vorder-Kopfe gar keine Haare, streicht solche von hinten zur Stirne, vermittelst eines Kammes, den er gewöhnlich im Haar trägt; spricht deutsch (Tiroler Dialekt), polnisch und russisch.*

Dieser Steckbrief wurde unter anderem von folgenden preußischen Regierungen veröffentlicht: Düsseldorf, Erfurt, Köln, Königsberg, Merseburg, Stettin und Stralsund.

Ob sich Johann Hirschling wirklich nach Sankt Petersburg absetzte, konnte zunächst nicht ermittelt werden. Am 27. Juli 1834 verstarb zu Preßburg (der heutigen slowenischen Hauptstadt Bratislava) ein H(er)r Johann Hirschling, Wirthschaftsmann, k(atholisch), alt 57 J(ahre), an Verhärtung der Unterleibseingeweide.[54]

Auch hierbei war zunächst unklar, ob es sich um den gesuchten Kreiskassenrendanten aus Bernkastel handeln könnte. Wenigstens passte das Alter ungefähr zu dem Geburtsdatum 1775. Auch eine Suche im Standesamt Bernkastel nach einem Sterbedatum der Ehefrau und des zweiten Sohnes des Johann Hirschling brachte bis Ende 2020 keinen Erfolg. Im ersten

---

[53] Steckbrief, Personenbeschreibung.
[54] Preßburger Zeitung 1834, S. 866 (siehe Abbildung 9).

Geſtorbene zu Preßburg. — July 1834.

...

27. Hr. Johann Hirſchling, Wirthſchaftsmann, K. alt 57J., an Verhärtung der Unterleibseingeweide.

Abb. 9: Sterbeanzeige von Joh. Hirschling in der Preßburger Zeitung vom Juli 1834

Aufsatz von 2018 nahm der Autor dies als ein Indiz dafür an, dass die beiden zusammen mit Hirschling die Flucht angetreten haben könnten.

Eine routinemäßige Suche in google brachte Anfang 2021 einen neuen Treffer: Die „Acta des Ministeriums der auswärtigen Angelegenheiten betr(effend) die Ermittelung des aus Berncastel entwichenen Kreis-Kassen-Rendanten Hirschling" im Geheimen Staatsarchiv Preußischer Kulturbesitz in Berlin.[55] Die Digitalisierung des vom Autor angeforderten 45-seitigen Dokumentes brachte neue Erkenntnisse, die im Folgenden vorgestellt werden.

2.6 Details der Flucht

Am 26. Januar 1832 — vier Wochen nach der Unterschlagung von Geldmitteln und anschließender Flucht Johann Hirschlings — sandte die königliche Regierung zu Trier ein Schreiben an den königlich Preußischen außerordentlichen Gesandten und bevollmächtigten Minister am kaiserlich königlich Österreichischen Hofe, Herrn Freiherrn von Maltzahn, Excellenz zu Wien, in dem um Amtshilfe gebeten wurde:[56]

> *Am 28. v(origen) M(onats) und Jahres hat der aus Tyrol gebürtige, seit 1814 im hiesigen Regierungsbezirke amtlich angestellte und zuletzt als Kreis-Einnehmer oder Kreiskassen-Rendant zu Berncastel fungierende Johann Hirschling seinen Posten eigenmächtig verlassen und sich, wie sich gegenwärtig herausstellt, der Veruntreuung einer Summe von 16.356 Rtl 1 Sgr schuldig gemacht.*
>
> *Derselbe ist auf unsere Veranlassung von der hiesigen Gerichts-Behörde, besage der Anlage, zwar steckbrieflich verfolgt, aber bis hierzu noch nicht entdeckt, indessen doch ermittelt worden, daß der g(emelte) Hirschling den Weg nach Mainz eingeschlagen und dahin schon 8 Tage vorher heimlicherweise einen gefüllten Mantelsack an den dortigen Weinwirth Franz Steiner (: auf dem Bischofsplatz Litt(era) F. N° 194 wohnhaft .) abgesandt hat, welcher — 34 Pfund wiegend — diesem (: Steiner :) auch unterm 21ten Dezember v(origen) J(ahres) von der Post gegen Bescheinigung verabfolgt ist. Der g(emelte) Steiner selbst hat aber so wenig über das Verbleiben des besagten, mutmaßlich entwendeten Cassen-Anweisungen oder Baarschaften enthaltenen Mantelsacks als über seine Verhältnisse zu dem g(meldeten) Hirschling vernommen werden können, weil er am 11ten d(iesen) M(onats) fast gleichzeitig mit der Ankunft der diesseitigen Requisition in Mainz, angeblich in Privat-Angelegenheiten eine Reise nach Wien angetreten haben soll.*

---

[55] GStA PK III. HA MdA, III Nr. 9540.

[56] Nr. 9540, Bilder 4r, 5l und 5r.

Da nun die Rückkunft des Steiner ungewiß, die Vernehmung desselben aber von Interesse ist, und vielleicht auf die Spur zur Habhaftwerdung des flüchtigen Hirschling führen könnte; so nehmen wir uns, bei der Dringlichkeit des Gegenstandes, die Erlaubniß, Ew(er) Excellenz unmittelbar um die dienstliche Gefälligkeit zu bitten, durch Vermittelung der dortigen kaiserlich königlich Oesterreichischen Polizeibehörde den Steiner geneigtest ausmitteln und ihn sodann darüber vernehmen zu lassen:

1. wo der dem g(emelten) Steiner am 21ten Dezember v(origen) J(ahres) von der Großherzoglich Hessischen Expedition der fahrenden Posten zu Mainz überlieferte, ihm von dem g(emelten) Hirschling zu Berncastel zugeschickte Mantelsack geblieben, was der Sendung desselben vorhergegangen, und wie und an wen dessen Abgabe von dem Steiner bewirkt ist, und

2. in welchen Verhältnissen der g(emelte) Steiner zu dem g(emelten) Hirschling und seit wann gestanden hat, ob letzterer zu jener Zeit in Mainz persönlich bei ihm gewesen, welchen Grund der Reise er angegeben und wohin er sich weiter gewendet hat.

Mögte die desfallsige, uns geneigtest mitzutheilende Verhandlung etwa zu der Vermuthung führen, daß der g(emelte) Hirschling, der hier vorgegeben hat, nach St. Petersburg reisen zu wollen, sich in den kaiserlich königl. Oesterreichischen Staaten noch aufhalten könnte und Ew(er) Excellenz die Verfolgung und Verhaftung desselben, den bestehenden gegenseitigen Verhältnissen für angemessen erachten: so erlauben wir uns, ferner noch um die desfalls nöthigen Einleitungen ganz ergebenst zu ersuchen, indem wir zugleich die Bemerkung hinzufügen, daß wir von der gegenwärtigen Requisition dem königl(ichen) hohen Ministerio der auswärtigen Angelegenheiten zu Berlin dato Anzeige machen.

Trier, den 26ten Januar 1832.
Königliche Regierung.

Die Nachforschungen hatten demnach ergeben, dass Johann Hirschling eine Woche vor seiner Flucht per Post eine 34 Pfund schwere Reisetasche nach Mainz zu dem dortigen Weinwirt Franz Steiner versendet hatte. Da der genannte Wirt kurz darauf nach Wien verreiste, bat man die dortigen Behörden den Steiner zu verhören und ihn nach seinem Verhältnis zu dem flüchtigen Hirschling und dessen möglichen Aufenthaltsort zu befragen. Auch die Größe des Kassendefektes war nun bekannt: die beträchtliche Summe von mehr als 16.000 preußischen Talern. Das war mehr als das Doppelte aller oben genannten Kautionen, selbst wenn diese zeitlich parallel liefen und somit aufsummiert werden könnten.

2.7 Möbelauktion

Die Vernehmung des Wirtes Steiner durch die österreichischen Behörden zog sich hin und um wenigstens einen Teil der entwendeten Gelder zurückzuerhalten, wurde am 14. Februar 1832 ein Inventar über die von Johann Hirschling zurückgelassenen Möbel angefertigt, das insgesamt 376 verschiedene Positionen auflistet.[57] Am 15. März fand die Versteigerung statt, bei der auch die Ehefrau des flüchtigen Hirschling anwesend war.[58] Der Gesamterlös betrug 1.048 Taler 26 Silbergroschen, also gerade einmal 6,4 % der unterschlagenen Summe.

2.8 Österreichische Behörden

Über den Flüchtigen konnten noch immer keine neuen Erkenntnisse erlangt werden, da sich die österreichischen Behörden nicht sonderlich kooperativ verhielten. Sie ließen den Mainzer Wirt Steiner im Februar aus Wien abreisen, ohne ihn verhört zu haben, weil er ihnen versicherte, im Mai — also drei Monate später! — wieder dorthin zurückzukehren. Gegenüber der königlichen Regierung in Trier meinte man ganz lapidar, dass man den Steiner dann verhören würde, sollte er nicht inzwischen bereits in seiner Heimatstadt Mainz verhört worden sein![59] Erst am 2. September, also über ein halbes Jahr nach dem Amtshilfeersuchen, sandten die Wiener Behörden einen Brief nach Trier, in dem sie mitteilten, dass man den Mainzer Weinwirt Franz Steiner im Juli(!) verhört habe. Aus dem beiliegenden Protokoll gehe hervor, *„daß der g(emelte) Steiner nichts Näheres über den Hirschling angegeben, wohl aber die Vermuthung ausgesprochen hat, daß derselbe von Mainz aus nach Frankreich und nicht nach den Oesterreichischen Staaten gegangen sein dürfte".*[60]

Man war demnach so schlau wie zuvor, außer dass nun noch Frankreich als mögliches Rückzugsgebiet des Flüchtigen genannt worden war. Die Aussage des möglichen Komplizen Steiner war in jedem Fall mit größter Vorsicht zu genießen.

2.9 Rückkehr der Ehefrau

Möglicherweise hätten die preußischen Behörden niemals etwas von dem tatsächlichen Aufenthaltsort des Johann Hirschling erfahren, wenn nicht am 23. September 1834 dessen Ehefrau Franziska Weinem in ihre Geburtsstadt Bernkastel zurückgekehrt wäre. Ein Schreiben der königlichen Regierung zu Trier an den Staatsminister der auswärtigen Angelegenheiten zu Berlin, beleuchtet die Geschehnisse:[61]

In den letzten Tagen vom December 1831 ist der Rendant der damaligen königlichen Kreiskasse zu Berncastel, Johann Hirschling, mit Hinterlassung eines bedeutenden Kassendefektes, entwichen. Dessen sofortige steckbriefliche Verfolgung hatte den erwünschten Erfolg nicht und von seinem Aufenthalte haben wir nie sichere Nachrichten erhalten können.
Am 23ten September c(urrentum) ist die Ehefrau Hirschling, Namens Franziska

[57] LHAK, Best. 587,35, Akte 73, Nr. 25.
[58] LHAK, Best. 587,35, Akte 73, Nr. 53.
[59] Nr. 9540, Bild 10r.
[60] Nr. 9540, Bild 14r.
[61] Nr. 9540, Bilder 16r–17r.

Weinem, welche ihrem Gatten am 16ten April 1832 nachgefolgt war, nach Berncastel, ihrem Geburts-Orte zurückgekehrt, und es hat dieselbe den in Abschrift hier ganz gehorsamst beigefügten Auszug aus dem Sterbebuche der Pfarrei ad St. Andream zu Presburg vom 22ten August c(urrenten Jahres) beigebracht, wonach der Johann Hirschling daselbst am 27ten July 1834 gestorben ist.

Da der g(emelte) Hirschling zureichende Beweise einer ungewöhnlichen Verschlagenheit geliefert hat, auch eine begründete Veranlassung nicht vorhanden ist, den Aussagen seiner Gattin ein besonderes Vertrauen zu schenken, so erlauben wir uns, Ew(er) Excellenz ehrerbietigst zu bitten, durch hochgeneigte Communikation im gesandtschaftlichen Wege mit den kaiserlich königlichen Behörden zu Presburg, die Identität des dort verstorbenen und begrabenen Johann Hirschling mit dem von hier entwichenen, vormaligen Kreis-Kassen Rendanten Johann Hirschling, dessen letztern Signalement vom 30ten December 1831 hier beifolgt, so weit es möglich ist, feststellen lassen und uns demnächst von dem Resultate hochgeneigtest in Kenntniß setzen zu wollen.

Laut Aussage der angeblichen Witwe, war Johann Hirschling demnach sehr wohl in die Österreichischen Staaten geflüchtet und nicht nach Frankreich. In Preßburg war er angeblich am 27. Juli 1834 verstorben, was mit dem Eintrag in der Preßburger Zeitung übereinstimmt.

2.10 Klärung der Identität des Toten

Die Witwe Hirschling hatte die Abschrift des Sterbeaktes ihres Ehegatten mitgebracht (siehe Abbildung 10).

Aus dem Totenschein ergeben sich einige Informationen über den Verstorbenen:

- Er war 56 Jahre alt, demnach um 1777 geboren.
- Als Geburtsort wird Brixen in Tirol genannt.
- Der Tote war verheiratet und hinterließ einen minderjährigen Sohn.
- Er verstarb an einer Verhärtung der Eingeweide.

Weil sich der geflüchtete Hirschling mehrfach als ungewöhnlich verschlagen präsentiert hatte, wollte man seiner Witwe und dem Totenschein seitens der königlichen Regierung zu Trier nicht uneingeschränkt Glauben schenken. Daher sandte die Preußische Regierung zu Berlin am 27. November 1834 einen weiteren Brief nach Wien, in dem es u.a. heißt:[62]

Die k(önigliche) Regierung zu Trier ist ungewiß darüber, ob sie den Aussagen der angeblichen Wittwe Hirschling vollen Glauben schenken können, und wünscht daher im gesandtschaftlichen Wege durch die Mitwirkung der k.k. Behörden festgestellt zu sehen, ob es mit dem in Abschrift anliegenden Todtenschein an und für sich seine Richtigkeit habe, und insbesondere: ob der in dem Todtenschein bezeichnete Hirschling mit dem entwichenen defectanten Hirschling eine und dieselbe Person sei.

---

[62] Nr. 9540, Bilder 19r–20l.

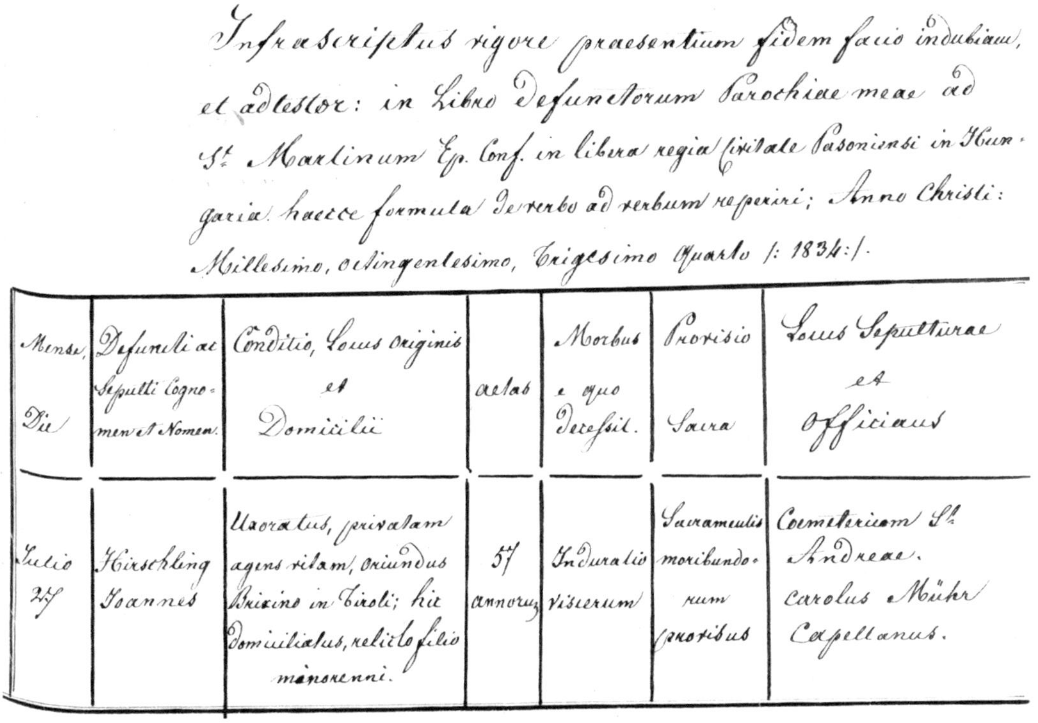

Infrascriptus rigore praesentium fidem facio indubiam, et adtestor: in Libro Defunctorum Parochiae meae ad St. Martinum Ep. Conf. in libera regia Civitate Posoniensi in Hungaria haecce formula de verbo ad verbum reperiri; Anno Christi: Millesimo, octingentesimo, Trigesimo Quarto /: 1834:/.

Mense, Die	Defuncti ac Sepulti Cognomen et Nomen	Conditio, Locus originis et Domicilii	aetas	Morbus e quo decessit.	Provisio Sacra	Locus Sepulturae et Officians
Julio 27	Hirschling Joannes	Uxoratus, privatam agens vitam, Oriundus Brixino in Tiroli; hic Domiciliatus, relicto filio minorenni.	57 annorum	Induratio viscerum	Sacramentis moribundorum provisus	Coemeterium St. Andreae. Carolus Mühr Capellanus.

Abb. 10: Totenschein des Johann Hirschling vom 27. Juli 1834

Die Feststellung des ersteren Moments kann keine Schwierigkeit weiter finden, dagegen aber wird in Ansehung des zweiten nichts anderes übrig bleiben, als daß mehrere Personen in Presburg, die den g(emelten) Hirschling bei Lebzeiten gekannt haben, mit Zugrundel[eg]ung des hier anliegenden Signalements zu dem fraglichen Behufe amtlich vernommen werden.
Auch läßt sich wohl als wahrscheinlich annehmen, daß es selbst der Ortsbehörde nicht ganz unbekannt gewesen sei, in welchen Beziehungen der g(emelte) Hirschling früher zu Berncastel gestanden hat und unter welchen Umständen er im J(ahre) 1831 von dort entwichen ist.
Von dem Resultate Ew(er) etc. zur Feststellung der fraglichen Identität gethanen Schritte sieht das u. M. Ihrer baldgefälligen Anzeige entgegen.

Die Bearbeitung der obenstehenden Bitte nach Amtshilfe ist ein Paradebeispiel für behördliches Versagen oder offenkundige Faulheit, dass es allem Anschein nach nicht nur heute sondern zu allen Zeiten gab. Die preußischen Behörden monierten alle paar Monate in Wien ihre immer noch unbeantwortete Anfrage und es dauerte beinahe zwei Jahre, bis man am 21. November 1836 endlich eine Antwort aus der Donaumetropole erhielt:[63]

Einem königlichen hohen Ministerio verfehle ich nicht in Erledigung des geehrten Erlasses vom 27ten November 1834, betreffend die Ermittelung: ob der wegen Kassen-

[63] Nr. 9540, Bild 42r.

Defects entwichene Kreis-Kassen Rendant Hirschling wirklich zu Presburg verstor-
ben sey; — nunmehr den mir auf wiederholtes Ansuchen von der k.k. Geheimen
Staatskanzlei zugefertigten Auszug des über diesen Gegenstand bei dem Pres-
burger Magistrate aufgenommenen Protocolls, gehorsamst in beglaubigter Form zu
überreichen, aus welchem hochdasselbe die Identität des am 27ten Juli 1834 verstor-
benen Johann Hirschling mit dem oben erwähnten Defectanten, geneigtest ersehen
wolle.

> *Wien, den 21ten November 1836.*
> *Maltzan.*

Man versicherte demnach der preußischen Regierung, dass es sich bei dem zu Preßburg verstorbenen und dem aus Bernkastel geflüchteten Johann Hirschling um ein und dieselbe Person handelte. Ob man nach zwei Jahren (absichtlicher?) Trödelei aber noch viele Zeitzeugen auftreiben konnte ist unklar, denn das im obigen Schreiben genannte Protokoll befindet sich leider nicht unter den Akten des GStA PK.

2.11 Tod der Ehefrau

Nimmt man an, dass die Identität des Johann Hirschling wirklich zweifelsfrei geklärt werden konnte, so lässt sich sagen, dass er von dem ergaunerten Geld lediglich zweieinhalb Jahre profitieren konnte, bevor ihn der Tod ereilte.

Seine Witwe Franziska Weinem — und wohl auch der gemeinsame Sohn Eduard Wilhelm Johann Evangelist — kehrten knapp zwei Monate nach Johann Hirschlings Tod wieder in ihre Geburtsstadt Bernkastel zurück. Die Witwe verstarb am 8. August 1847 in Trier, wird aber als „in Bernkastel wohnhaft" bezeichnet.[64] Ob ihr Sohn noch lebte ist nicht bekannt, denn er wird nicht als Zeuge in ihrem Sterbeakt genannt.

---

[64] Standesamt Trier, S 1847/859 (siehe Abbildung 11).

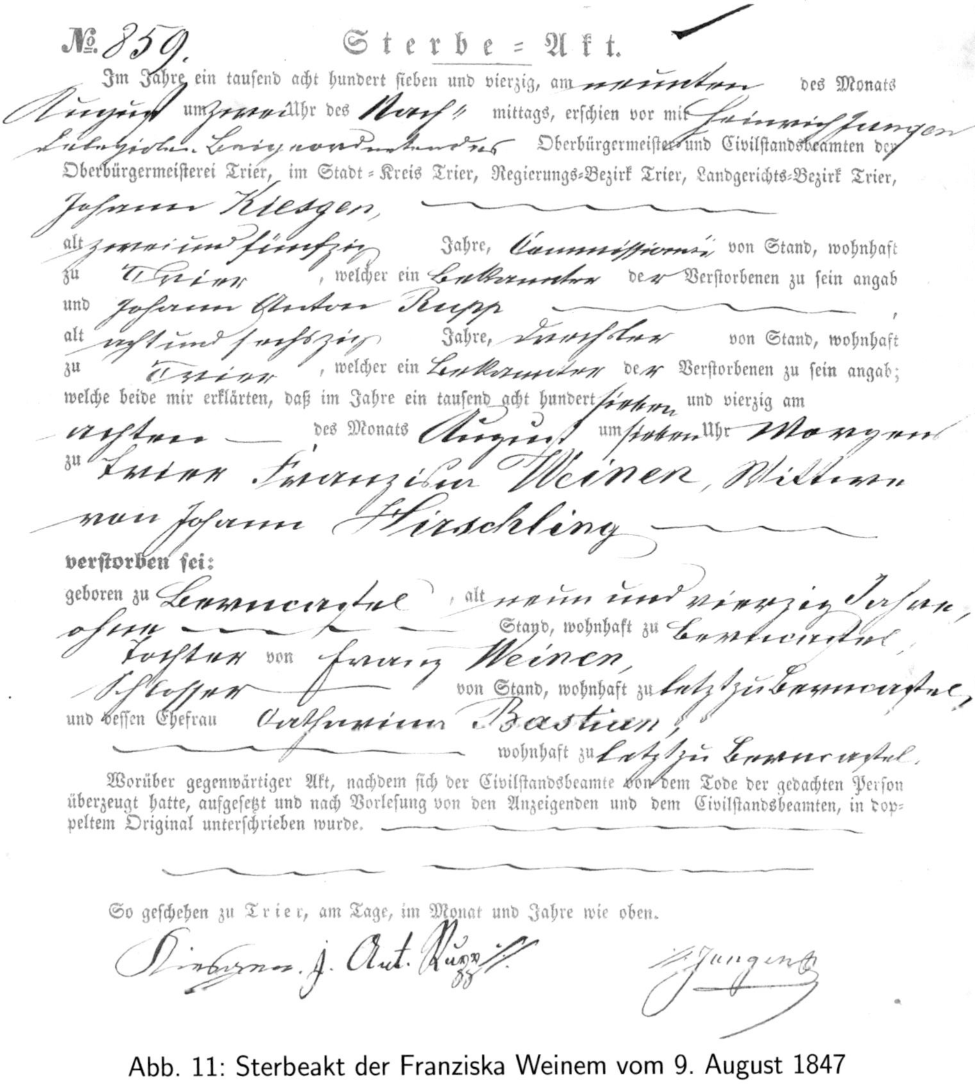

№ *859.*   Sterbe = Akt.

Im Jahre ein tausend acht hundert sieben und vierzig, am *neunten* des Monats *August* um *zwei* Uhr des *Nach=* mittags, erschien vor mir *Heinrich Jungen Ludwigen Seminarwerden* Oberbürgermeister und Civilstandsbeamten der Oberbürgermeisterei Trier, im Stadt = Kreis Trier, Regierungs=Bezirk Trier, Landgerichts=Bezirk Trier,

Johann Klesgen,

alt *zwei und fünfzig* Jahre, *Commissionär* von Stand, wohnhaft zu *Trier*, welcher ein *Bekannter der* Verstorbenen zu sein angab und *Johann Anton Rupp*

alt *acht und sechzig* Jahre, *Drechsler* von Stand, wohnhaft zu *Trier*, welcher ein *Bekannter der* Verstorbenen zu sein angab; welche beide mir erklärten, daß im Jahre ein tausend acht hundert *sieben* und vierzig am *ersten* des Monats *August* um *sieben* Uhr *Morgens* zu *Trier Franziska Weinen, Wittwe von Johann Hirschling*

verstorben sei:

geboren zu *Lennweiler* alt *neun und neunzig Jahren, ohne* Stand, wohnhaft zu *Lennweiler,* *Tochter von Franz Weinen, Schlosser* von Stand, wohnhaft zu *letzt zu Lennweiler,* und dessen Ehefrau *Katharina Bastien,* wohnhaft zu *letzt zu Lennweiler.*

Worüber gegenwärtiger Akt, nachdem sich der Civilstandsbeamte von dem Tode der gedachten Person überzeugt hatte, aufgesetzt und nach Vorlesung von den Anzeigenden und dem Civilstandsbeamten, in dop= peltem Original unterschrieben wurde.

So geschehen zu Trier, am Tage, im Monat und Jahre wie oben.

Abb. 11: Sterbeakt der Franziska Weinem vom 9. August 1847

3 Tod im Nachen

3.1 Beerdigung zu Bernkastel

Am 10. Januar 1847 wurde in der Bernkasteler Zeitung, die damals noch Bernkast'ler Wochen-Blatt hieß, folgender Artikel über den Tod des Juden Lazar Ackermann gedruckt:[65]

> *Bernkastel, 8. Jänner. Gestern fand die Beerdigung eines armen, mehr als 70jährigen Israeliten aus Longuich, Namens Lazar Ackermann, bei uns statt, welcher, seit länger erwerb= und nahrungslos, dadurch sein Leben fristete, daß er von Ort zu Ort die Mildthätigkeit seiner Glaubensgenossen in Anspruch nahm, bis er am 6. d(iese)s [Monats] auf der Mosel zwischen hier und Cues in einem Nachen unter Gottes freiem Himmel sein armseliges Dasein endete. — Derselbe war nach übereinstimmenden Berichten von der Judengemeinde in Neumagen zu Wasser nach Emmel geschafft worden, von wo er vorgestern matt und entkräftet in Kesten, Dusemond und Lieser anlandete, ohne ein Obdach zu finden. Auf spärliches Stroh gelagert, der nöthigsten Bekleidung (Hemd und Strümpfe) entbehrend bei jetziger Witterung auf dem Flusse von einem Orte zum andern gewiesen, erlag der Aermste dem Elende und der Kälte kurz bevor er hier anlangte, so daß die hiesige israelitische Gemeinde nur noch für den letzten Liebesdienst — das Grab — zu sorgen hatte.*

3.2 Untersuchung der Todesumstände

Knapp zwei Wochen später wurde eine Untersuchung seines Todes eingeleitet:[66]

> *Bernkastel den 20. Januar. In N(ume)ro 3 d(iese)s Bl(at)ts wurde bereits die dem Israeliten Ackermann aus Longuich zu Theil gewordene üble Behandlung und dessen Ableben gemeldet. Dem Vernehmen nach soll dieses Sterbfalles wegen bereits eine Untersuchung eingeleitet sein. Ohne dem Ergebnisse derselben vorzugreifen, kann man übrigens annehmen, daß der rücksichtslose Wasser-Transport des alten Mannes bis hieher gewiß nicht Statt gefunden, wäre dies Beginnen noch rechtzeitig zur Kenntniß der resp(ektive) Vorstände der berührten Bürgermeistereien unseres Kreises gelangt.*

---

[65] Bernkast'ler Wochen-Blatt, 13. Jg, Nr. 3, S. 1 vom 10. Januar 1847.
Der Aufsatz wurde in abgewandelter Form zuerst in [Bra20c] veröffentlicht.
[66] Bernkast'ler Wochen-Blatt, 13. Jg, Nr. 6, S. 1 vom 21. Januar 1847.

3.3 Weitere Einzelheiten

Schließlich berichtete auch die „Trier'sche Zeitung" über den Fall:[67]

> *Bernkastel, 24. Jan(uar). Die heutige Trier'sche Zeitung enthält einen aus Mülheim a(n) d(er) Mosel vom 20 d(iese)s [Monats] datirten größeren Artikel, welcher sich nochmals ausführlich und mit ergreifenden Worten über die empörende Behandlung verbreitet, welche der Israelite Lazar Ackermann aus Longuich vor seinem Ableben am 6. d(iese)s [Monats] von seinen Glaubensgenossen zu Kesten, Dusemond, Lieser und Cues zu erleiden hatte (s(iehe) Nr. 3 des Wochenblatts). Gestützt auf das Resultat der von unserer Kreisbehörde in dieser Sache angeordneten Untersuchung weist nun dieser Aufsatz detailirt nach, wie die Juden obiger Orte ihrem alten und erkrankten Mitbruder (welcher Tags zuvor von den Israeliten in Wintrich beherbergt, dann aber auf einem Handwagen nach Kesten transportirt worden war) weder ein trockenes und ruhiges Plätzchen gönnten, wo er sein todtmüdes Haupt hätte niederlegen können, noch von dem hülflosen Zustande desselben Anzeige erstatteten, sondern sich nur beeilten, den Aermsten unter Verabreichung einiger Nahrung bei schlimmster Witterung weiter und immer weiter zu schaffen, bis er den Geist aufgegeben hatte.*

3.4 Lebensdaten des Lazarus Ackermann

Im Folgenden sollen kurz die Lebensdaten des Lazarus Ackermann angegeben werden, die ermittelt werden konnten.[68]

ACKERMANN Lazarus [1], PN Lazarus Salomon, Jude, Metzger, Viehhändler, Kesten, Dusemond, Lieser, Kues, S.v. **A.** Salomon, PN Salomon Isaak und **LEVY** Zerle, PN Egele Samson,(Eile,Zerla,Cerlina)
* 22.02.1772 Thalfang (Q.: SA Longuich H FRK XII/11)   †/□ 06/07.01.1847 Bernkastel (Q.: SA/BS S 1847/10)
I. ∞ K 30.05.1804 Longuich (Q.: SA Longuich H FRK XII/11)
HIRSCH Judith, PN Güdel Abraham,(1814 Gidel Fromm)
* 02.1780 Longuich (Q.: SA Longuich H FRK XII/11)   † 16.07.1822 Trier - Landarmenhaus (Q.: SA/Tr S 1822/338)
II. ∞ K 18.04.1823 Longuich (Q.: SA Longuich H 1823/13)
SCHWEICH Susanne [2], Dienstmagd, Illingen
* e 1789 Fell (Q.: SA Longuich H 1823/13)   † 29.11.1855 Schweich (Q.: SA Schweich S 1855/95)

[1] Im standesamtlichen Sterbeakt «Lazarus ACKERMANN, 70 Jahre alt, geboren zu Thalfang, wohnhaft zu Longuich (Sohn unbekannter Eltern)» genannt.
[2] Zum Zeitpunkt der Heirat als Magd in Illingen wohnhaft.

Abb. 12: Lebensdaten des Lazarus Ackermann

---

[67] Bernkast'ler Wochen-Blatt, 13. Jg, Nr. 8, S. 1 vom 28. Januar 1847.
[68] Für die Lebensdaten zu Lazarus Ackermann und seinen beiden Ehefrauen danke ich Herrn Stefan Roos, Trier, recht herzlich.

4 Die Revolutionäre von 1848/49

Teile dieses Kapitels wurden bereits von Schmitt[69] beschrieben, der sich wiederum auf Stahl[70] bezieht. Letzterem standen vor hundert Jahren noch die umfangreichen Gerichtsakten beim Oberstaatsanwalt in Trier zur Verfügung, die leider im 2. Weltkrieg verbrannt sind.

Neu sind die genealogischen Informationen zu einigen handelnden Bernkasteler Bürgern, die dem Einwohnerbuch Bernkastel[71] entnommen wurden, sowie einzelne Artikel aus dem „Bernkast'ler Tage-Blatt" und der „Bernkasteler Zeitung".[72]

4.1 Die Revolution von 1848 in Bernkastel

Die deutsche Revolution des Jahres 1848 war eine unmittelbare Folge der Pariser Revolution vom 23. Februar 1848, die zum Sturz des Königtums und zur Ausrufung der Republik geführt hatte. Die Nachricht verbreitete sich in ganz Europa und wirkte besonders nachhaltig in Deutschland, wo Unzufriedenheit mit den politischen Verhältnissen herrschte, welche den Handel einengten, Bauern und Kleinbürger mit Steuern erdrückten und die Arbeiter unter der Last der Teuerung des Jahres 1847 mit sozialistischen und kommunistischen Ideen erfüllten. Besonders stark war der Widerhall in Berlin, wo König Friedrich Wilhelm IV. unentschlossen gegenüber den Forderungen nach zeitgemäßen Neuerungen aus allen Gegenden Preußens blieb. Am 18. März rief er den Landtag zum Termin 2. April ein. Die vor dem Schloß versammelte Menge jubelte dem König zu, verließ aber nicht den Platz. Als der König befahl, den Platz zu säubern, gab es keinen Widerstand. Aber zufällig entlud sich das Gewehr eines Grenadiers, und ein zweiter Schuß fiel, weil einer der Ruhestörer dem Unteroffizier Hettgen aus Cues mit dem Stock auf das Gewehr schlug. Diese beiden Schüsse bildeten den Vorwand der Rädelsführer, die Revolution ausbrechen zu lassen. Mit dem Ruf „Verrat", „Man mordet das Volk" stürmte die Menge durch die Straßen von Berlin, griff zu den Waffen und errichtete Barrikaden. Das Militär erstürmte die Hindernisse, und der erbitterte Straßenkampf forderte mehr als 200 Tote.

Der Bernkasteler Gemeinderat richtete am 13. März ein Gesuch nach Berlin, nach dem schleunige Einberufung der allgemeinen Ständeversammlung zur Beratung dessen, was dem Volk nottut und Erlaß der Weinsteuer für 1845 und 1847 verlangt wird. Die Zeltinger lobten den

---

[69] [SB24a, Abschnitte 11.7 und 11.8].
[70] [Sta23].
[71] [Bra21].
[72] Der für dieses Thema so wichtige Jahrgang 1848 ist leider auf den Mikrofilmen des Kreisarchivs des Landkreises Bernkastel-Wittlich nicht vorhanden!

Bernkasteler Stadtrat im Bernkasteler Wochenblatt und spendeten dem „wackeren tüchtigen Stadtrat und seinen altehrlichen Bürgern für die so warme als wahre Vertretung der Moselverhältnisse am allerhöchsten Orte" öffentlichen Dank. Die Zeltinger schreiben weiter: „Preßfreiheit mag gut sein, aber Weinsteuerfreiheit ist noch besser." Dieser Satz kennzeichnet trefflich die Bewegung an der Mosel, die bei der großen Mehrzahl der Bevölkerung eine wirtschaftliche, nur bei wenigen eine politische war.

Am 22. März traf die Nachricht von der Berliner Revolution in Bernkastel ein und begründete beim Stadtrat den Beschluß, die schwarz-rot-goldene Nationalflagge auf dem Rathaus zu hissen. Das Bernkasteler Wochenblatt berichtet: *„Unter feierlichem Glockengeläute und Böllersalven, unter dem Gesange patriotischer Lieder und schallenden Lebehochs auf die erwachte Freiheit, deren Verteidiger und das Vaterland trug man heute Abend des Deutschen Reiches Banner durch die Hauptstraßen unserer Stadt und brachte es alsdann unter lautem Jubelrufe des Volkes an seinen Bestimmungsort. Bei einbrechender Dunkelheit prangte die Stadt in glänzender Illumination, bengalische Feuer flammten auf dem Marktplatze, mit Tageshelle das hoch flatternde Reichspanier umgebend."*

Am 27. März fand in der Pfarrkirche ein feierlicher Trauergottesdienst für die auf den Barrikaden gefallenen Berliner Freiheitskämpfer statt. Das Gotteshaus konnte die daran teilnehmenden Bürger kaum fassen. „Der hohen Wichtigkeit der Feier", schreibt die Zeitung, „war die mit begeisterter Wärme vorgetragene Predigt des Pastors Peter Dominikus Klein (1844–1850) vortrefflich angepaßt." Am selben Tage wurde auch in Wittlich unter einem Andrang von Menschen, wie nie einer dort gesehen wurde, die schwarz-rot-goldene Fahne unter dem Jubel der Menge aufgepflanzt. „Die neue Umgestaltung der Dinge scheint auch", schreibt ein Wittlicher, „unsere Beamten den Bürgern mehr zu nähern; denn wir sahen bei der hier organisierten Bürgerschutzwehr Bürger mit Beamten Arm in Arm seelenvergnügt durch die Straßen patroullieren, fanden dieselben ferner kordial unter Bürgern, in deren Gesellschaft man sie nie fand, ihren Schoppen leeren, und verschiedene Bürger machten jenen im Kasino eine Revisite, wo sie auf das freundlichste und zuvorkommendste aufgenommen wurden." In Bernkastel scheinen Bürger und Beamte in einem besseren Verhältnis zueinander gestanden zu haben, auch kannte man hier noch kein Kasino. Bei der Bildung der Bürgerwehr wurde sogar der allseitig beliebte Landrat Dr. Heinrich von Bardeleben (1846–1848), der spätere Oberpräsident der Rheinprovinz, zum Führer gewählt. Zugführer waren Kaspar Schwarz und Jakob Weidner, später Johann Philipp Thanisch, Fahnenträger der „hochbetagte, aber noch jugendlich rüstige" J(ohann) Bach. Das Statut, das sich die Bürgerschützen von Bernkastel am 30. März gaben, und das von 64 der angesehensten Bürger unterzeichnet ist, bezweckt nach § 1 die Aufrechterhaltung und Sicherheit von Person und Eigentum durch den Verein. Gemäß § 5 sind die Bürgerschützen mit Gewehren bewaffnet, Führer und Zugführer haben Säbel. Nach § 6 tragen die Bürgerschützen ein Band mit den deutschen Farben am linken Arm, Führer und Zugführer außerdem eine Schärpe mit denselben Farben. Die Bürgerschützen versammeln sich nach der Bestimmung des § 9 monatlich wenigstens zweimal an Sonntagsnachmittagen zu gemeinschaftlichen Waffenübungen. Die Fahne der Bürgerwehr trägt die Inschrift: „Den Bürgern zu Bernkastel gewidmet von den Frauen und Jungfrauen der Stadt am 12. Juni 1848." Sie zeigt das Stadtwappen, den ans Kreuz geketteten Bären, und darunter die Buchstaben: I. P. R. M. = *In perpetuam Revolutionis memoriam*, d. h. zum ewigen Gedenken an die Revolution.

Abb. 13: Wappen der Fahne von 1848

Außer in Bernkastel selbst waren in Cues, Wehlen, Kesten, Maring, Noviand, Mülheim, Dusemond (seit 1927 Brauneberg), Andel, Veldenz, Thalfang, Malborn und Rhaunen anerkannte
Bürgerwehren begründet worden. So sehr die Regierung die Errichtung von Bürgerwehren
wünschte und förderte, so wenig war sie in der Lage, die Hilfstruppe mit Gewehren und
anderen Waffen zu versehen. Nur Bernkastel und Thalfang erhielten Militärgewehre, und
zwar Bernkastel 50, Thalfang 120. „Freiheit, Gleichheit und Brüderlichkeit" war die Losung
jener Tage. Nach außen hin bekundeten sie sich dadurch, daß jedermann eine schwarz-rot-
goldene Kokarde an seiner Kopfbedeckung trug. Geschäftsleute machten sich die Zeitum-
stände zunutze: es gab demokratische Fackeln, Zigaretten und anderes. Den größten Vorteil
aus der Bewegung zogen die Schankwirte, denn von früh bis spät saßen die Männer in
den Wirtshäusern, besprachen die politischen Vorgänge und tranken auf das bevorstehende
goldene Zeitalter. Bereits Ende März beklagt der Trierer Bischof Wilhelm Arnoldi (1842–
1864) in einem Hirtenschreiben, daß eine schrankenlose Willkür, die weder göttliche noch
menschliche Gesetze und Anordnungen achtet und die Freiheit zum Deckmantel der Bosheit
gebraucht, einzelne Familien und die ganze Gesellschaft bedroht. Andernorts übliche Wald-

verwüstungen und sonstige grobe Gesetzwidrigkeiten waren nach dem Bericht des Landrats an den Regierungspräsidenten im Kreis Bernkastel nicht zu verzeichnen.

„Den Rodomontaden (Sarazenenkrieger in Ariosts *Rasendem Roland*) hinter den Wirtshaustischen" legte der verständige Landrat keine Bedeutung bei, „in Bernkastel sei das Schimpfen und Lärmen von jeher üblich gewesen." Die Meldung des Bürgermeisters Jakob Schwan (1835–1848), daß in der Nacht zum 25. März der preußische Adler am Rathaus abgenommen und durch das alte deutsche Wappen ersetzt, der Adler aber an der Post mit Teer überstrichen worden sei, schrieb er zu den Akten.

Am 25. April fand in Bernkastel eine für den ganzen Kreis ausgeschriebene Volksversammlung statt, die sich mit den Richtlinien für den zu wählenden Abgeordneten zu der ersten deutschen konstituierenden Nationalversammlung aus dem Wahlbezirk Bernkastel-Wittlich befaßte. Sie bestimmte die wohl angesehensten Männer des Kreises, die sich mit dem Kreis Wittlich in Verbindung setzen sollten: Gutsbesitzer Grach in Machern, Pfarrer Lehnen in Wehlen, Bürgermeister der Amtsbürgermeisterei Lieser in Cues Heinrich Ernst Fier (1823–1868), Oberförster Ulrici in Morbach, Peter Josef Coblenz und Jakob Thanisch aus Bernkastel. Das mit den Vertretern des Kreises Wittlich vereinbarte Wahlprogramm stellte radikale Forderungen: Das Parlament soll das Oberhaupt Deutschlands sein. Die Fürsten müssen von ihrer Macht aufgeben, was hiermit in Widerspruch steht. Aufhebung der Kleinstaaten, Aufhebung aller Standes- und Adelsvorrechte, der Majorate und Fideikommisse, Lehr- und Lernfreiheit, Unabhängigkeit der Kirche vom Staat, Aufhebung des stehenden Heeres, dafür aber allgemeine Volksbewaffnung standen weiter auf dem Forderungskatalog. Die Urheber dieser Forderungen sind wohl in Bernkastel zu suchen, wo sich schon früh ein Lokal-Komitee zur Vorbereitung der Wahlen gebildet hatte. Es gab dagegen Schwierigkeiten vom Hunsrück: Die Verhandlungen der großen Volksversammlung in Bernkastel hätten die Landbewohner wieder hinlänglich belehrt, wie not ein festes Zusammenhalten tue, damit sie nicht auch diesmal von dem Sonderinteresse der Moselaner ins Schlepptau genommen würden. In Bernkastel wurden als Wahlmänner für das deutsche Parlament und die Preußische Nationalversammlung Jakob Thanisch, P(eter) N(ikolaus) Friderici, Nikolaus Thiel und Franz Hansen nominiert.

Am 18. Mai 1848 traten in der Paulskirche über Lieser die frei gewählten Vertreter des gesamten deutschen Volkes zusammen, um die vom Volk heiß ersehnte Einheit und Freiheit verfassungsmäßig zu sichern. In Bernkastel bildeten die Wahlmänner des Kreises ein Komitee, das die Ansichten der Wähler erkunden und den Abgeordneten mitteilen sollte.

Zwar kam es in Bernkastel nicht wie anderswo zum Barrikadenkampf, aber die Einstellung war sehr radikal. Wie die ganze Bewegung den guten Leuten den Kopf verdreht hatte, bezeugt am besten der Protest, den 255 wahlfähige Bürger aus Bernkastel am 17. Mai an den König richteten: „Mit der größten Entrüstung hat das Volk die verschiedenen reaktionären Bestrebungen der jüngsten Zeit wahrgenommen." Unter den Beschwerdepunkten befinden sich die Rückberufung des Prinzen von Preußen und der Erlaß des Kriegsministers, wonach den Soldaten das freie Vereinigungs- und Petitionsrecht entzogen wurde. Dann heißt es: „Die in diesen Augenblicken (aus Anlaß der Eröffnung des Frankfurter Parlaments) auf unseren Bergen lodernden Wachtfeuer mögen Ew. Majestät beweisen, daß das deutsche Volk wach und einig ist und sein Recht zu schützen wissen wird."

Die Bewegung richtete sich vielfach gegen mißliebige Beamte, in Bernkastel waren Bürgermeister Schwan und Friedensrichter Poll das Ziel unberechtigter Angriffe, letzterer, weil er den Freiheitsrummel nicht mitmachte. F(ranz) J(oseph) Bartz, der verschiedentlich diese Beamten in der *Mosella* als Ungeheuer und Scheusale bezeichnet hatte, wurde zu einem halben Jahr Gefängnis verurteilt.

Als in Frankfurt einzelne Abgeordnete Angriffe gegen die katholische Kirche gerichtet hatten, erhob sich in allen katholischen Gegenden Deutschlands ein Sturm der Entrüstung. Auch aus Bernkastel ging der Nationalversammlung eine von 500 Unterschriften gezeichnete Denkschrift zu, die außer dem allgemeinen deutschen Staatsrecht und dem Schutz der provinziellen Eigentümlichkeiten und Interessen auch eine eigene Verwaltung forderte:

1. völlige Unabhängigkeit der Kirche vom Staat mit vollkommener Garantie ihrer Rechte und ihres für Kultus-, Unterrichts- und Wohltätigkeitszwecke bereits gestifteten und noch zu stiftenden Vermögens;

2. freies Assoziationsrecht mit Einschluß der religiösen Körperschaften;

3. unumschränkte Lehr- und Lernfreiheit;

4. unumschränkte Gewissens-, Glaubens- und Religionsfreiheit sowohl bei Privat- als auch bei öffentlichen Religionsübungen.

Im Juni gründete man einen demokratischen Verein für Bernkastel und Umgebung, der seine regelmäßigen Sitzungen bei Nikolaus Heil, dann bei Cetto, zuweilen auch bei Trauten in der Vorstadt hielt. Sein vorläufiges Programm lautete: „Alle Staatsgewalt ist beim Volke und wird durch dasselbe einzig und allein ausgeübt. Der Volkswille wird ausgesprochen durch Volksvertreter, die in direkten Wahlen und ohne Census aus und von allen unbescholtenen großjährigen Männern ohne Unterschied des Standes und Glaubens gewählt werden. Wir verlangen die Vereinigung Deutschlands zu einem einzigen Staate mit Beseitigung aller Sonderinteressen." Das Programm zielte auf die Errichtung einer einheitlichen deutschen Republik ab, wenn auch das Wort Republik tunlichst verschwiegen wurde. Vorsitzender des Vereins war der Bürger Peter Josef Coblenz, der auch die Seele der Bernkasteler Bewegung von 1848 war. Er war 1811[73] als Sohn einer alteingesessenen Bernkasteler Familie geboren worden, hatte Rechtswissenschaft studiert und sich nach der Referendarprüfung als Rechtskonsulent in Bernkastel niedergelassen. Zum Vorstand gehörten noch die Bürger Jakob Weidner, J(ohann) Hegener, Otto Franz Cetto, Jakob Thanisch und Dr. (Philipp) Schmitz.

Aber wie so oft folgte der ersten Begeisterung bald die Gleichgültigkeit. Die Teilnahme an den Bürgerwehrübungen ließ nach, wie aus der Zusatzbestimmung zu den Statuten geschlossen werden kann: „Wer die Übungen dreimal hintereinander ohne vorherige Anzeige versäumt, kann durch Beschluß des Vereins ausgeschlossen werden." Im übrigen feierte die tüchtige Bürgerwehr die Feste, wie sie fielen. Schon die Fahnenweihe am 12. Juni schloß ab mit einem Festball. Am 8. August versammelten sich die Bürgerschützen am Gestade, um dem Reichs-

---

[73] Stahl nennt hier fälschlicherweise das Jahr 1808, aber Peter Joseph Coblenz wurde am 18. März 1811 in Bernkastel als Sohn des Schiffers Johann Coblenz (*19.11.1785 Zeltingen, †01.04.1825 Bernkastel) und dessen Ehefrau Anna Maria Kellermann (*05.07.1788 Bernkastel, †01.06.1860 Bernkastel) geboren [Bra21, Nr. 596].

verweser, Erzherzog Johann, ein dreifaches Hoch darzubringen. Ein Parademarsch schloß die militärische Feier, der wiederum ein Festessen im Hotel zu den drei Königen in der Hebegasse folgte. Am Abend gab es eine Stadtbeleuchtung und Bürgerball bei Georg Philipp Metzler in der goldenen Traube, die damals die heutigen Häuser Graacher Straße 21 und 22 umfasste[74]. Der „zweite äct demokratische Bürgerball" fand bereits am 27. August wieder „bei dem deutschen Reichsbürger" Ph(ilipp) Metzler statt. Treffend ist der Schlußsatz seiner Anzeige: „Zur Förderung der Demokratie wird für gute Getränke und Speisen bestens gesorgt sein." Am 1. Juli wurde Landrat von Bardeleben als Polizeipräsident nach Berlin berufen. Ihm folgte Freiherr von Steinäcker (1848–1852) als Landrat von Bernkastel. In seiner Stellung als Hauptmann der Bürgerwehr folgte ihm der Friedensgerichtsschreiber Caspar Schwarz, Landwehroffizier und Veteran aus den Freiheitskriegen, der bei seinem Bruder, dem Gutsbesitzer und Beigeordneten Friedrich Schwarz im Hause der heutigen Doktorweinstube (Hebegasse 5) wohnte. Erst die Genehmigung des Vertrags von Malmö, wo am 28. August 1848 der Waffenstillstand zwischen Preußen und Dänemark geschlossen worden war, rüttelte die Volksseele wieder auf und gab dem demokratischen Verein in Bernkastel willkommenen Anlaß, zu einer großen Volksversammlung bei der Paulskirche über Lieser einzuladen. Am 8. Oktober strömten von nah und fern, von der Eifel und vom Hochwald, moselaufwärts bis Trier, moselabwärts bis Cochem, zwischen 12.000 und 15.000 Menschen mit Fahnen und Musikkapellen auf dem Paulsberg zusammen. Bürgerpräsident Coblenz eröffnete die Versammlung mit einer schwungvollen Rede, in welcher er unter anderem ausführte: „Und dich, deutscher Mann, Bürger Grün aus Trier, dich darf ich im Angesicht der Versammlung im Namen aller wahren Demokraten umarmen, dich den wackeren, unerschrockenen Vorkämpfer für die allgemeine Menschenbeglückung, für deutsche Freiheit, deutsche Einheit, deutsche Wohlfahrt. Auf deine männliche Stirn, auf deine beredten Lippen, auf deine fleißige Hand darf ich den glühendsten Bruderkuß heften zum Zeichen unserer Liebe, unserer Hochachtung, unserer Dankbarkeit." Dr. Grün war 1817 in Lüdenscheid geboren worden. Als Schriftsteller geriet er in Mannheim in die Badener revolutionäre Bewegung und wurde 1845 ausgewiesen. In Paris verkehrte er mit den Sozialisten Louis Blanc, Leroux und Proudhon. Nach den Märzunruhen 1848 kehrte er zurück und wurde Berichterstatter der Trierischen Zeitung. Auf dem Paulsberg gab er einen Überblick über die politische Lage. Dann sprach Bürger Josef Mayer aus Trier über die schreiende Ungerechtigkeit der Weinsteuer. Damit war die zum größten Teil aus Winzern bestehende Versammlung an der richtigen Stelle gepackt: Im Nu war eine Bittschrift auf Aufhebung dieser Steuer mit Hunderten von Unterschriften unterzeichnet. Weitere Ansprachen hielten ein Bauer aus Mehring und Kaplan Jacob Caspar Josef Ohaus aus Bernkastel (1848), der ausführte, er freue sich, das Volk an dieser Stelle zu sehen. Wenn auch vielleicht viele sich nicht freuten, ihn hier zu sehen, so glaube er doch an seiner Stelle zu sein, weil allenthalben, wo es das materielle oder geistige Wohl des Volkes gelte, sie an ihrer Stelle seien. Er wünsche auch die friedliche Entwicklung, die Reform auf gesetzlichem Wege. Wenn es aber so leicht nicht gehe, so sei er für etwas, was auch mit „Re" anfange. Das war ein unverblümter Hinweis des Kaplans auf die Revolution. Wie die demokratischen Flugblätter in Trier schrieben, habe Kaplan Ohaus damit gezeigt, daß die Sache der Demokratie sich wohl mit seiner Kirche vertrage. Außerdem habe er den Beweis

---

[74] [Bra25].

geliefert, daß wenigstens einer seines Standes es verstehe, sich auf geschickte Weise an der Politik zu beteiligen. Demnach hielt sich die Geistlichkeit im allgemeinen der demokratischen Partei fern. Je mehr die Bewegung einen radikalen Ton anschlug, umso stärker zogen sich auch die Geistlichen von ihr zurück, die sich mit Eifer und Hoffnung zu ihr bekannt hatten.

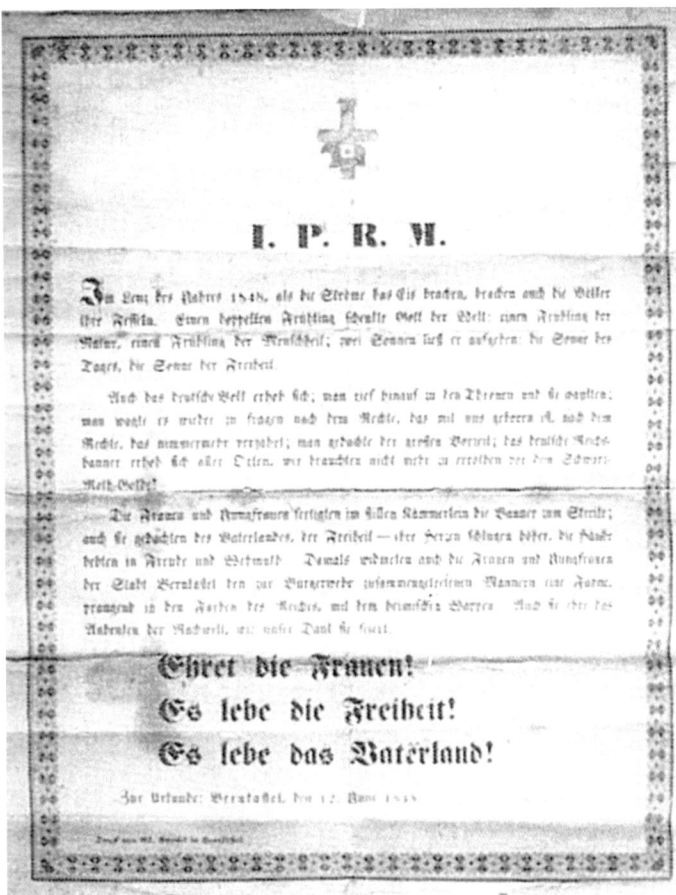

Abb. 14: Zeitungsartikel von 1848

Nach dieser Volksversammlung war das Ende des demokratischen Vereins für Bernkastel und Umgegend gekommen.

4.2 Der Bernkasteler Aufruhr vom 26. November 1848

Als König Friedrich Wilhelm IV. gleichzeitig mit dem Einmarsch des Generals Wrangel in Berlin den Grafen Brandenburg beauftragte, ein neues, rechtsstehendes Ministerium zu bilden, richteten die Abgeordneten der Linken aufrührerische Aufrufe an die Bevölkerung, die heftige Proteste an die Krone auslösten. Auch der Bernkasteler Stadtrat sandte am 13. November eine Eingabe an den König, in welcher er den tiefen Schmerz und seine innere Entrüstung zum Ausdruck bringt über den beklagenswerten Schritt seiner Majestät und gleichzeitig gegen die Verlegung der Nationalversammlung nach Brandenburg protestiert. Am folgenden Tag ging eine Dankadresse der Bürgerschaft an die Nationalversammlung ab, die mit den Worten schließt: Es lebe die Freiheit und die Brüderlichkeit. Auch 370 Wittlicher Bürger überreichten der Nationalversammlung einen Protestbrief. Am 28. Oktober gründeten die Wittlicher auch einen demokratischen Verein, dessen Präsident P(eter) J(oseph) Sailler wurde, dem Josef Schömann Sohn folgte. Fast täglich trafen Schreiben der Abgeordneten Borchardt und Grün sowohl in Bernkastel als auch in Wittlich ein, welche die Bevölkerung einseitig unterrichteten und zum Widerstand aufriefen. So zum Beispiel im Schreiben vom 14. November: „Bieten Sie alles auf, das ganze Moselgebiet in Bewegung zu setzen, sonst ist unsere Freiheit vielleicht auf lange Zeit verloren." Gemäß einem Beschluß, den die National-versammlung kurz vor ihrem Ende gefaßt hatte, forderten die Abgeordneten auf, die Steuern zu verweigern, Sicherheitsausschüsse zu bilden und die königlichen Kassen zu beschlagnah-men. Entsprechend diesen Aufrufen ging der Bernkasteler demokratische Verein jetzt vor. Am 17. November bildete sich ein Sicherheits- oder Bürgerausschuß, dem außer Coblenz als Vorsitzenden die Bürger Hegener, Grandpre, Schiffer Piesbach, Johann Philipp Thanisch, Jakob Thanisch, Jakob Weidner, Posthalter Peter Weidner, G(eorg) J(akob) Dahm, Metzler, Thiel, Friderici, Odermann, Kneisel und Reitz angehörten. Der Bürgerausschuß schickte eine Abordnung zu den Beamten der Stadt Bernkastel: zu Landrat von Steinäcker, Bürgermeister Schwan, Friedensrichter Poll, Kreissekretär Siebner und zu den beiden Einnehmern Pfeifer und Fehres und ließ fragen, ob sie es mit dem Volk oder mit der Regierung hielten. Als einziger bestritt der Landrat die Kompetenz der Abordnung zu einer solchen Fragestellung. Die übrigen aber gaben mehr oder weniger ausweichende Antworten, die beinhalteten, sie seien aus dem Volk hervorgegangen und hielten es auch mit dem Volk. Am 23. November beantragte der Bürgerausschuß bei der Stadtverwaltung „zur Förderung der heiligen Sache der Freiheit eine Summe von 500 Thalern zu votieren und davon sofort 100 Thaler disponabel zu stellen". Letztere sollten zur Beschaffung von Munition für die Bürgerwehr bestimmt sein. In den folgenden Tagen fanden in Graach, Wehlen und Zeltingen Volksversammlungen statt, in denen Coblenz und der Mosella-Redakteur Kneisel die Bevölkerung dazu überredeten, die Steuern zu verweigern und bereit zu sein, die Beschlüsse der Nationalversammlung notfalls mit Gewalt durchzusetzen. Angesichts dieser Ereignisse stellte der Landrat am 20. November den Antrag, Militär zu entsenden. Bereits am 22. November rückten unter Major Wöhrmann zwei Kompanien des 28. Infanterieregiments ein; die eine bezog in Bernkastel Quartier, die an-dere überwachte das Umland. Auch nach Wittlich wurden zwei Kompanien entsandt. Am 24. November traf in Bernkastel Advokat-Anwalt Boltz ein, der als Regierungsbevollmächtigter für die Kreise Wittlich und Bernkastel mit außerordentlichen Befugnissen ausgestattet war. Am späten Abend des 25. November folgte eine Gerichtskommission, die aus dem Staats-anwalt von Goeckingk, dem Untersuchungsrichter Wolff und einem Sekretär bestand. Am gleichen Abend noch besprach die Kommission mit dem Regierungsbevollmächtigten und dem Landrat das weitere Vorgehen.

Am nächsten Morgen, Sonntag dem 26. November um 7 Uhr, begaben sich die Unter-suchungsbeamten mit dem Gendarmen Ericke und einigen Soldaten ins Haus des Peter Josef Coblenz am Kirchhof Nr. 8 (das Haus am Kirchhof 8 und das Haus in der Moselstraße

10[75] gehörten 1907 noch der Witwe Stefan Coblenz, Barbara geb. Philipps, danach dem Bierbrauer Hermann Schmitt; das Anwesen am Kirchhof 8 war 1913 Eigentum des Schreinermeisters Peter Eßlinger und seiner Ehefrau Helene geb. Brück). Erst nach mehrmaligem Klopfen öffnete der Schiffer Selbach, der das untere Stockwerk des Anwesens bewohnte, die Haustüre. Als die Beamten das Haus betreten hatten, erhob sich von allen Seiten der Ruf: „Heraus!" Die Sturmglocke läutete, und eine Menge mit Gewehren, Hacken, Kärsten und dergleichen Geräten bewaffneter Männer nahm vor dem Hause Coblenz Aufstellung, um sich mit Gewalt der Verhaftung des Coblenz zu widersetzen. Der Prokurator kam heraus, um die aufgeregte Menge zu beruhigen. Er wurde tätlich angegriffen, zu Boden geworfen und mit einem Knüppel geschlagen. Der Untersuchungsrichter hatte vom Fenster aus beruhigend auf die versammelten Männer eingeredet. Er eilte dem Prokuratur zu Hilfe, mußte aber mit diesem auf das Gestade fliehen, während die aufgebrachte Menge die beiden Beamten mit Steinwürfen verfolgte. Als der Untersuchungsrichter zurückkehrte, erhielt er einen Schlag ins Genick. Währenddessen erschien Coblenz am Fenster seiner Wohnung und redete auf die Menge ein, die Sturmglocke zu läuten und seine Verhaftung nicht hinzunehmen, die Beamten zu vertreiben, die Soldaten aber in Ruhe zu lassen. Inzwischen waren die Bürgerwehr und die Soldaten der 28er alarmiert worden und hatten auf dem Gestade Aufstellung genommen. Major Wöhrmann ließ seine Kompanie auf den Kirchhof vorrücken. Weil aber die dort versammelte Menschenmenge es offensichtlich auf einen Zusammenstoß ankommen lassen wollte, beschlossen die Beamten, auf die Anwendung von Gewalt zu verzichten, denn auch ein damit verbundenes Blutvergießen verbürgte keinen Erfolg der Maßnahme. Sie zogen sich vorerst in den Gasthof Gassen „Zu den Drei Königen" in der damaligen Straße hinterm Graben (jetzt Grabenstraße 7) zurück. Bald darauf erschien Coblenz mit mehreren Mitgliedern des Bürgerausschusses und verlangte im Namen des Volkes die sofortige Entfernung des Bürgermeisters, des Landrats und des Friedensrichters. Diesem Verlangen wurde nicht entsprochen, wenngleich aus anderem Grund Bürgermeister Schwan vorläufig von seinem Dienst dispensiert worden war. Während der Verhandlungen waren bewaffnete Männer aus Graach, Wehlen und Zeltingen nach Bernkastel gekommen, so daß jetzt am Gestade und in den angrenzenden Gassen einige tausend Menschen versammelt waren. Man entschied sich, die gegen diese Masse unwirksame Militärabordnung von Bernkastel abzuziehen und nach Mülheim zu verlegen. Obwohl Landrat, Bürgermeister und die übrigen Beamten inmitten der Infanterieeinheit herausmarschierten, wurden sie von der Volksmenge verfolgt, beschimpft und mit Steinen beworfen. Ein Stein traf den Regierungskommissar an den Kopf, ein anderer den Staatsprokurator an die Schulter. Man versuchte sogar, die Beamten aus den Reihen der Kompanie herauszuziehen. Wie zum Hohn begleitete die Bernkasteler Bürgerwehr, an ihrer Spitze Buchdrucker Kneisel als Tambourmajor, mit klingendem Spiel die Militäreinheit bis vor die Stadt und ließ sie dort an sich vorbeidefilieren. Vor Mülheim begegnete die Truppe einem Zug aus Wintrich, und im Verlauf des Tages trafen bewaffnete Kolonnen aus Rachtig, Kesten, Filzen, Ürzig und Cröv ein. Von Ausnahmen abgesehen hielten sich Longkamp, Monzelfeld und Cues der Bewegung fern. Die in Wittlich einquartierten Kompanien erhielten Befehl,

---

75 Das Grundstück, welches bis zu seiner Teilung im Jahr 1918 die beiden oben genannten Häuser umfasste, gehörte von 1789 bis 1832 dem Kammmacher Gerhard Kellermann und dessen Ehefrau Maria Josepha Geiß. Nach deren Tod 1832 gelangten Haus und Grundstück in den Besitz ihrer Tochter Anna Maria Kellermann, die vor 1811 den Schiffer Johann Coblenz geheiratet hatte [Bra25].

sofort nach Bernkastel abzurücken. Am Nachmittag des 26. November 1848 glich Bernkastel nach Zeugenaussagen einem Feldlager wie zur Zeit der Bauernkriege. Man sah Flinten aller Art, Spieße und Lanzen, Hellebarden und Morgensterne, aufgesteckte Sensen, Äxte und Beile, Mistgabeln und andere Waffen. Dazu eine Menge Fahnen. Als Held des Tages ging Coblenz umher und grüßte seine Pappenheimer, wie er seine Anhänger zu nennen pflegte.

Abb. 15: Fahne von 1848

Die Reaktion konnte nicht ausbleiben. Schon am Morgen des 27. November ließ der Stadtrat ausschellen, alle Auswärtigen müßten die Stadt verlassen. Am 28. November rückte unter Oberst von Kusserow vom 26. Infanterieregiment ein starkes Truppenkontingent in Bernkastel ein. Der Belagerungszustand wurde ausgerufen und die Ablieferung sämtlicher Waffen angeordnet. Vor dem St.-Nikolaus-Hospital auf der gegenüberliegenden Moselseite bezogen sechs Geschütze Stellung, um beim geringsten Widerstand die Stadt in Trümmer zu schießen. Auch alle Orte, die bewaffnete Abordnungen nach Bernkastel gesandt hatten, wurden in den Belagerungszustand einbezogen und von Soldaten besetzt. Eine neue Untersuchungskommission, der Staatsprokurator John und Landgerichtsrat Hack angehörten, begann ihre Tätigkeit, die bis zum 10. Dezember in Bernkastel, vom 11. bis 14. in Wittlich, vom 19. bis 23. in Neumagen und wieder vom 23. bis 24. Dezember in Bernkastel dauerte. Der Untersuchung hatten sich 21 Bernkasteler, 1 Graacher, 1 Wehlener, 2 Zeltinger, 2 Rachtiger, 1 Kröver, 2 Ürziger, 4 Lieserer, 1 Kestener, 3 Wintricher, 1 Minheimer, 1 Neumagener, 8 Trittenheimer und 15 Wittlicher Bürger zu stellen.

Die Namen der Bernkasteler waren:

Coblenz Peter Josef, Privatmann, 40 Jahre alt,
Kneisel Eduard, Buchdrucker, 30 Jahre alt,
Cetto Otto Franz, Eigentümer, 28 Jahre alt,
Thanisch Johann Philipp, Kaufmann, 30 Jahre alt,
Weidner Jakob, Posthalter, 29 Jahre alt,
Hegner Johann, 29 Jahre alt,
Grandpré Peter, Kaufmann, 32 Jahre alt,
Weidner Peter, Posthalter, 49 Jahre alt,
Metzler Philipp Georg, Wirt, 50 Jahre alt,
Schleich Franz, Schreiner, 48 Jahre alt,
Thanisch Jakob, Kaufmann, 47 Jahre alt,
Schneiders Johann, Schieferdecker, 54 Jahre alt,
König Johann Peter, Schneider, 58 Jahre alt,
Coblenz Anna, 30 Jahre alt,
Degen Matthias, Drechsler, 59 Jahre alt,
Reitz Valentin, Klempner, 53 Jahre alt,
Emmerich Johann, Tagelöhner, 25 Jahre alt,
Schabach Bernhard, Winzer, 42 Jahre alt,
Hoffmann Heinrich, Schmied, 40 Jahre alt,
Heiliger Josef, Tagelöhner, 28 Jahre alt,
Emmerich Stephan, Schuhmacher, 33 Jahre alt.

Davon waren geflüchtet: Coblenz, Kneisel, Cetto, Johann Philipp Thanisch, Metzler und Hegner. Im Untersuchungsgefängnis Trier saßen ein: Jakob Weidner und Grandpré aus Bernkastel, Johann Velten aus Graach, der Gutsbesitzer Johann Nicolay aus Ürzig, Ackerer Josef Prüm und Winzer Peter Josef Tinnes aus Wintrich, M. Maringer, Clüsserath, der Schlosser Josef Hecker und der Winzer Johann Theodor Lorenz aus Trittenheim, der Gerber Nikolaus Sailler, der Sattler Bernhard Merten und der Müller Peter Melchior aus Wittlich. Der Maler Johann Velten aus Graach hat diese dreizehn Personen in einem Bild festgehalten (siehe Abbildung 16). Jetzt rückten die bisherigen Anhänger der Bewegung von Coblenz ab, indem sie sagten, sie hätten die Sache notgedrungen mitgemacht, sie hätten die Anschauungen des Coblenz nicht geteilt, gegen ihren Willen seien sie in den Bürgerausschuß gewählt worden. Polizeidiener Skubowius, der bekannt geworden ist wegen seiner drolligen Anzeige über die Verunreinigung der Straßen in Bernkastel, sagte als hundertster Zeuge vor dem Untersuchungsrichter: „Am Sonntag, dem 26. November, war es für einen Beamten von der größten Gefahr, sich unter der bewaffneten Menge zu zeigen. Einschreiten konnte man doch nicht, und so folgte ich meiner Frau, die mich beschwor, nicht aus dem Hause zu gehen."

Am 4. Dezember wurde der Belagerungszustand über Bernkastel, Wehlen und Graach aufgehoben. Die militärische Besatzung in Höhe von 700 bis 800 Mann, eine drückende Last für die Bevölkerung, blieb jedoch bestehen. Erst am 10. Februar 1849 rückte die letzte Militäreinheit ab. Die Trierische Zeitung meldete aus Bernkastel, alles sei wieder ruhig bis zur Langeweile und das Spießbürgertum stehe in voller Blüte. In der Stadt schimpften viele dieser Ruhigen auf Coblenz, der das Unglück über sie gebracht habe, die Umgegend schimpfte auf Bernkas-

Abb. 16: Johann Veltens Gemälde „Gefängnisszene" der inhaftierten Revolutionäre

tel, das die einzige Schuld trage. Da die Bernkasteler Ereignisse in der ganzen Gegend großes Aufsehen erregten, veröffentlichte der Regierungspräsident in der Trierischen Zeitung einen Bericht darüber. Er stellt fest, daß nur die zufälligen Verhaftungen von Coblenz und Kneisel den Plan des bewaffneten Aufruhrs ans Licht gebracht hätten. Demgemäß lautete die Anklage auf Rebellion und Teilnahme an einem Attentat zum Umsturz der Regierung. Die Ansicht des Regierungspräsidenten, in Bernkastel sei ein allgemeiner Aufruhr geplant worden, geht aber entschieden zu weit. Es handelte sich vielmehr um eine örtliche Bewegung, wie sie sich damals in ähnlicher Weise vielerorts abspielte.

König Friedrich Wilhelm IV. löste durch eigenhändige Kabinettsordre vom 5. Januar 1849 die Bernkasteler Bürgerwehr auf, weil sie die Novemberereignisse nicht verhindert, sondern sogar unterstützt habe, ebenso die Wehren von Wittlich, Graach, Wehlen und Wintrich, weil sie den Aufständischen bewaffnet zu Hilfe gekommen seien. Die Bevölkerung beharrte trotz aller Bedrückung auf ihrem demokratischen Standpunkt. Bei den Wahlen zum preußischen Abgeordnetenhaus am 5. Februar wurde der Abgeordnete Borchardt im Wahlkreis Bernkastel wiedergewählt, im Wahlkreis Wittlich Dr. Grün. Bernkastel stellte als Wahlmänner wieder ausgesprochene Demokraten: Friderici, Dr. Schmitz, Jakob Thanisch und die Gebrüder Thiel.

Nach fünfmonatiger Untersuchungshaft der Beschuldigten erging am 24. April 1849 eine Entscheidung des Anklagesenats in Köln, nach welcher Anklage auf versuchten Umsturz der Regierung nicht erhoben wurde und alle Beschuldigten bis auf die folgenden außer Verfolgung gesetzt wurden: Coblenz, Kneisel, Metzler, Schleich, Reitz, Heiliger, Emmerich, Meyer, Schabach, Hoffmann aus Bernkastel und Johann Velten aus Graach. Die Anklage lautete jetzt: Am 26. November 1848 in bewaffneter Zusammenrottung von mehr als 20 Personen unter Anwendung von Gewalt sich den Beamten der richterlichen Polizei und der bewaffneten Macht widersetzt und sie tätlich angegriffen zu haben; bei Velten: durch Heranführung eines bewaffneten Zuzuges aus Graach die anderen unterstützt zu haben. Am 4., 5. und 6. Juni wurde über die Sache vor dem Assisenhof zu Trier verhandelt. Fast alle wurden von den Geschworenen als nicht schuldig befunden; den Klempner Reitz und den Tagelöhner Heiliger aber, die von den Gerichtsbeamten an dem Aufruhr erkannt worden waren, verurteilte der Gerichtshof zu 5 Jahren Zwangsarbeit. Wegen Heimwehs und der günstig lautenden Urteile stellten sich nach und nach diejenigen, die ins Ausland geflüchtet waren: im April 1850 Philipp Metzler, der Wirt zur goldenen Traube, im März 1851 Buchdrucker Eduard Kneisel. Beide wurden freigesprochen. Peter Josef Coblenz stellte sich dem Gericht im August 1850. Er wurde für schuldig erklärt, sich den Gerichtsbeamten widersetzt und sie tätlich angegriffen zu haben. Der Gerichtshof verurteilte ihn zu einer Zuchthausstrafe von 6 Jahren. Die dagegen eingelegte Berufung zum Kassationshof Berlin hatte keinen Erfolg. Zur Strafverbüßung wurde Coblenz nach Werden verbracht, von wo er im Juli 1852 in die Nervenheilanstalt Siegburg eingeliefert werden mußte. Dort verstarb er am 21. April 1856.[76] Es stimmt also nicht, wie Stahl berichtet, daß Coblenz 1854 aus Siegburg entlassen worden und einige Zeit später in der Strafanstalt Werden gestorben sei.

Auch die Gesuche der fünf Kinder des verurteilten Reitz, die selbst vom Oberprokurator befürwortet waren, fanden in Berlin kein Gehör. Dort stieß alles, was mit dem Jahre 1848 zusammenhing, auch später auf starken Widerstand.

4.3 Die Auflösung der Bürgerwehren

Als Folge der Ereignisse vom 26. November 1848 löste König Friedrich Wilhelm IV. Anfang 1849 die Bernkasteler Bürgerwehr auf, wie das „Bernkast'ler Tage-Blatt" vom 20. Januar 1849 berichtet:

Wir Friedrich Wilhelm von Gottes Gnaden, König von Preußen etc. In Erwägung, daß die Bürgerwehr der Stadt Bernkastel, uneingedenk der ihr durch das Gesetz über die Errichtung der Bürgerwehr vom 17. Oktober v(origen) J(ahres) § 1 gegebenen Bestimmung, die gesetzliche Ordnung zu schützen, am 26. November pr. es unthätig hat geschehen lassen, daß der Vollstreckung einer gerichtlichen Verhaftung gewaltsamer Widerstand geleistet, und die beauftragten Beamten gröblich insultirt wurden, in Erwägung ferner, daß unter den bewaffneten Exzedenten ein großer Theil der Bürgerwehrmannschaften sich befunden und daß die Bürgerwehr sogar Einen der zu Verhaftenden in den Functionen als Bürgerwehrmann in ihrer Mitte geduldet hat; in Erwägung endlich, daß die Bürgerwehren der Orte Wittlich, Wehlen, Graach und Wintrich, die Bürgerwehr von Wittlich sogar gegen den ausdrücklichen Befehl ihres Anführers, am genannten Tage den Aufständischen in Bernkastel bewaffnet zu Hülfe gekommen, und auf diese Weise selbst in offenen Aufruhr und Widerstand gegen die Staatsgewalt und die gesetzliche Ordnung getreten sind
verordnen hierdurch auf den Antrag Unseres Ministers des Innern, in Gemäßheit des § 3 des oben angezogenen Gesetzes, welcher lautet:

---

[76] Siehe auch Abschnitt 4.4.1.

*„Durch Königliche Verordnung kann aus wichtigen in der Auflösungs-Ordre anzuge-
henden Gründen die Bürgerwehr einzelner Gemeinden oder Kreise ihres Dienstes
enthoben oder aufgelöst werden. Die Dienst-Enthebung darf nicht länger als sechs
Wochen dauern. Im Fall der Auflösung muß die Verordnung wegen der neuen Organisation der Bürgerwehr binnen drei Monaten erfolgen."*
was folgt:
*die Bürgerwehren der Orte Bernkastel, Wittlich, Wehlen, Graach und Wintrich sind
hiermit aufgelöst. Die betreffenden Behörden sind mit der Ausführung beauftragt.
Gegeben Charlottenburg am 5ten Januar 1849.*

    gez(eichnet) Friedrich Wilhelm.
      gez. Manteuffel.

    Für gleichlautende Abschrift.
Trier, den 14. Januar 1849.
    Das Regierungs-Präsidium,
      Sebaldt.

Mit einer Annonce im „Bernkast'ler Tage-Blatt" vom 25. Januar 1849 verwahrte sich die
Bürgerwehr von Bernkastel gegen die von offizieller Seite vorgebrachten Anschuldigungen:

*Locales. In Nr. 16 des Tageblatts und Nr. 8 der Mosella c(urrentum) findet sich
eine Cabinets-Ordre vom 14. Januar desselben Jahres, worin die Bürgerwehr von
Bernkastel angeschuldigt wird:
1) daß sie es unthätig habe geschehen lassen, daß der Vollstreckung einer
gerichtlichen Verhaftung gewaltsamer Widerstand geleistet wurde etc. etc.
2) daß die Bürgerwehr einen der zu Verhaftenden in den Funktionen als Bürgerwehrmann in ihrer Mitte geduldet habe, in deren Folgen dieselbe als aufgelöst erklärt
wurde. Die Bürgerwehr von Bernkastel hat die feste moralische Ueberzeugung, daß
sie bei jeder Gelegenheit den Anordnungen und Befehlen ihrer Herren Chefs von
Bardeleben und Caspar Schwarz auf's Pünktlichste nachgekommen ist; sie sieht daher in der bezogenen Cabinets-Ordre letztern, Herrn Caspar Schwarz direkt, und sich
nur indirekt angeschuldigt. Sie hat daher erwartungsvoll von demselben gehofft, daß
er seine Ehre, wie auch die der Compagnie schützen würde.
Es sind seit der Publikation der betreffenden Ordre bis heute bereits vier Tage verflossen, ohne daß sie ihre Voraussetzung in Erfüllung gegangen sieht. Sollte dieselbe
bis zum 30. d(ieses) M(onats) nicht befriedigt sein, so wird sich die Bürgerwehr
veranlaßt finden, zur Rettung ihrer Ehre über den angeführten Hergang die detail-
lirtesten Data zu veröffentlichen.
Bernkastel, den 23. Januar 1849.
Viele Bürgerwehrmänner.*

Die Bürgerwehr beklagt sich also bei ihrem Führer Caspar Schwarz, dass dieser nichts gegen
die Vorwürfe unternommen habe, um sowohl seine eigene Ehre als auch die seiner Kameraden wiederherzustellen. Sie stellen ihm ein Ultimatum von 5 Tagen, um dies nachzuholen,
ansonsten würden sie selbst die Vorgänge des 26. November 1848 in allen Details schildern.

Die ganze Sache zog sich scheinbar noch eine Weile hin, denn erst am 1. April 1849 schickte die Bernkasteler Bürgerwehr eine Petition an den König, in der man um Rücknahme der Kabinettsordre bat. Dies geschah freilich etwas zu spät, was die Fristen der Auflösung der Bürgerwehr betraf — wie das „Bernkast'ler Tage-Blatt" vom 14. April 1849 berichtet:

Von der Mosel, 9. April. Durch Kabinetsordre vom 5. Jan(uar) ist bekanntlich die Bürgerwehr von Bernkastel, Wehlen, Wittlich und Wintrich aufgelöst worden, er- stere besonders weil sie es unthätig geschehen ließ, daß der Vollstreckung einer gerichtlichen Verhaftung gewaltsamer Widerstand entgegengesetzt wurde. Nun war aber die Bürgerwehr gar nicht von einer Verhaftung benachrichtigt, sondern man hat ohne Weiteres Militär requirirt, — sollte sie denn aus freiem Antrieb die Befreiung der zu Verhaftenden hintertreiben? Selbst von einer Verhaftung war noch keine Rede, sondern es wurde noch später versichert, man habe blos eine Haussuchung beab- sichtigt! Die Bürgerwehr hat nun auch am 1. d(ieses) [Monats] beim Könige um Zurücknahme jener Cabinetsordre petitionirt, was freilich etwas zu spät kam, da ja am 5. ohnedies 3 Monate verflossen waren und also eine neue Organisation ein- treten soll. Auf dem Lande sind übrigens die Bürgerwehren auch ohne königliche Cabinetsordren so gut wie aufgelöst, und nach der Wiederherstellung im Sinne des Bürgerwehrgesetzes verlangt kein Mensch.

Damit war das Schicksal der Bürgerwehr besiegelt — zumindest für fast 125 Jahre!

Am Ostersonntag 1973 trat zum ersten Mal nach langen und eifrigen Vorbereitungen der Fanfarenzug der Bernkasteler Bürgerwehr in Aktion. Um 10 Uhr Morgens zog man durch die Straßen von Bernkastel zum Marktplatz. Der ehemalige Verbandsbürgermeister Peter Boeck stellte die neue Musikgruppe vor, die an die alte Tradition der Bürgerwehr aus dem Revolutionsjahr 1848 anknüpfte. Das Statut, das sich die Bürgerwehr von Bernkastel am 30. März 1848 gegeben hatte und das von 64 der angesehenen Bürger unterzeichnet wurde, liegt noch vor. Der Verein bezweckte in erster Linie die Aufrechterhaltung der Ordnung und die Sicherung von Person und Eigentum in einer damals bewegten Zeit. Die alte Fahne von 1848 kann man heute noch im Heimatmuseum Graacher Tor bewundern.[77]

Im selben Artikel vom 14. April 1849 erfahren wir auch Neues zum Prozess gegen die Angeklagten vom 26. November 1848:

Wie man hört sollen die politischen Gefangenen nun doch vor die Assisen kommen, aber nicht in Trier, sondern in Aachen. Vielleicht macht eine Amnestie diese Proce- dur und den nochmaligen Transport der armen Gefangenen unnnöthig, indessen wird dies ihretwegen hier wenig Freude erregen, da kein Mensch an ihrer Freisprechung zweifelt, und Jeder in diesem Falle den Triumph mitfeierte, der freilich die armen Betrogenen theuer genug zu stehen kommt. Die Meisten sind Familienväter, deren Hauswesen total darnieder liegt, und es ist wahrlich an der Zeit, daß ihnen ihr Recht zu Theil wird, wenn nicht die königliche Gnade, deren sich übrigens nach Ihrer gestri- gen Berliner Correspondenz die Demokraten nicht zu erfreuen haben, dies unnöthig macht. (Tr[ierer] Z[eitung])

---

[77] http://bernkasteler-buergerwehr.de/

4.4 Das weitere Schicksal der Angeklagten

In diesem Abschnitt soll über das Schicksal einiger der handelnden Personen nach 1849 berichtet werden, soweit uns Informationen darüber vorliegen.

Wie oben berichtet, saßen im Untersuchungsgefängnis Trier folgende 13 Männer ein:[78]

1. der Kaufmann Jakob Weidener aus Bernkastel,
2. der Kaufmann Peter Alois Grandpré aus Bernkastel,
3. der Maler Johann Velten aus Graach,
4. der Gutsbesitzer Johann Nicolay aus Ürzig,
5. der Ackerer Josef Prüm aus Wintrich,
6. der Winzer Peter Josef Tinnes aus Wintrich,
7. M. Maringer aus Trittenheim,
8. NN Clüsserath aus Trittenheim,
9. der Schlosser Josef Hecker aus Trittenheim,
10. der Winzer Johann Theodor Lorenz aus Trittenheim,
11. der Gerber Nikolaus Sailler aus Wittlich,
12. der Sattler Bernhard Merten aus Wittlich,
13. der Müller Peter Melchior aus Wittlich.

Auf der Flucht befanden sich folgende Bernkasteler Bürger:

14. der Rechtsberater Peter Joseph Coblenz,
15. der Buchdrucker Eduard Kneisel,
16. der Gutsbesitzer Otto Franz Cetto,
17. der Kaufmann Johann Philipp Thanisch,
18. der Gastwirt Georg Philipp Metzler und
19. der Gutsbesitzer Johann Hegener.

Am 24. April 1849 wurden in Köln — nicht in Aachen wie ursprünglich berichtet — einige des Umsturzversuches von 1848 angeklagte Bernkasteler Bürger freigesprochen, wie das „Bernkast'ler Tage-Blatt" vom 29. April 1849 berichtet:

Bernkastel, den 28. April. Unsere Stadt ist freudig bewegt. Wie nicht anderst zu erwarten, hat der Anklage-Senat des kgl. Appellhofes in Köln am 24. d(iese)s M(ona)ts nachbenannte, bei den hiesigen Vorfällen im November v(origen) J(ahres) betheiligten Personen ausser Verfolgung gesetzt: 1. die Gebrüder Thanisch, 2. J(akob) Weidner, 3. P(eter) Grandpré, sämmtlich von hier, 4. P(eter) J(oseph)

---

[78] [Sta23].

Thinnes, 5. J(oseph) Prim von Wintrich, 6. Joh(ann) [Theodor] Lorenz, 7. Heckel[79], 8. Maringer von Trittenheim, 9. Nicolay von Uerzig und 10. P(eter) Melchior von Wittlich.

Abgesehen von den Gebr(üdern) Thanisch sitzen die nunmehr Freigesprochenen fünf volle Monate in Untersuchungshaft, welchem Schicksale sich der jüngere Thanisch nur durch die Flucht entzog. —

Nicht so günstig fiel der Spruch für den ebenfalls inhaftierten Maler Velten von Graach aus; derselbe wurde zwar von der Beschuldigung eines Attentats zum Umsturze des bestehenden Gouvernements entbunden, jedoch wegen Anreizung zur Rebellion vor Gericht verwiesen.

Mit größter Theilnahme sieht man dem fernern Ausspruche des Appellhofes in Bezug auf den noch inhaftirten Clüsserath aus Trittenheim und die übrigen in's Ausland geflüchteten Demokraten entgegen. —

Bereits heute war unser Gestade mit den zahlreichen Freunden und Bekannten der hiesigen Freigesprochenen bedeckt, die der Rückkunft der Letztern mit dem Dampfboote, wiewohl vergeblich entgegen harrten.

Am 6. Juni 1849 wurden weitere fünf Angeklagte aus Bernkastel vom Gericht in Trier für „nicht schuldig" befunden, während zwei „schuldig" gesprochen und zu Gefängnis respektive Zwangsarbeit verurteilt wurden, wie das „Bernkast'ler Tage-Blatt" vom 8. Juni 184 berichtet:

Bernkastel, 7. Juni. Nach dreitägiger Verhandlung wurde in Trier in der Assisen-Sitzung vom Gestrigen von den Geschwornen der Spruch über die beiden bekannten hiesigen Vorfällen im November v(origen) J(ah)r(e)s Betheiligten gefällt: derselbe lautet bei 5 der Angeklagten auf „nichtschuldig" und bei zwei, dem Taglöhner Heiliger und Blechschläger Reitz von hier, auf „schuldig", worauf der Gerichtshof letztere zu fünfjährigem Gefängniß und resp(ective) Zwangsarbeit verurtheilte. — Die auf flüchtigem Fuße befindlichen Beschuldigten Koblenz, Kneisel und Metzler waren nicht geladen.

4.4.1 Der Rechtsberater Peter Joseph Coblenz

Wie bereits berichtet, verstarb Peter Joseph Coblenz, der ehemalige Rechtsberater und Vorsitzende des Demokratischen Vereins zu Bernkastel, in der Nervenheilanstalt Siegburg. Gut möglich, dass er erblich vorbelastet war, denn am 16. Mai 1819 heißt es im standesamtlichen Geburtsakt[80] von Peter Josephs Schwester Maria Catharina über ihren gemeinsamen Vater: „Johann Coblenz, Schiffer, gegenwärtig im Narrenhaus[81]."

Sollte Coblenz eine solche genetische Prädisposition gehabt haben, so kann man sich vorstellen, dass für einen freiheitsliebenden und für seine Rechte kämpfenden Mann wie ihn die Haft unerträglich gewesen sein muss und schließlich zu seiner Einweisung in die Nervenheilanstalt führte.

---

[79] Hier muss es Hecker heißen!
[80] SA/BS G 1819/66.
[81] Hiermit ist vermutlich die Irrenanstalt — später Landarmenhaus — in Trier gemeint.

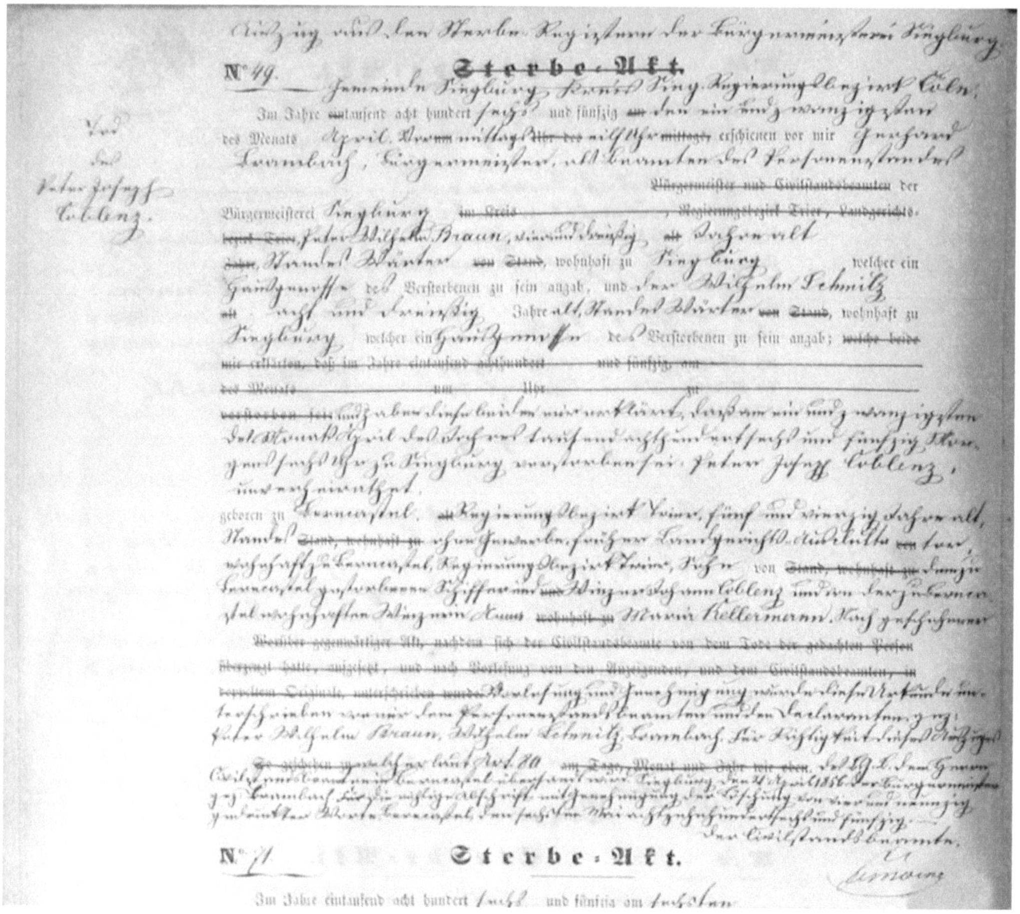

Abb. 17: Standesamtlicher Sterbeakt des Peter Joseph Coblenz

Sein standesamtlicher Sterbeakt[82] (siehe auch Abbildung 17), der im Standesamt Bernkastel-Kues nachgetragen wurde, lautet: „Gemeinde Siegburg, Kreis Siegburg, Regierungsbezirk Cöln. Im Jahre tausend acht hundert sechs und fünfzig den ein und zwanzigsten des Monats April, vormittags eilf Uhr erschienen vor mir Gerhard Brambach, Bürgermeister, als Beamten des Personenstandes der Bürgermeisterei Siegburg, Peter Wilhelm Braun, vier und dreißig Jahre alt, Standes Wärter, wohnhaft zu Siegburg, welcher ein Hausgenosse des Verstorbenen zu sein angab, und der Wilhelm Schmitz, acht und dreißig Jahre alt, Standes Wärter, wohnhaft zu Siegburg, welcher ein Hausgenosse des Verstorbenen zu sein angab; und haben diese beiden mir erklärt, daß am ein und zwanzigsten April des Jahres tausend acht hundert sechs und fünfzig Morgens sechs Uhr zu Siegburg verstorben sei: Peter Joseph Coblenz, unverheirathet, geboren zu Berncastel, Regierungsbezirk Trier, fünf und vierzig Jahre alt, Standes ohne Gewerbe, früher Landgerichts-Auskultator, wohnhaft zu Berncastel, Sohn von dem zu Berncastel gestorbenen Schiffer und Winzer Johann Coblenz und von der zu Berncastel wohnhaften Winzerin Anna Maria Kellermann."

---

[82] SA/BS S 1856/49.

Mit dem weiter oben genannten Friedensrichter Poll hatte Peter Joseph Coblenz bereits vor den Tagen der Revolution eine gerichtliche Auseinandersetzung gehabt. Das „Gemeinnützige Wochenblatt" vom 16. April 1846 zitierte aus der „Trierischen Zeitung" wie folgt:

Trier, 13. April. Vorgestern erschien vor den Schranken des hiesigen Zucht-
polizeigerichts der Privatmann Coblenz aus Berncastel, angeklagt durch die Staats-
behörde, den dortigen Friedensrichter Poll in einem in der hiesigen Zeitung (Nummer
20) erschienenen Artikel durch Critik seiner Amtshandlungen beleidigt zu haben.
Bevor zu der Verhandlung der Hauptsache geschritten wurde, brachte der Verthei-
diger des Angeklagten, Advokat Schilly, die Unzulänglichkeit der Klage von Seiten
des öffentlichen Ministeriums vor. Der Vertheidiger urgirte, daß der Staat durch
das von dem Censor dem incriminirten Zeitungsartikel gewordene Imprimatur[83] kein
Vergehen in dem Artikel erkannt habe, also auch nachträglich keins daraus machen
könne, und daß nur der angeblich Beleidigte sein Recht dem angeblichen Beleidiger
gegenüber auf dem Wege der gewöhnlichen Parteien suchen können und nicht die
Staatsbehörde auf den Grund zweier Denunciationen des angeblich Beleidigten hin.
Der Gerichtshof erkannt für Recht auf Grund des Censurgesetzes vom Jahre 1819,
Art. 13, daß nur der Friedensrichter Poll in einer Civilklage gegen den Angeklagten
Coblenz sein Recht suchen könne und wies das öffentliche Ministerium mit seiner
Klage ab. (Tr[ierer] Z[eitung])

Friedensrichter Poll wollte sich mit diesem Urteil nicht abfinden und die Staatsbehörde legte Widerspruch ein. Das „Gemeinnützige Wochenblatt" vom 4. Juni 1846 berichtet über das Urteil der Appellationskammer wie folgt:

Berncastel, 3. Juni. Wie bereits in Nummer 31 d(iese)s Bl(at)t(e)s berichtet, war
der Privatmann Herr Coblenz von hier vor die Schranken des Zuchtpolizeigerichts
in Trier gezogen worden, angeklagt durch die Staatsbehörde, den hiesigen Frieden-
srichter, Herrn Poll, in einem in der Trierer Zeitung erschienenen Artikel durch Critik
seiner Amtshandlungen beleidigt zu haben. Das Gericht erster Instanz wies aber
das öffentliche Ministerium mit seiner Klage ab, und überließ es der Person des
Herrn Friedensrichters in einer Civilklage sein Recht zu suchen. — Auf die Berufung
der Staatsbehörde gegen dieses Urtheil wurde dasselbe am 28. v(origen) M(ona)ts
auch durch die Appellkammer in Uebereinstimmung mit dem Richter erster Instanz
bestätigt.

Wie das „Gemeinnützige Wochenblatt" vom 7. Juni 1846 berichtet, rief die abermalige Niederlage des Friedensrichters Poll bei der Bevölkerung Bernkastels große Freude hervor:

Berncastel, den 5. Juni. Das in der vorigen Nummer dieses Blattes referirte Urtheil
des königlichen Landgerichts zu Trier, betreffend die von Seiten des öffentlichen
Ministeriums gegen den hier wohnenden Privatmann P(eter) J(oseph) Coblenz er-
hobene, in beiden Instanzen als unstatthaft abgewiesene Klage, hat hier eine allge-
meine freudige Sensation erregt.
Viele hiesige Bürger von loyaler Gesinnung und mit den in Frage stehenden

---

[83] Vermerk des Autors oder Verlegers auf dem letzten Korrekturabzug, dass der Satz zum Druck freigegeben ist.

*Verhältnissen wohlbekannt, beschlossen sofort, zu Ehren ihres Mitbürgers **ein Festmahl** zu veranstalten. Der um seine Zustimmung Befragte verbat sich diese Ehrenbezeugung und fügte hinzu, daß sein redliches Bewußtsein, für eine gute Sache mit möglichster Schonung der resp. Persönlichkeit in die Schranken getreten und im Besitz einer legalen Waffe gewesen zu sein, ihm die größte Belohnung gewähre und lieber sei als jede äußere Anerkennung. (Eingesandt.)*

Auch nach seiner abermaligen Niederlage vor Gericht ließ Friedensrichter Poll nicht locker und strengte über die öffentliche Hand einen dritten Prozess an! Dabei biss er abermals auf Granit, wie das „Bernkast'ler Wochen-Blatt" vom 28. März 1847 berichtete:

Berncastel, den 25. März. Man wird sich noch des auch in diesen Blättern besproch-enen Preßprozesses gegen unsern Mitbürger, den ehemaligen Auscultator Herrn Coblenz erinnern.

Bekanntlich ging die öffentliche Klage dahin, „daß der Beschuldigte durch einen von ihm verfaßten in die Tr[ierische] Z[eitung] eingerückten Artikel den K(öniglichen) Friedensrichter von hier in Beziehung auf sein Amt beschimpft habe."

Diese Klage wurde von dem K(öniglichen) Landgerichte zu Trier in I. und II. In-stanz als unzulässig abgewiesen, jedoch auf den vom öffentlichen Ministerium er-griffenen Recurs vom Rhein(ischen) Revisions- und Cassationshofe in Berlin, für zulässig erklärt u(nd) zur Aburtheilung in die Zuchtpolizei-Appellationskammer des Königl(ichen) Landgerichts in Saarbrücken verwiesen, allwo heute vor acht Tagen die Sache zur Verhandlung kam, und nach einer 6stündigen Debatte mit der Frei-sprechung des Angeklagten endete.

Peter Joseph Coblenz war also in allen drei Instanzen vom Vorwurf der Beleidigung **freige-sprochen** worden!

Noch interessanter wird der Gerichtsstreit des Friedensrichters Poll, wenn man ihn mit dem Fall des Stadtsekretärs Franz Bildhauer vergleicht (siehe Kapitel 10). Während der Friedens-richter scheinbar ungeniert und ungestraft seinen vermeintlichen Rechtsanspruch vor Gericht zu erlangen versuchte, unterstellte man dem Stadtsekretär eine *Paranoia querulatoria*! Es war eben ein Unterschied, ob der „kleine Mann" sein Recht haben wollte oder ob es sich um jemanden aus der Schicht der Beamten oder Politiker handelte. Aus heutiger Sicht muss man leider konstatieren, dass sich daran auch nach 180 Jahren anscheinend nichts geändert hat.

Randbemerkung: Über den Tod von Peter Joseph Coblenz wurde scheinbar nichts in der „Bernkasteler Zeitung" berichtet, jedenfalls ließ sich in den ersten 14 Tagen nach seinem Ableben nichts diesbezügliches finden. Vielleicht war er nach den vielen Jahren, die seit seiner Verurteilung und der damit verbundenen Abwesenheit von Bernkastel vergangen waren einfach zu uninteressant geworden, als dass man darüber noch berichten wollte?

4.4.2 Der Buchdrucker, Redakteur und Verleger Johann Caspar Eduard Kneisel

Am 26. September 1845 heirateten in Bernkastel *Johann Caspar Eduard Kneisel, Buchdrucker zu Bernkastel, geboren am 16. April 1818 zu Bonn (Sohn von Karl Moritz Kneisel, Gymnasiallehrer zu Bonn, und Carolina Valognes) und Anna Maria Friedrich, geboren am 11. November 1815 zu Bernkastel (Tochter von Franz Friderich, Schiffer, und der verstorbenen Margaretha Haut).*[84]

Die Eheleute hatten vier Kinder miteinander:[85]

1. Anna Franziska Louisa (*10.05.1846)
2. Maria Carolina (*26.02.1848)
3. Maria Florentine (*18.06.1852)
4. Moritz Franz Eduard (*29.01.1854)

Man kann gut erkennen, dass zwischen der Geburt des zweiten und dritten Kindes ein Abstand von vier Jahren liegt, während es zwischen den anderen Geburten jeweils nur gut anderthalb Jahre waren. Dies rührt daher, dass Kneisel sich 1848 ins Ausland abgesetzt hatte und erst im März 1851 zurückkehrte — um dann bis zu seinem Freispruch wohl erst einmal im Untersuchungsgefängnis zu landen.

Während seines Auslandsaufenthaltes wurde die von Kneisel verlegte Zeitung „Mosella" eingestellt. Ob dies auf Veranlassung der Behörden geschah oder schlichtweg, weil der Redakteur, Verleger und Buchdrucker im Ausland weilte ist unklar. Seine Ehefrau teilte aber in einer Annonce der „Bernkasteler Zeitung" vom 5. Juli 1850 mit, dass die Buchdruckerei wie bisher weitergeführt werde (siehe Abbildung 18).

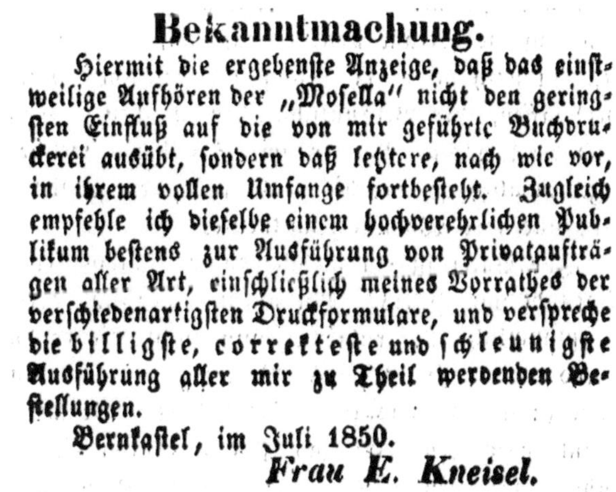

Bekanntmachung.

Hiermit die ergebenste Anzeige, daß das einstweilige Aufhören der „Mosella" nicht den geringsten Einfluß auf die von mir geführte Buchdruckerei ausübt, sondern daß letztere, nach wie vor, in ihrem vollen Umfange fortbesteht. Zugleich empfehle ich dieselbe einem hochverehrlichen Publikum bestens zur Ausführung von Privataufträgen aller Art, einschließlich meines Vorrathes der verschiedenartigsten Druckformulare, und verspreche die billigste, correkteste und schleunigste Ausführung aller mir zu Theil werdenden Bestellungen.

Bernkastel, im Juli 1850.

Frau E. Kneisel.

Abb. 18: Einstellung der Zeitung „Mosella"

[84] SA/BS H 1845/35.
[85] [Bra21, Nr. 2260].

Am 26. Januar 1856 verstarb Kneisels Ehefrau Anna Maria Friedrich im Alter von nur 40 Jahren.[86] Es dauerte beinahe drei Jahre bis er sich wieder vermählte: am 16. Oktober 1858 heiratete er Clara Jacobs aus Rachtig.[87] Mit ihr hatte er 1859 noch eine gemeinsame Tochter.[88]

Am 2. Januar 1859 gab Kneisel die einzige Probenummer des „Trarbacher Anzeiger" heraus: „Schon in den fünfziger Jahren des vorigen Jahrhunderts machte sich in Trarbach das Bedürfnis zur Herausgabe einer Zeitung geltend. Es war zunächst der Buchdrucker Eduard Kneisel aus Bernkastel, der sich im Jahre 1859 mit einem Antrag an den Landrat in Zell wandte, um die Erlaubnis zur Herausgabe des in Aussicht genommenen *Trarbacher Anzeiger* zu erhalten. Seinem Antrag, dem man vorerst abschlägig gegenüberstand, gab man schließlich statt. Außer der Probenummer sind aber weitere Exemplare nicht erschienen, so daß angenommen werden muß, daß das am 2. Januar 1859 neugeborene Kind am gleichen Tage auch verstarb." [89]

Am 9. Januar 1862 verstarb in Bernkastel *Johann Caspar Eduard Kneisel, Buchdrucker, 43 Jahre alt, Witwer von Anna Maria Friedrich und Ehemann von Clara Jacobs, geboren zu Bonn (Sohn von Karl Moritz Kneisel, Professor, und Caroline Walonges).*[90]

4.4.3 Der Klempner Valentin Reitz

Valentin Reitz wurde am 17. Mai 1795 in Alzey als Sohn des Schlossers Valentin Josef Ernst Reitz und dessen Ehefrau Elisabeth Klein geboren.[91]

Am 21. Februar 1827 heiratete er in Bernkastel Maria Anna Velten, die Witwe des Blechschmieds Franz Jakob Reibel.[92] Mit seiner Ehefrau hatte er zwischen 1827 und 1842 sieben gemeinsame Kinder, von denen zwei im Kindesalter verstorben waren.

Am 6. Juni 1849 wurde Valentin Reitz vom Assisenhof in Trier für schuldig befunden am 26. November 1848 einen Umsturzversuch an der preußischen Regierung verübt zu haben und zu fünf Jahren Zwangsarbeit verurteilt. Der Mitangeklagte Joseph Heinrich Heiliger erhielt die gleiche Strafe (siehe Abschnitt 4.4.6).

Das Urteil war nicht nur für den Angeklagten selbst eine Katastrophe, sondern auch für seine fünf Kinder, von denen der Jüngste erst sieben Jahre alt war. Ihre Mutter war bereits am 18. November 1843 verstorben. Alleine diese Tatsache hätte dem Gericht klarmachen müssen, dass Reitz nicht durch unbedachtes Handeln während der Ereignisse, die sich 5 Jahre später in Bernkastel abspielten, die Existenz seiner Kinder hätte gefährden wollen!

---

[86] SA/BS S 1856/13.
[87] SA/BS H 1858/10.
[88] [Bra21, Nr. 2260].
[89] [Cas].
[90] SA/BS S 1862/4.
[91] [Bra21, Nr. 3637.]
[92] SA/BS H 1827/25.

Stahl schreibt: „Mit Rührung und Mitleid verfolgt man in den Akten die von den Familien der Verurteilten immer wieder eingereichten Gnadengesuche an den König. Die Gesuche der fünf mutterlosen, meist unmündigen Kinder des Reitz wurden selbst vom Ober-Prokurator befürwortet. Allein in Berlin kannte man keine Gnade. Dort herrschte in den 50er Jahren die finsterste Reaktion, dort brachte man allem, was mit dem Jahre 1848 zusammenhing, nur Abscheu und Haß entgegen." [93] Daher muss man davon ausgehen, dass Reitz die vollen fünf Jahre absitzen musste und erst 1854 wieder nach Hause zurückkehrte.

Valentin Reitz muss über eine ungemein robuste Konstitution verfügt haben, denn er verstarb erst am 8. Oktober 1875 im Alter von 80 Jahren in Bernkastel.[94] Das war in der damaligen Zeit ein hohes Alter für einen Mann, erst recht wenn man bedenkt, dass er fünf Jahre im Zuchthaus gesessen hatte!

4.4.4 Der Gutsbesitzer Otto Franz Cetto

Am 21. März 1818 wurde Otto Franz Cetto in Bernkastel als Sohn des früheren Stadtbürgermeisters und jetzigen Zivilstandsbeamten Anton Cetto und dessen Ehefrau Susanna Karicht geboren.[95]

Anton Cetto, Stadtbürgermeister zu Bernkastel, erwarb am 24. Juni 1803 für knapp 3.000 Taler das daselbst gelegene kurtrierische Hofgebäude. Das Gebäude wurde 1863 unter seine beiden Söhne aufgeteilt: Otto Franz erhielt das Haus mit der Adresse Gestade 12, sein Bruder Nikolaus Karl Cetto den Teil mit der Adresse Gestade 14.[96]

Otto Franz Cetto war einer der Vorstandsmitglieder des im Juni 1848 gegründeten „Demokratischen Vereins für Bernkastel und Umgegend". In seinem Wohnhaus fanden regelmäßig Sitzungen des Vereins statt.

Am 27. Oktober 1856 heiratete er Angela Dillinger aus Bernkastel.[97] Die Ehe blieb kinderlos.

Otto Franz Cetto verstarb am 30. September 1863 in Bernkastel.[98] Seine Witwe heiratete später den langjährigen Bernkasteler Stadtbürgermeister Heinrich Kunz.

4.4.5 Der Kaufmann Jakob Weidener

Jakob Weidener wurde am 15. März 1819 in Bernkastel als Sohn des Schiffers Franz Joseph Weidener und dessen Ehefrau Angela Welsch geboren.[99]

1841 lässt sich Jakob Weidener in Köln nachweisen.

---

[93] [Sta23, S. 28–29].
[94] SA/BS S 1875/59.
[95] [Bra21, Nr. 556].
[96] [Bra25].
[97] SA/BS S 1856/41.
[98] SA/BS S 1863/46.
[99] [Bra21, Nr. 4756].

Im März 1848 bei der Gründung der Bernkasteler Bürgerwehr war der Kaufmann Jakob Weidner neben Caspar Schwarz einer der beiden Zugführer. Im Juni 1848 gehörte er zum Vorstand des neugegründeten „Demokratischen Vereins für Bernkastel und Umgegend".

Am 24. April 1849 wurde Jakob Weidener in Köln zusammen mit einigen anderen des Umsturzversuches von 1848 angeklagten Bernkasteler Bürgern freigesprochen, nachdem er fünf Monate im Untersuchungsgefängnis zu Trier verbracht hatte.

Zwischen 1838 und 1850 besaß Jakobs Mutter, Angela Welsch, Witwe von Franz Joseph Weidener das Haus in der heutigen Römerstraße 30/31, in dem sich heute das Café Michel befindet.[100]

Abb. 19: Blick auf Kapuzinerkreuz und Café Michel im Jahr 1869 (RK)

Jakob Weidener verstarb unverheiratet am 1. Dezember 1898 in Hönningen.[101]

4.4.6 Der Tagelöhner Joseph Heinrich Heiliger

Joseph Heinrich Heiliger wurde am 14. Juli 1820 in Koblenz als Sohn des pensionierten Gendarms Gerhard Maria Wilhelm Heiliger und dessen Ehefrau Adelheid Elisabeth Schmitz geboren. Beide Eltern stammten aus Bonn.[102]

---

[100] [Bra25].
[101] [Bra21, Nr. 4756].
[102] [Bra21, Nr. 1747].

Am 6. Juni 1849 wurde Joseph Heinrich Heiliger vom Assisenhof in Trier für schuldig befunden am 26. November 1848 einen Umsturzversuch an der preußischen Regierung verübt zu haben und zu fünf Jahren Zuchthaus (d.h. Zwangsarbeit) verurteilt.

Heiliger und seiner Ehefrau wurden in den Jahren 1844, 1845 und 1848 in Bernkastel drei Kinder geboren, von denen die beiden ersten als Kleinkinder verstarben. Weitere Kinder bekamen die beiden nicht — ob dies mit der langen Haftstrafe des Ehemannes zusammenhängt lässt sich nur vermuten.

Joseph Heinrich Heiliger verstarb am 3. Februar 1880 im Landarmenhaus zu Trier, das damals auch als Irrenanstalt diente.[103] Weil seine Ehefrau erst 1893 in Bernkastel verstarb, kann man Armut vermutlich ausschließen.

4.4.7 Der Gastwirt Georg Philipp Metzler

Georg Philipp Metzler wurde am 2. Februar 1801 in Herborn geboren.[104] Am 15. Januar 1833 heiratete er in Bernkastel Magdalena Gassen, eine Tochter des Gastwirtes Johann Gassen, dem vorherigen Besitzer der „Goldenen Traube".[105]

Abb. 20: Graacher Str. 21 (JMB 2018)   Abb. 21: Graacher Str. 22 (JMB 2018)

Von 1834 bis 1850 ist er als Wirt der Gastwirtschaft „Zur goldenen Traube" belegt. Dieses Gebäude erstreckte sich damals noch über die heutigen Häuser Graacher Straße 21 und 22,

---

[103] SA/Tr S 1880/51.
[104] [Bra21, Nr. 2952].
[105] SA/BS H 1833/3. Sein Beruf wird mit Geometer angegeben.

die nach dem Großbrand von 1857[106] in zwei Häusern neu erbaut wurden.[107]

Am 17. November 1848 gehörte Metzler zu den Mitgliedern des Sicherheits- oder Bürgerausschusses. Nach den Ereignissen des 26. November 1848 hatte er sich zunächst durch Flucht seiner Verhaftung entzogen, stellte sich dann aber später den Behörden. Stahl schreibt: „Von Heimweh getrieben und ermutigt durch die meist freisprechenden Urteile stellten sich nach und nach die ins Ausland Geflüchteten; zuerst im April 1850 der Wirt 'zur goldenen Traube', Phil(ipp) Metzler, der ebenso wie der im März 1851 zurückkehrende Kneisel von den Geschworenen freigesprochen wurde.“ [108]

Nach den Ereignissen der Demokratischen Revolution verliert sich die Spur Georg Philipp Metzlers. Sein Sterbedatum ist nicht bekannt. Beim Tod seiner Ehefrau am 26. Februar 1884 in Bernkastel wird sie als „Witwe des Gastwirtes Georg Metzler" bezeichnet.[109]

4.4.8 Die Gebrüder Thanisch

Bei den Gebrüdern Thanisch handelte es sich um den am 8. Dezember 1801 zu Bernkastel geborenen Jakob und seinen am 7. Juli 1815 daselbst geborenen Bruder Johann Philipp Thanisch, die beide später Kaufmänner waren, wie bereits ihr Vater Johann Anton Thanisch, der um 1798 Anna Christina Antonetta Theresia Grandpré aus Trier geheiratet hatte.[110]

Am 24. April 1849 waren die Brüder vom Appellationshof in Köln von den gegen sie erhobenen Vorwürfen freigesprochen worden. Während sich der jüngere Bruder im November 1848 einer Verhaftung durch Flucht entzogen hatte, saß Jakob Thanisch fünf lange Monate in Untersuchungshaft.

Außer seinen Aktivitäten im Zusammenhang mit der Demokratiebewegung von 1848 wissen wir nicht viel über Jakob Thanisch. Er blieb unverheiratet und verstarb am 27. Februar 1860 zu Bernkastel.[111]

Johann Philipp Thanisch heiratete ein Jahr nach seinem Freispruch — am 18. April 1850 — die aus Alf stammende Anna Maria Clemens, mit der er vier Kinder hatte.[112] Trauzeuge war sein Bruder Jakob.

Johann Philipp Thanisch verstarb am 22. Oktober 1873 zu Bernkastel und wurde ebenso wie sein Bruder Jakob 58 Jahre alt.[113]

---

[106] Siehe Kapitel 6.
[107] [Bra25].
[108] [Sta23, S. 28–29].
[109] SA/BS S 1884/8.
[110] [Bra21, Nr. 4446].
[111] SA/BS S 1860/6.
[112] [Bra21, Nr. 4448].
[113] SA/BS S 1873/55.

4.4.9 Der Kaufmann Peter Alois Grandpré

Peter Alois Grandpré wurde am 14. Dezember 1816 in Bernkastel als Sohn des Kaufmanns Johann Philipp Grandpré und dessen Ehefrau Anna Catharina Stöck geboren.[114]

Am 26. Januar 1846 heiratete er als Blaufärber und Kaufmann Maria Agnes Binz mit der er von 1846 bis 1853 sieben Kinder hatte.[115] Seine Frau hatte während der fünfmonatigen Untersuchungshaft ihres Mannes ein Kind geboren, so dass bei dieser Familie keine Lücke in den Geburtsdaten der Kinder zu erkennen ist wie bei anderen Inhaftierten.

Außer seiner Rolle während der Demokratiebewegung in Bernkastel wissen wir nicht viel über den Kaufmann Peter Alois Grandpré. Auch sein Sterbedatum ist unbekannt. Da selbiges auch für seine Ehefrau gilt, kann angenommen werden, dass die Familie aus Bernkastel wegzog oder auswanderte.

4.4.10 Der Maler Johann Velten aus Graach

Johann Velten wurde am 16. Januar 1807[116] in Graach als Sohn des Winzers Johann Velten II. und dessen Ehefrau Maria Catharina Kaes geboren.[117]

Am 24. April 1849 wurde in Köln der Maler Velten aus Graach zwar von der Beschuldigung eines Attentats zum Umsturze des bestehenden Gouvernements entbunden, jedoch wegen Anreizung zur Rebellion vor Gericht verwiesen. Velten wurde schließlich in der Hauptverhandlung vor dem Assisenhof in Trier Anfang Juni 1849 freigesprochen.

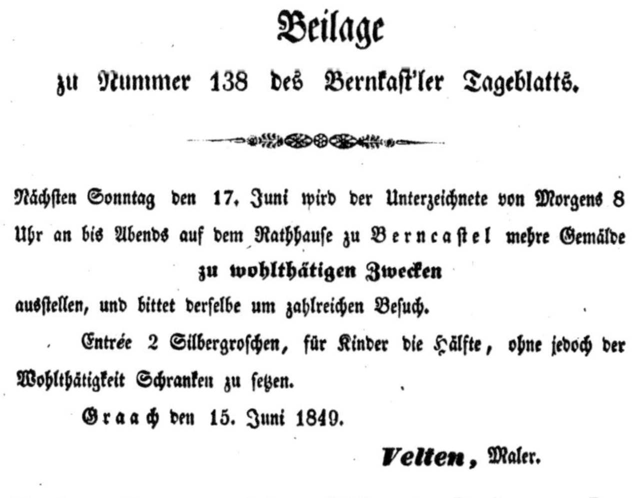

Beilage
zu Nummer 138 des Bernkast'ler Tageblatts.

Nächsten Sonntag den 17. Juni wird der Unterzeichnete von Morgens 8 Uhr an bis Abends auf dem Rathhause zu Berncastel mehre Gemälde **zu wohlthätigen Zwecken** ausstellen, und bittet derselbe um zahlreichen Besuch.

Entrée 2 Silbergroschen, für Kinder die Hälfte, ohne jedoch der Wohlthätigkeit Schranken zu setzen.

Graach den 15. Juni 1849.

Velten, Maler.

Abb. 22: Ausstellung von Johann Velten im Rathaus zu Bernkastel

---

[114] [Bra21, Nr. 1493].
[115] [Bra21, Nr. 1494].
[116] Auf dem Grabdenkmal ist der 15. Januar 1807 als Geburtsdatum eingraviert.
[117] SA/BS G 1807/6.

Noch im Monat seiner Freilassung — am 17. Juni — veranstaltete der Maler eine Ausstellung seiner Gemälde für wohltätige Zwecke im Rathaus zu Bernkastel. Abbildung 22 zeigt die entsprechende Annonce in der Beilage zum „Bernkast'ler Tage-Blatt" vom 16. Juni 1849.

Die Gemälde wurden am 1. Juli auch in Wehlen ausgestellt.[118]

Bei Wikipedia heißt es: „Aus der Reihe der bürgerlichen Repräsentationsporträts fiel das bekannteste Werk Veltens völlig heraus: seine 1849 entstandene Gefängnisszene (siehe Abbildung 16). Das Gemälde zeigt am äußersten linken Bildrand den Maler im langen Schlafrock (siehe Abbildung 23). Nach rechts hin sind seine zwölf von ihm minutiös porträtierten, auch namentlich bekannten Mithäftlinge um einen langen Tisch herum gruppiert. Sie rauchen und trinken, einer von ihnen liest einen Zeitungsartikel vor. Der Zeitungskopf ist deutlich zu erkennen: Es handelt sich um die oppositionelle, sozialistisch-demokratische „Trier'sche Zeitung", die schon wenig später (1850) unterdrückt wurde." [119]

Abb. 23: Selbstporträt Veltens (Stadtmuseum Simeonstift Trier)

---

[118] „Bernkast'ler Tage-Blatt" vom 2. Juli 1894.
[119] https://de.wikipedia.org/wiki/Johann_Velten

Nur ein halbes Jahr nach seinem Freispruch heirateten am 10. Januar 1850 vor Jacob Schwan (siehe Abschnitt 4.5.5), Bürgermeister und Zivilstandsbeamter der Bürgermeisterei Bernkastel, Johann Velten (*16.01.1807), Maler zu Graach, und Anna Gertrud Beucher (*29.10.1827 zu Graach). Demnach war die Braut 20 Jahre jünger als der Bräutigam. Dem Ehepaar wurden zwischen 1850 und 1864 in Graach mindestens fünf Kinder geboren.[120] Das Ehepaar lebte nun offensichtlich in gesicherten finanziellen Verhältnissen, wie sich an kostspieligen Auslandsreisen unter anderem in die Vereinigte Staaten von Amerika (um 1865) und nach Spanien ablesen lässt.[121]

Johann Velten verstarb am 30. Dezember 1883 in Graach.[122] Sein Grabmal ist noch heute auf dem dortigen Friedhof zu sehen (siehe Abbildungen 24 und 25).

Abb. 24: Grabmal des Johann Velten auf dem Graacher Friedhof (JMB 2012)

---

[120] [Mü92, Nr. 1368].
[121] Wie Anmerkung 119.
[122] SA/BL S 1883/111.

Abb. 25: Detail (Malerpalette) im Grabmal des Johann Velten (JMB 2012)

4.5 Weitere handelnde Personen

In diesem Abschnitt werden weitere handelnde Personen rund um die Demokratische Revolution in Bernkastel betrachtet.

4.5.1 Der Friedensrichter Poll

Paul Michael Xaver Poll wurde am 17. September 1802 in Bonn geboren. Am 11. November 1834 heiratete er in Trier Eva Christina Susanna Emilie Wolff aus Trier mit der er von 1837 bis 1854 in Bernkastel sieben Kinder hatte.[123]

---

[123] [Bra21, Nr. 3418].

Mit Peter Joseph Coblenz, dem Vorsitzenden des Bernkasteler Demokratischen Vereins, hatte Poll 1846 eine gerichtliche Auseinandersetzung gehabt, als er diesen wegen Beleidigung anzeigte. Poll verlor den Prozess in allen drei Instanzen (siehe Abschnitt 4.4.1).

Am 24. Januar 1850 wurde „Herr Paul Poll, Friedensrichter" für die dritte Abteilung als Wahlmann für das Erfurter Volkshaus gewählt.[124]

Er verstarb am 25. August 1859 zu Bernkastel als „Paul Poll, königlicher Friedensrichter, 57 Jahre alt, Ehemann von Emilie Wolff, geboren zu Bonn (Sohn von Johann Konrad Poll, Kaufmann, verstorben zu Bernkastel, und Angela Rosier, verstorben zu Bonn)".[125]

Sein Nachruf in der „Bernkasteler Zeitung" vom 25. August 1859 lautete: „Heute Morgen gegen 4 Uhr entschlief in Folge einer Lungenlähmung im 57. Lebensjahre und 25. einer glücklichen Ehe mein innigstgeliebter Ehegatte M(ichael) X(aver) Paul Poll, Königlicher Friedensrichter zu Bernkastel, sanft und ergeben im Herrn. Alle, welche ihn in seiner rechtlichen Gesinnung kannten, werden, die Größe meines Schmerzes erkennend, mir ihre stille Theilnahme nicht versagen. Mit tiefbetrübtem Herzen widme ich hiermit alle Verwandten, Freunden und Mitbürgern diese Traueranzeige, wie auch, daß seine Beerdigung am nächsten Sonntag den 28. Nachmittags halb 3, und die Exequienämter Montag und Dienstag um 9 Uhr stattfinden werden. Bernkastel, den 25. August 1859. Die tiefbetrübte Gattin."

4.5.2 Der Regierungssekretär Bertrand Michael Siebner

Bertrand Michael Siebner wurde am 10. April 1812 in Trier als Sohn des Messerschmieds Bertrand Ludwig Siebner und seiner Ehefrau Catharina Wingert geboren.[126]

Am 21. Februar 1842 war „Bertrand Ludwig(sic!) Siebner, königlicher Kreissekretär, 30 Jahre alt, wohnhaft zu Bernkastel" Zeuge im standesamtlichen Geburtsakt des Franz Heinrich von Gaertner (Sohn von Friedrich Constantin von Gaertner, königlicher Landrat, und Camilla Gaube).[127]

Am 17. November 1849 bildete sich ein Sicherheits- oder Bürgerausschuß in Bernkastel, der eine Abordnung zu den Beamten der Stadt Bernkastel schickte — unter anderem zum Kreissekretär Siebner. Man ließ fragen, ob sie es mit dem Volk oder mit der Regierung hielten.

1849 wurde der Regierungssekretär Siebner von Bernkastel weg versetzt — wohin ist nicht bekannt. Im „Bernkast'ler Tage-Blatt" vom 6. September 1849 ließ er annoncieren, dass am 19. des Monats einige seiner Möbel versteigert würden: „Am Mittwoch den 19. September 1849, Morgens 9 Uhr, läßt Herr Regierungs-Sekretär Siebner in seiner Wohnung dahier, wegen Domizil-Veränderung, verschiedene gutgehaltene Mobiliargegenstände, namentlich: ein Schreibpult, 2 nußbaumene Kleiderschränke, 1 Kaunitz, Komoden, Sopha, Spiegel, Bettstellen, Tische, Stühle, Nachttisch, Bücherschrank, ein Schrank mit Schreibpult, Bilder, eine Hausuhr, einen Circulirofen mit Rohr, einen gußeisernen Kochheerd, einen

---

124 „Bernkasteler Zeitung" vom 25. Januar 1850.
125 SA/BS S 1859/31.
126 SA/Tr G 1812/175.
127 SA/BS G 1842/39.

Küchenschrank mit Aufsatz und anderes Küchengeräthe, sowie verschiedene Bücher und Schriften, und einige musicalische Instrumente gegen Zahlungsausstand versteigern. Bernkastel, den 6. September 1849. Der Gerichtsvollzieher, Frey. "

Im „Bernkast'ler Tage-Blatt" vom 16. September 1849 verabschiedete sich der Regierungssekretär Siebner nach 10 Jahren Tätigkeit aus Bernkastel (siehe Abbildung 26).

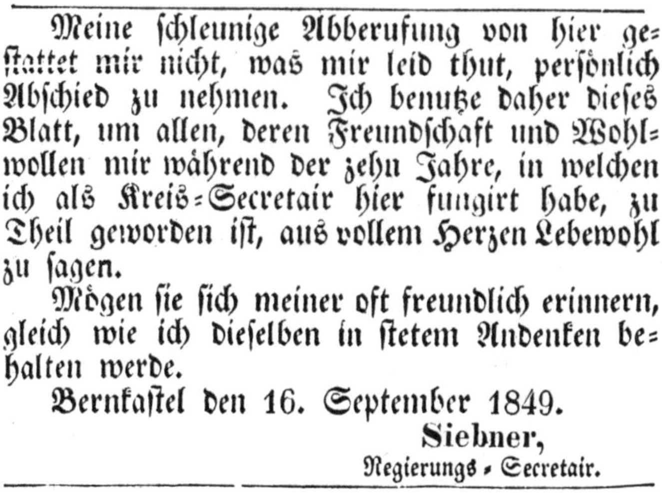

> Meine schleunige Abberufung von hier gestattet mir nicht, was mir leid thut, persönlich Abschied zu nehmen. Ich benutze daher dieses Blatt, um allen, deren Freundschaft und Wohlwollen mir während der zehn Jahre, in welchen ich als Kreis-Secretair hier fungirt habe, zu Theil geworden ist, aus vollem Herzen Lebewohl zu sagen.
>
> Mögen sie sich meiner oft freundlich erinnern, gleich wie ich dieselben in stetem Andenken behalten werde.
>
> Bernkastel den 16. September 1849.
>
> **Siebner,**
> Regierungs - Secretair.

Abb. 26: Verabschiedung des Regierungssekretärs Siebner

4.5.3 Der Gendarm Michael Friedrich Ehricke

Michael Friedrich Ehricke wurde am 1. Mai 1810 in Nipperwiese/Westpommern geboren.[128] Am 3. August 1847 heiratete er als königlicher Gendarm zu Bernkastel die ortsansässige Maria Engel, Tochter des Kaufmanns Johann Jodokus Engel und Catharina Day.[129] Das Ehepaar Ehricke bekam in den Jahren 1848, 1849 und 1853 in Bernkastel drei Kinder zusammen.

Am 15. März 1850 war „Friedrich Ehricke, pensionierter Gendarm, 39 Jahre alt, wohnhaft zu Bernkastel" Zeuge im standesamtlichen Geburtsakt von Benjamin Isaak (Sohn von Daniel Isaak, Handelsmann, und Carolina Haas) aus Bernkastel. Warum er in einem Alter von nicht einmal 40 Jahren bereits pensioniert war, ist nicht bekannt.

In der „Bernkasteler Zeitung" vom 22. April 1854 annoncierten die Eheleute Friedrich Ehricke, dass sie in ihrer Wohnung in der Graacher Straße ihre Möbel versteigern lassen (siehe Abbildung 27).

Grund für die Möbelversteigerung war eine Auswanderung der Eheleute Ehricke zu den (Schwieger-)Eltern Engel, die bereits 1847 nach Albany in die Vereinigte Staaten von Amerika ausgewandert waren.

Michael Friedrich Ehricke verstarb am 29. Mai 1874 in Albany im Bundesstaat New York.

---

128 [Bra21, Nr. 941].
129 SA/BS H 1847/33.

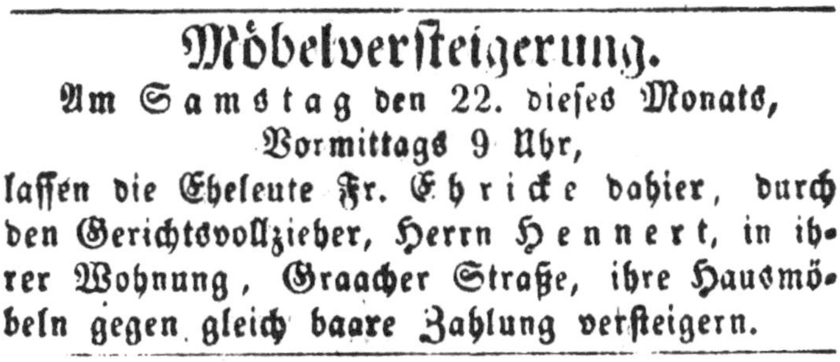

Möbelversteigerung.
Am Samstag den 22. dieses Monats,
Vormittags 9 Uhr,
lassen die Eheleute Fr. Ehricke dahier, durch den Gerichtsvollzieher, Herrn Hennert, in ihrer Wohnung, Graacher Straße, ihre Hausmöbeln gegen gleich baare Zahlung versteigern.

Abb. 27: Möbelversteigerung der Eheleute Ehricke

4.5.4 Der Polizeidiener Karl Skubowius

Karl Skubowius wurde am 1. Juni 1788 in Gnesen im heutigen Polen geboren.[130]

Er hatte am 24. Oktober 1824 in Trier Anna Eva Falck von daselbst geheiratet. Mit ihr hatte er 1843 zu Bernkastel die gemeinsame Tochter Maria Catharina.[131]

Am 21. Februar 1842 war „Carl Skubowius, Polizeidiener, 54 Jahre alt, wohnhaft zu Bernkastel" Zeuge im standesamtlichen Geburtsakt des Franz Heinrich von Gaertner (Sohn von Friedrich Constantin von Gaertner, königlicher Landrat, und Camilla Gaube).[132]

Im Dezember 1848 wurde gegen die Angeklagten im Rahmen der Unruhen ermittelt, die im Zusammenhang mit der am 26. November 1848 geplanten Festnahme des Peter Joseph Coblenz, Führer der Bernkasteler Demokratiebewegung, entstanden. Dabei heißt es über den Polizeidiener Skubowius: „Hören wir also, was er als der hundertste Zeuge dem Untersuchungsrichter vorträgt: 'Am Sonntag, den 26., war es für einen Beamten von der größten Gefahr, sich unter der bewaffneten Menge zu zeigen. Einschreiten konnte man doch nicht, und so folgte ich meiner Frau, die mich beschwor, nicht aus dem Hause zu gehen.'" [133]

Karl Skubowius verstarb am 14. August 1849 zu Trier als „Carl Scubowius, Ehemann der Eva Falck, geboren zu Gnesen, alt ein und sechszig Jahre, pensionirter Polizei-Agent von Stand, wohnhaft zu Trier, Sohn von Michael Scubowius, Soldat, und dessen Ehefrau Anna Barbara Morweg, beide zuletzt wohnhaft in Gnesen." (siehe Abbildung 28).[134]

Er verstarb vermutlich an der Cholera, denn diese Todesursache ist für seine Ehefrau Anna Eva Falck belegt, die exakt 14 Tage nach ihm in Trier verstarb.

4.5.5 Der Stadtbürgermeister Johann Jakob Schwan

Johann Jakob Schwan wurde am 30. August 1799 in Kleinblittersdorf geboren.[135]

[130] SA/Tr H 1824/168.
[131] [Bra21, Nr. 4256].
[132] SA/BS G 1842/39.
[133] [Sta23, S. 27].
[134] SA/Tr S 1849/486.
[135] [Bra21, Nr. 4115].

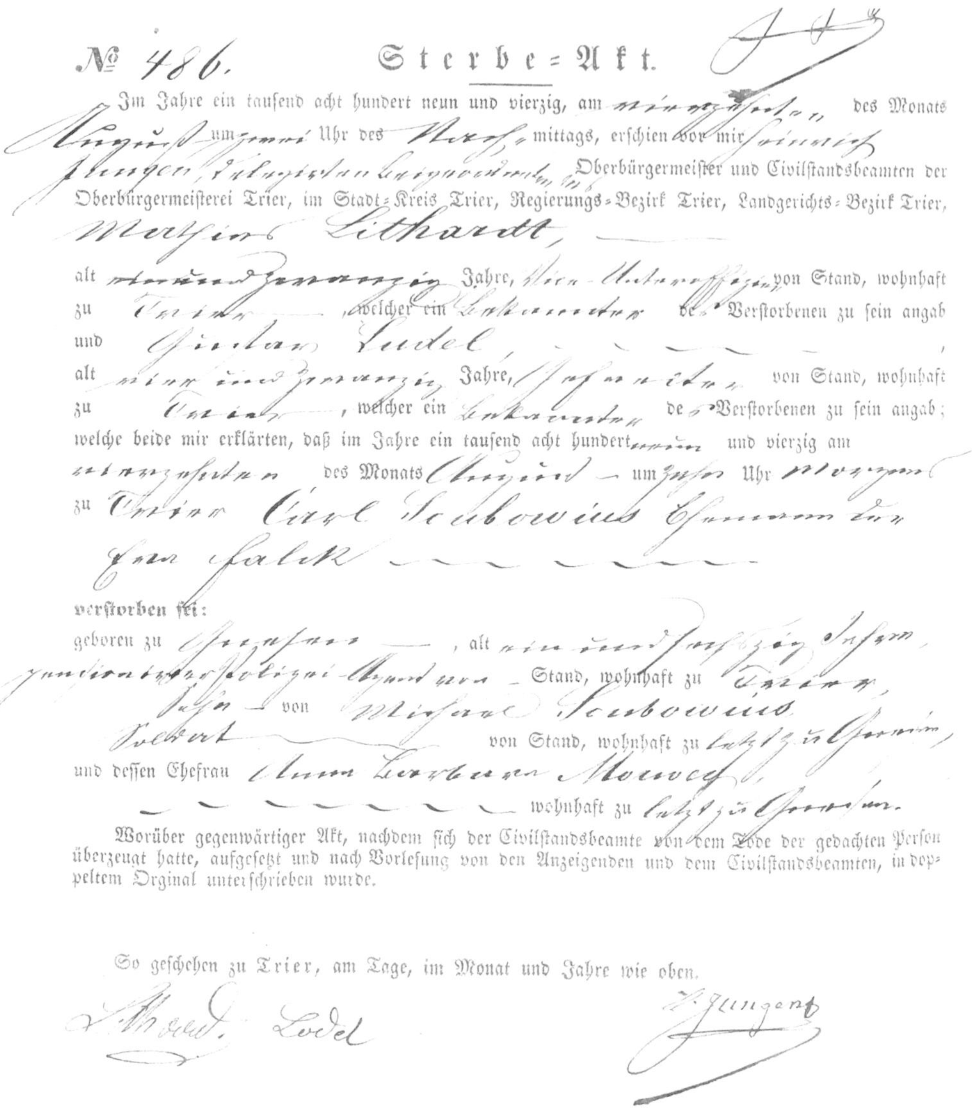

№ 486. Sterbe-Akt.

Im Jahre ein tausend acht hundert neun und vierzig, am neunzehnten des Monats August um neun Uhr des Morgens, erschien vor mir Heinrich Jungen, Oberbürgermeister und Civilstandsbeamten der Oberbürgermeisterei Trier, im Stadt-Kreis Trier, Regierungs-Bezirk Trier, Landgerichts-Bezirk Trier,

Mathias Lithardt,

alt ... Jahre, ... von Stand, wohnhaft zu Trier, welcher ein Bekannter des Verstorbenen zu sein angab

und Julian Ludel,

alt ... Jahre, ... von Stand, wohnhaft zu Trier, welcher ein Bekannter des Verstorbenen zu sein angab; welche beide mir erklärten, daß im Jahre ein tausend acht hundert neun und vierzig am neunzehnten des Monats August um ... Uhr Morgens zu Trier Carl Scubowius Ehemann der Eva Falck

verstorben sei:

geboren zu ..., alt ..., ... Stand, wohnhaft zu Trier, Sohn von Michael Scubowius, ... von Stand, wohnhaft zu ..., und dessen Ehefrau Anna Barbara Mowey, wohnhaft zu ...

Worüber gegenwärtiger Akt, nachdem sich der Civilstandsbeamte von dem Tode der gedachten Person überzeugt hatte, aufgesetzt und nach Vorlesung von den Anzeigenden und dem Civilstandsbeamten, in doppeltem Orginal unterschrieben wurde.

So geschehen zu Trier, am Tage, im Monat und Jahre wie oben.

Abb. 28: Standesamtlicher Sterbeakt von Carl Scubowius 1849

Am 22. August 1843 war „Johann Jakob Schwan, 'magister civium' [= Bürgermeister]" Taufpate von Maria Catharina Skubowius (Tochter von Karl Skubowius, Polizeidiener, und Anna Eva Falck).

„Im Juni 1848 richtete sich die Demokratiebewegung vielfach gegen mißliebige Beamte. In Bernkastel war der Friedensrichter Poll, wohl deshalb weil er den Freiheitsrummel nicht mitzumachen vermochte, das Ziel unberechtigter Angriffe, ebenso der Bürgermeister Schwan." [136]

Während der Unruhen vom 26. November 1848 heißt es: „... dass aus anderem Grund

[136] [Sta23, S. 13].

Bürgermeister Schwan vorläufig von seinem Dienst dispensiert worden war".[137]

Das „Bernkast'ler Tage-Blatt" vom 6. September 1849 berichtet, dass das Bürgermeisteramt zu Bernkastel wieder von Herrn Bürgermeister Schwan übernommen worden ist. Am 9. September 1851 berichtet die „Bernkasteler Zeitung" dass Jakob Schwan, ehemaliger Bürgermeister zu Bernkastel, nach Lisdorf im Kreis Saarlouis versetzt worden ist. Mit einer Annonce in der „Bernkasteler Zeitung" vom 21. Oktober 1851 (siehe Abbildung 29) verabschiedet sich der nach Lisdorf an der Saar versetzte ehemalige Bernkasteler Bürgermeister Jakob Schwan von den Bewohnern der Stadt Bernkastel.

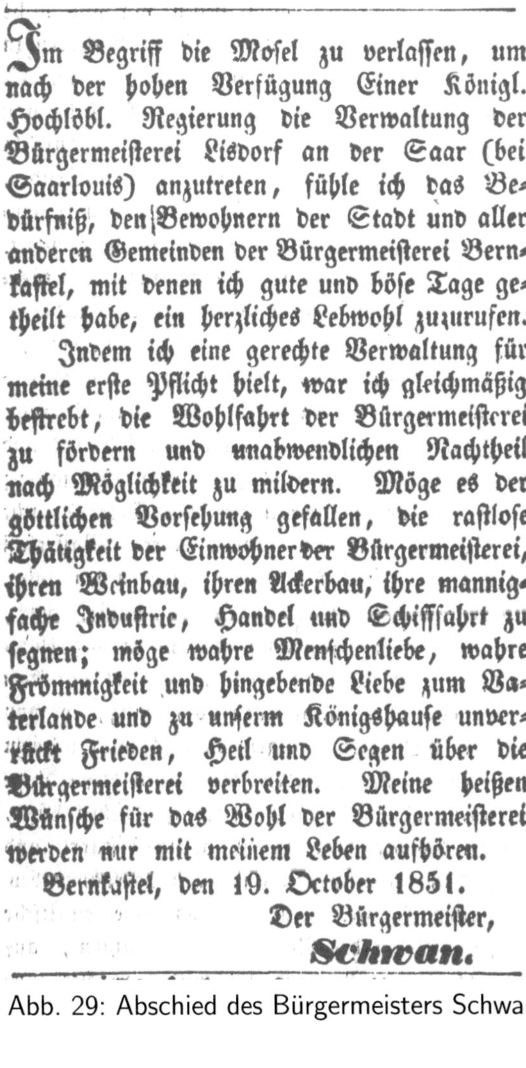

Im Begriff die Mosel zu verlassen, um nach der hohen Verfügung Einer Königl. Hochlöbl. Regierung die Verwaltung der Bürgermeisterei Lisdorf an der Saar (bei Saarlouis) anzutreten, fühle ich das Bedürfniß, den Bewohnern der Stadt und aller anderen Gemeinden der Bürgermeisterei Bernkastel, mit denen ich gute und böse Tage getheilt habe, ein herzliches Lebwohl zuzurufen. Indem ich eine gerechte Verwaltung für meine erste Pflicht hielt, war ich gleichmäßig bestrebt, die Wohlfahrt der Bürgermeisterei zu fördern und unabwendlichen Nachtheil nach Möglichkeit zu mildern. Möge es der göttlichen Vorsehung gefallen, die rastlose Thätigkeit der Einwohner der Bürgermeisterei, ihren Weinbau, ihren Ackerbau, ihre mannigfache Industrie, Handel und Schifffahrt zu segnen; möge wahre Menschenliebe, wahre Frömmigkeit und hingebende Liebe zum Vaterlande und zu unserm Königshause unverrückt Frieden, Heil und Segen über die Bürgermeisterei verbreiten. Meine heißen Wünsche für das Wohl der Bürgermeisterei werden nur mit meinem Leben aufhören.

Bernkastel, den 19. October 1851.

Der Bürgermeister,

Schwan.

Abb. 29: Abschied des Bürgermeisters Schwan

Wie die „Bernkasteler Zeitung" vom 5. September 1852 berichtete, wurde der ehemalige Bernkasteler Bürgermeister Schwan am 11.03.1852 von der Sammtgemeinde Lisdorf auf 5 weitere Jahre bestätigt.

---

[137] [Sta23].

4.6 Der Besuch des preußischen Königs

Gut dreieinhalb Jahre nach den Ereignissen vom 26. November 1848 kündigte sich wieder ein Besuch des preußischen Königs Friedrich Wilhelm IV. an der Mosel an.

Erstmals war der König als Kronprinz am 27. und 28. Mai 1839 in Bernkastel gewesen. Anlässlich dieses Besuches machte ihm die Stadt Bernkastel im Jahre 1840 die Burgruine Landshut zum Geschenk.[138]

Am 19. September 1847 besuchte Friedrich Wilhelm IV. auf einer Reise von Koblenz nach Trier abermals die Moselstadt. Zu Ehren des Landesherrn sowie zur Bereitung einer bequemen Überfahrt für dessen Wagen, ferner um dem Könige zu demonstrieren, wie gut und zweckmäßig eine „Brücke bei Bernkastel sei", ließ die Stadt durch Pioniere aus Koblenz eine Schiffbrücke schlagen, so daß man „in Bernkastel konnte über die Brücke gehen". Die bei dieser Gelegenheit bezüglich der Errichtung einer stehenden Brücke gehegten Hoffnungen erfüllten sich leider nicht.[139]

Abb. 30: Zwei Schiffbrücken 1870 (Foto: Jakob Engel)

Die „Bernkasteler Zeitung" vom 24. Juni 1852 berichtete über den erneuten Besuch:

Trier, 20. Juni. Ueber die bevorstehende Reise S(eine)r Majestät des Königs erfahren wir aus zuverlässiger Quelle, daß die Abreise von Berlin am 24. d(ieses) [Monats] und die Ankunft hierselbst am 26. erfolgen wird. Am 27. wird die Besichtigung des auf den 25. einbeorderten Landwehrbataillons stattfinden und S(ein)e Maj(estät) dann am 28. unsere Stadt wieder verlassen, um nach Simmern zu gehen.

Über die weitere Entwicklung erfahren wir aus der „Bernkasteler Zeitung" vom 27. Juni 1852:

Bernkastel, 26. Juni. Verlässigen Nachrichten zufolge wird S(ein)e Maj(estät) der König am Morgen des 28. d(ieses) [Monats] auf dem Dampfboote „Mosella" Trier verlassen und mithin im Laufe des Vormittags bei uns eintreffen. — Es ist hier

---

[138] [SB24a, Abschnitt 11.6].
[139] [SB24a, Abschnitt 13.3].

ein Comite gebildet worden, um S(eine)r Maj(estät) einen würdigen Empfang zu bereiten.

Die „Bernkasteler Zeitung" vom 29. Juni 1852 schildert den zurückliegenden Besuch des Königs:

Bernkastel, 28. Juni. Um ihren König würdig zu empfangen, hatte unsere Stadt heute theilweise ein Festgewandt angelegt. Flaggen und Ehren-Pforten mit sinnigen Inschriften, Blumen und Laubwerk schmückten das Gestade und jene Straßen, welche der Herrscher zu passiren hatte, sowie das uns gegenüber liegende Hospital Cues. Bald nach elf Uhr stieg S(eine) Majestät und Allerhöchstderen Bruder, der Prinz von Preussen unter dem Hurrahrufen der zahlreich Versammelten ans Land, wurde von den Behörden des Kreises und der Stadt ehrfurchtsvoll begrüßt und unter Glockengeläute, Musik, Gesang, sowie unter Pöllersalven(sic!) von der Schloß-Ruine Landshut zu einer Ehrenpforte geleitet, die zugleich eine Laubhütte bildete, in welcher Erfrischungen bereit standen und wo sich auch die übrigen Beamten, die Geistlichkeit, die städtische Vertretung und Notablen der Stadt und Umgegend versammelt hatten, während sich in der Umgebung die Schuljugend, die städtische Musik und theils hier theils in den nahe gelegenen Gebäuden eine zahlreiche Bevölkerung eingefunden. S(eine) Majestät geruhten während des kurzen Aufenthalts mehrere Bittschriften, einen Blumenstrauß und den präsentirten Ehren-Wein, letzteren unter dreifachem Jubelrufe der Versammlung anzunehmen, bestieg dann den bereit stehenden Wagen und durchfuhr, die Reise über Simmern nach Stolzenfels fortsetzen, langsam und freundlich grüßend die geschmückten Straßen.

Ein geschmackvoll decorirter, mit den Honorationen von Cues und der Musik von Wehlen besetzter Nachen war dem Dampfer mit der Königsflagge von Cues aus gefolgt und hatte bei uns das Seinige zur Erhöhung des festlichen Empfangs beigetragen.

Von dem einstmals aufbrausenden Sturm des demokratischen Aufbruchs war nicht einmal ein laues Lüftchen übrig geblieben — die Ereignisse von 1848/49 erfuhren keinerlei Erwähnung mehr!

5 Der schreckliche Tod der kleinen Anna Conrad

Am 26. September 1855 verstarb die kleine Anna Conrad im Alter von nur fünf Jahren in Bernkastel.[140] Auf den ersten Blick nichts Außergewöhnliches könnte man meinen, war doch die Sterblichkeitsrate in früheren Jahrhunderten viel höher als man es sich heute vorstellen kann.[141]

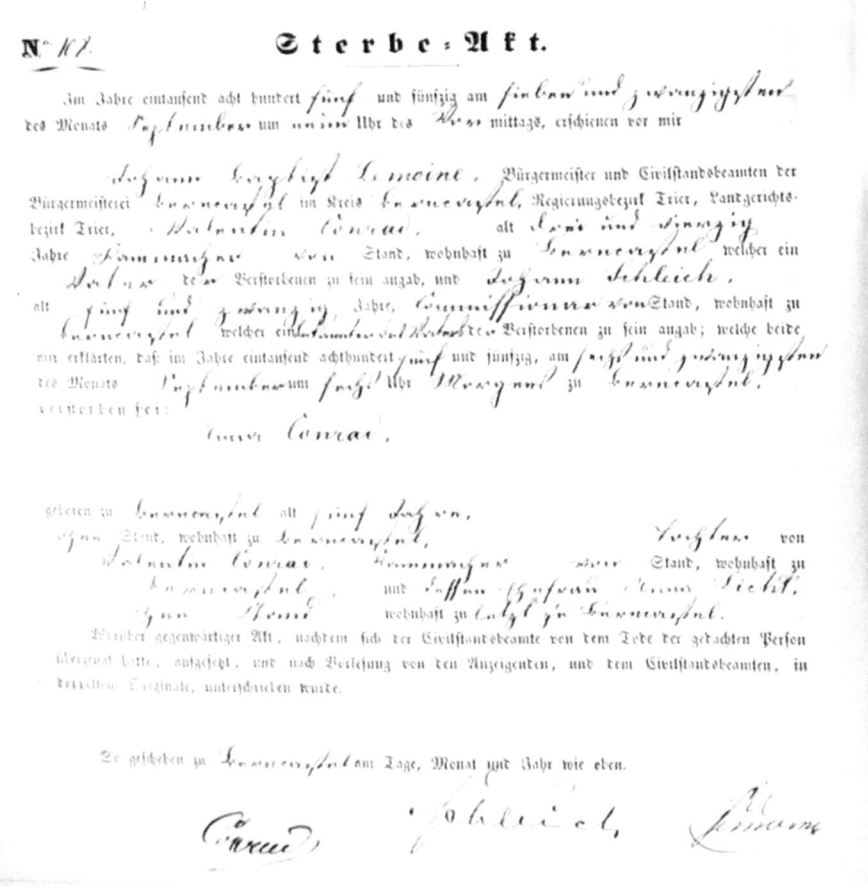

Abb. 31: Sterbeakt von Anna Conrad im Standesamt Bernkastel

---

140 Diese Geschichte wurde zuerst veröffentlicht in [Bra20b].
141 Siehe auch [Bra09].

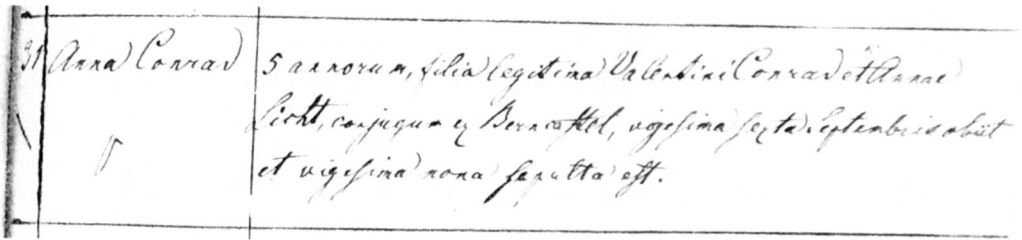

Abb. 32: Sterbeakt von Anna Conrad im Kirchenbuch Bernkastel

5.1 Die Familie

Schauen wir uns zunächst die Daten der Familie an, in der Anna Conrad aufwuchs: [142]

CONRAD Valentin, Kammmacher, S.v. C. Valentin und REINHARDT Catharina Angela
*25.08.1812 Bernkastel   †/□ 11.03.1882 Bischofsdhron
I. ∞ S/K 19/20.06.1837 Bernkastel (Valentin CONRAD, Kammmacher, *25.08.1812 zu Bernkastel, heiratet Catharina KIRSCH, Witwe v. Johann Peter SCHOENHOFEN, *11.06.1805 zu Koblenz.)
KIRSCH Catharina, T.v. KIRSCH, KIRSTEN Michael und ENGEL Susanne Margaretha
*11.06.1805 Koblenz   †/□ 05/08.05.1846 Bernkastel
II. ∞ S/K 26.08/01.09.1846 Bernkastel (Valentin CONRAD, Bäcker zu Bernkastel, Witwer v. Catharina KIRSCH, heiratet Anna Maria LICHT, *09.08.1812 zu Lieser (T.v. Matthias LICHT, Winzer, u. Anna Margaretha PEIL).)
LICHT Anna Maria
*09.08.1812 Lieser   †/□ 30.08/01.09.1854 Bernkastel
III. ∞ S/K 09.01.1855/25.11.1866 Bernkastel/Bischofsdhron (Valentin CONRAD, Witwer v. Anna Maria LICHT, heiratet Anna Catharina BECKER, *15.09.1816 zu Bischofsdhron (T.v. Johann BECKER (†), Zimmermann, u. Margaretha ANTON).)
BECKER Anna Catharina
*15.09.1816 Bischofsdhron   †17.09.1905 Bischofsdhron

Kinder aus 1. Ehe
1. Philipp   */~ 25/26.11.1837 Bernkastel
∞ 1859 VESTER Magdalena
2. Damian */~ 22.12.1839   Bernkastel   †/□ 24/26.02.1857 Bernkastel
3. Sohn   */~ 31.03.1842   Bernkastel   †/□ 31.03.1842   Bernkastel
4. Tochter */~ 23.02.1843   Bernkastel   †/□ 23/26.02.1843 Bernkastel
5. Barbara */~ 05/07.05.1845 Bernkastel   †/□ 13/16.03.1847 Bernkastel
Kinder aus 2. Ehe
6. Jakob   */~ 20/22.08.1847 Bernkastel   †/□ 02/05.10.1848 Bernkastel
7. **Anna**   */~ 21/22.08.1849 Bernkastel   †/□ 26/29.09.1855 Bernkastel

Annas Vater, der Kammmacher Valentin Conrad war gebürtiger Bernkasteler, seine drei Ehefrauen stammten allesamt von außerhalb: aus Koblenz, Lieser sowie Bischofsdhron. Mit

---

[142] [Bra21].

Abb. 33: Haus in der Burgstraße 8

seiner ersten Ehefrau Catharina Kirsch hatte er fünf Kinder, von denen das erste — der Sohn Philipp — der Einzige war, der volljährig wurde und eine eigene Familie gründete. Mit seiner zweiten Ehefrau Anna Maria Licht hatte er zwei Kinder, darunter die Letztgeborene Anna. Das Einzige was bei genauerem Hinsehen im Familienblatt auffällt, ist die Tatsache, dass zwischen seiner standesamtlichen und kirchlichen dritten Heirat eine Lücke von fast 12 Jahren klafft. In dritter Ehe heiratete Valentin Conrad am 9. Januar 1855 auf dem Standesamt Bernkastel die aus Bischofsdhron stammende Anna Catharina Becker, womit das Martyrium der kleinen Anna seinen Anfang nahm.

Die Familie bewohnte das Haus in der Burgstraße 8 (siehe Abbildung 33) in Bernkastel. Dieses hatte 1832 Johann Peter Schoenhofen, der erste Ehemann von Valentin Conrads erster Ehefrau Catharina Kirsch, erworben. Nach dessen Tod hatte Valentin Conrad die Witwe geheiratet und war dadurch in den Besitz des Hauses gelangt.

5.2 Der Zeitungsartikel

Auf das schreckliche Leid der Anna Conrad machte erst nach ihrem Tod ein Artikel in der „Bernkasteler Zeitung“ aufmerksam: [143]

Bernkastel den 6. Okt(ober). Am gestrigen Tage fand hier die Verhaftung des Ehepaares C(onrad) Statt, beschuldigt: „Ihr 5jähriges Töchterchen, wissentlich und bedachtsamer Weise (durch körperliche Mißhandlung und fortgesetzte Entziehung der nöthigen Nahrung) getödtet zu haben.“ Der unnatürliche Vater verheirathete sich vor mehreren Monaten zum dritten Male und gab seinem armen, aus zweiter Ehe stammenden Kinde eine Rabenmutter. —
Der Anblick der bereits acht Tage beerdigten, gestern aber wieder ausgegrabenen und einer gerichts-ärztlichen Besichtigung unterzogenen Leiche soll ergreifend gewesen, die Schuld der Eltern außerdem in der Voruntersuchung durch vier und zwanzig Belastungszeugen constatirt worden sein.

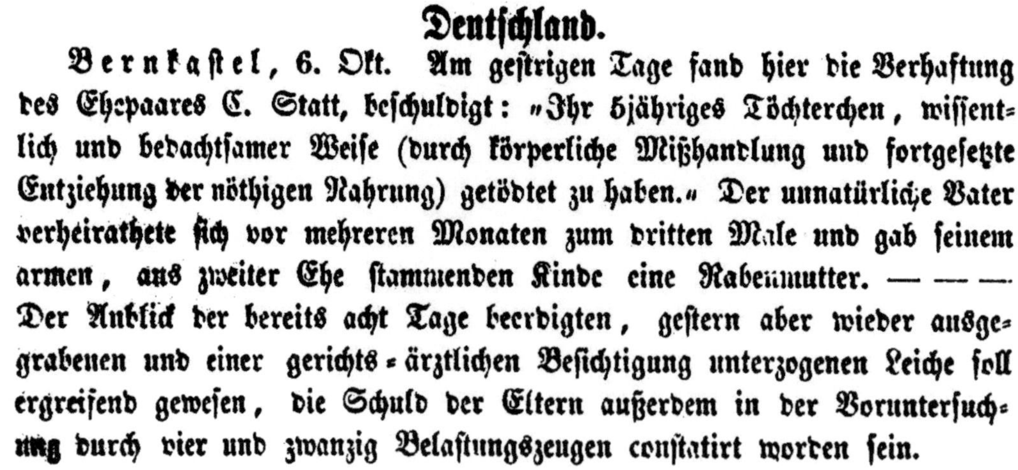

Deutschland.

Bernkastel, 6. Okt. Am gestrigen Tage fand hier die Verhaftung des Ehepaares C. Statt, beschuldigt: „Ihr 5jähriges Töchterchen, wissentlich und bedachtsamer Weise (durch körperliche Mißhandlung und fortgesetzte Entziehung der nöthigen Nahrung) getödtet zu haben.“ Der unnatürliche Vater verheirathete sich vor mehreren Monaten zum dritten Male und gab seinem armen, aus zweiter Ehe stammenden Kinde eine Rabenmutter. — — — Der Anblick der bereits acht Tage beerdigten, gestern aber wieder ausgegrabenen und einer gerichts-ärztlichen Besichtigung unterzogenen Leiche soll ergreifend gewesen, die Schuld der Eltern außerdem in der Voruntersuchung durch vier und zwanzig Belastungszeugen constatirt worden sein.

Abb. 34: Zeitungsbericht über den Tod der Anna Conrad

[143] Bernkasteler Zeitung, Jg. 21, Nr. 118, S. 1 vom 6. Oktober 1855 (siehe Abbildung 34).

5.3 Gerichtsverhandlung und Urteil

Rund drei Monate nach ihrer Verhaftung musste sich das Ehepaar Conrad–Becker in Trier einer Gerichtsverhandlung stellen:[144]

Trier, 12. Jan(uar). Die gestern geschlossene Assisenverhandlung ging wie bereits gemeldet gegen Valentin Conrad, Kammacher in Bernkastel, und dessen Ehefrau wegen absichtlicher Tödtung ihres Kindes, resp(ective) Stiefkindes Anna. Die Untersuchungsacte stellt gräuliche Scenen von Entmenschung dar, besonders aber gegen das Mädchen, das oft Tage lang hungrig vor der Eltern Thüre lag und, wurde ihm ein Bissen heimlich zugesteckt, sich Schläge und Mißhandlungen zuzog. Der Hunger des armen Kindes ging so weit, daß es die Krumen aus dem Vogelhause stahl. Das Kind wurde allein ohne alle Nahrung zu Hause gelassen, wenn die Eltern fortgingen, und war endlich so tief gesunken, daß dasselbe nicht einmal die gebotene Speise zu sich nehmen konnte. Total **zum Gerippe geworden** *starb das Kind am 26. September 1855, nachdem die Eltern schon zwei Tage vorher die Anstalten zur Traueranlegung getroffen hatte, ja der Vater schon einen Tag vor dessen Tode es als todt bei seinen Verwandten angekündigt hatte. Als die Leiche am 5. October wieder ausgegraben wurde und obducirt, ergab sich der ärztliche Bescheid,* **daß dies Kind in Folge allmählicher Entziehung der Nahrung gestorben sei.** *Die Eltern stellten jede absichtliche Vernachlässigung des Kindes in Abrede, und der Vater spricht aus, daß der zu Hülfe gerufene Arzt die Krankheit für Schwindsucht erklärt habe, dennoch wird gegen die Eheleute die Anklage aufgestellt: Im Laufe des Jahres 1855 zu Bernkastel die noch nicht sieben Jahre alte Anna Conrad, welche unter ihrer Obhut stand, mit dem Vorsatze sie dadurch zu tödten in hülfloser Lage vorsätzlich verlassen zu haben, so daß in Folge dessen der Tod der genannten Anna Conrad eingetreten ist. Nachdem die Verhandlung ihren gewöhnlichen Gang genommen, wurde gestern Morgen mit dem Plädoyer begonnen. In fast zweistündiger Rede schilderte die kgl. Staatsbehörde die Schändlichkeit des Verbrechens,* **in dem der Mensch sich noch sogar unter das Thier stellte,** *in Worten, die fast kein Herz ungerührt ließen und legte den Geschworenen noch einmal die dabei sie treffende Verpflichtung an's Herz. Die Vertheidigung hatte sich nur darauf beschränkt, die Sache in möglichst mildes Licht zu setzen. Nach dem Schlusse des Plaidoyer wurden die Fragen gestellt. Die erste Frage lautete: Ist der (die) Angeklagte schuldig, im Laufe des Jahres 1855 zu Bernkastel die noch nicht sieben Jahre alte Anna Conrad, welche unter ihrer Obhut stand, mit dem Vorsatze, sie dadurch zu tödten, in hülfloser Lage vorsätzlich verlassen zu haben, so daß in Folge dessen der Tod der genannten Conrad eingetreten ist? Die Herren Geschwornen bejahten diese Frage theilweise. Sie erklärten die beiden Angeklagten für schuldig, jedoch leugneten sie die Absicht Beider, das Kind zu tödten. Eine zweite Frage ging dahin, ob nicht die Angeklagten schuldig seien, durch mangelhafte Pflege etc. die Anna Conrad mißhandelt zu haben, so daß in Folge dessen der Tod eintrat. Nach Beantwortung der ersten Frage in der angegebenen Weise kam es jedoch auf diese letztere Frage nicht an und die beiden Angeklagten wurden zu 10 Jahren Zuchthaus verurtheilt.*

---

[144] Bernkasteler Zeitung, Jg. 22, Nr. 7, S. 1 vom 15. Januar 1856.

5.4 Der weitere Lebensweg der Rabeneltern

Nachdem das Ehepaar Conrad–Becker zu jeweils zehn Jahren Zuchthaus verurteilt worden war verliert sich zunächst seine Spur. Aufgrund der Abscheulichkeit des Verbrechens darf angenommen werden, dass zumindest einer der beiden seine Strafe in Gänze bis ins Jahr 1866 verbüßen musste. Das würde auch erklären, warum die beiden erst am 25. November jenes Jahres kirchlich heirateten. Die Heirat fand ebenso wie der vermutlich weitere Lebensweg in Bischofsdhron — dem Herkunftsort der Frau — statt, da sich die beiden in Bernkastel wohl nicht mehr sehen lassen konnten. Valentin Conrad verstarb am 11. März 1882 in Bischofs-dhron, seine Ehefrau Anna Catharina geborene Becker gar erst am 17. September 1905 im Alter von 89(!) Jahren. Ihr Todestag lag fast exakt 50 Jahre nach dem der kleinen Anna Conrad!

Bleibt zu hoffen, dass sie in diesen 50 Jahren ein überwiegend schlechtes Leben hatte. Ein Trost mag in jedem Fall sein, dass sich diese Rabenmutter nicht mehr vermehren konnte, zählte sie bei ihrer Entlassung aus dem Zuchthaus doch bereits rund 50 Lenze!

6 Der Brandstifter Johann Meisterburg

Johann Meisterburg ist vermutlich der bekannteste Straftäter Bernkastels. Über ihn hat der Autor ein Sachbuch[145] sowie einen Roman[146] verfasst. Auch die Bernkasteler Chronik[147] berichtet über ihn. Aus diesem Grund sollen hier nur die wichtigsten respektive neue Informationen über ihn angegeben werden, den Rest mag der geneigte Leser der oben genannten Literatur entnehmen.

6.1 Die Familie

Johann Meisterburgs Eltern waren der Tagelöhner Peter Sebastian Meisterburg, der am 20. Juli 1822[148] Maria Elisabeth Schuh, die 30jährige Witwe des Johann Beucher[149] heiratete. Seine Ehefrau wurde am 14. Juli 1792 als uneheliches Kind der aus Merzig stammenden Margaretha Schuh geboren.[150] Das erste Kind der Eheleute Meisterburg–Schuh verstarb mit nur drei Jahren, ein paar Monate nachdem das zweite Kind tot geboren worden war.[151] Auch das vierte und sechste Kind verstarben im Alter von nur anderthalb Jahren respektive drei Wochen. Nur zwei Söhne wurden erwachsen: der am 16. Januar 1827 geborene Heinrich[152] und der am 20. März 1832 geborene Johann[153] — der spätere Brandstifter. Beide erlernten nach vorliegenden Informationen keinen Beruf, sondern verdingten sich zeitlebens als Tagelöhner, wie es bereits ihr Vater getan hatte.

Allerdings waren sie allem Anschein nach vom Charakter her sehr verschieden. Während der ältere eher einer regelmäßigen Arbeit nachging, schien dies überhaupt nicht die Sache des jüngeren zu sein. Heinrich war dann auch derjenige, der den Wiederaufbau des elterlichen Hauses, nachdem es durch einen Brand zerstört worden war, in der Hauptsache finanzierte. Johann hingegen, von seiner Mutter — die ihren Lebensunterhalt nur durch Betteln, Karten-

---

[145] [Bra19].
[146] [Bra23].
[147] [SB24a].
[148] SA/BS H 1822/25.
[149] Der Bergmann Johann Beucher wurde am 1. Oktober 1785 in Monzelfeld geboren [Bra06, S. 65, Nr. 73]. Er verstarb am 28. März 1819 zu Bernkastel [Bra21].
[150] KB Bern 2/224/2.
[151] [Bra21].
[152] SA/BS G 1827/6.
[153] SA/BS G 1832/42 (siehe Abbildung 36).

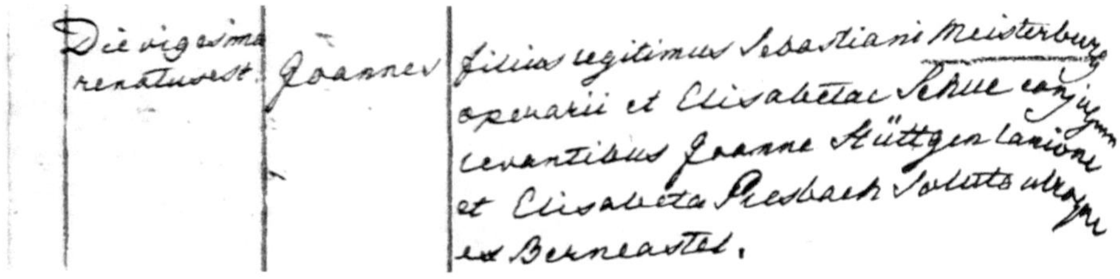
Die vigesima renatus est | Joannes | filius legitimus Sebastiani Meisterburg operarii et Elisabethae Schue conjugum levantibus Joanne Küttgen laniona et Elisabetha Piesbach Solutis ambo ex Berncastel.

Abb. 35: Taufakt des Johann Meisterburg

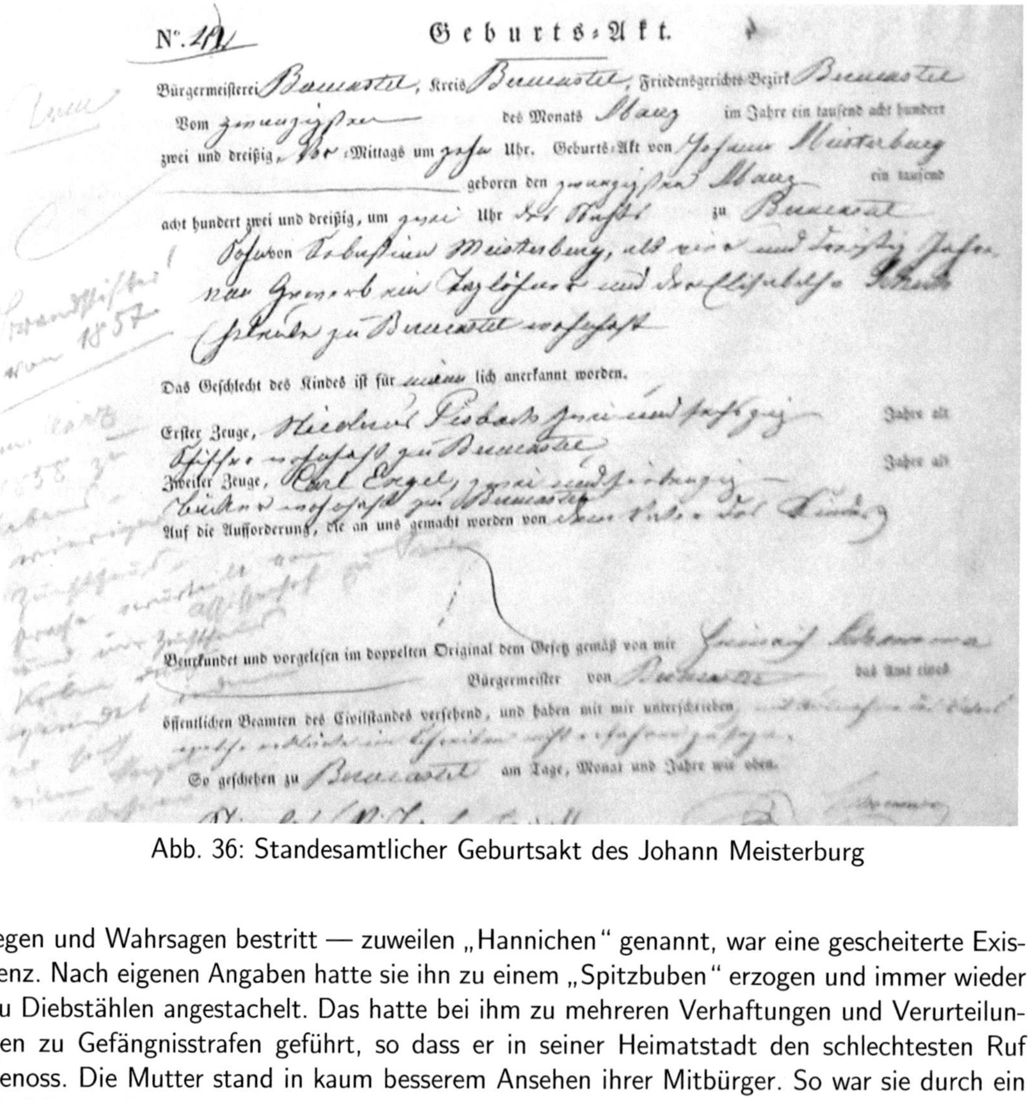
N°. 49 Geburts-Akt.

Bürgermeisterei Berncastel, Kreis Berncastel, Friedensgerichts-Bezirk Berncastel

Vom zwanzigsten des Monats März im Jahre ein tausend acht hundert zwei und dreißig, Vor-Mittags um zehn Uhr. Geburts-Akt von Johann Meisterburg geboren den zwanzigsten März ein tausend acht hundert zwei und dreißig, um zwei Uhr des Nachts zu Berncastel

Das Geschlecht des Kindes ist für männlich anerkannt worden.

Erster Zeuge, Nicolaus Piesbach ... Jahre alt

Zweiter Zeuge, Carl Engel ... Jahre alt

Auf die Aufforderung, die an uns gemacht worden von ...

Beurkundet und vorgelesen im doppelten Original dem Gesetz gemäß von mir ... Bürgermeister von Berncastel das Amt eines öffentlichen Beamten des Civilstandes versehend, und haben mit mir unterschrieben ...

So geschehen zu Berncastel am Tage, Monat und Jahre wie oben.

Abb. 36: Standesamtlicher Geburtsakt des Johann Meisterburg

legen und Wahrsagen bestritt — zuweilen „Hannichen“ genannt, war eine gescheiterte Existenz. Nach eigenen Angaben hatte sie ihn zu einem „Spitzbuben“ erzogen und immer wieder zu Diebstählen angestachelt. Das hatte bei ihm zu mehreren Verhaftungen und Verurteilungen zu Gefängnisstrafen geführt, so dass er in seiner Heimatstadt den schlechtesten Ruf genoss. Die Mutter stand in kaum besserem Ansehen ihrer Mitbürger. So war sie durch ein Gerichtsurteil vom 7. Juli 1852 wegen Hehlerei von Gegenständen, die ihr Sohn gestohlen hatte, zu einer Gefängnisstrafe von einer Woche verurteilt worden.[154] Auch der Vater hatte bereits wegen Betteln im Gefängnis gesessen.

[154] [Hol59, S. 190].

Ein Stammbaum der Familie Meisterburg ist in Abbildung 37 dargestellt.

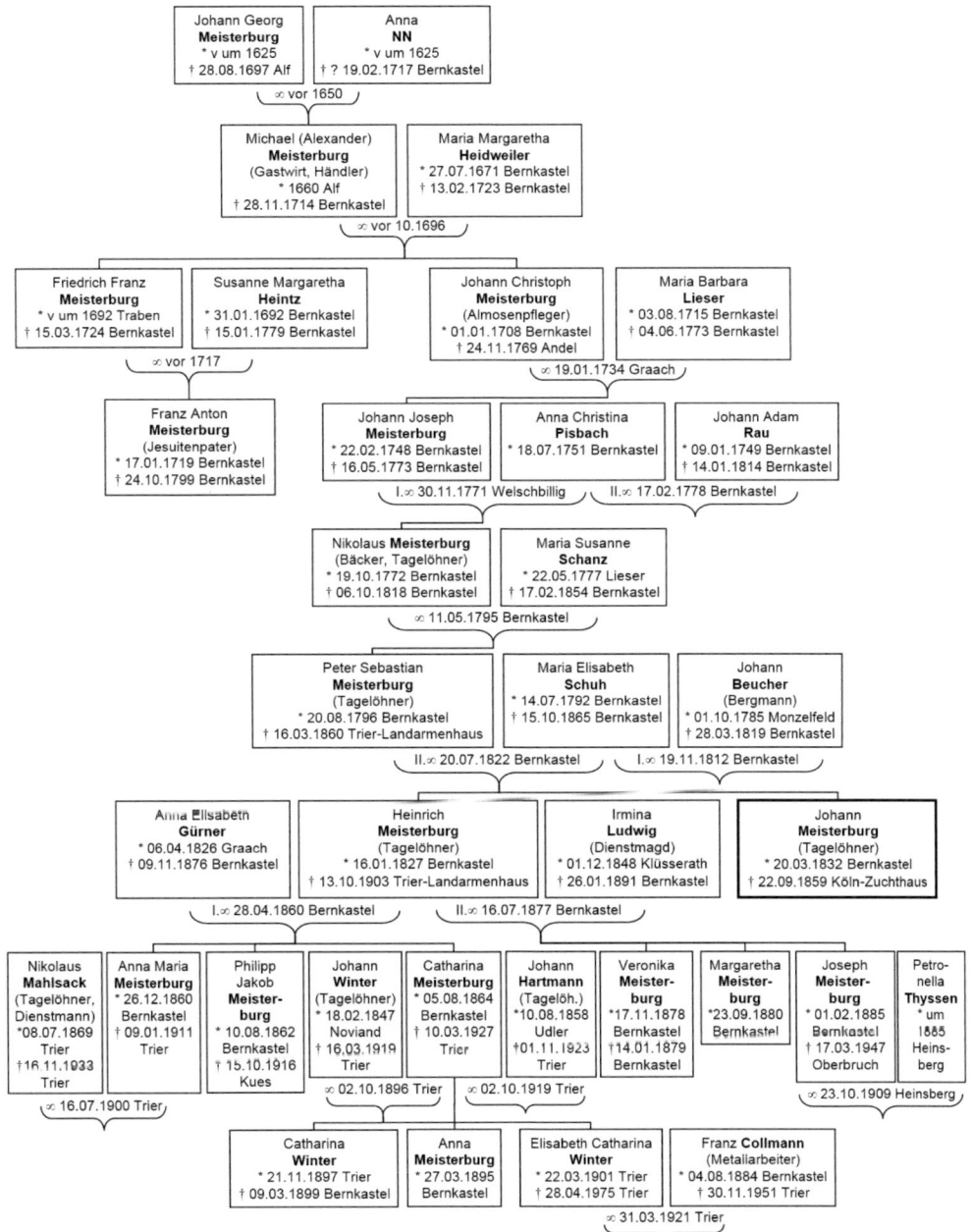

Abb. 37: Stammbaum der Familie Meisterburg

6.2 Brandstifter bereits als Zwölfjähriger?

Neue Informationen lassen es plausibel erscheinen, dass Johann Meisterburg bereits im Alter von erst zwölf Jahren sein damaliges Elternhaus anzündete! [155]

Sein Zorn auf die Stadt Bernkastel begann laut eigener Aussage am 19. Januar 1845, als das kleine Häuschen seiner Eltern, die damals angeblich in der Römerstraße wohnten, mit mehreren Nachbarhäusern abbrannte.[156]

Sowohl im Untersuchungsbericht des Oberprokurators von Holleben als auch in dem in der Bernkasteler Zeitung abgedruckten Anklageakt[157] wird die Römerstraße als der damalige Wohnort der Familie Meisterburg angegeben. Eine eingehende Betrachtung neu zur Verfügung stehender Informationen lässt jedoch erkennen, dass diese Angabe unzutreffend ist. Im Anklageakt heißt es: „Das Feuer hatte das Nachbarhaus am meisten getroffen und dessen Eigenthümer, Hubert Pfeifer, wurde auch daher wegen Brandstiftung zur Untersuchung gezogen, jedoch bald außer Verfolgung gesetzt."

Abb. 38: Von dem Brand 1845 betroffene Gebäude (Urhandriß von 1830)

Abbildung 38 zeigt die beiden von dem Brand am 19. Januar 1845 betroffenen Gebäude neben der Heilig-Geist-Kirche (†). Der Schuhmacher Hubert Pfeiffer[158] bewohnte das Haus mit der Flurstücksnummer 909, welches direkt oberhalb der Heilig-Geist-Kirche lag, also in

---

[155] Diese Vermutung wurden zuerst veröffentlicht in [Bra20a].
[156] [Hol59].
[157] Anklage-Akt gegen Johann Meisterburg, 26 Jahre alt, Taglöhner, geboren und wohnhaft zu Bernkastel. Bernkasteler Zeitung, Nr. 23, S. 33–36, 1858.
[158] Hubert Pfeiffer wurde am 14. Februar 1807 zu Bitburg geboren [Bra21].

der Vorstadt.[159] Dazu passt, dass in der Mutterrolle des Katasters Bernkastel[160] unter Artikel 679 („Pfeiffer Hubert") steht, dass dieses Haus 1845 abbrannte.

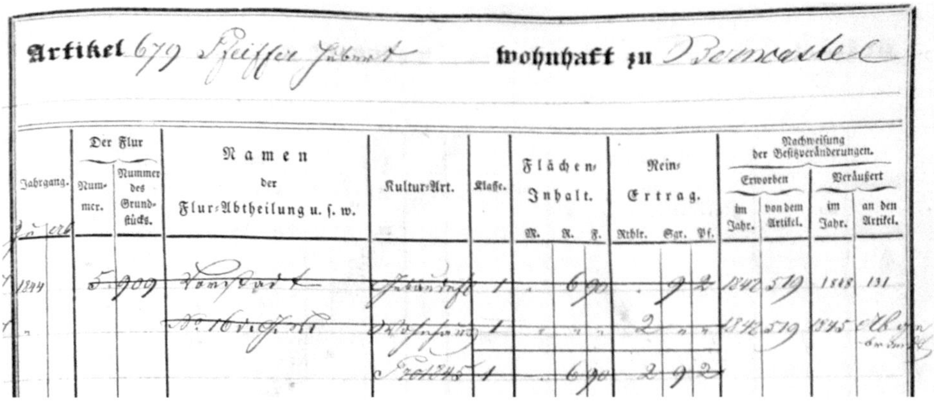

Abb. 39: Artikel des Hubert Pfeiffer in der Mutterrolle 1 im Kataster Bernkastel

Jenes Haus hatte nur ein Nachbarhaus — das mit der Flurstücksnummer 910 — welches 1830 im Urhandriß des Katasters dem Tagelöhner Johann Velten gehörte. 1835 erwarben die beiden Geschwister Johann und Elisabeth Beucher das Haus.[161] Auch dieses Haus brannte 1845 ab! Die Geschwister Beucher waren Kinder des verstorbenen Bergmannes Johann Beucher und dessen Ehefrau Maria Elisabeth Schuh, die 1822 in zweiter Ehe Peter Sebastian Meisterburg geheiratet hatte. Dies erklärt, warum die Familie Meisterburg in diesem Haus wohnte und nicht wie behauptet in der Römerstraße. Die beiden betroffenen Häuser wurden allem Anschein nach nicht wieder aufgebaut, sondern die Fläche seither als Teil des Friedhofes der Heilig-Geist-Kirche genutzt.

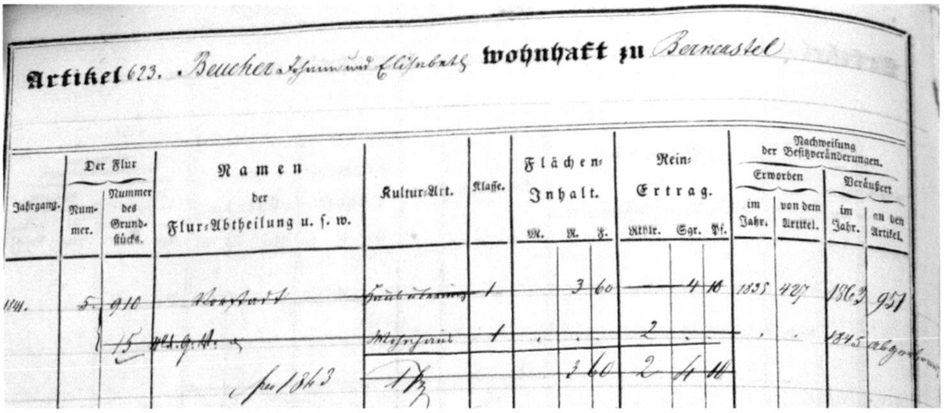

Abb. 40: Artikel der Geschwister Beucher in der Mutterrolle 1 im Kataster Bernkastel

---

159 [Bra25].
160 Landeshauptarchiv Koblenz, Best. 734, Nr. 1.
161 Siehe Artikel 623 („Beucher Johann und Elisabeth") der Mutterrolle (siehe Abbildung 40).

Ein weiteres Indiz, dass der erst zwölfjährige Johann Meisterburg schon damals seine „Passion" als Brandstifter gefunden haben könnte, findet sich in der Anklageschrift gegen ihn aus dem Jahr 1858:[162]

> *Jetzt hat sich gefunden, daß der Angeklagte etwa 14 Tage vor dem Brande [von 1845] seinen damaligen Schulkameraden Nikolaus Heinz gefragt hat: „Was meinst du, wenn unser Haus abbrennen würde, bekämen wir dann Geld?" und auf die Erwiederung des Heinz, daß er solches nicht wisse, fortfuhr mit den Worten: „Ja, dann kriegt man das Haus bezahlt." Als es nun darin brannte, war der Angeklagte, wie dies die Mutter des Heinz bezeugte, der Erste, welcher durch die Straßen „Feuer" rief. Die Familie Meisterburg zog darauf in ein Haus am sogenannten Scheuerweg, wozu Heinrich Meisterburg den Platz gekauft hatte. Dieses Haus brannte mit noch vier andern im Dezember 1854 ab. Die Entstehung dieses Brandes konnte damals auch nicht ermittelt werden, allein einige Wochen vor dem Brande hörte die Frau des Schusters Hubert Pfeifer den Angeklagten bei Gelegenheit eines Streites zwischen ihm, seiner Mutter und seinem Bruder sagen: „An einem frühen Morgen stecke ich auch die Hütte an, damit die Teufelsrace[163] wegkommt!"*

Zwölf Jahre später beging Johann Meisterburg seine Serie von sieben Brandstiftungen in der Stadt Bernkastel.

Abbildung 41 zeigt die Verwandtschaftsverhältnisse der Familien, die das Haus mit der Flurstücksnummer 910 in der Bernkasteler Vorstadt (heute: Burgstraße) bewohnten, welches am 19. Januar 1845 abbrannte.

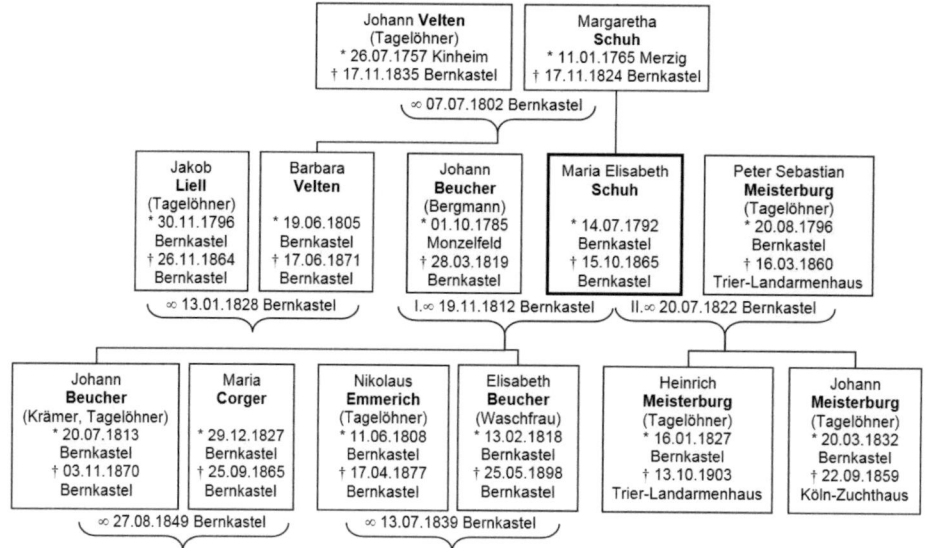

Abb. 41: Stammtafel der Familie Beucher–Schuh–Meisterburg zu Bernkastel

---

[162] Wie Anmerkung 157.
[163] „Teufelsrasse"

6.3 Die sieben Brände

Im Jahr 1857 brach sich der Hass Johann Meisterburgs auf seine Heimatstadt Bernkastel Bahn, indem er im Sommer und Herbst jenes Jahres insgesamt sieben Brände legte, bevor man ihn schließlich verhaftete. Den finalen Auslöser gab der Brand der Nachbarstadt Trarbach, die am 21. Juli 1857 beinahe vollständig niederbrannte. Gleiches wollte Meisterburg auch für Bernkastel und legte bereits am darauffolgenden Tag den ersten Brand.

1. Brand: Am 22. Juli 1857 in der Graacher Gasse.

2. Brand: Am 4. August 1857 in der Vorstadt.

3. Brand: Am 25. August 1857 in der Römerstraße.

4. Brand: Am 6. Oktober 1857 in der Graacher Gasse.

5. Brand: Am 6. Oktober 1857 am Marktplatz.

6. Brand: Am 5. November in der Vorstadt.

7. Brand: Am 7. November in der Vorstadt (an der Heilig-Geist-Kirche).

Abbildung 42 zeigt rechts die Heilig-Geist-Kirche und in der Mitte das daran angebaute Stadttor, die sogenannte Heilig-Geist-Pforte, die 1872 abgerissen wurde. Der Rest des Gebäudes wurde in den 1980er Jahren abgerissen.

Abb. 42: Bruderhaus, Stadtpforte und Heilig-Geist-Kirche im Jahr 1870 (RK)

Die Gesamtzahl aller 1857 in Bernkastel stehenden Gebäude ist nicht bekannt, jedoch dürften die 115 von den Bränden des Johann Meisterburg betroffenen Häuser geschätzte 15 bis 20 Prozent aller damaligen Gebäude ausgemacht haben.

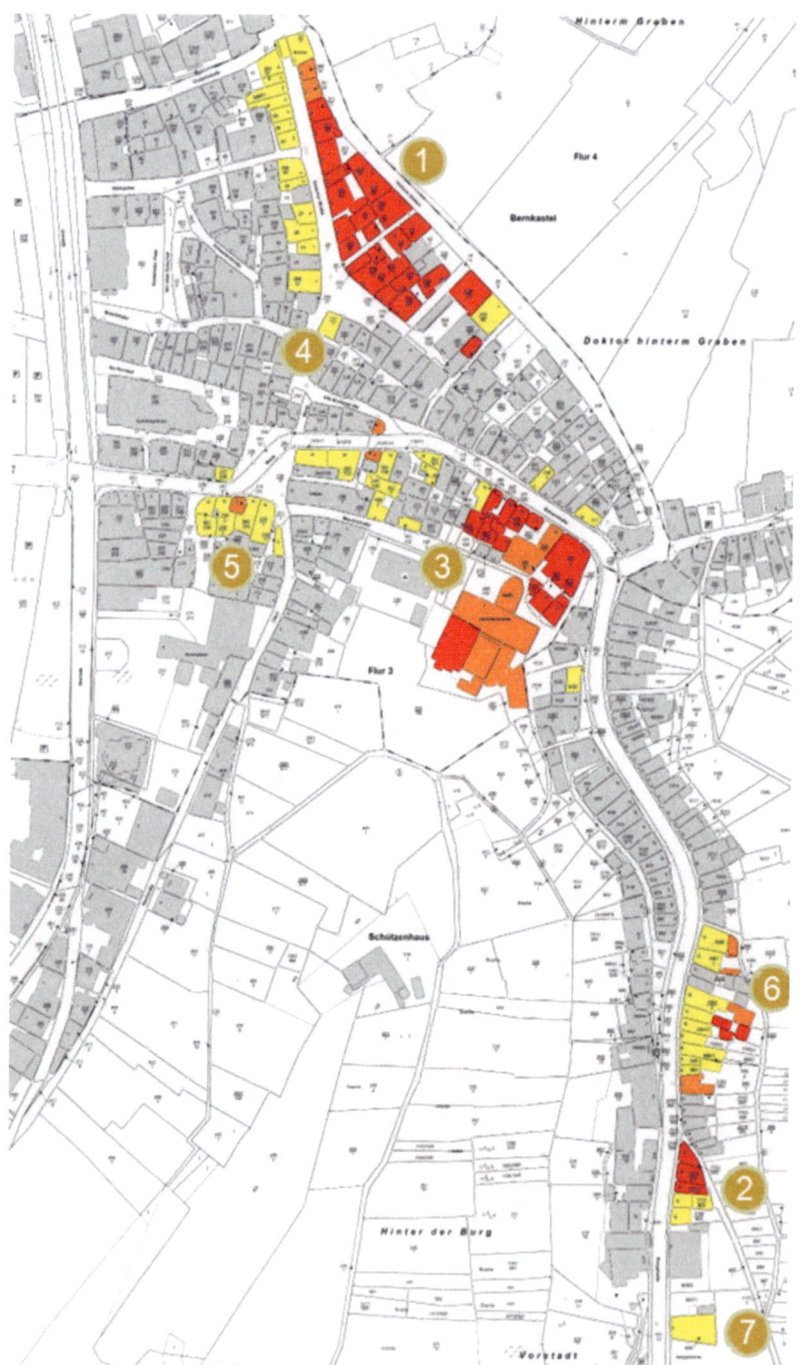

Abb. 43: Alle sieben Brände in einer heutigen Flurkarte von Bernkastel

Tabelle 3 gibt die Anzahl der von den sieben Bränden betroffenen Gebäude an. Hierbei sind nur die versicherten Gebäude berücksichtigt, so dass die tatsächliche Anzahl noch höher gewesen sein kann.

Nr.	Datum	Straße	Gebäude nieder-gebrannt	Gebäude stark beschädigt	Gebäude leicht beschädigt	Gebäude insge-samt
1	22.07.1857	Graacher Straße	34	1	17	52
2	04.08.1857	Vorstadt (Burgstraße)	4	—	1	5
3	25.08.1857	Römerstraße	13	3	14	30
4	06.10.1857	Graacher Straße	—	—	1	1
5	06.10.1857	Markt	—	1	7	8
6	05.11.1857	Vorstadt (Burgstraße)	4	9	5	18
7	07.11.1857	Vorstadt (Burgstraße)	—	—	1	1
		Summe	55	14	46	115

Tabelle 3: Anzahl der insgesamt zerstörten oder beschädigten Gebäude

6.4 Das Ende des Brandstifters

Nachdem man ihn im November 1857 aufgrund des Verdachts der vorsätzlichen Brandstiftung verhaftet hatte, wurde ihm in Trier der Prozess gemacht und er wurde für schuldig befunden, alle sieben Brände gelegt zu haben. Man verurteilte ihn zu lebenslanger Haft, die er im Zuchthaus in Köln verbüßte, wo er am 22. September 1859 an den Folgen eines Selbstmordversuches verstarb.[164] Johanns Vater verstarb ein halbes Jahr nach seinem Sohn am 16. März 1860 im Trierer Landarmenhaus und wurde drei Tage später auf dem dortigen Stadtfriedhof beerdigt.[165] Johanns Mutter überlebte ihren zweiten Ehemann um mehr als fünf Jahre und verstarb am 15. Oktober 1865 in Bernkastel.[166]

---

[164] SA/BS S 1859/43.
[165] SA Trier S 1860/123.
[166] SA/BS S 1865/59.

7 Der Bergwerksbesitzer und -direktor Johann Peter Kagenbusch

7.1 Die Jahre in Bernkastel

Von Peter Kagenbusch hören wir in Bernkastel zum ersten Mal am 21. Juni des für die Stadt so schicksalhaften Brandjahres 1857, als der Kaufmann Tillmann Joseph Wichterich sich mit einer Annonce in der „Bernkasteler Zeitung" über die Schulden desselben beschwert.

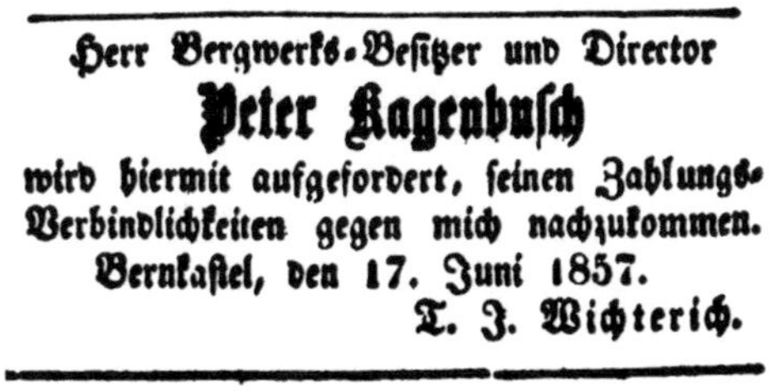

Herr Bergwerks-Besitzer und Director
Peter Kagenbusch
wird hiermit aufgefordert, seinen Zahlungs-
Verbindlichkeiten gegen mich nachzukommen.
Bernkastel, den 17. Juni 1857.
T. J. Wichterich.

Abb. 44: Anzeige des T. J. Wichterich vom 21. Juni 1857

Kaufmann Wichterich ließ diese für den Bergwerksbesitzer Kagenbusch eher peinliche Annonce vier Wochen lang wiederholen, zuletzt in der Ausgabe der „Bernkasteler Zeitung"
vom 19. Juli 1857. Erst in der darauffolgenden Zeitung vom 21. Juli 1857 — dem Tag
vor dem ersten durch Johann Meisterburg gelegten Brand in der Stadt — konnte „Entwar-
nung" gegeben werden in der Form, dass die Gegenseite sich veranlasst sah, ihrerseits per
Zeitungsannonce auf die Begleichung der Schulden hinzuweisen (siehe Abbildung 45).

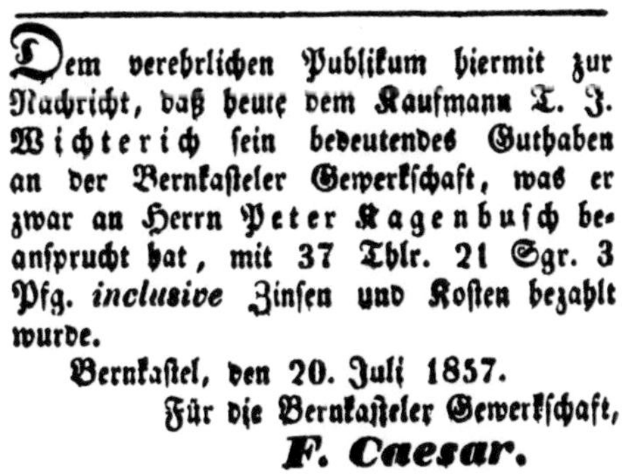

Dem verehrlichen Publikum hiermit zur
Nachricht, daß heute dem Kaufmann T. J.
Wichterich sein bedeutendes Guthaben
an der Bernkasteler Gewerkschaft, was er
zwar an Herrn Peter Kagenbusch be-
ansprucht hat, mit 37 Thlr. 21 Sgr. 3
Pfg. inclusive Zinsen und Kosten bezahlt
wurde.
Bernkastel, den 20. Juli 1857.
Für die Bernkasteler Gewerkschaft,
F. Caesar.

Abb. 45: Anzeige des F. Caesar vom 21. Juli 1857

Wer war jener Bergwerksbesitzer Peter Kagenbusch, der auf diese Art und Weise eher unschön das Rampenlicht der Bernkasteler Öffentlichkeit betrat? In der Annonce des Kaufmanns Wichterich wird Kagenbusch als Besitzer und Direktor des Bernkasteler Bergwerks bezeichnet.

Im „Einwohnerbuch Bernkastel" wird Peter Kagenbusch nur ein einziges Mal genannt, als er am 24. Juli 1861 als „Peter Kagenbusch, Bergwerksdirektor, 44 Jahre alt, wohnhaft zu Bernkastel" Zeuge im standesamtlichen Geburtsakt von Reinhard Immanuel Mertens (Sohn von August Wilhelm Theodor Mertens, evangelischer Pfarrer zu Bernkastel, und Wilhelmina Augusta Emilia Hanisch) war.[167]

Abb. 46: Unterschrift des Peter Kagenbusch am 24. Juli 1861

Er war demnach um 1816/17 geboren und dürfte die evangelische Konfession besessen haben. Da die Bevölkerung Bernkastels zu dieser Zeit fast ausschließlich den katholischen Glauben besaß, könnte das erklären, warum er im Rahmen der kirchlichen Sakramente der Katholiken kaum in Erscheinung trat.

In der „Bernkasteler Zeitung" wird er in den nächsten Jahren ab und an genannt. In der Ausgabe vom 15. August 1858 inseriert er als „Peter Kagenbusch, Repräsentant und Direktor des Moseler Bergwerks- und Hüttenvereins", um Glanzerze zu verkaufen (siehe Abbildung 47).

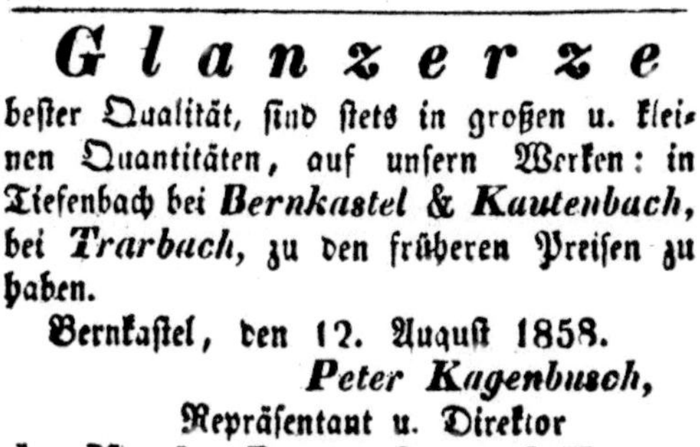

Glanzerze
bester Qualität, sind stets in großen u. kleinen Quantitäten, auf unsern Werken: in Tiefenbach bei *Bernkastel* & *Kautenbach*, bei *Trarbach*, zu den früheren Preisen zu haben.
Bernkastel, den 12. August 1858.
Peter Kagenbusch,
Repräsentant u. Direktor
des Moseler Bergwerks- und Hütten-Vereins.

Abb. 47: Anzeige des Peter Kagenbusch vom 15. August 1858

Anton Stöck berichtet nur wenig über den Bergbau zu Bernkastel in der Zeit vor Kagenbusch.[168] Leider führt er für seine Aussagen auch keine Quellen an.

---

[167] [Bra21, Nr. 2048].

[168] Am 18. Januar 1841 wurde der am 13. Mai 1811 zwischen Geheimrat von Pidoll und Anton Stöck

In einem eingesandten Artikel der „Bernkasteler Zeitung" vom 5. September 1858 bringt die Belegschaft des Bernkasteler Bergwerkes ihrem Direktor Peter Kagenbusch eine Bezeugung ihrer Hochachtung dar:

> *Nachdem durch den Bergwerks-Direktor Herrn Kagenbusch hierselbst, nach Ueberwindung ungewöhnlicher Schwierigkeiten und nicht vorherzusehender Widerwärtigkeiten und Hindernisse, mit ungewöhnlicher Ausdauer und Sach- und Geschäftskenntniß der hiesige Bergbau sicher gestellt worden und eine Ausdehnung genommen hat, die zahlreichen Familien Arbeitsverdienst dauernd verschafft und Nahrungssorgen für die Zukunft ferne hält, hat die Knappschaft die Gelegenheit des heutigen Geburtsfestes[169] ihres Herrn Directors als die passendste Veranlassung wahrzunehmen geglaubt, ihren Gefühlen des Dankes und der Verehrung für denselben Ausdruck zu geben:*

> *Deswegen brachten sämmtliche beim Bergwerke beschäftigten Beamten und Bergleute gestern Abend, mit ihren Grubenlichtern versehen, ihrem Director ein großes Glück dar, bei welchem mehrere hundert Arbeiter versammelt waren und dies dadurch sich am vortheilhaftesten auszeichnete, daß auch nicht die geringste Unordnung, weder bei diesen, noch bei dem zahlreich versammelten Publikum vorfiel.*

> *In der Rede, welche der älteste Steiger Herr Velten[170] hielt und an deren Ende die Knappschaft dem Herrn Director einen sinnig verzierten, sehr schön gearbeiteten silbernen Pokal als Zeichen des Dankes und der Anhänglichkeit verehrte, wird besonders das segenreiche, humane Wirken desselben hervorgehoben und am Ende ein volles mit Musik begleitetes „Glück auf" dem Manne gebracht, in welchem die zahlreichen Arbeiter eine Gewährleistung erblicken für ihre Existenz und für die Zufriedenheit ihrer Familien.*

> *Am Ende wünschten sie lange Fortdauer dieses Wirkens, Segen und Glück dem Bergbau und dessen Repräsentanten und diesem Wunsche reihten sich gewiß viele der Zuschauer an, weil dessen Fortdauer neue Nahrungspunkte der hiesigen Stadt eröffnet und die Persönlichkeit des Directors ihn der Liebe und Achtung des Pub-*

---

geschlossene Vertrag durch Notariatsakt vor Notar Eggener in Coblenz aufgehoben. Was im Bergbau jetzt folgte, ist schnell berichtet. Wilhelm Josef Stöck war als aktivster Förderer aus der Bergwerksgesellschaft ausgeschieden. Simon [= Philipp Carl Simon, Königlicher Notar zu Coblenz] betrieb jetzt die Gruben allein weiter. Nach einigen Jahren starb er. Seine Erben setzten den Betrieb fort. Sie waren bemüht, das Unternehmen technisch moderner auszurüsten und erhielten am 18. April 1846 die Erlaubnis zur Aufstellung einer „Stoßherdenwäsche". Nur kurze Zeit später verkauften sie die Bergwerke an den Bergwerksdirektor Kagenbusch. Ihm folgte als Rechtsinhaber der „Moseler Bergwerk- und Hüttenverein zu Köln". Er betrieb die Grube noch bis Anfang der sechziger Jahre des 19ten Jahrhunderts. Zu dieser Zeit war die Belegung auf wenige Bergarbeiter reduziert. Die Ausbeute war bescheiden, 23.600 Pf Reinerz in jener Zeit. Der „Moseler Bergwerk- und Hüttenverein" ging in Konkurs. Während in den folgenden Jahren mehrfach der Besitzer wechselte, ruhte der Bernkasteler Bergbau [Stö79].

[169] Da für die Annonce kein genaues Datum angegeben ist, kann man zusammen mit seiner Altersangabe als Zeuge vom 24. Juli 1861 vermuten, dass Peter Kagenbusch um den 5. September 1816 herum geboren war.

[170] Hierbei dürfte es sich um den früheren Steuereinnehmer Johann Velten (*14.11.1804 Bernkastel, †16.06.1872 Bernkastel) gehandelt haben [Bra21, Nr. 4631]. Am 17. Juni 1859 wird „Johann Velten, Bergsteiger, 54 Jahre alt, wohnhaft zu Bernkastel" als Zeuge genannt (SA/BL S 1859/53).

likums werth machte.

Mittlerweile hatte die Knappschaft das Büreau ihres Chefs sinn- und geschmackvoll verziert und die dort versammelten näheren Freunde desselben machten ihn, der seine Ueberraschung über so bedeutungsvolle und aufrichtige Zeichen der Lieben der Knappschaft nicht verbergen konnte, auf das in einem Transparente ausgedrückte Gefühl aufmerksam, welches

„Dem Verdienste seine Krone"

lautete.

Frohes heiteres Zusammensein schloß den sinnreichen Abend. (Eingesandt.)

Wenn man diesen Zeitungsartikel liest, könnte man beinahe meinen, der Messias sei wieder auf die Erde hinabgestiegen!

In der „Bernkasteler Zeitung" vom 1. Mai 1859 suchte Peter Kagenbusch im Namen des „Moseler Bergwerks- und Hüttenvereins" 200(!) Bergmänner zwecks dauerhafter Beschäftigung (siehe Abbildung 48).[171]

Glück auf!
200 tüchtige und qualificirte Berg= leute finden dauernde und lohnende Beschäftigung in Bernkastel an der Mosel bei der unterzeichneten Ge= werkschaft.
Peter Kagenbusch,
Director und Repräsentant des Moseler Bergwerks- und Hütten-Vereines.

Abb. 48: Annonce des Peter Kagenbusch vom 1. Mai 1859

Demnach schien bei der Bernkasteler Bergwerksgesellschaft alles wie geschmiert zu laufen: die Arbeiter waren zufrieden, liebten ihren Chef und man expandierte immer weiter — doch noch im selben Monat war alles aus und vorbei — die Gesellschaft war **bankrott**![172]

---

[171] Diese Annonce druckte auch die „Kölnische Zeitung" vom 1., 8. und 15. Mai 1859 sowie das „Echo der Gegenwart" aus Aachen vom 19. Mai 1859.

[172] Laut Abschnitt 7.2 erfolgte der Bankrott des Hauptgeldgebers — der Leih- und Commerzbank zu Kassel — bereits am 9. Mai 1859!

Die „Bernkasteler Zeitung" vom 29. Mai 1859 berichtete vom Konkurs der Kasseler Leih-
und Commerzbank — dem Hauptgeldgeber des Bernkasteler Bergbaus (siehe Abbildung 49).

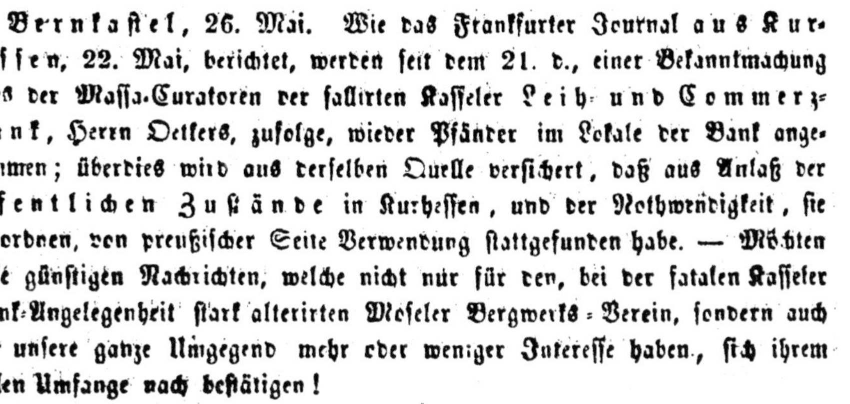

> **Bernkastel, 26. Mai.** Wie das Frankfurter Journal aus Kur-
> Hessen, 22. Mai, berichtet, werden seit dem 21. d., einer Bekanntmachung
> eines der Massa-Curatoren der fallirten Kasseler Leih- und Commerz-
> Bank, Herrn Oetkers, zufolge, wieder Pfänder im Lokale der Bank ange-
> nommen; überdies wird aus derselben Quelle versichert, daß aus Anlaß der
> öffentlichen Zustände in Kurhessen, und der Nothwendigkeit, sie
> zu ordnen, von preußischer Seite Verwendung stattgefunden habe. — Möchten
> diese günstigen Nachrichten, welche nicht nur für den, bei der fatalen Kasseler
> Bank-Angelegenheit stark alterirten Moseler Bergwerks-Verein, sondern auch
> für unsere ganze Umgegend mehr oder weniger Interesse haben, sich ihrem
> vollen Umfange nach bestätigen!

Abb. 49: Bankrott der Kasseler Leih- und Commerzbank (29. Mai 1859)

Die „Bernkasteler Zeitung" vom 5. Juni 1859 spann das Thema weiter fort:

*Kassel, 31. Mai. Die gegen die Verwaltung unseres bankrotten Lombards eingelei-
tete Untersuchung ist im vollen Gange. Ordentliche Rechnung, wie solche andere
Cassenämter bei uns ablegen müssen, stellte die Commerz-Bank nicht, sie hatte
eine rein kaufmännische Buchführung eingeführt und wußte die Prüfung der Bilanz
durch Vorlage und Einsichtnahme der Bücher zu umgehen. Durch welche Mittel ihr
dies gelungen, das wird die Untersuchung des Genaueren noch festzustellen haben.
Die Ausgabe der Cassascheine war von der Regierung nicht ausdrücklich genehmigt,
sondern nur stillschweigend geduldet. Die landesherrliche Verordnung, welche die
Leih- und Commerzbank im Jahre 1721 ins Leben rief, sagt natürlich kein Wort
über die Ausgabe von Papiergeld, und man ließ dieselbe unbegreiflicher Weise wohl
nur deßhalb zu, weil man die Bankscheine als Schuldbriefe au porteur betrachten zu
können glaubte, welche das Institut auszustellen durch die Stiftungsurkunde allerdings ermächtigt war.*

Die „Bernkasteler Zeitung" vom 12. Juni 1859 berichtete über den Beginn des Liquida-
tionsverfahrens in Kassel, und, dass die Gläubiger der Leih- und Commerzbank wohl höchstens
40 Prozent ihrer Außenstände zurückerhalten würden:

*Kassel, 7. Juni. Gestern begannen vor kurfürstl(ichem) Stadtgerichte im Lokale der
Leih- und Commerzbank das summarische Liquidationsverfahren und Anmelden der
Forderungen Seitens der Gläubiger der Bank. Der Andrang derselben, namentlich
von solchen aus den Dorfschaften der Umgegend von Kassel, war so stark, daß die
vor und innerhalb des Gebäudes aufgestellte Polizei- und Gensd'armerie-Mannschaft
sich genöthigt sah, das Gebäude zu sperren und den Einlaß von Zeit zu Zeit nur
einer gewissen Anzahl Personen zu gestatten. Das Concursgericht nahm von den
Gläubigern die von der Direktion der Bank ausgestellten Schuldverschreibungen (au
porteur) und Leihhausscheine (sog(enannte) Tresorscheine über 1 Thlr. bezw. 10*

Thlr. lautend), in Empfang und händigte dagegen auf die Namen der Ueberbringer lautende Empfangsbescheinigungen aus. — Nach einem bewirkten Ueberschlage werden die Gläubiger der hiesigen Leih- und Commerzbank höchstens 40 Procent erhalten.

In den nächsten Wochen trudelten immer mehr Schuldscheine der Kasseler Leih- und Commerzbank — im Wert von rund 300.000(!) Reichstalern — seitens der Gläubiger ein, wie die „Bernkasteler Zeitung" vom 31. Juli 1859 zu berichten wusste:

Kassel, 26. Juli. Dem Vernehmen nach sollen bis zum 16. Juli etwa 300.000 Rthlr. in Papierscheinen, also ohne die Obligationen, bei dem Gericht von Leihbank-Gläubigern angemeldet sein. So weit ein Ueberschlag möglich ist, würden danach etwa 40–50 Procent zu erwarten sein; doch ist die Berechnung darum sehr unsicher, weil eine unbestimmte Anzahl von Gläubigern noch nicht angemeldet hat, ohne durch den Ablauf des letzten Termins präcludirt werden zu können.

Am 28. August 1859 berichtete die „Bernkasteler Zeitung" dass Herr Geeh, ein ehemaliger Kassierer der Leihbank, verhaftet wurde:

Kassel, 24. August. Seit einigen Tagen befindet sich der ehemalige Kassirer der Leihbank, Herr Geeh, hier. Derselbe hatte sich bisher in Böhmen als Director einer Glasfabrik aufgehalten, war vom hiesigen Stadtgericht citirt worden und ist nun auf, wie sich vermuthen läßt, dringende Indicien verhaftet worden. Uebrigens hört man immer bestimmter aussprechen, daß der Stand der Leihbank-Angelegenheit sich günstiger, als Anfangs erwartet wurde, gestalte.

In der „Bernkasteler Zeitung" vom 26. April 1860 gibt Peter Kagenbusch bekannt, dass alle, die irgendwelche Forderungen an die Gesellschaft hätten, diese innerhalb einer Woche auf dem Büro in Bernkastel einreichen müssten (siehe Abbildung 50).[173]

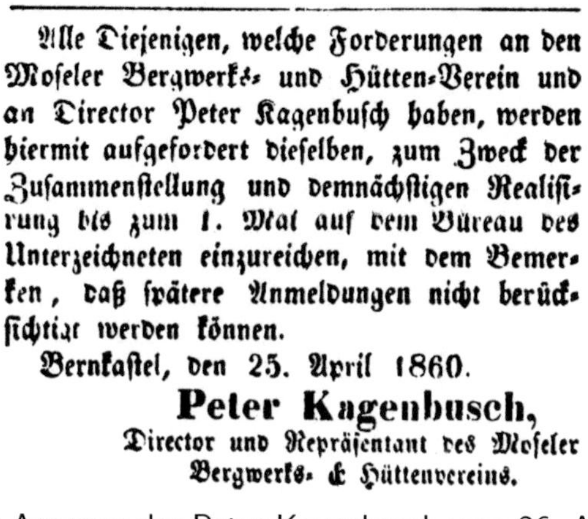

Alle Diejenigen, welche Forderungen an den Moseler Bergwerks- und Hütten-Verein und an Director Peter Kagenbusch haben, werden hiermit aufgefordert dieselben, zum Zweck der Zusammenstellung und demnächstigen Realisirung bis zum 1. Mai auf dem Büreau des Unterzeichneten einzureichen, mit dem Bemerken, daß spätere Anmeldungen nicht berücksichtigt werden können.

Bernkastel, den 25. April 1860.

Peter Kagenbusch,
Director und Repräsentant des Moseler
Bergwerks- & Hüttenvereins.

Abb. 50: Annonce des Peter Kagenbusch vom 26. April 1860

---

[173] Diese Annonce druckte auch der „Allgemeine Anzeiger und Kunst-, Handels- und Gewerbezeitung für den Regierungsbezirk Trier" vom 28. April 1860.

Die „Bernkasteler Zeitung“ vom 9. Mai 1861 berichtete, dass „die Witwe Andreas Geller und deren Kinder das ihnen zugehörige, in der Stadt Bernkastel an der Moselgassen neben Kagenbusch gelegene Wohnhaus nebst Zubehör und Bering und dem dazu gehörigen Keller am 21. Mai des Jahres versteigern lassen.“

Bei dem Kagenbusch'schen Haus handelte es sich um das Grundstück Nr. 9 der 3. Flur (siehe Abbildung 51). Das am Gestade liegende Haus hatte 1860 — vermutlich aber eher 1859 kurz vor dem sich abzeichnenden Bankrott der Gesellschaft — Peter Kagenbuschs Ehefrau Christina Lisette Ewaldine Dammann gekauft und damit wohl einen Teil seines Vermögens dem Zugriff der Gläubiger entzogen.

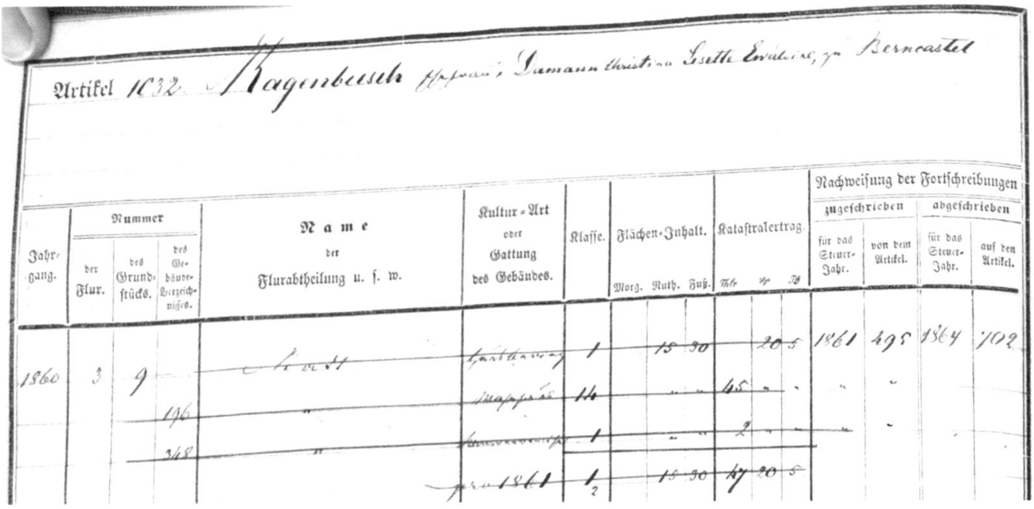

Artikel 1032 Kagenbusch Ehefrau Damann Christina Lisette Ewaldine zu Bernkastel

Jahrgang	Nummer der Flur	Nummer des Grundstücks	Nummer des Gebäude-Verzeichnisses	Name der Flurabtheilung u. s. w.	Kultur-Art oder Gattung des Gebäudes	Klasse	Flächen-Inhalt Morg. Ruth. Fuß	Katastralertrag Thlr. Sgr. Pf.	Nachweisung der Fortschreibungen: zugeschrieben für das Steuer-Jahr	zugeschrieben von dem Artikel	abgeschrieben für das Steuer-Jahr	abgeschrieben auf den Artikel
1860	3	9				1	15 30	20 5	1861	495	1864	702
						14		45				
			196			1		2				
			348			1						
					1861	1/2	15 30	47 20 5				

Abb. 51: Artikel Nr. 1032 der Ehefrau Kagenbusch in der Mutterrolle 1

In der „Bernkasteler Zeitung“ vom 5. Juni 1862 annoncierte der Buchdrucker Karl Andreas Fuchs, daß er seit dem 1. Juni die „Bernkasteler Zeitung“ in das Haus der Frau Kagenbusch am Gestade verlegt habe (siehe Abbildung 52).

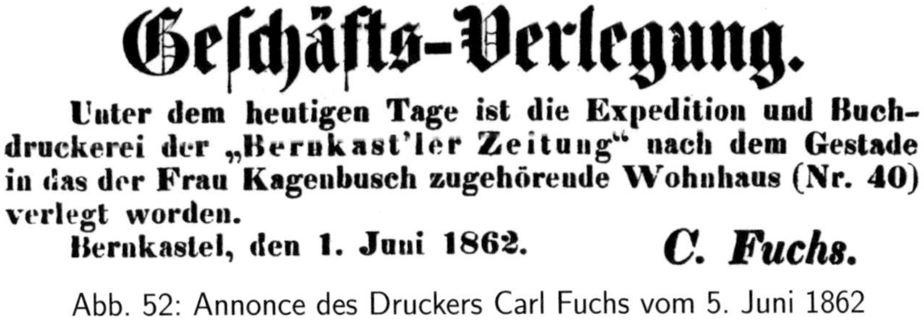

Geschäfts-Verlegung.

Unter dem heutigen Tage ist die Expedition und Buchdruckerei der „Bernkast'ler Zeitung“ nach dem Gestade in das der Frau Kagenbusch zugehörende Wohnhaus (Nr. 40) verlegt worden.

Bernkastel, den 1. Juni 1862. ***C. Fuchs.***

Abb. 52: Annonce des Druckers Carl Fuchs vom 5. Juni 1862

1863 erwarb der jüdische Handelsmann Daniel Isaack das Haus. Am 17. Juli 1878 brannte es zusammen mit sechs Nachbarhäusern ab. Anschließend wurde hier das neue Schulhaus — heute Touristinfo — gebaut.[174]

[174] [Bra25].

7.2 Die Leih- und Commerzbank zu Kassel

Dieser Abschnitt zitiert aus [Bra17, S. 35, 42–52]. Der Name unseres Protagonisten **Peter Kagenbusch** wurde zum besseren Auffinden innerhalb des Textes in Fettschrift gesetzt.

Zweites Kapitel.

„So leben wir, so leben wir, so leben wir alle Tage. "

Die Leih= und Commerzbank zu Kassel — und nicht die „kurhessische" Leih= und Commerzbank, wie sie von der Direction zuletzt unbefugter Weise titulirt wurde — ist eins der ältesten Creditinstitute in Deutschland. Vom Landgraf Karl im Jahre 1721 gegründet, hatte sie nach der Stiftungsurkunde den Zweck, die im Lande befindlichen und aufzurichtenden Manufacturen durch Vorschüsse zu erhalten und zu vermehren, und durch selbstständige Speculationen das Commerzium zu fördern.

...

Nun hatte man gewonnen Spiel. Man hatte das industrielle Genie des Herrn Geeh und man hatte Geld, Geld — wie Heu. Da wurde denn nun zunächst in Papieren speculirt. Herr Geeh verstand das ja. Solide Papiere waren indeß nicht nach seinem Geschmack, daran konnte nicht genug verdient werden. Man kaufte deshalb Speculationspapiere und hatte dabei einen so merkwürdigen Instinct, daß fast nicht ein einziges Papier gekauft worden ist, an dem die Concursmasse später nicht verloren hätte, als da sind: Creditmobilier, Jassyer Bankactien, die beliebten Oesterreicher u. s. w. Bei den 200,000 Thalern Kassenscheinen blieb es natürlich nicht. Das Verbot der fremden Einthalerscheine in Preußen gab den willkommenen Anlaß zu einer neuen Emission von Zehnthalerscheinen, und so ist man denn allmählich auf beinahe 400,000 Thaler gekommen.

*Mit der Zeit wurde man kühner. Man beschloß in Bergwerken zu machen, und Herr Geeh hatte auch sehr bald ein solches gefunden. An der Mosel, in den Gemarkungen von Berncastel, Wederath und Minheim liegen uralte und in neuerer Zeit wieder aufgenommene Gruben, welche vorzugsweise Zink, Blei und Eisen führen. Hieran betheiligte sich die Leihbank durch Vertrag vom 1. Juni 1858 mit 11 Kuxen[175] im Preise von 36,000 Thaler. Die übrigen Antheile waren in sehr verschiedenen Händen, wovon wir hier nur einen der Mitberechtigten, Herrn **Peter Kagenbusch** aus Westphalen, namhaft machen wollen, seines Zeichens ein Bergmann; er selbst nannte sich Bergwerksdirector. Durch diesen Herrn war auch Geeh zuerst auf die glorreichen Moselbergwerke aufmerksam gemacht worden. Wer die übrigen Mitbesitzer waren, wußte Herr Geeh selbst nicht genau, keinenfalls kannte er das Antheilverhältniß ihrer Berechtigungen, denn es ist erst nach Ausbruch des Concurses mit unsäglicher Mühe festgestellt worden. Ebenso kannte Herr Geeh die auf den Gruben ruhenden Pfandrechte, im Betrage von 12,000 Thaler, nicht, und noch weniger wußte er etwas davon, daß seine Verkäufer ihren Vorbesitzern noch 30,000 Thaler Restkaufgelder schuldeten, wegen deren jederzeit die linksrheinische Resiliationsklage erhoben und dadurch auch der Leihbank jegliches Recht an ihren Kuxen entzogen werden konnte. Herr Geeh kannte ferner nicht die Mächtigkeit und*

---

[175] Kux — Wertpapier über den Anteil an einer bergrechtlichen Gewerkschaft.

Bauwürdigkeit der Gruben und eben sowenig hatte er es für der Mühe werth gehalten, sich nach dem Zustande derselben in bergmännisch=technischer Beziehung zu erkundigen. Mit einem Wort, Herr Geeh hatte eben nur davon läuten hören, daß bei diesen Bergwerken etwas zu machen sei, und **Peter Kagenbusch** *war ganz der Mann, ihm dies plausibel zu machen. Zudem wurde ja der Vertrag so gestellt, daß die Leihbank die gezahlten 36,000 Thaler nach fünf Jahren, vom Tage des Vertrags an, mit 6 Prozent Zinsen zurück erhalten sollte. Die Werke waren nämlich so ungeheuer reich, daß eine Rückzahlung der lumpigen 36,000 Thaler sammt Zinsen gar nichts ausmachen konnte. Es kam nur darauf an, zunächst das nöthige Capital zur richtigen Inangriffnahme zu beschaffen, und dazu war ja die Leihbank im Stande. Nachher floß Alles von selbst. Einen Beweis hierfür gab die Taxation des damaligen Betriebsdirectors, der einen jährlichen Reinertrag von 5–600,000 Thaler zugesichert hatte. Der Betriebsdirector aber mußte es verstehen, denn er erhielt, ob gleich erst 21 Jahre alt und direct von der Universität Bonn noch vor Vollendung der Studien nach Berncastel berufen, einen jährlichen Gehalt von 2000 Thaler, freie Wohnung und standesmäßigen Unterhalt, Equipage, Bureaukosten, Reisekosten, Pension für Wittwe und Kinder und 10 Prozent vom Reinertrage, sobald derselbe 100,000 Thaler jährlich überstieg. Das leuchtete Herrn Geeh natürlich sehr ein und er pries laut bei Herrn von Meyer sein gutes Glück, denn nun würden alle Sorgen ein Ende haben. Daß Herrn Geeh zugleich als Mitglied des Verwaltungsraths — der freilich damals noch gar nicht bestand — ein jährlicher Gehalt von 2000 Thalern zugesichert wurde, konnte ihm natürlich den Geschmack an der Sache nicht verleiden. Genug, man biß auf den Köder, und zwar im hartnäckig festgehalten guten Glauben an die californischen Schätze, die sich würden erringen lassen. —* **Peter Kagenbusch** *wußte besser, wie die Sachen standen.*

Der Betriebsdirector hatte sich jedoch ein klein wenig geirrt. In der Zeit vom 1. März bis 1. August hatte er statt des versprochenen monatlichen Reinertrags von 50,000 Thaler eine Zubuße von etwa 7000 Thaler zu Wege gebracht, und auf dem zu Kreuznach im Juli abgehaltenen Gewerktag gab es daher einigermaßen lange Gesichter. Da half **Peter Kagenbusch** *den Gewerken aus der Verlegenheit. Zwar 50,000 Thaler monatlich — die konnte er als solider Mann nicht zahlen, denn er verstand sich auf sein Geschäft, aber 4000 Thaler monatlich, die wollte er wohl zahlen und dabei die Abgaben und Betriebskosten allein bestreiten, auch die Schuld an die Vorbesitzer allein bezahlen, und die an die Leihbank auch, und der Betriebsdirector und Herr Geeh sollten ihren jährlichen Gehalt von 2000 Thaler auch behalten. Dafür sollte ihm die Gewerkschaft blos für zwei Jahre den alleinigen Betrieb der Bergwerke überlassen. Dieser Vorschlag leuchtete den Herren ganz außerordentlich ein. Es war ein so gar solider Vorschlag. Der Vertrag kam natürlich zu Stande, es ist der sogenannte Kreuznacher Cessionsvertrag. Alles in Allem veranschlagt, übernahm* **Peter Kagenbusch** *die Zahlung von etwa 132,000 Thaler für die nächsten zwei Jahre, ganz abgesehen von den Betriebskosten und Abgaben. Dies hätte also einen sehr bedeutenden Fond voraussetzen lassen sollen. Allein* **Peter Kagenbusch** *hatte in Wahrheit durchaus kein Geld, er hatte nie welches gehabt. Aber die Leihbank hatte Geld und mit deren Gelde wollte er wirthschaften. Das Spiel, welches nun folgt, steht vielleicht einzig in seiner Art da und ist schlechthin unerklärlich, wenn man dabei nicht den blinden Geldhunger der Verzweiflung bei den leitenden Mitgliedern der Leihbank unterstellt. Man glaubte in Kassel wirklich an einen fabelhaften*

Reichthum der Gruben, und hielt deshalb kein Opfer für zu groß. **Peter Kagenbusch** *aber verstand es, diesen Köhlerglauben gehörig auszubeuten. Ein baares Anlehen, ein Wechsel-credit folgte nun dem andern. Ein Haupttreizmittel war dabei in seiner Hand die Eröffnung der Aussicht auf eine Anzahl weiterer Kuxe für die Leihbank und — deren Herren Beamten. Wirklich erscheint später die Leihbank mit 16 Kuxen, von Meyer und Biermann mit je 6, und Geeh mit 8 Kuxen berechtigt. Weitere Kuxe wurden in Aussicht gestellt.* **Peter Kagenbusch** *hatte deren eine Menge an der Hand, und er konnte sie zu hohen Preisen verkaufen, denn die Engländer und Franzosen strichen mit hungrigen Augen um Berncastel herum, und hätten gar zu gern ihre Hände mit auf die Wundergruben gelegt. Aber* **Peter Kagenbusch** *war ein Mann von Wort, er hatte die Kuxe seinen Freunden in Kassel zugesagt, und die sollten sie auch haben, trotz aller Engländer und Franzosen. Nur freilich Geld oder doch Credit mußte dagegen der uneigennützige* **Peter Kagenbusch** *erhalten, denn er war in Verlegenheit. Er wollte es ja nicht geschenkt haben, er wollte ja Alles schon in's Gleiche bringen, sobald nur der neue Stollen erst in Gang gesetzt oder die Moselschifffahrt erst wieder flott war. Gele-gentlich schickte* **Peter Kagenbusch** *auch einmal eine Kiste neuentdeckter Nickelerze als Probe der großartigen Grubenreichthümer, einmal auch eine prächtige Stufe Silbererz, denn unter seiner Leitung hatte man natürlich in dem neuen Stollen auch reiches silberhaltiges Gestein gefunden. Das Nickelerz erwies sich später als Schwefelkies, die Silberstufe hatte nach seinem eigenen Geständniß die Berncasteler Gruben nie gesehen, einen Stollen anzule-gen, war ihm nie eingefallen. Dazwischen kam denn auch einmal ein Fäßchen Moselwein nach Kassel, vermuthlich, damit sich die Herren dort Courage trinken sollten.*

Es würde zu weit führen, all die Zugpflaster hier aufzuzählen mit denen **Peter Kagenbusch** *es verstand, den Credit der Leihbank flüssig zu erhalten. Genug, beim Ausbruch des Concurses hatte die Leihbank nach den späteren mühevollen Feststellungen an die Gewerkschaft — oder, wie sie sich seit dem denkwürdigen Tage von Kreuznach nannte, an den Moseler Bergwerks= und Hüttenverein die Summe von 14,301 Thaler, an* **Peter Kagenbusch** *die Kleinigkeit von 117,672 Thaler zu fordern. Dafür war die Leihbank mit 16 Kuxen an verschiedenen Gruben betheiligt, die zum Theil des Wassers und der Stollenbrüche halber nicht befahren, zum Theil deswegen nicht betrieben werden konnten, weil die Bergleute erst ihren rückständigen Lohn mit 13,000 Thaler ausgezahlt verlangten, und soweit der Betrieb noch stattfand, einen Ertrag überhaupt nicht lieferten. Selbst dieses sehr bescheidene Besitzthum war aber noch in Frage gestellt, weil die noch immer nicht befriedigten Vorbesitzer die Resiliationsklage anzustellen drohten. Was hatte* **Peter Kagenbusch** *mit den Tausenden der Leihbank angefangen? In die Bergwerke hat er wenig oder nichts verwandt, das steht fest. Wo er sonst mit dem Gelde hingekommen — Niemand weiß es so recht genau, vielleicht weiß es* **Peter Kagenbusch** *selbst nicht mehr.*

An den Berncasteler Bergwerken hatte aber Herr Geeh noch nicht genug. Nach dem deutschen Westen war allerdings der Ruhm des Kasseler Creditmobilier getragen worden, es galt nun auch im deutschen Osten wenn gleich nicht moralische, so doch materielle Er-oberungen zu machen. Herr von Bruck arbeitete damals bekanntlich mit seiner ganzen Kraft an der Herstellung der österreichischen Valuta, und wenn auch nicht Alles wahr blieb, was man sich in den fünfziger Jahren von den unerschöpflichen Hülfsmitteln des Kaiserstaates erzählte, so läßt sich doch nicht leugnen, daß unter Brucks Leitung die wirthschaftlichen

*Kräfte Oesterreichs in großartiger Entwickelung begriffen waren. Auch vor Herrn Geeh's Au-
gen hatte Oesterreich Gnade gefunden. Es galt für ihn, den großen, zukunftverheißenden
österreichischen Markt den Hilfsmitteln der Leihbank zu erschließen. Und was war es wohl,
was die Leihbank nach Oesterreich importiren sollte? Man wird es schwerlich errathen. Ihr
Papiergeld sollte sie dorthin verpflanzen, die simpeln Zehnthalerscheine der „Kurhessischen
Leih= und Commerzbank=Papiergeld" nach Oesterreich das sich selbst vor Papier nicht ret-
ten konnte; Papiergeld eines völlig obscuren, unbedeutenden Creditinstituis in einem Staate,
der auch nicht den mindesten Verkehr mit Oesterreich unterhielt! Man sollte meinen ein Kind
hätte das Aberwitzige dieser Idee einsehen können. Freilich auf der abschüssigen Bahn, die
man nun einmal eingeschlagen, hatte man schon nicht mehr die Wahl des Einsehens. Man
unterlag nur noch den Gesetzen der Nothwendigkeit sans phrase, der augenblicklichen, pein-
lichsten Verlegenheiten. Das Papiergeldmachen und Ausgeben ging schon ganz gut, aber das
Einlösen desselben mit klingender Münze oder guten Kassenscheinen ging desto schlechter.
Und seltsam, seitdem die Leihbank Papiergeld ausgegeben, war auch das Mißtrauen gegen
sie in gewissen Kreisen rege geworden. Fort und fort strömten die ausgegebenen Summen
zurück; in Kassel und Hessen coursirten deshalb auch verhältnißmäßig nur wenige. Besser
ging es schon im Waldeck'schen und auf dem Eichsfeld, wo durch vermittelnde Bankiers
gegen ein Drittel Procent Provision viele Tausende in Umlauf gesetzt wurden. In ähnlicher
Weise gedachte man in Böhmen und von da in Sachsen den immer unbequemer werdenden Kassenscheinen ein großes Umlaufsgebiet zu erringen. Herr Geeh hatte zu dem Ende mit
einem gewissen Doctor Jordan in Prag, Director der dortigen Industrie= und Productenhalle,
Verbindungen angeknüpft. Jordan, ein wirklich industrieller Kopf, der nur in seiner unruhi-
gen Hast es darin vergriff, daß er hundert Sachen auf einmal betrieb und auf diese Weise
dem Schwindel verfiel — Jordan hatte mit mehreren anderen Capitalisten in der Nähe von
Teplitz ein großes industrielles Project in der Mache. Man hatte sich bereits zu einer Ac-
tiengesellschaft vereinigt und Interimsscheine ausgegeben: es fehlte nur noch die kaiserliche
Bestätigung, um im Bielathale bei Teplitz die Industrie an allen vier Zipfeln aus der Erde
zu ziehen. Es war eine Dampfmühle angelegt worden, man hatte eine großartige Glasfabrik
errichtet und verschiedene reichhaltige Kies= und Braunkohlengruben in Betrieb gesetzt.
Es fehlte freilich auch hier, wenngleich nicht auf allen Seiten, an den nöthigen Mitteln; die
Leihbank zu Kassel aber war, wie Herr Geeh meinte, ganz in der Lage, diese Mittel zu beschaffen. Herr Geeh einigte sich also mit Jordan dahin, daß Letzterer unbestimmte Summen von
Kassenscheinen der Leihbank durch die Prager Productenhalle gegen ein Drittel Procent
Provision in Umlauf setzen ließ und Geeh dann dafür sorgte, daß Jordan von der Leih-
bank einen kleinen Credit gegen Verpfändung von Bielathalactien, (d. h. Interimsscheinen)
eröffnet erhielt. Die Freundschaft ging aber noch weiter. Geeh erwarb eine Anzahl Actien
der böhmischen Productenhalle und Jordan sorgte dafür, daß derselbe als Director in den
Verwaltungsrath gewählt wurde. Wirklich siedelte auch Geeh im Herbst 1858 als „Bankdirector" nach Prag über. Die Productenhalle in Prag — so viel uns bekannt, ein wirklich solides
Institut — wollte jedoch, nachdem schon monatelang der Papiergeldverkehr mit der Leihbank bestanden, auf den weiteren Vorschlag der Letzteren, eine förmliche Einlösungskasse
für die Leihbankscheine in Prag zu errichten, nicht eingehen. Jordan und Geeh etablirten
sich deshalb selbstständig und übernahmen von da ab auf eigene Rechnung den Vertrieb der
Leihbankkassenscheine. Das Geschäft ging glänzend. Jordan erhielt nach und nach 77,500*

Thaler Darlehn gegen Hinterlegung von Bielathalactien ausgezahlt und Hunderttausende an Leihbankscheinen gingen durch seine und Geeh's Hände, um sie in Cours zu setzen. Die verpfändeten Bielathalactien waren freilich zum größten Theil nicht mit Blancogiro verse-hen, sondern auf bestimmte Namen gestellt, deshalb auch, als Pfand streng genommen völlig werthlos; wer konnte aber auf solche Kleinigkeiten achten! Auch wollten sich die Kassenscheine in Böhmen gar nicht halten lassen; sie hatten offenbar das Heimweh und strömten unverzüglich in ganzen Packeten wieder zurück. Endlich hatten zwar Jordan und Geeh zum Zweck der Errichtung einer Einlösungskasse 60,000 Thaler in Schuldverschreibun-gen der Leihbank erhalten, eine solche Kasse war aber nicht eingerichtet, auch so manches andere Versprechen nicht gehalten worden, namentlich hielten die Geldrimessen gar nicht recht Schritt mit den übersandten Papiergeldsummen. Indeß, was wollte man machen, wer konnte auf Herrn Geeh ernstlich böse sein? Herr von Meyer gewiß nicht.

*Der italienische Krieg brachte endlich das vollgehäufte Maß zum Ueberlaufen. Die Valu-ta in Oesterreich konnte nicht hergestellt werden, die Geschäfte stockten, das Geld wurde knapp, das Mißtrauen wuchs unter dem Einfluß der Panique riesenhaft und die Kassenscheine strömten bei der Leihbank in unabsehbaren Reihen ein. Der Vampyr **Kagenbusch** mit seinen faulen Wechseln trug natürlich das Seinige bei, die Verlegenheiten zu erhöhen. Man that das Aeußerste, man versetzte alle Staatspapiere die man hatte, die eigenen und zum Theil auch — die fremden, in Versatz gegebenen. Aber es langte und reichte Alles nicht. Zweimal zwei ist vier und nicht acht oder gar zehn — sagt das Einmal Eins. Die Leihbank hatte zu viel mit Nullen gerechnet, ihre Rechnung mußte ein Loch bekommen als sie auf einmal genöthigt war, mit soliden Einern zu manipuliren. Am 9. Mai 1859 nahm das Gaukelspiel ein Ende. Es war ein Ende mit Schrecken.*

Viertes Kapitel.

„Alles Spreu."

Nach Herrn von Meyer und Herrn Geeh hatte nun das Gericht das Wort erhalten. Es hat bis jetzt wenig genug Gebrauch davon gemacht. Das zuständige Concursgericht war das Stadt-gericht zu Kassel. Jedermann in Kassel weiß, daß das Stadtgericht stets mit Arbeit überladen ist. Wollte die Regierung also etwas thun, so hätte sie für den in Aussicht stehenden Mon-strecconcurs den tüchtigsten Richter im Lande ausschließlich beauftragen sollen. Aber das ging gegen das Herkommen und man hätte wohl gar des Kurfürsten Genehmigung nach-suchen müssen — nein, das war unmöglich. Statt dessen gab man die Sache dem jüngsten Assessor vom Stadtgerichte — als Zugabe zu seinem Referat, von dem man ihn freilich eine Zeitlang in einzelnen Zweigen entband. Der Mann that seine Schuldigkeit, wie das bei den hessischen Richtern von jeher Sitte war, aber ein volles Herz konnte er für eine Sache nicht haben, die, wie keine zweite, die volle Hingebung einer ganzen Manneskraft verlangte. Nach anderthalb Jahren wurde der Concursrichter versetzt. Sein Nachfolger war ein neugebacke-ner Assessor, dem jede Acte, die er in die Hand bekam, fremd war und dem man es deshalb nicht übel nehmen konnte, wenn er einige Monate brauchte, ehe er sich neben seinen sonsti-gen Arbeiten in die verwickelten Verhältnisse hineingelesen hatte. Jetzt ist die Sache in der Hand eines dritten Richters, der wieder ganz fremd beim Stadtgericht eingetreten ist, und deshalb wieder Monate nöthig gehabt hat, ehe er klar darin sehen konnte. So steht es um die richterliche Seite des Concurses. Eins der ersten Ersuchen, welches der Concursrichter an die Regierung richtete, betraf die Zuweisung eines tüchtigen Kassenbeamten zur Unterstützung in den Kassengeschäften. Die Antwort lautete, es sei keiner abkömmlich. Gleichzeitig bat der Massecurator um einen Vorschuß von 14,000 Thaler, um die Prolongation der als Pfand bei verschiedenen Bankhäusern hinterlegten Werthpapiere bewirken zu können. Die Sache war vom höchsten Interesse, denn ein Verkauf der Pfänder bei den damaligen Kriegscoursen wäre ein erheblicher Verlust für die Masse gewesen. Das Gesuch ging von Pontius zu Pilatus und die schließliche Antwort lautete, man könne unter den vorgestellten Umständen nicht darauf eingehen. Das vorzugsweise betheiligte Bankhaus (Raphael Erlanger in Frankfurt) hatte zuletzt Rücksicht genug, die Prolongation zuzugestehen, als ihm mündlich die Verhältnisse auseinandergesetzt wurden. Die Stände endlich nahmen sich der Sache an und beide Kammern waren bereit, zu bewilligen, was gefordert worden wäre. Die Regierung aber hatte keine Vorlage einzubringen, — man müsse dem Rechte seinen Lauf lassen, hieß es. Das war die Unterstützung, welche die Regierung einer Sache angedeihen ließ, bei der es vor jeder andern rasche Hülfe galt, wenn die Hülfe noch den armen bethörten Gläubigern nützen sollte.

*Trotzdem hat die Masseverwaltung das Menschenmögliche geleistet. Die Wahl des Massecurator — ein Bruder von Friedrich Oetker — war eine sehr glückliche. Noch bedeutender war die Unterstützung, welche die Verwaltung in der Person des Regierungsraths Wiegand erhielt, der von der Regierung zur Hülfeleistung in finanziellen Fragen dem Concursrichter beigegeben worden war. Auch der Rechtsbeistand des Herrn von Meyer, Obergerichtsanwalt Peters, hat sich im höchsten Grade um die Entwirrung einzelner verwickelter Verhältnisse verdient gemacht. Wahrhaft trostlos war freilich die Sache des Concursrichters und des Curators, als sie die ersten Schritte in dem Labyrinth machen mußten, das sich nun düster und unheimlich vor ihnen aufthat. Die Bücher der Bank waren von Herrn Biermann schon seit drei Monaten nicht mehr geführt worden und sonstige Auskunft konnte auch Niemand geben, denn die Herren Directoren hatten sich nie um die Details bekümmert, Herr Geeh saß in Prag und Herrn Biermann war vor Schreck und Angst der Verstand stehen geblieben. Die Sachlage war aber nicht danach angethan, daß man lange Zeit zum Besinnen gehabt hätte. Da kamen Wechsel von **Peter Kagenbusch**, von Jordan und Geeh zum Accept, andere acceptirte Wechsel kamen protestirt zurück, die Banquiers kamen und forderten Geld für ihre Depôts, die Schuldner, welche der Leihbank Staatspapiere in Versatz gegeben hatten, verlangten ihre Papiere zurück, der Moseler Bergwerks= und Hüttenverein lud zu einem Gewerktag ein, von allen Seiten wurden die dringendsten Fragen gestellt, die man beim besten Willen nicht beantworten konnte — es war eine Lage zum Verzweifeln. Die nächste Sorge war die Erhaltung der verpfändeten Papiere. Dies gelang. Wie? Es weiß es heute Niemand mehr, aber es gelang: Herr von Meyer half zum Theil aus mit Geld und Staatspapieren. Dann galt es, die Bücher zu vervollständigen, um eine Uebersicht des Vermögensstandes zu gewinnen. Man war natürlich dabei genöthigt, wenigstens auf die letzte Decharge zurückzugehen, und diese war vor vier Jahren — wir schreiben vor vier Jahren — erfolgt! So hatten Direction und Regierung ihre Oberaufsichtspflicht geübt. Sollte man noch weiter zurückgehen? Man hatte wahrlich schon genug zu thun und ließ deshalb, was weiter dahinter lag, in seinem nächtlichen Dämmerschein ruhig liegen. Die Vervollständigung der Bücher wurde unter gerichtlicher Beaufsichtigung von Herrn Biermann und einem andern Kassenbeamten nach den vorhandenen abgerissenen No-*

tizen besorgt. Nach einigen Monaten waren sie damit zu Ende. Eine Vergleichung des Soll und Haben ergab, daß eigentlich gar keine Ueberschuldung, sondern noch ein Vermögen von 60,835 Thaler da sei. Man hatte die tauben Nüsse alle für voll angesehen und wußte noch nicht, daß von den Activen über 400,000 Thaler als mehr oder weniger vollständig verloren betrachtet werden mußten. Das Elaborat der beiden Herren übergab man nun zwei beeidigten Kaufleuten zur sachverständigen Prüfung. So konnte denn erst für den 1. October 1859 ein zuverlässiger Status aufgestellt werden.

Die Berncasteler Sache zu ordnen unternahm Regierungsrath Wiegand. Wie es damit sich verhalte, wußte ihm in Kassel Niemand anzugeben. Papiere waren darüber nicht vorhanden oder die vorhandenen waren noch nicht aus dem wüsten Chaos aufgefunden. So reiste er denn, fast ohne eine Idee von den Verhältnissen zu haben, zum Gewerktag. Die Herren dort trugen sich noch immer mit der Hoffnung, auch die Concursmasse werde sich als Melkkuh behandeln lassen, wie vordem die Leihbankdirection. Als ihnen Herr Wiegand diesen Irrthum benommen hatte, war ihr Witz zu Ende. Wie es um die Sache eigentlich stehe, wußte auch hier Niemand. Man hatte ja, Dank Herrn Geeh und Genossen, nicht nöthig gehabt, sich den Kopf darüber zu zerbrechen. So war für den Vertreter der Masseverwaltung eine Reise an Ort und Stelle geboten, und seinem Scharfsinn, seiner Energie und Umsicht gelang es denn auch, freilich mit unsäglicher Mühe, nach und nach selbst den verlogenen **Peter Kagenbusch** *mürbe zu machen und wenigstens die obersten Schleier von diesem Gewebe der Schurkerei und Bornirtheit hinweg zu ziehen. Ganz auf den Grund wird hier freilich wohl nie ein Menschenauge blicken. Die Berncasteler Bergwerke sind an sich wirklich bauwürdig, zum Theil sogar ungemein reich. Sie erfordern nur ein beträchtliches Capital. Es gelang denn auch später dem Massecurator, eine Gesellschaft belgischer Capitalisten dafür zu interessiren, und mit denselben einen verhältnißmäßig günstigen Vertrag abzuschließen. Leider haben sich in letzter Zeit nach dieser Seite hin die Hoffnungen wieder getrübt. Alles Bisherige war indeß Kinderspiel gegen den Knäuel intricatester Rechtsverhältnisse, der sich aus den Beziehungen zu Jordan und Geeh gebildet hatte. Auch hier war in Kassel kein Rath zu holen. Es schwirrte dabei Alles durcheinander. Die Kassenscheine und Obligationen der Leihbank waren von Jordan und Geeh und auch von Jedem einzeln hier und da und dort verpfändet, die Vermögensverhältnisse Jordans, die eben so complicirt waren, wie die der Leihbank selbst, standen vor dem Concurs, seine vielfachen Schuldner waren zum Theil bereits im Concurs, die Bielathaler Gesellschaft war in der Auflösung begriffen, die Verhältnisse der Leihbank zur Productenhalle in Prag bildeten ein juristisches Räthsel. Genug, es war eine Nuß, wie sie selten ein Mensch zu knacken bekommt. Was hier geschehen, ist das Verdienst von Wiegand und Peters. Es hat indeß dreier Verträge allein mit Jordan bedurft, um wenigstens nothdürftig auf's Reine zu kommen. Allein es ist gelungen, die Ansprüche der Leihbank so zu stellen, daß sie wenigstens Aussicht hat, wenn das Glück gut ist, ihre Forderungen dereinst vollständig befriedigt zu sehen. Arbeit und Aufmerksamkeit wird es zwar noch immer genug kosten.*

Der im Juni 1859 mit Jordan abgeschlossene erste Vertrag hatte Herrn Geeh kirre gemacht. Er hielt sich hierdurch seltsamer Weise ebenfalls für sicher und erschien selbst ganz wohlgemuth in Kassel. Der Massecurator war jedoch anderer Ansicht, als er seine Forderungen gegen Geeh beim Stadtgericht einklagte und zur Sicherung seiner Rechtsansprüche, mit Rücksicht auf das neue Domicil Geeh's, den Personalarrest gegen ihn beantragte. Auch das Gericht war anderer Ansicht und erkannte den gebotenen Arrest. So war denn Herr Geeh, ehe er sich versah, Gefangener — der Gerechte muß eben viel leiden in der Welt. Auch half alles Remonstriren nichts, das Gericht wollte es sich nun einmal nicht einreden lassen, daß der Herr „Bankdirector" von Prag nicht auch in Prag domicilirt sein solle, und Herr Geeh war und blieb Gefangener. Das wirkte endlich. Es kam ein Vertrag zu Stande, in welchem Geeh die eingeklagten Forderungen sämmtlich als richtig eingestand und darauf vorerst eine Summe von 15,000 Thaler theils baar zahlte, theils durch Cessionen und Pfandbestellung anwies. Auch die acht Kuxe von den Berncasteler Bergwerken trat Geeh der Leihbank ab ...

Peter Kagenbusch hatte demnach in ganz großem Stil und über Jahre hinweg betrogen und das Blaue vom Himmel versprochen, doch es schien fast so, als wenn der Kaufmann Wichterich im Jahr 1857 der Einzige gewesen war, dem das aufgefallen war! Dass man von Seiten der Geldgeber den Versprechungen Kagenbuschs nur zu gerne glauben wollte und keinerlei Kontrolle und Sorgfalt an den Tag legte, tat ein Übriges.

Aber was war mit Peter Kagenbusch nach dem Konkurs geschehen und wo war er eigentlich vor seiner Zeit in Bernkastel gewesen?

7.3 Gerichtsurteile nach dem Ende des Moseler Bergwerks- und Hüttenvereins

Im Rahmen des Bankrotts des Moseler Bergwerks- und Hüttenvereins im Jahr 1859 wurden Peter Kagenbusch und Bernhard Müller als Vertreter der Bergwerksgesellschaft, sowie vier andere Angeklagte am 1. Juni 1862 vom Handelsgericht zu Trier zur Zahlung von 9.020 Talern verurteilt. Gegen dieses Urteil wurde Revision eingelegt.

Im folgenden wird ein Bericht über diese Gerichtsprozesse aus dem *Archiv für das Civil- und Criminal-Recht der königlich Preußischen Rheinprovinzen* zitiert:[176]

> *Wechsel. — Indossament[177]. — Cession[178]. — Bergwerksgesellschaft.*

Gelangt ein Mangels Zahlung protestirter Wechsel durch Befriedigung des Indossatars in die Hand des ersten Indossanten und wird von diesem gegen den Aussteller und Acceptanten eingeklagt, so verlieren dessen Indossament und die folgenden Indossamente ihre wechselmäßige Bedeutung; so daß wenn später einer dieser Indossatare wieder in den Besitz des Wechsels gelangt, derselbe in einem Prozeß gegen Aussteller und Acceptanten bez(iehungsweise) gegen Personen, welche durch diese gültig verpflichtet werden jedenfalls nur die Rechte eines Cessionars geltend machen kann.

Eine Bergwerksgesellschaft ist eine Civilgesellschaft. Ein Mitglied dieser Gesellschaft kann gegen dieselbe Forderungen erwerben und geltend machen, ohne die Auflösung derselben vorher zu veranlassen.

---

[176] [Wec66].
[177] Schriftliche Erklärung, mit dem ein Berechtigter (*Indossant*) das Eigentum und die Rechte aus einem Orderpapier auf einen anderen (*Indossatar*) überträgt.
[178] Übertragung.

Müller und Cons(orten) — Isaak[179] und Gassen[180].

Appellat Isaak belangte den Bernhard Müller als Vertreter des Moseler Bergwerks- u(nd) Hüttenvereins gleichzeitig mit **Peter Kagenbusch***, Bergwerks-Direktor zu Berncastel, Carl Wilhelm von der Heyden, Dr. der Medicin und Rentner zu Essen, Georg Theodor Osius Procurator zu Hanau, Sigmund von Meyer, Minister a. D. zu Cassel und Dr. C. Oetker Obergerichts-Anwalt zu Cassel beim Handelsgerichte zu Trier mittelst Ladung vom 27. Mai 1862, um sich in ihrer Eigenschaft als Theilhaber und Gesellschafter des vorgedachten Hüttenvereins solidarisch zur Zahlung von 9.020 Thlr. nebst Zinsen vom 1. Juni 1862 verurtheilen und das Urtheil durch Körperhaft vollstreckbar erklären zu hören. Er stützte diese Klage darauf, daß er Inhaber von 7 Wechseln für den Kapital-Betrag von 7.500 Thlr. sei, die von* **Kagenbusch** *auf den Hüttenverein gezogen und von Bernhard Müller als dem Vertreter des letztern acceptirt seien, wofür also die Gesellschafter dieses Vereins haftbar seien. Sämmtliche auf die Ordre von Gassen gezogene Wechsel waren verfallen am 3. Juni 1859 und wurden Mangels Zahlung protestirt. Vier dieser Wechsel A. B. C. D. bezeichnet trugen das Indossament des Gassen auf Isaak vom 2. März 1859 und von demselben Tage von Isaak auf Altschüller; zwei Wechsel L. und M. trugen kein Indossament des Gassen zu Gunsten von Isaak; ein Wechsel enthielt ein solches Indossament des Gassen auf Isaak vom 3. Mai 1862. Durch Ladung vom 21. Juni 1859 klagte Gassen sämmtliche Wechsel mit Ausnahme des letzterwähnten gegen* **Kagenbusch** *und Müller ein, erwirkte gegen erstern ein rechtskräftiges Urtheil, wurde jedoch gegen letztern in 2 Instanzen abgewiesen. Der jetzt erhobenen Klage des Isaak wurde von den Verklagten zunächst die Einrede der Incompetenz, sodann eine Reihe anderer Einreden namentlich auch die der mangelnden Aktivlegitimation entgegengestellt. In Folge dieser Einreden intervenirte Gassen in den Prozeß und trug darauf an, ihm zu beurkunden, daß er keine Ansprüche aus den Wechseln zu machen habe, diese vielmehr dermalen dem Kläger Isaak rechtmäßig zuständen. Durch Urtheil vom 22. Januar 1864 verwarf das Landgericht die Einrede der mangelnden Aktivlegitimation und Passivlegitimation, gab dem Gassen einen decisorischen Eid darüber auf, ob er nicht für die Wechselbeträge befriedigt sei und dem Isaak, ob ihm dies nicht bekannt gewesen sei;*

Gegen dieses Urtheil ergriffen die Berufung Müller unter Bestellung des Advokaten Justizrath Herbertz, von der Heyden, Osius und Gech[181] unter Bestellung des Advokaten Justizraths Widenmann. Für Isaak bestellte sich Advokat Justizrath Compes, für Gassen Advokat Justizrath Kyll sämmtlichen Appellanten gegenüber. Im Laufe der Instanz verglichen sich von der Heyden und Osius mit dem Kläger. Hier machte Anwalt Herbertz geltend: Isaak sei theils gar nicht legitimirter Inhaber der Wechsel, theils nur Cessionar des Gassen und deshalb allen Einreden unterworfen, die dem letztern entgegenständen; 6 Wechsel nämlich habe Gassen, an dessen Ordre sie ausgestellt gewesen seien und der sie an Isaak weiter indossirt gehabt habe,

---

[179] Welcher Isaak gemeint ist, lässt sich ohne seinen Vornamen schwer sagen. Der jüdische Viehhändler Salomon Isaak hatte um 1805 Sara Altschüler aus Meisenheim geheiratet [Bra21]. Bei dem im Gerichtsprozess genannten Isaak könnte es sich um einen Sohn der genannten Eheleute — Philipp oder Daniel Isaac — gehandelt haben, die beide Händler waren. Der weiter unten genannte Altschüler, auf den ein Wechsel des Isaak überging, könnte demnach ihr Onkel oder Vetter gewesen sein.

[180] Hierbei könnte es sich um den Gastwirt Johann Peter Gassen senior oder den Bäcker Valentin Gassen gehandelt haben [Bra21].

[181] Hier muss es vermutlich „Geeh" heißen!

*im Gesammtbetrage von 6.500 Thlr. gleich anfänglich nach Verfall und Protest im Jahre 1859 wider **Kagenbusch** und Müller eingeklagt, am 11. August 1859 auch dafür ein Urtheil gegen **Kagenbusch** erwirkt, wogegen er durch dasselbe Urtheil gegen Müller abgewiesen worden sei; seine Berufung wider diese Entscheidung sei durch Urtheil vom 16. Februar 1860 verworfen worden; Gassen sei also damals rechtmäßiger Inhaber der Wechsel gewesen und sein auf 4 der Wechsel stehendes Indossament erloschen; ein neues Indossament nach dem 16. Februar 1860 auf Isaak existire nicht; letzterer sei daher gar nicht legitimirt, event. nur Kraft neuer Uebertragung Inhaber nach erhobenem Protest und somit Cessionar des Gassen; auf zweien jener 6 Wechsel stehe überhaupt kein Indossament auf Isaak; hier leite er seine Legitimation aus der Behauptung ab, daß er die Wechsel eingelöst habe; allein er habe nicht die Rechte eines Ehrenzahlers, da er nicht als Nothadresse auf den Wechseln gestanden, dieselben nicht bei Verfall sondern 3 Wochen nachher eingelöst haben wolle, auch nicht erklärt habe, für wen er gezahlt habe, also präsumtive zur Entlastung des Hauptschuldners gezahlt habe; den 7. Wechsel endlich habe er nur durch ein Indossament vom 3. Mai 1862, also lange nach Verfall und Protest übertragen erhalten; wenn also Isaak nicht sofort Mangels Legitimation abgewiesen werde, so würde er nur in den Rechten des Gassen stehen, dieser könne aber nicht klagen, da er selbst Mitglied des Moseler Bergwerks- u(nd) Hüttenvereins zur Zeit der Ausstellung der Wechsel gewesen und noch sei und da nicht nur die Wechsel geschaffen worden seien, um dem Vereine Geld zu schaffen, sondern auch Gassen sich in einem Vertrage vom 18. Juli 1860, worin die Eigenthümer und Mitglieder des Vereins die Bergwerke an einen gewissen Bailly und Baron von Züylen[182] verkauft hätten, ausdrücklich verpflichtet habe, die Wechsel herauszugeben, Gassen könne daher nur auf Auseinandersetzung der Gesellschaft event(uell) aus dem Acte vom 18. Juli 1860 klagen; endlich sei Isaak schon mehr wie bezahlt durch die andern Wechselverpflichteten, jedenfalls sei Solidarität und Körperhaft sofort abzuerkennen.*

Diesen Ausführungen schloß sich der Anwalt Widenmann an, wogegen die Anwälte Compes und Kyll dieselben zu widerlegen suchten. Insbesondere suchte Anwalt Compes geltend zu machen:

1) Die Behauptung, daß Isaak nur eine vorgeschobene Person für Gassen sei, werde bestritten, auch sei die darauf gegründete Einrede der Simulation im Wechselrechte unzulässig;

*2) Isaak sei der Inhaber der Wechsel und als solcher legitimirt, jedenfalls für diejenigen, welche auf ihn indossirt worden, kraft der Indossamente. Sein Recht könne ihm durch fremde Handlungen nicht beeinträchtigt werden, insbesondere auch nicht durch die Prozedur des Gassen gegen **Kagenbusch** und Müller aus den Jahren 1859 und 1860 event(uell) könne nur **Kagenbusch** daraus excipiren, nicht aber seine Mitverklagten, die nur als Personen belangt seien, die aus den Accepten des Müller verbindlich seien. Müller sei aber zu jener Zeit nicht verurtheilt, sondern die Klage gegen ihn durch das Urtheil v(om) 16. Februar 1860 abgewiesen worden.*

---

182 Laut Mutterrolle 2 des Katasteramtes Bernkastel gehörten die Grundstücke in Flur 6, die mit „Am Bergwerk" bezeichnet sind, von 1839–1866 den beiden Unternehmern Caspar Josef Cosack und Friedrich Wilhelm Hasenclever, sowie von 1866–1907 Baron Felix van Zuylen van Nijevelt zu Brügge/Belgien und Viktorina Mignard, früher zu Marseille [Bra25].

3) Das ganze Rechtsverhältniß des Gassen müsse Isaak höchstens nur bezüglich des einen Wechsels gelten lassen, welcher erst nach der Protest-Erhebung auf ihn indossirt sei. Wenn man hierbei den Act vom 18. Juli 1860 anrufe, sei zunächst geltend zu machen, daß derselbe gar nicht zur Verwirklichung gekommen und durch eine von Bailly und Baron von Züylen erhobene Auflösungsklage streitig.

Der Appell.-Ger.-Hof erließ folgendes Urtheil:

*I. E., daß die Klage des Appellaten Isaak auf 7 von **Kagenbusch** auf den Moseler Bergwerks- und Hütten-Verein gezogenen, von dem Appellanten Müller Namens des letztern acceptirten und an die Ordre von Gassen ausgestellten drei Monats-Wechsel vom 1. März 1859 gegründet wird;*

Daß von diesen Wechseln, welche sämmtlich bei Verfall am 3. Juni 1859 Mangels Zahlung protestirt sind, nur einer das Indossament des Gassen auf Isaak vom 3. Mai 1862 enthält, während die 4 ersten mit A. B. C. D. bezeichneten die Indossamente des Gassen auf Isaak vom 2. März 1859 und von Isaak auf Altschüller vom 3. März ejusd(em) anni an sich tragen und die 2 letzten (L. und M.) mit keinem Indossamente zu Gunsten des Isaak versehen sind;

*Daß die zuletzt erwähnten 6 Wechsel im Gesammtbetrage von 6.500 Thlr. bereits durch Ladung des Gassen vom 21. Juli 1859 gegen **Kagenbusch** und Müller eingeklagt sind, in Folge dessen **Kagenbusch**, Ausweise des Urtheils vom 11. August 1859 und des Aner- kenntnisses desselben vom 8. Mai 1860, rechtskräftig zur Zahlung jenes Betrages verurtheilt worden ist, wogegen die Klage wider den damals persönlich belangten Müller in beiden Instanzen abgewiesen wurde, daß hieraus unzweideutig erhellt, daß Isaak, sowie er von seinem Nachmanne Altschüller in Anspruch genommen und dieser laut seiner Quittung vom 7. Juni 1859 von ihm befriedigt worden war, er seinerseits den Regreß gegen seinen Vormann Gassen genommen hat, in Folge dessen letzterer damals wieder in Besitz der fraglichen Wechsel gekommen ist und so jene Urtheile gegen Kagenbusch und Müller erwirken konnte;*

Daß hierdurch die früheren Indossamente des Gassen auf Isaak vom 2. März 1859 ihre wech- selmäßige Bedeutung verloren hatten und durch eine spätere angeblich im Jahre 1862 erfolgte Rückgabe der Wechsel an Isaak nicht wieder aufleben konnten; auch, soviel namentlich die Wechsel L. und M. betrifft, wenn durch eine angeblich am 20. Juni 1859 zu Gunsten des Gassen erfolgte Ehrenzahlung Rechte aus denselben auf Isaak übergegangen sein sollten, diese doch dadurch, daß später am 21. Juli 1859, Gassen selbst als Inhaber der Wechsel erscheint, als wieder aufgegeben anzusehen sein würden;

*Daß es daher bezüglich dieser 6 Wechsel, in Ermangelung eines anderweiten formellen Ue- bertrages, an der in Art. 36 Allg. D. Wechsel-Ordn. verlangten Legitimation des Isaak fehlt und abgesehen davon, ob dieser Mangel durch den Besitz der Wechsel und durch spätere Erklärungen des Intervenienten würde ersetzt werden, doch jetzt schon jedenfalls soviel gewiß ist, daß alle vorerwähnten Wechsel, — auch der, welcher das Indossament des Gassen auf Isaak vom 3. Mai 1862 trägt, sowie nach der von Gassen gegen **Kagenbusch** und Müller angestellten Klage, so auch erst nach Verfall und nach aufgenommenem Proteste Man- gels Zahlung auf Isaak übertragen resp. von ihm wieder erworben worden sind, er also in Gemäßheit des Art. 16 alin. 2 der Allg. D. Wechsel Ordn. nur in die Rechte seines Indossan- ten Gassen dem Acceptanten und Aussteller gegenüber getreten ist, so daß er alle Einreden,* *welche gegen seinen Cedenten Gassen erhoben werden können, sich auch als Cessionar gefallen lassen muß;*

Daß nun die fraglichen Wechsel sämmtlich von Müller, Namens des Moseler Bergwerks-Vereins acceptirt worden sind und nach dem Gesellschafts Vertrage vom 17. Juli 1858 nicht zu bezweifeln ist, daß er zu diesem Accepte berechtigt war und der Verein durch dasselbe verpflichtet wurde;

Daß der Zweck dieses Vereins zufolge des gedachten Gesellschafts-Vertrages die Ausbeutung verschiedener an der Mosel belegener Bergwerke war, deren Concession man bereits erlangt hatte;

Daß eine derartige gesellschaftliche Vereinigung, wie sie hier von den im Acte benannten 7 Personen eingegangen ist, nicht als Handelsgesellschaft, sondern im Sinne des B.-G.-B. und des Gesetzes vom 21. April 1810 als eine reine Civilgesellschaft sich darstellt, an deren Natur als solcher durch die bei dem Handelsgerichte erfolgte Publication des Vertrages nichts geändert werden konnte und welche als ein selbstständiges, von der Person der einzelnen Theilnehmer getrenntes, Rechtssubjekt so lange angesehen werden muß, als der Zweck der Association dauernd vorhanden und dieselbe selbst nicht wieder aufgehoben ist, was zu bewirken, dem einzelnen Gesellschafter gegen den Willen der übrigen nicht zusteht;

Daß daher Gassen eine persönliche Forderung an den genannten Bergwerks-Verein ebensowohl erlangen konnte, als auch der weitern Geltendmachung derselben, der Umstand, daß er selbst, wie nicht bestritten, Mitglied des Vereins geworden war, nicht hindernd entgegenstehen würde, indem er sich auf eine Klage auf Auseinandersetzung des gesellschaftlichen Verhältnisses, welches im vorliegenden Falle nicht einmal zulässig gewesen sein würde, nicht verweisen zu lassen braucht, dieser Umstand vielmehr event. nur die Folge haben würde, daß nach Feststellung der Forderung an die Gesellschaft in ihrer Gesammtheit, demnächst dieselbe bezüglich seines Kopfantheiles daran reducirt werden müßte;

Es wird sodann aus den Bestimmungen des Vertrags vom 18. Juli 1860 näher entwickelt;

Daß weder **Kagenbusch** *noch Gassen, solange dieser Vertrag zu Recht besteht, befugt erscheinen, irgend welche Ansprüche aus den fraglichen Wechseln zu erheben, also auch nicht Isaak der Cessionar von Gassen;*

Daß indessen die Ankäufer Bailly und v(on) Züylen, Ausweise der Ladung vom 7. Juni 1861 gegen ihre Verkäufer auf Auflösung der ebenbezeichneten Vertrage geklagt haben, somit über die Frage deren Rechtsbestandigkeit Litispentenz[183] vorhanden ist und daher auch über die Klage des Isaak jetzt nicht definitiv abweisend entschieden werden kann.

Aus diesen Gründen weist der Rhein. Appell.-Ger. Hof auf die Berufung des Müller erkennend, unter Reformation des gedachten Urtheiles, die Klage des Isaak, sowie die Intervention des Gassen als zur Zeit unbegründet ab.

II. Senat. Sitzung vom 8. Februar 1866.

Advokaten: Herbertz, Widenmann, Compes, Kyll, Forst.

---

[183] Die Rechtshängigkeit oder auch *Litispendenz* bezeichnet im Prozessrecht einen bestimmten prozessualen Zustand eines Rechtsverhältnisses (Wikipedia).

7.4 Die 1840er Jahre in England

Eine Internetsuche nach „Peter Kagenbusch“ brachte Überraschendes zutage, denn in den 1840er Jahren hielt er sich in England auf! Er reiste per Schiff von Ostende nach London, wo er am 24. Oktober 1841 ankam (siehe Abbildung 53).

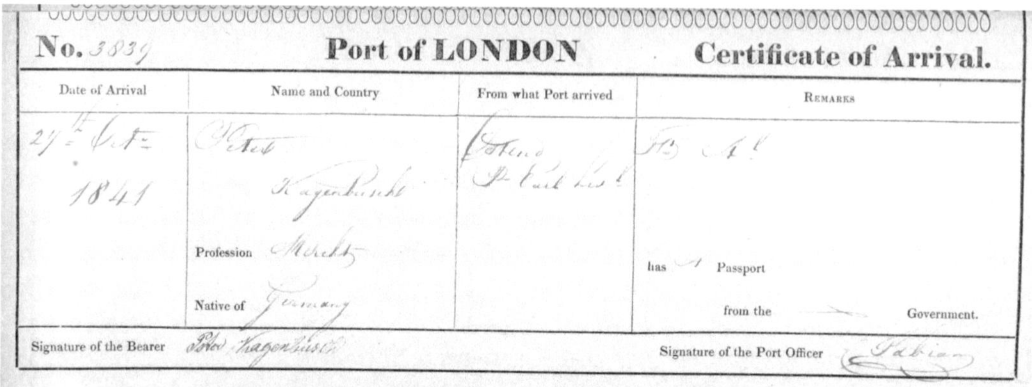
No. 3839 Port of LONDON Certificate of Arrival.

Date of Arrival	Name and Country	From what Port arrived	Remarks
24th Octr 1841	Peter Kagenbusch Profession Merchant Native of Germany	Ostend	has Passport from the Government.

Signature of the Bearer Peter Kagenbusch
Signature of the Port Officer

Abb. 53: Ankunft des Peter Kagenbusch in London am 24. Oktober 1841

Ein Vergleich seiner Unterschrift mit der von 1861 (siehe Abbildung 46) zeigt, dass es sich um dieselbe Person handelt. Als Beruf gibt er „merch(an)t“, also Händler an. Eine weitere Einreise ist für den 19. Mai 1842 belegt.

Am 29. September 1842 bekam Peter Kagenbusch ein schottisches Patent verliehen[184] (siehe Bild 54).[185]

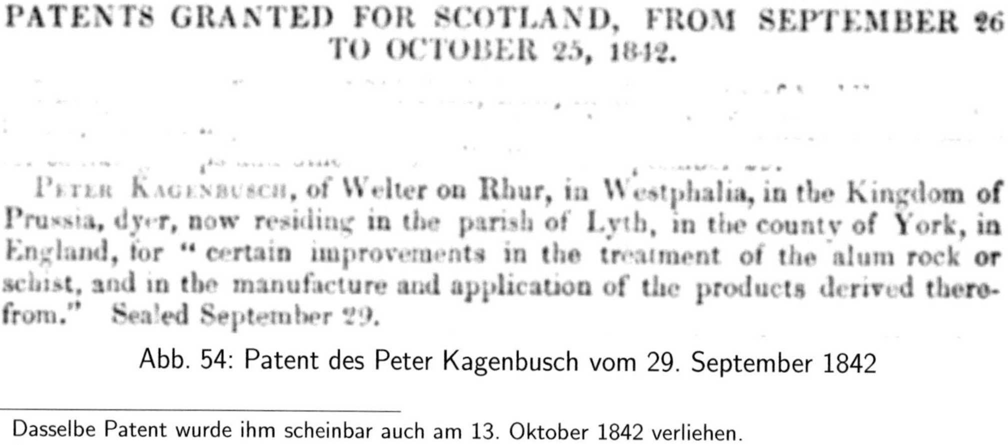
PATENTS GRANTED FOR SCOTLAND, FROM SEPTEMBER 26 TO OCTOBER 25, 1842.

PETER KAGENBUSCH, of Welter on Rhur, in Westphalia, in the Kingdom of Prussia, dyer, now residing in the parish of Lyth, in the county of York, in England, for " certain improvements in the treatment of the alum rock or schist, and in the manufacture and application of the products derived therefrom." Sealed September 29.

Abb. 54: Patent des Peter Kagenbusch vom 29. September 1842

[184] Dasselbe Patent wurde ihm scheinbar auch am 13. Oktober 1842 verliehen.

[185] Patents granted for Scotland, from September 26 to October 25, 1842.
Peter Kagenbusch, of Welter [= Wetter] on Rhur, in Westphalia, in the Kingdom of Prussia, dyer, now residing in the parish of Lyth, in the county of York, in England, for „certain improvements in the treatment of the alum rock, or schist, and in the manufacture and application of the products derived therefrom.“ Sealed September 29 [Pri42, S. 175].

Die deutsche Übersetzung lautet: „Peter Kagenbusch aus Wetter an der Ruhr in Westfalen, Königreich Preußen, Färber, jetzt wohnhaft in Lyth in der Grafschaft York, für bestimmte Verbesserungen bei der Behandlung von Alaungestein oder Schiefer sowie bei der Herstellung und Anwendung der daraus gewonnenen Produkte."

Bei seiner Einreise hatte er sich noch als Händler bezeichnet, in der Patentschrift bezeichnete er sich nun als Färber.

Als „Färber und Drucker Peter Kagenbusch aus Wetter" wurde er auch bei einer auf den 9. September 1844 datierenden Annonce einer für den 17. Januar 1845 durch das Berggericht Bochum geplanten Zwangsversteigerung von einstmals ihm zugehörigen Bergwerksanteilen bezeichnet (siehe Abbildung 55).[186]

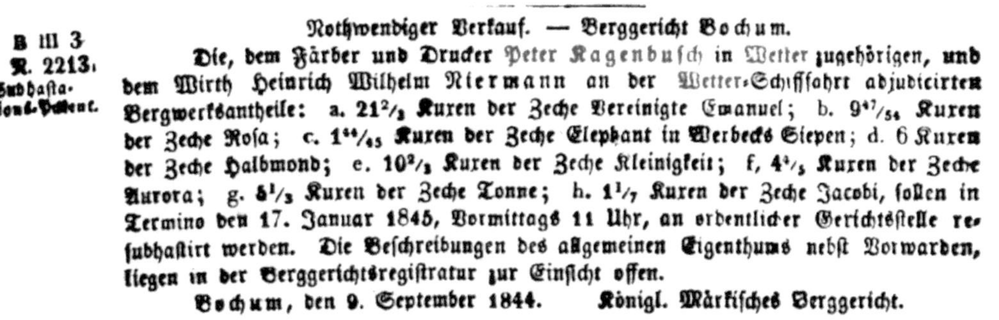

B III 3
R. 2213.
Subhastations-Patent.

Nothwendiger Verkauf. — Berggericht Bochum.

Die, dem Färber und Drucker Peter Kagenbusch in Wetter zugehörigen, und dem Wirth Heinrich Wilhelm Niermann an der Wetter-Schifffahrt adjudicirten Bergwerksantheile: a. 21 2/3 Kuxen der Zeche Vereinigte Emanuel; b. 9 47/54 Kuxen der Zeche Rosa; c. 1 44/45 Kuxen der Zeche Elephant in Werbecks Siepen; d. 6 Kuxen der Zeche Halbmond; e. 10 2/3 Kuxen der Zeche Kleinigkeit; f, 4 4/5 Kuxen der Zeche Aurora; g. 5 1/3 Kuxen der Zeche Tonne; h. 1 1/7 Kuxen der Zeche Jacobi, sollen in Termino den 17. Januar 1845, Vormittags 11 Uhr, an ordentlicher Gerichtsstelle resubhastirt werden. Die Beschreibungen des allgemeinen Eigenthums nebst Vorwarden, liegen in der Berggerichtsregistratur zur Einsicht offen.

Bochum, den 9. September 1844. Königl. Märkisches Berggericht.

Abb. 55: Zwangsversteigerung von Bergwerksanteilen des Peter Kagenbusch aus Wetter

Die Bergwerksanteile hatte Kagenbusch wohl 1839 von der Firma Rupe erworben:
Am 4. November 1839 schloss die Firma Rupe einen Notariatsvertrag mit dem Färber und Drucker Peter Kagenbusch in Wetter über den Verkauf ihrer gesamten 128 Kuxe der Mutungen „Louisenglück" modo „Abendsonne" sowie „Bergmännische Freiheit" bei Gedern (Witten). Kagenbusch „cedierte" (überließ) jedoch bald danach etwa um 1839/1840 einen Teil der erworbenen Kuxe anderen Interessenten, wie dem Grafen von der Recke in Volmarstein.[187]

Ein weiteres Patent, das ihm am 26. Mai 1842 verliehen worden war, wurde am 10. November 1842 auf „Peter Kagenbusch, ehemals aus der Gemeinde Whitby, jetzt aus Sandsend, in der Gemeinde Lyth, in der Grafschaft York, England" registriert.[188] Dabei ging es um eine „Verbesserung beim Färben von Wolle, Wollstoffen, Baumwolle, Seide und anderen Stoffen und Materialien." [189]

Zwei Jahre nach der Patenterteilung wurde „Kagenbusch's Verfahren den Alaunschiefer mit-

---

186 Amtsblatt der königlich Preußischen Regierung zu Arnsberg, 1844.

187 [Cra10, S. 18].

188 [Pri42, S. 281].

189 Specification enrolled 10th November, 1842, of a patent, granted 26th May, 1842, to Peter Kagenbusch, late of the parish of Whitby, and now of Sandsend, in the parish of Lyth, in the county of York, in England, for „an improvement in the dyeing of wool, woollen cloths, cotton, silk, and other fabrics and materials."

telst Torf zu rösten" auch in der deutschen Literatur beschrieben.[190]

Am 11. Juni 1846 erhielt Peter Kagenbusch seine Einbürgerungsurkunde N$^{o.}$ 397 als britischer Staatsbürger.[191]

Die Urkunde wurde ausgestellt als „bescheidenes Denkmal für Peter Kagenbusch aus Leeds in der Grafschaft York, einen Chemiker" und lautet in Teilen wie folgt (siehe Abbildungen 56 und 57):

> *Ihr Gedenkschreiber bittet Sie daher in aller Bescheidenheit, eine Bescheinigung auszustellen, die Ihrem Gedenkschreiber (wenn er den durch das besagte Gesetz vorgesehenen Weg beschreitet) alle Rechte und Befugnisse eines gebürtigen britischen Staatsbürgers gewährt, mit Ausnahme der Befugnis, Mitglied des Kronrats[192] oder eines der beiden Häuser des Parlaments zu sein.*

Am 17. Januar 1847 reiste „Peter Kagenbusch, manufacturing chemist [= Chemiker] aus Germany" über den Hafen von London erneut nach England ein (siehe Abbildung 58).

Das „Hagener Kreisblatt" druckte am 1. Mai 1847 eine Werbung für Kagenbusch's Produkte ab:

---

[190] „Der Alaunschiefer wird nach dem Verfahren, welches sich **Peter Kagenbusch** Färber aus preußisch Westphalen, in England patentiren ließ, zuerst in kleine Stücke zerbrochen (wie man sie gewöhnlich zum Rösten anwendet), aus welchen man dann einen Haufen macht, den man während seiner Bildung beständig mit Wasser befeuchtet, worauf man ihn oben und an den Seiten sorgfältig mit Thon bedeckt, so daß die Gase, welche sich während der Zersetzung der Schwefelkiese entwickeln, nicht entweichen können. In diesem Zustande läßt man die Haufen drei bis acht Monate lang, je nach der Menge des Schiefers; solcher, welcher viel Schwefelkies enthält, muß desto länger und ganz dicht zugedeckt in Haufen bleiben. Es haben sich dann die schwefelsaure Alaunerde und andere Salze gebildet, welche man auf gewöhnlich Weise auslaugt. Hierauf röstet man den Schiefer in Oefen, welche 7 bis 8 Fuß breit, 6 Fuß hoch und 36 Fuß lang sind; am Grunde der Ofenwände sind auf allen Seiten 3 Fuß von einander entfernte Luftlöcher angebracht. Als Brennmaterial kann man Holz oder Steinkohlen anwenden; am vortheilhaftesten aber ist Torf. Man macht von letzterem auf der Sohle des Ofens eine Lage von 1 Fuß Dicke und zwar wird der Torf auf die Kante gesetzt und so angeordnet, daß die Luft durch den Ofen cirkuliren kann. Auf den Torf wird dann der ausgelaugte Alaunschiefer 2–3 Fuß hoch aufgeschichtet, worauf man den Torf anzündet und die Verbrennung durch die Luftlöcher so regulirt, daß sie möglichst langsam geschieht. Bei vorschreitender Verbrennung senkt sich die Masse im Ofen und bald fangen Gasarten an sich zu entwickeln. In diesem Augenblick muß der Ofen weiter aufgefüllt werden. Diese weitere Beschickung mit vorbereitetem Schiefer kommt durch die unter ihr befindliche in Brand und wird auf diese Art allmählig geröstet, so daß man wieder das Entweichen von Gasen bemerken kann. So wird der Proceß fortgeführt, bis der Ofen aufgefüllt ist, worauf man denselben zudeckt und auch die Luftlöcher wieder zustopft, damit keine Gase austreten Können, Nachdem so die Verbrennung aufgehalten ist, hält man den Ofen drei Tage geschlossen und wenn beim Oeffnen desselben an irgend einer Stelle keine Gase entweichen, ist der Proceß beendigt und der gebrannte oder geröstete Alaunschiefer oder Alaunstein wird auf gewöhnliche Weise, etwa mit Zusatz von Kelp, ausgelaugt. Den ausgelaugten Schiefer kann man zur Fabrikation künstlicher Puzzolane und hydraulischen Cements benutzen; dazu zerbricht man ihn in Stücke, welche durch ein Sieb mit Maschen von einem Viertelzoll gehen, worauf man ihn auf einer rothglühenden Eisenplatte bei vollem Luftzutritt kalcinirt, dann pulverisirt und als Puzzolane verwendet. Behufs der Cementbereitung wird der ausgelaugte Schiefer mit 40 bis 70 Proc(ent) gebrannten Kalk gemengt und gemahlen, dann in Ziegel geformt, welche man in einem Kalkofen brennt." [Ber44, S. 463–464].

[191] The National Archives, Kew, HO 1/22/397 (siehe auch [Cal11, S. 159]).

[192] Ein politisches Beratungsgremium des britischen Monarchen.

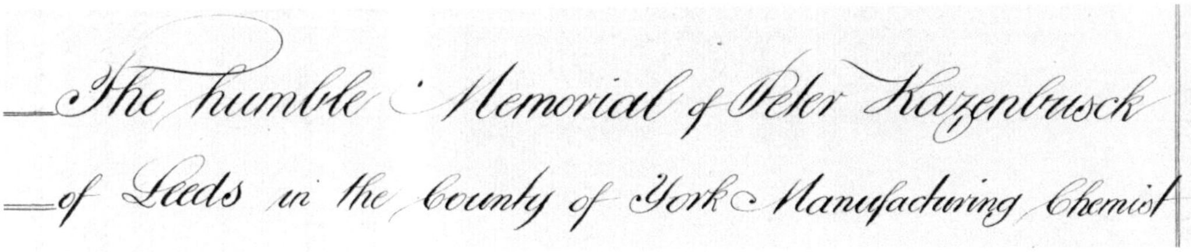

The humble Memorial of Peter Kazenbusch of Leeds in the County of York Manufacturing Chemist

Abb. 56: Einbürgerungsurkunde des Peter Kagenbusch vom 11. Juni 1846 (a)

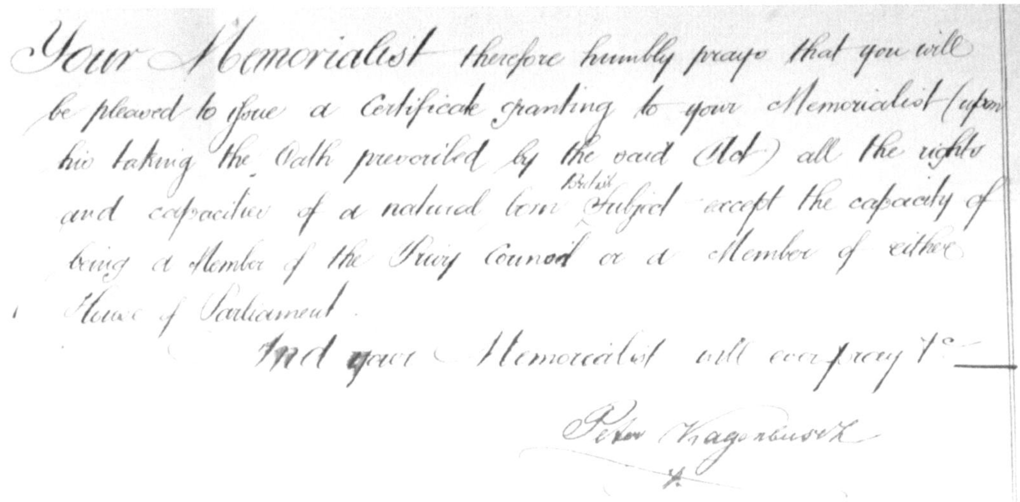

Your Memorialist therefore humbly prays that you will be pleased to issue a Certificate granting to your Memorialist (upon his taking the Oath provided by the said Act) all the rights and capacities of a natural born Subject except the capacity of being a Member of the Privy Council or a Member of either House of Parliament. And your Memorialist will ever pray &c.

Peter Kagenbusch

Abb. 57: Einbürgerungsurkunde des Peter Kagenbusch vom 11. Juni 1846 (b)

Wichtige Nachricht.

Der chemischen Fabrik von Kagenbusch & Comp. zu Leeds in England ist es gelungen, chemische Salze zu bereiten, durch welche

a) die Aussaaten und Pflanzen mit gebeitzt und keimfähig gemacht werden;

b) die zur Bedüngung sämmtlicher Früchte dienen.

Die Salze ad a) ... liefern folgende Vortheile:
Die Körnerfrüchte, die damit angefeuchtet werden, keimen selbst in großer Dürre schnell und werden vom Ungeziefer nicht gefressen; sie liefern vierfache Halme und werden so gekräftigt, daß sie ½ mehr Stroh und Körner wie bei einer gewöhnlichen Aussaat geben, dabei wird mit ¾ der gewöhnlichen Aussaat ausgereicht. Die damit gebeizten Keimkartoffeln liefern eine gesunde, kräftige Staude und sind die vermehrten Früchte der Kartoffel-Krankheit nicht ausgesetzt.
...
Die Waare ist zu haben bei den Herren Agenten
Heinr(ich) Kuhlmannn zu Wetter,
Friedr(ich) Agats zu Bochum.
Amtmann v(on) Schulenburg zu Horneburg,

123

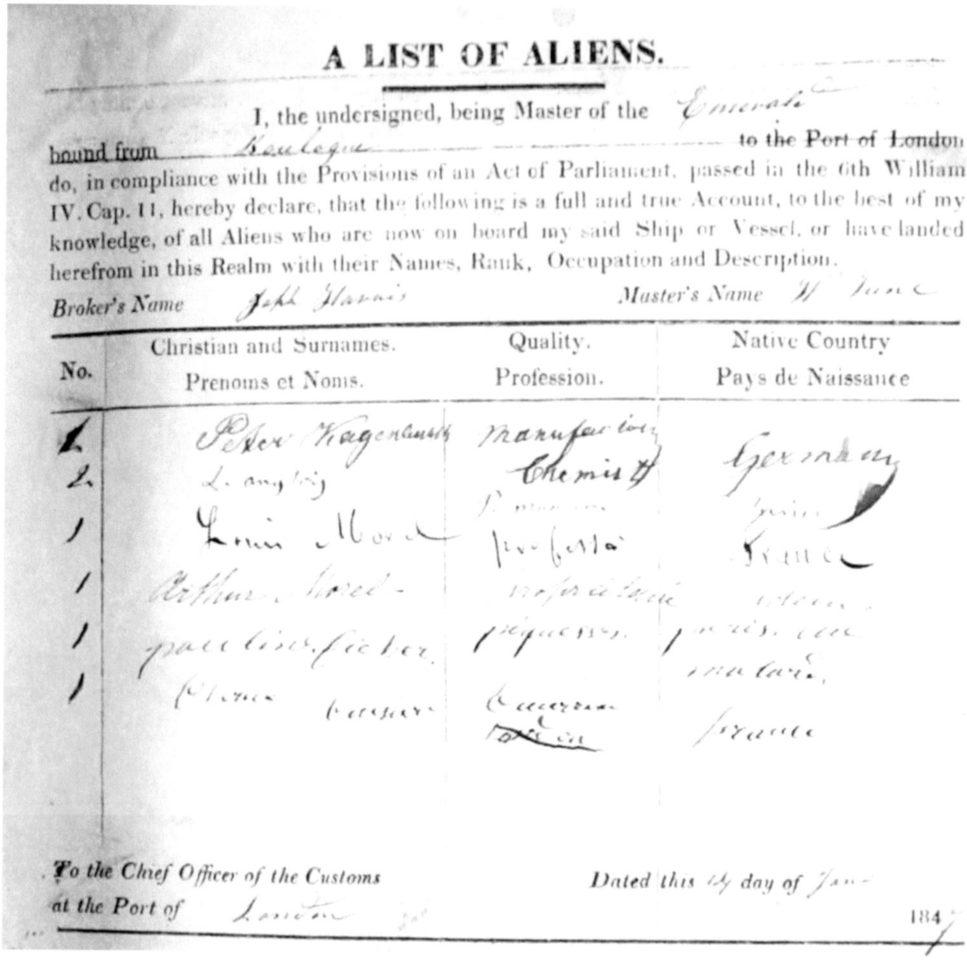

Abb. 58: Ankunft des Peter Kagenbusch in London am 17. Januar 1847

Carl Fechner jun(ior) zu Dortmund,
G. E. Brockhaus zu Unna,
Friedr(ich) Barrié zu Hamm.

Zu einigen der Orte — wie Wetter und Bochum — in denen die genannten Händler ansässig waren, hatte Kagenbusch eine persönliche Beziehung. Es ist nicht auszuschließen, dass er die Kaufleute persönlich kannte und dies nutzen wollte, um seinem noch jungen Geschäft in England auch im Rheinland einen neuen Absatzmarkt zu erschließen.

Am 17. Februar 1848 wurde im Gesetzblatt der britischen Regierung bekanntgegeben, dass sich George Edwin Waterton in gegenseitigem Einvernehmen mit sofortiger Wirkung zum 1. Februar 1848 von seinen bisherigen Geschäftspartnern Peter Kagenbusch, William Yerbury Dent und Robert Charles James getrennt hatte. Die Alkalifabrik in Hunslet, Bezirk Leeds, Grafschaft York wurde zukünftig von Waterton alleine weitergeführt. Er übernahm auch die bestehenden Schulden (siehe Abbildung 59).[193]

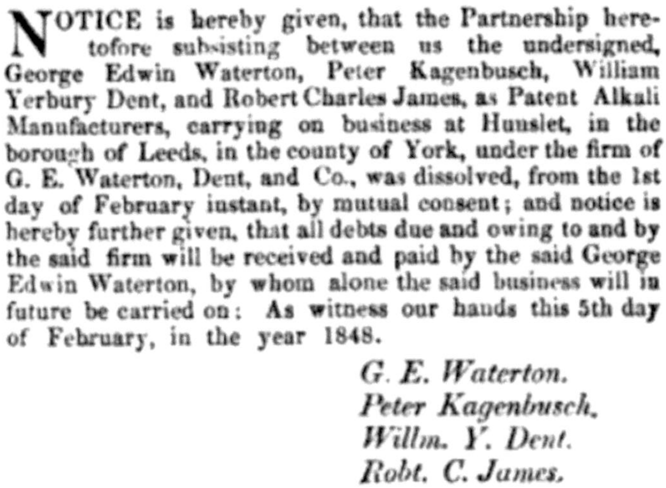

NOTICE is hereby given, that the Partnership here-tofore subsisting between us the undersigned, George Edwin Waterton, Peter Kagenbusch, William Yerbury Dent, and Robert Charles James, as Patent Alkali Manufacturers, carrying on business at Hunslet, in the borough of Leeds, in the county of York, under the firm of G. E. Waterton, Dent, and Co., was dissolved, from the 1st day of February instant, by mutual consent; and notice is hereby further given, that all debts due and owing to and by the said firm will be received and paid by the said George Edwin Waterton, by whom alone the said business will in future be carried on: As witness our hands this 5th day of February, in the year 1848.

G. E. Waterton.
Peter Kagenbusch.
Willm. Y. Dent.
Robt. C. James.

Abb. 59: Firmenauflösung vom 1. Februar 1848

Nach der Trennung von Waterton gründeten Peter Kagenbusch und William Yerbury Dent mit Francis Cook Matthews eine neue Firma in Leeds und Nottingham, die laut Eintrag in „The London Gazette" vom 28. Juni 1848 bereits am 18. April 1848 in gegenseitigem Einverständnis wieder aufgelöst worden war (siehe Abbildung 60).[194]

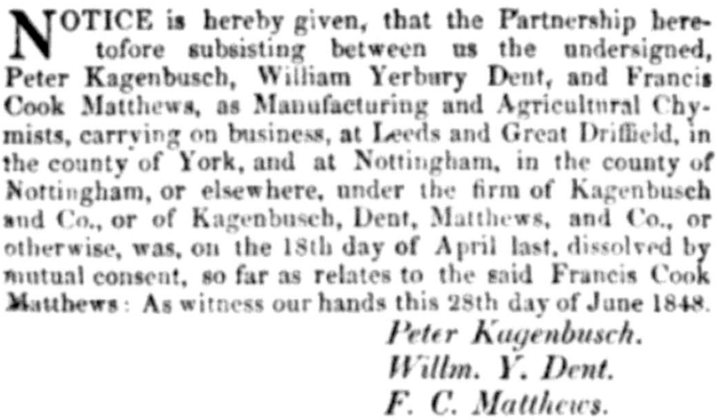

NOTICE is hereby given, that the Partnership here-tofore subsisting between us the undersigned, Peter Kagenbusch, William Yerbury Dent, and Francis Cook Matthews, as Manufacturing and Agricultural Chy-mists, carrying on business, at Leeds and Great Driffield, in the county of York, and at Nottingham, in the county of Nottingham, or elsewhere, under the firm of Kagenbusch and Co., or of Kagenbusch, Dent, Matthews, and Co., or otherwise, was, on the 18th day of April last, dissolved by mutual consent, so far as relates to the said Francis Cook Matthews: As witness our hands this 28th day of June 1848.

Peter Kagenbusch.
Willm. Y. Dent.
F. C. Matthews.

Abb. 60: Firmenauflösung vom 18. April 1848

Ende des Jahres war die übrig gebliebene Firma von Kagenbusch und Dent bereits **bankrott**, wie „The London Gazette" berichtete:

„In Anbetracht dessen, dass ein Konkursantrag mit Datum vom 2. November 1848 gegen Peter Kagenbusch und William Yerbury Dent, beide aus Leeds in der Grafschaft York, Fabrik-

---

[193] The London Gazette 1848, S. 636.
[194] The London Gazette 1848, S. 2528.

und Agrarchemiker, Händler und Kaufleute, zugesprochen wurde und sie, da sie für bankrott erklärt wurden, hiermit aufgefordert werden, sich am 24. November und am 15. Dezember dieses Jahres, jeweils um genau 11 Uhr vormittags, beim Bezirkskonkursgericht Leeds in den Geschäftsgebäuden in Leeds Martin John West, Esq., einem der Bevollmächtigten Ihrer Majestät beim Konkursgericht zu stellen und ihr Vermögen und ihre Habe vollständig offenzulegen; ...“ [195]

Am 19. September 1849 erschien im „Hagener Kreisblatt“ eine „wichtige Anzeige für Jeden, der Garten- oder Landbau betreibt“ in der für verschiedene Dünge-, ja beinahe schon „Wundermittel“ aus der Fabrikation des Herrn Kagenbusch geworben wurde, die seit Jahren in England, Frankreich und Belgien „sehr berühmt“ seien (siehe Abbildung 61).

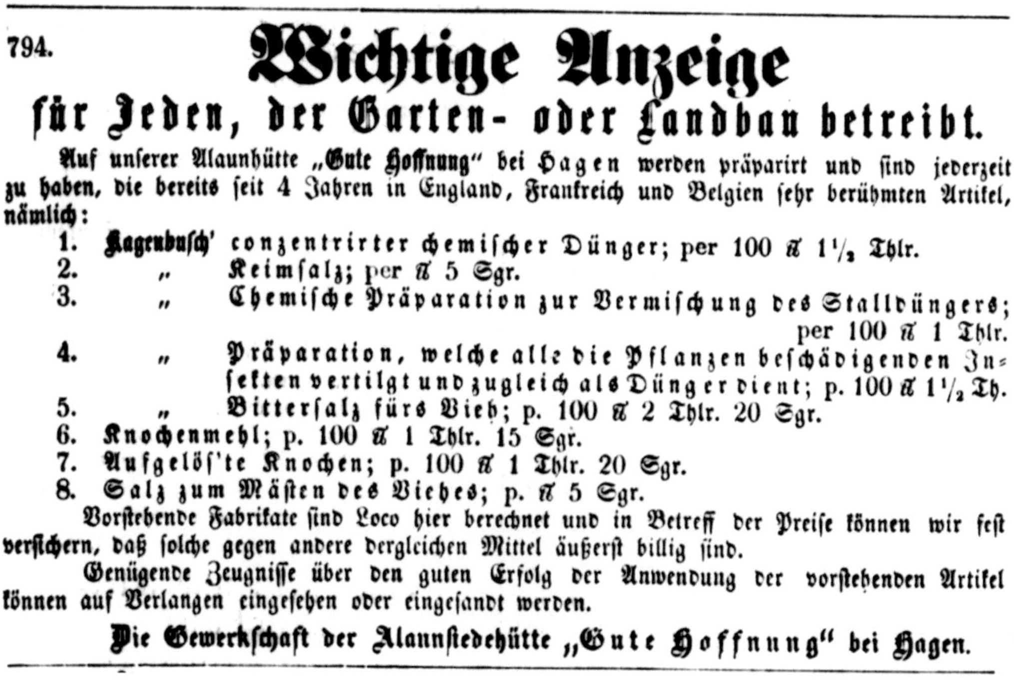

794. **Wichtige Anzeige**

für Jeden, der Garten- oder Landban betreibt.

Auf unserer Alaunhütte „Gute Hoffnung“ bei Hagen werden präparirt und sind jederzeit zu haben, die bereits seit 4 Jahren in England, Frankreich und Belgien sehr berühmten Artikel, nämlich:

1. Kagenbusch' conzentrirter chemischer Dünger; per 100 ℔ 1 1/2 Thlr.
2. „ Keimsalz; per ℔ 5 Sgr.
3. „ Chemische Präparation zur Vermischung des Stalldüngers; per 100 ℔ 1 Thlr.
4. „ Präparation, welche alle die Pflanzen beschädigenden Insekten vertilgt und zugleich als Dünger dient; p. 100 ℔ 1 1/2 Th.
5. „ Bittersalz fürs Vieh; p. 100 ℔ 2 Thlr. 20 Sgr.
6. Knochenmehl; p. 100 ℔ 1 Thlr. 15 Sgr.
7. Aufgelös'te Knochen; p. 100 ℔ 1 Thlr. 20 Sgr.
8. Salz zum Mästen des Viehes; p. ℔ 5 Sgr.

Vorstehende Fabrikate sind Loco hier berechnet und in Betreff der Preise können wir fest versichern, daß solche gegen andere dergleichen Mittel äußerst billig sind.

Genügende Zeugnisse über den guten Erfolg der Anwendung der vorstehenden Artikel können auf Verlangen eingesehen oder eingesandt werden.

Die Gewerkschaft der Alaunsiedehütte „Gute Hoffnung“ bei Hagen.

Abb. 61: Werbung für Kagenbusch's Produkte vom 19. September 1849

[195] „Whereas a Fiat in Bankruptcy, bearing date the 2nd day of November 1848, is awarded an issued forth against Peter Kagenbusch and William Yerbury Dent, both of Leeds, in the county of York, Manufacturing and Agricultural Chemist, Dealers and Chapmen, and they being declared bankrupts are hereby required to surrender themselves to Martin John West, Esq., one of Her Majesty's Commissioners of the Leeds District Court of Bankruptcy, on the 24th day of November instant, and on the 15th day of December next, at eleven of the clock in den forenoon precisely on each of the said days, at the Leeds District Court of Bankruptcy, in the Commercial-buildings, Leeds, and make a full discovery and disclosure of their estate and effects; ...“ (The London Gazette 1848, S. 4106).

7.5 Die 1850er Jahre in Deutschland

Peter Kagenbusch besaß anscheinend eine gute Überzeugungskraft, um andere Leute von seinen Produkten oder Projekten zu überzeugen. So erschien am 14. April 1850 im „Düsseldorfer Journal und Kreis-Blatt" ein angeblicher Erfahrungsbericht eines gewissen Friedrich Speel, der angab, die Düngeprodukte des Herrn Kagenbusch selbst auf seinem Acker getestet und damit ganz außerordentliche Erfolge erzielt zu haben!

Zur Landwirthschaft.

Kagenbusch chemischer Dünger.
Ueber diese in öffentlichen Blättern mehrfach erwähnte neue Entdeckung enthält das „Hagener Kreisblatt" folgende Notiz: — Ich wurde im vorigen Jahre von dem Herrn Peter Kagenbusch ersucht, mit seinem auf der Alaunsiedehütte Gutehoffnung bei Hagen fabricirten chemischen Dünger einen Versuch zu machen. — Da es mir damals an Dünger für Kartoffeln fehlte, so nahm ich 300 Pfd. und düngte damit ungefähr ½ preuß. Morgen auf einem Felde, wo ich auch auf die gewöhnliche Weise mit Stalldünger düngte. — Herr Kagenbusch versicherte mir nun derzeit, daß in dem chemischen Dünger nicht allein eben so viele Kartoffeln wie in dem gewöhnlichen Stalldünger wachsen, sondern daß diese Kartoffeln auch gänzlich von der bekannten Kartoffelkrankheit befreit bleiben sollten, welcher Aussage ich jedoch, offen gestanden, wenig Glauben schenkte. Jetzt aber haben sich **die Aussagen des Herr Kagenbusch völlig bewahrheitet***; die Kartoffeln [die] in chemischen Dünger gewachsen, sind noch ganz gut, wogegen diejenigen, welche auf demselben Felde in Stalldünger gewachsen, beinahe alle faul und unbrauchbar sind. Die Kartoffeln waren von ein- und derselben Sorte, an einem Tage gepflanzt und auf einem Felde, dessen Boden keine Verschiedenheit hatte. Schließlich noch die Bemerkung, daß ich gerne bereit bin, Jeden, der sich zu mir bemüht, vom Gesagten zu überzeugen oder auch auf Verlangen das Nähere mitzutheilen.*
Friedrich Speel.

Ein andere profanere Erklärung für diese Lobpreisung könnte freilich auch eine Geldzuwendung von Kagenbusch an Speel gewesen sein — falls es diesen überhaupt gab.

1851 begegnet uns Johann Peter Kagenbusch als Privatmann — er heiratet.

Das „Düsseldorfer Journal und Kreis-Blatt" vom 24. April 1851 veröffentlicht die *Eheversprechen der Sammtgemeinde Düsseldorf* (siehe Abbildung 62). Unter Nr. 12 werden Kagenbusch und seine Braut, eine Witwe aus Elberfeld genannt: „dem Kaufmann Joh(ann) Pet(er) Kagenbusch hier, und der Christine Lisette Ewaldine Damman, W(it)we des Kaufmanns Herm(ann) Christian Lemkes, zu Elberfeld".

In der „Düsseldorfer Zeitung" vom 27. Mai 1851 ist die Heirat vom 20. Mai veröffentlicht (siehe Abbildung 63).

Für einen Moment schien es so, als wenn Kagenbusch ein normales Leben als Ehemann und Familienvater hätte einschlagen können aber das „junge Glück" war nicht von langer Dauer!

Civilstand

der Sammtgemeinde Düsseldorf.

Eheversprechen, verfündigt am Sonntag den 13. April 1851,

bestehend zwischen:

1. dem Maler Wilhelm Oswald Gustav Achenbach und der Julie Arnz, beide hier; 2. dem Schmied Joh. Adam Hommerich

. . .

Tagel. Adam Jos. Stein, beide zu Pempelfort; 12. dem Kaufmann Joh. Pet. Kagenbusch hier, und der Christine Lisette Ewaldine Damman, Wwe. des Kaufmanns Herm. Christian Lemkes, zu Elberfeld; 13. dem Bäcker Heinr. Thomesen, zu

Abb. 62: Aufgebot von Peter Kagenbusch und Braut am 13. April 1851

Den 20.: Glaser und Anstreicher Arnold Maas, von Emmerich, mit Joh. Anna Roß, von hier. Kaufmann Joh Pet. Kagenbusch, von Stiepel, mit Christina Lisette Ewald. Dammon, von Elberfeld.   Total 15.

Abb. 63: Heirat von Peter Kagenbusch und Braut am 20. Mai 1851

Am 25. Januar 1852 berichtete das „Düsseldorfer Journal und Kreis-Blatt" über eine für den kommenden Tag angesetzte Zwangsversteigerung bei der Düngerfabrik der Handlung Kagenbusch (siehe Abbildung 64).

Verkaufs-Anzeige.

Am Montag den 26. Januar 1852, Morgens 9 Uhr, wird unterzeichneter Gerichtsvollzieher in dem ehemaligen von Zander'schen Fabrikgebäude, nunmehrigen chemischen Düngerfabrik der Handlung Kagenbusch u. Comp. auf der Cölner Chaussee, Gemeinde Pempelfort, neben Braumüller, 66 Büdden, circa 8000 Pfd. chemischen Dünger, 8000 Pfd. Schwefellauge, Schiebkarren, Lagerholz und sonstige Gegenstände an den Meistbietenden gegen gleich baare Zahlung verkaufen.

Carl Barths.

Abb. 64: Zwangsversteigerung bei der Handlung Kagenbusch am 26. Januar 1852

Kagenbusch's Düngemittelhandlung befand sich demnach im heutigen Düsseldorfer Stadtteil Pempelfort auf der „Kölner Chaussee" (auch „Kölner Landstraße" genannt) in dem ehemaligen Zander'schen Fabrikgebäude.

Drei Monate später war der **Bankrott** von Kagenbusch's Firma offiziell. Die „Kölnische Zeitung" vom 6. April 1852 druckte folgenden Auszug aus einem Urteil des königlichen Landgerichtes zu Düsseldorf:

> *Auszug. Durch Rathskammer-Urtheil des königl(ichen) Landgerichtes zu Düsseldorf, als Handelsgericht erkennend, vom 31. März d(ieses) J(ahres), wurde der zu Pempelfort (Kölner Landstraße) wohnende Kaufmann Peter Kagenbusch* **für fallit erklärt***, der Ausbruch des Falliments vorläufig auf den 15. Dec(ember) 1851 festgesetzt, dann der Herr Landgerichtsrath Wekbecker zum Commissar und der Landgerichts-Referendar Martin hier zum Agenten des Falliments ernannt, endlich die Anlegung der Siegel und Druck und Anschlag des Urtheils verordnet.*
> *Für die Richtigkeit des Auszuges:*
> *Düsseldorf, den 2. April 1852.*
> *Der Ober-Secretär des Landgerichtes, Thiery.*

Die „Düsseldorfer Zeitung" vom 27. April 1852 gab bekannt, dass „zur Wahl eines provisorischen Syndiks[196] in der Fallitsache gegen den zu Pempelfort wohnenden Kaufmann Peter Kagenbusch, durch richterliche Ordonnanz der Termin auf den 4. Juni 1852, Nachmittags 4 Uhr, im Civil-Audienzsaale des hiesigen königlichen Landgerichts [zu Düsseldorf] anberaumt wurde, wozu die sämmtlichen Gläubiger hierdurch eingeladen werden."

Am 22. Juni 1852 vermeldete die „Düsseldorfer Zeitung", dass „durch richterliche Ordonnanz die Gläubiger des fallirten Kaufmanns Peter Kagenbusch, zu Pempelfort, hierdurch aufgefordert werden, ihre Forderungen **binnen vierzig Tagen** bei dem provisorischen Syndik, Herrn Landgerichts-Referendar Martin hierselbst ... zu hinterlegen, sodann aber in dem auf Freitag, den 30. Juli dieses Jahrs, Nachmittags 4 ½ Uhr, im Civil-Audienzsaale des königlichen Landgerichts [zu Düsseldorf], zur Verification und Affirmation der Forderungen anberaumten Termine, persönlich oder durch Bevollmächtigte zu erscheinen aufgefordert werden."

Die „Düsseldorfer Zeitung" vom 21. August 1852 veröffentlichte eine Liste von 73(!) „Gläubigern der Fallitmasse des Kaufmanns Peter Kagenbusch zu Pempelfort, welche in dem Verifications-Termine vom 20.(sic!) Juli d(ieses) J(ahres) nicht erschienen sind". Demnach war die tatsächliche Zahl von Gläubigern wohl noch deutlich größer. Zur Hinterlegung ihrer Titel wurde ihnen als neuer Termin „zur schließlichen Verification und Affirmation" der 21. Oktober 1852, Nachmittags 4 Uhr bewilligt.

Die in der Liste genannten 73 Gläubiger kamen aus folgenden Orten: Duisburg, Hagen, Düsseldorf, Soest, Paderborn, Langenberg, Rittershausen, Donnerkuhle bei Hagen, Schameder bei Erntebroick, Berkum bei Hagen, Stackenholz bei Wetter, Elberfeld, Barmen, Dortmund, Iserlohn, Wetter, Wickrathbert, Neuwied, Bollwerk bei Hagen, Mannheim, Bochum, Steele, Deutz, Sprockhövel, Lennep, Köln, Sonnborn, Herford, Hamm, Bonn, Neufalzwerk bei Minden, Lüdenscheid, Karpenhaus bei Ratingen, Seppenrade und Odenkirchen.

---

[196] Konkursverwalter

Am 18. November 1852 wurde für die zugelassenen Gläubiger der insolventen Firma Peter Kagenbusch & Comp. der 10. Dezember 1852 als „Termin zum Versuche des Concordates, eventuell zur Bildung der Union" vor dem Düsseldorfer Landgericht anberaumt, wie die „Kölnische Zeitung" vom 19. November 1852 berichtete.

Die finanziellen Probleme des Peter Kagenbusch waren mit der Konkursabwicklung nicht vorbei. Das „Hagener Kreisblatt" berichtete am 18. Februar 1854, dass eine für den Chemiker Peter Kagenbusch zu Düsseldorf im königlichen Bergamt zu Bochum eingetragene Kux der Alaunschieferzeche „Amalia" und die daselbst eingetragene Kux der Alaun- und Vitriol-Siede-Hütte „Gute Hoffnung" am 22. Mai 1854 **zwangsversteigert** werden sollen.

Kagenbusch wäre nicht er selbst gewesen, hätte er in der Zwischenzeit nicht längst neue Geschäftsfelder aufgetan! Der „Sauerländische Anzeiger" druckte am 24. April 1854 folgenden Artikel aus dem „Waldecker Anzeiger", in der Kagenbusch als Direktor der „anglo-waldeckischen Bergwerksgesellschaft" genannt wird:

Das Bergwerk im Eisenberg.

An einem schönen Nachmittage, wie sonst ihn gewöhnlich erst der wonnige Mai uns bereitet, ging ich mit einigen Bekannten zum Eisenberg. Es ist mir manchmal, wie wenn der Berg mit stiller, aber unwiderstehlicher Gewalt mich zu sich hinzöge: bald ladet der sonnenbestrahlte Gipfel ein, die weite Aussicht auf die Dörfer und Städte, die Fluren und Wälder, welche er beherrscht, zu genießen; bald ziehen unscheinbare Moose den Blick auf sich, und ihr feiner Bau, ihr Wirken als treue Verwalterinnen des Wassers, welche der Wolken anziehende Wald durch Regen ihnen zugeführt hat, gewinnt dem Beobachter Bewunderung ab; bald lockt das frische Grün der Blätter, im kühlen Schatten der Bäume Lebensluft zu athmen und dem Schlage der Drossel zu lauschen; oft ruft der Blumen mannigfache Pracht uns hin, die den Eisenberg so sehr auszeichnet, daß man in Corbach einen Theil desselben an der Südseite scherzweis den botanischen Garten nennt.

Aber so sehr dies Alles unsere Schritte zum Eisenberg zu lenken vermag; nicht minder zieht er in diesem Frühjahr an durch das, was er birgt in seinen innersten Tiefen und was jetzt zu Tage gefördert wird. Auch wir wollten sehen, wie weit das Bergwerk vorgeschritten wäre.

*Am westlichen Rande des Berges, unweit des Dorfes Goldhausen, wird ein Schacht wieder bearbeitet. Er war von Gewerker Ulrich zu Bredelar, so wie ein von der Nordwestseite herführender Stollen, dessen Eingang in der Nähe ist und der mit ihm in Verbindung zu stehen scheint, seit einigen Jahren wieder in Angriff genommen. Sein Metallreichthum ist hauptsächlich die Ursache, daß eine englische Gesellschaft dem Gewerker Ulrich das Bergwerk Eisenberg, so wie dessen Muthungsrecht im hiesigen Fürstenthum überhaupt abgekauft hat. Es ist dies die „anglo-waldeckische Bergwerksgesellschaft", welche zugleich vom Staate die Concession erhalten hat, in der Eder und den übrigen Gewässern Waldecks Gold zu waschen und in den nächsten Tagen bei Anraff, wo der Edersand besonders reich ist, den Betrieb eröffnen wird. Director **Kagenbusch**, der im Auftrage der anglo-waldeckischen Bergwerksgesellschaft* *das Bergwerk hier leitet, beschäftigt jetzt 10 Bergleute und 32 gewöhnliche Arbeiter (wie ich selbst gezählt habe), ungerechnet die Goldhäuser Schulkinder, die Nachmittags ihre 2 ½ – 3 ½ Sgr. verdienen und ohne die in Nordenbeck beschäftigten Leute. Wie ich höre, sind im Ganzen (Bergleute, Arbeiter und Kinder) 75 bis jetzt thätig und* **werden immer mehre angenommen**, *besonders sind eigentliche Bergleute erwünscht.*

Der Schacht ist etwa 15 Fuß tief. Das obere Ende desselben, das s. g. Mundloch, ist einstweilen mit einer Haspel versehen, vermittelst dessen in einem an dem Seile befestigten Eimer das losgehauene Gestein zu Tage gefördert wird. Man steigt auf einer einfachen senkrecht stehenden Leiter hinein. Die Oeffnung ist so geräumig, daß man mit Bequemlichkeit zu Berg fahren, d. h. hineinsteigen kann. Vom Ende des Schachts, dem s. g. Sumpf, ist ein horizontaler (waagerechter) Gang in das Gestein hineingearbeitet. Der Gang, in der Bergmannssprache eine Strecke genannt, ist theils geräumig gearbeitet, so daß man mit Bequemlichkeit in demselben einherschreiten kann; theils ist er schmal und niedrig, so daß man nur gebückt gehen kann und sich vor dem Anstoßen an den Seiten eben so zu hüten hat, als in der Höhe. Letzteres ist schon vor Alters gebaut, wo noch die mit Gestein beladenen Karren von Jungen bis unter den Eingang des Schachts geschoben wurden, — und endigt in einer ziemlich runden Höhle, die den Durchmesser einer kleinen Stube, aber bedeutendere Höhe hat. Wenn das von hier vielleicht vor langen Jahrhunderten weggeführte Gestein Goldadern waren — und auf Gold wurde zuerst der Eisenberg durchforscht —, so muß die Ausbeute unermeßlich gewesen sein. Neuerdings wird der Gang geräumiger ausgeführt, weil das die Arbeit der Bergleute fördert. Der Schein des Grubenlichts zeigt die blauen und kupferreichen Erzadern, welche der Bergmann mit dem Schlägel aushaut. Mit diesem obern Gange steht noch ein unterer in Verbindung, zu dem man durch eine kurze Leiter gelangt. Ich vermuthe, daß dieser mit dem Stollen zusammenhängt, welcher von der Nordwestseite her in den Berg hineinführt. Wenigstens wird der Eingang jenes Stollens mitunter mit Stroh zugestellt, damit die Zugluft nicht das Grubenlicht erlösche und die Bergleute belästige.

Unweit der Oeffnung des Schachtes werden die empor gewundenen Erze von einigen Leuten aufgeschüttet und geordnet. Die Mehrzahl der Arbeiter ist dagegen an den alten Halden thätig. Sie sondern die erzhaltigen Steine von den werthlosen aus; erstere werden in besondern Haufen aufgeschichtet, mit letztern wird der angrenzende Hohlweg ausgefüllt. Auch braune Erde, die sich in den Minen findet, ist an einem Rasenplatze aufgehäuft und mit grünen Tannenzweigen sorglich gegen die Einflüsse der Witterung geschützt. Doch will mir bei meinen schwachen mineralogischen Kenntnissen ihr Kupferreichthum noch nicht einleuchten (für erdiges Rothkupfererz kann ich es der Farbe wegen nicht halten, doch habe ich solches auch noch nicht gesehen), und habe ich nicht erfahren, ob sie etwa auf Gold gewaschen werden solle. Selbst der Grand, der zwischen den Halden sowohl in der Nähe des Schachts, als auch bei dem an der Nordwestseite sich befindlichen Stollen in Menge vorhanden ist, erscheint nicht verächtlich. Proben davon sind nach Nordenbeck gefahren, in Mörsern zerstoßen und in Küben verquickt und haben ein günstiges Resultat gegeben. Wer nicht weiß, was der Bergmann unter Verquicken oder Anquicken versteht, der kann es gleich uns in Nordenbeck aus eigener Anschauung erfahren. Die fein gepochten Erze sind dort nämlich in Küben mit Wasser und Quecksilber vermengt. Die Masse wird fleißig umgerührt. Das Quecksilber zieht alles Gold und Silber in sich ein und sammelt sich immer wieder auf dem Boden der Gefäße, während die andern Bestandtheile sich darüber lagern. Das silberhaltige Gold wird dann wieder vom Quecksilber geschieden. Auf diese Weise sind schon einige Loth Gold gewonnen und thatsächlich der Beweis geliefert, daß, wenn durch Maschinen Handarbeit erspart und die Gewinnung durch mechanische und chemische Kräfte vervollkommnet wird, etwas Erkleckliches aus den Erzen zu erzielen ist. Die chemische Untersuchung hat im Centner Erz ½ Quent Gold ergeben.

Die Kupfererze, die in diesem Frühjahr zu Tage gefördert wurden, werden nach Nordenbeck gefahren, von dort nach London versandt und daselbst auf den Markt gebracht. Sie sind hauptsächlich kohlensaures Kupferoxyd, die blauen Stücke Kupferlasur, die grünen Malachit. Die chemische Untersuchung hat 14–15 Procent reines Kupfer bei ihnen herausgestellt.   (Schluß folgt.)

In der Zwischenzeit musste Peter Kagenbusch eine weitere Zwangsversteigerung hinnehmen. Das „Hagener Kreisblatt" berichtete am 27. Mai 1854, dass „die Antheile des Peter Kagenbusch zu Düsseldorf an der in der Gemeinde Silschede gelegenen Steinkohlenzeche Kleinigkeit ... am 31. Juli 1854, Morg(ens) 11 Uhr, ... nothwendig subhastiert werden" sollen.

Am 16. Oktober 1854 druckte der „Sauerländische Anzeiger" die Fortsetzung des Artikels vom 24. April aus dem „Waldecker Anzeiger":

Kupfergewinn in Nordenbeck.

Ueber den Betrieb des Bergwerks im Eisenberg ist lange in d(iesem) Bl(atte) nichts mitgetheilt. Das ist nicht etwa Nachlässigkeit von mir. Ich wollte zuvor selbst sehen, wie sich die Sache gestaltete, und nicht leere Muthmaßungen in die Welt senden, wo nur Thatsachen entscheiden können. Ich bin inzwischen öfter auf dem Eisenberge und einigemal auch in Nordenbeck gewesen — bei der Wahl der Spaziergänge erhält diese Gegend meistens bei mir den Vorzug — aber ich fand keine Veranlassung, darüber zu berichten. Hätte ich etwa melden sollen, daß das mit einem Haspel versehene Mundloch des Schachts zugeworfen und statt dessen ein gerader Ausgang weiter unten geschaffen, also der Schacht der bequemern Förderung der Erze wegen in einen Stollen verwandelt, daß eine Bretterbude mit dem Titelschild „Grube Georg Victor" errichtet sei? Oder wie oft und wie viele Wagen Erz Corbach passirt haben und seit wann die Versendung aufgehört habe? Wie viele Engländer sich hier hätten blicken lassen, oder welche Gerüchte wegen des Bestands und der Ergiebigkeit des Bergwerks gerade im Curs waren? Ich wollte lieber warten, bis mehr geschähe, als daß Erze zu Tage gefördert und gefahren würden. Da ich nun gehört hatte, daß Versuche angestellt wären, das Kupfer zu gewinnen, ging ich nach Nordenbeck. Was ich dort erfahren habe, erzähle ich im Folgenden.

Das Kupfer wird auf nassem Wege gewonnen. Die Erze werden nämlich zuerst zerkleinert, und zwar geschieht dies jetzt von Handarbeitern, welche dieselben bis auf Haselnuß- und Wallnußdicke zerklopfen, — später werden sie zerstampft werden. Diese Erze werden in Küben gebracht (ich zählte deren 75, in welchen etwa 200 Centner Erz verarbeitet werden können), wo die groben unten, die feinen oben hin geschüttet werden. Alsdann kommt verdünnte Salzsäure darauf, welche 3 bis 4 Tage stehen bleibt. Die Lauge wird nun abgelassen, geklärt und in reine Fässer, deren 60 sind, gebracht. Dieses Verfahren wird so oft wiederholt, bis die Erze von ihrem Kupfergehalt möglichst befreit sind. Hierauf wird in die kupferhaltige Flüssigkeit Eisen gelegt, auf welchem sich das Kupfer als Cäment niederschlägt. Endlich wird das feuchte Cäment auf Spitzbeutel geschüttet, in denen das Cäment zurückbleibt, nachdem die Flüssigkeit in die untergestellten Fässer abgelaufen ist. Ich habe auf der Wohnstube die zuckerhutförmigen Klumpen Cämentkupfer gesehen, welches die Versuche bis jetzt geliefert haben. Nach dem Stück, welches wir gewogen haben, beträgt das Gewonnene etwa 160 – 180 Pfund. Einige Pfunde waren auch schon zu einer Stange metallisch reinen Kupfers geschmolzen, und das Kupfer schien vorzüglich, wie denn das auf diesem Wege gewonnene überhaupt durch Güte sich auszeichnen soll. Nachdem das Kupfer aus den Erzen gezogen ist, soll der Rückstand mit Queck-silber auf Gold amalgamirt werden. Herr Director **Kagenbusch** *erzählte, es seien 3 Maschinen bestellt, um das Gold zu gewinnen und sprach die Ueberzeugung aus,* **daß das Kupfer alle Unkosten reichlich decken und das Gold reiner Ueber-schuß sein werde.** *Er zeigte zur Vergleichung 2 Stäbchen Gold, von denen das aus der Eder gewonnene 20 karätig, das aus dem Eisenberge 18 karätig wäre.*

Obgleich dieses nur Versuche sind, so scheint so viel festzustehen, daß das Eisen-berger Bergwerk mit Erfolg zu betreiben ist. Selbst aus den Abfällen, welche beim Scheiden der nach England versandten Erze in großen Massen aufgehäuft sind (ich höre 22,300 Centner), hat sich bei den Versuchen bis jetzt durchschnittlich ein Gehalt von 2 Procent Kupfer herausgestellt und sollen sie bei der Verarbeitung noch nicht erschöpft sein; die reicheren ausgesuchten Erze haben dagegen (beides nach der mündlichen Angabe des Fuldaer Prof. Gutperlet[197]) einen durchschnittlichen Gehalt von 5 Procent. Diese letztern sind in den dem Eingang an der Straße zunächst liegen-den Schoppen aufgeschichtet und wird der Blick des Wanderers schon dadurch auf sie gelenkt, daß am Giebel des Schoppens reichhaltigere große Stücke aufgestellt sind. (Doch möge ein Freund der Mineralogie sich mit der Besichtigung derselben nicht aufhalten, sondern sich lieber die reichen Stufen im Hause zeigen lassen.)

Seit einigen Wochen ist im Molkenborn (an der Südostseite des Eisenbergs an der Wiese, wo der Corbacher Fußpfad hineingeht) ein alter Stollen geöffnet, in grader Richtung zwischen 500 und 600 Fuß offen, wogegen einzelne Querschläge noch nicht geöffnet sind. Das Gestein soll gleichfalls Kupfer enthalten. Gingen nun durch die ganze Schicht von der Westseite, wo die Kupfererze bis jetzt zu Tage gefördert sind, Erzadern, so wäre dadurch Aussicht auf Nachhaltigkeit des Bergwerks gegeben. Der Stollen im Molkenborn liegt nämlich wenigstens 400 Fuß tiefer, als die Grube „Georg

---

197 Wilhelm Karl Julius Gutberlet (* 5. August 1813 in Schwebda; † 17. September 1864 in Gießen) war ein deutscher Lehrer und Geologe (https://de.wikipedia.org/wiki/Wilhelm_Karl_Julius_Gutberlet).

Victor".

Auch mit den Goddelsheimer Erzen, die sich in ungeheuren Lagern finden sollen, sind kleine Versuche gemacht und es ist Hoffnung da, daß auch diese sich auf nassem Wege verarbeiten lassen. (W(aldecker) A(nzeiger).)

Am 24. Februar 1855 wurde „Kagenbusch aus Corbach" als angekommener Fremder im Gasthof „Preußischer Hof" zu Paderborn registriert.[198]

Am 6. März 1855 reiste „Peter Kagenbusch, Bergwerks-Director aus Waldeck" über den Hafen von Dover in England ein (siehe Abbildung 65).

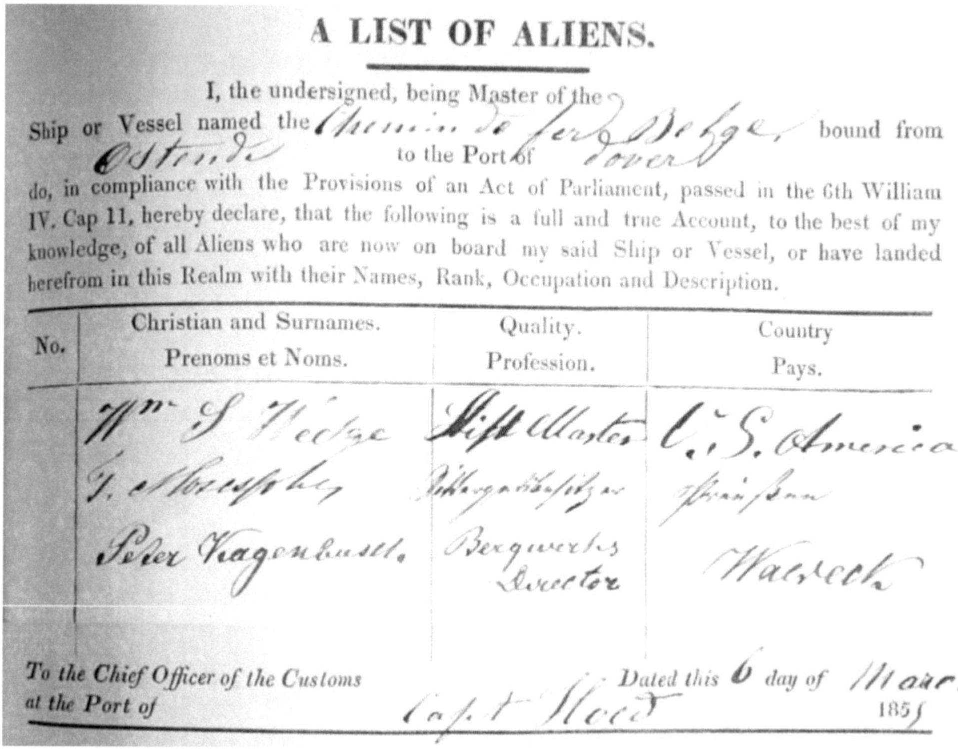
A LIST OF ALIENS.

I, the undersigned, being Master of the Ship or Vessel named the Chemin de fer Belge, bound from Ostende to the Port of Dover do, in compliance with the Provisions of an Act of Parliament, passed in the 6th William IV. Cap 11, hereby declare, that the following is a full and true Account, to the best of my knowledge, of all Aliens who are now on board my said Ship or Vessel, or have landed herefrom in this Realm with their Names, Rank, Occupation and Description.

No.	Christian and Surnames. Prenoms et Noms.	Quality. Profession.	Country Pays.
	Peter Kagenbusch	Bergwerks Director	Waldeck

To the Chief Officer of the Customs at the Port of

Dated this 6 day of March 1855

Abb. 65: Ankunft des Peter Kagenbusch in Dover am 6. März 1855

Am 18. Juli 1855 berichtet die „Düsseldorfer Zeitung" erneut über den **Konkurs** der Firma „Peter Kagenbusch & Comp(agnie)". Entweder hatte er den Konkurs des Jahres 1852 bis hierhin verschleppen können oder er hatte später erneut eine gleichnamige Firma gegründet.

Die folgende Tabelle gibt eine Übersicht über Geschäftsreisen und Hotelaufenthalte (aus der sogenannten „Fremden-Liste") des Peter Kagenbusch von 1857 bis 1859. In der Spalte „Andere Gäste" sind Personen genannt, die zur selben Zeit am selben Ort waren und mit denen Peter Kagenbusch sich aus geschäftlichen Gründen getroffen haben könnte. Die Informatio-

[198] Westfälische Zeitung vom 25. Februar 1855.

nen stammen aus der „Westfälischen Zeitung" (Dortmund), der „Düsseldorfer Zeitung" und der „Bonner Zeitung".

Ort	Datum	Hotel	Name	Andere Gäste
Dortmund	30.08.1857–04.09.1857	Hotel belle vue	Kägenbusch, Director a(us) Bernkastel	Graef, Gastwirt aus Trarbach; Morsbach, Berg-Geschworner aus Essen; Gehrich, Techniker aus Dülmen
Dortmund	10.09.1857–11.09.1857	Hotel belle vue	Kagenbusch, Bergwerks-Direktor a(us) Bernkastel	Gehrich, Techniker aus Dülmen
Düsseldorf	13.10.1857	Im Prinzen Friedrich	Kagenbusch, Direktor aus Bernkastel	—
Dortmund	30.10.1857	Hotel belle vue	Kagenbusch, Bergwerks-Direktor aus Bernkastel	Pauli, Bergreferendar aus Schwerte (Gast im Hotel Middendorf)
Bonn	10.11.1857	Im goldenen Stern	Bergwerksdir(ector) Kagenbusch aus Bernkastel	Banquiers Goldschmidt aus Frankfurt und Bischoffsheim aus Brüssel
Dortmund	30.11.1857–02.12.1857	Hotel belle vue	Kagenbusch, Bergwerks-Director aus Berncastel	Boegehold, Berg-Expektant aus Bonn
Dortmund	18.12.1857	Gasthof zum Römischen Kaiser	Kagenbusch, Bergwerks-Director aus Berncastel	Boegehold, Berg-Expektant aus Bonn
Dortmund	05.01.1858–07.01.1858	Gasthof zum Römischen Kaiser	Kagenbusch, Hütten-Director aus Trarbach(sic!)	Peter, Bergwerks-Director aus Berncastel!; von Rohr, Berggeschworner aus Bochum; von Viehbahn, Inspector aus Elberfeld; Frening, Techniker aus Dülmen; Welkner, Hütten-Director aus Dülmen; Holterhoff aus Düsseldorf, Caesar aus Trarbach, Thurmann aus Elberfeld, ... alle Kaufleute
Dortmund	17.03.1858	Gasthof zum Römischen Kaiser	Kagenbusch, Bergwerks-Director aus Berncastel	—
Dortmund	22.03.1858	Gasthof zum Röm. Kaiser	Kagenbusch, Director aus Trarbach(sic!)	—
Bonn	07.06.1858	Im Schwanen	Bergwerks-Dir. Kagenbusch aus Bernkastel	—
Bonn	19.03.1859	Im Schwanen	Bergwerksdirector Kagenbusch aus Bernkastel	—

Tabelle 4: Geschäftliche Hotelaufenthalte des Peter Kagenbusch

1865 trieb Kagenbusch sein Unwesen in der Eifel — also einer Gegend, die so nah an der Mosel und an Bernkastel lag, dass man meint, die dortige Bevölkerung hätte von dem Bankrott des „Moseler Bergwerks- und Hüttenvereins" im Jahr 1859 doch gehört oder gelesen haben müssen!

Das „Bitburger Kreis- und Intelligenzblatt" vom 8. August 1865 berichtet folgende interessante Geschichte:

> *Auf die Frage: Hat denn die Eifel kein Petroleum? antwortet ein Herr* **P. Kagenbusch** *in Birresborn im „Prümer Intelligenzblatt" Folgendes:*
> *„Auf die obige Frage erlaube ich mir zu antworten, daß es jetzt fest steht und die Uebe[r]zeugungen sicher gewonnen sind, daß in Waleborn[199] und Umgegend, so wie hier bei Birresborn und Gegend Vorkommnisse von Petroleum vorkommen und zwar* **bedeutend und von großem, ja unberechenbarem Wert**; *die Bohrversuche, um fragliche Quellen aufzuschließen, beginnen in einigen Tagen. — In Ihrem Blatte vom 30. v(origen) M(onats) berichten Sie, daß die Unternehmer, welche in hiesiger Gegend auf Steinkohlen schürfen, mit einigen auswärtigen Gesellschaften in Unterhandlung ständen, um Ihre Rechte zu verkaufen. Die Mittheilung dieser Neuigkeit beruht auf einem Irrthum, ich habe nur neue Theilhaber angenommen und werde nie und für keinen Preis alle Rechte verkaufen! Ich bitte um Berichtigung dieser Angelegenheit in Ihrem nächsten Blatte. — Die Arbeiten auf Steinkohlen in hiesiger Gegend, so wie bei Waleborn und Umgegend, gehen geregelt und zu Aller Zufriedenheit voran,* **es werden täglich mehr Leute beschäftigt**, *es finden sich immer mehr Kohlenflötze und je tiefer wir in die Erde kommen, je mächtiger werden die Kohlenflötze, so auch wird die Qualität der Kohlen immer besser und des Verläumders Mund wird bald verstummen. Mit Hochachtung ergebenst etc. "*

Kagenbusch bediente sich allem Anschein nach derselben Methode wie zuvor in Bernkastel: es wurden immer mehr Arbeiter eingestellt, alles lief scheinbar bestens und es würde nicht mehr lange dauern, dann würden das alle erkennen — auch die bisherigen Neider und Verleumder! Diese Hinhaltetaktik hatte ja bisher immer gut funktioniert — auch in Großbritannien — warum also daran etwas ändern?

Die Zeitungsnotiz auf die Kagenbusch Bezug nahm, findet sich im „Bitburger Kreis- und Intelligenzblatt" vom 28. Juli 1865 und lautet:

> *Aus Mürlenbach wird vom 23. Juli geschrieben: Dem Vernehmen nach stehen die Unternehmer des hiesigen Steinkohlenreviers mit einigen auswärtigen Gesellschaften in Unterhandlung, wegen Verkaufs ihrer Rechte.*

Der Behauptung, dass er seine Anteile an dem Unternehmen verkaufen wolle, musste Kagenbusch natürlich energisch entgegentreten, denn sonst sah es so aus, als glaube er selbst nicht mehr an den Erfolg seiner Unternehmung!

---

[199] Wallenborn

7.6 Die 1870er Jahre in Wales und England

Wo sich Peter Kagenbusch in den 1860er Jahren nach dem Konkurs des Bernkasteler Bergwerks aufhielt, konnte bisher — die oben geschilderte Episode von Birresborn ausgenommen — nicht ermittelt werden.

Anfang der 1870er Jahre war er jedenfalls wieder in Großbritannien ansässig.

1871 wird „Peter Kagenbusch, Mining Director[200], 55 Jahre alt, aus Preußen, eingebürgerter britischer Staatsbürger" in der Walisischen Volkszählung genannt. Er wohnt in „Grange Town, Iron Works" bei seiner Vermieterin Rachel Watkins, einer 46jährigen Witwe, und deren fünf Kindern (siehe Abbildungen 66 und 67, Nr. 250).

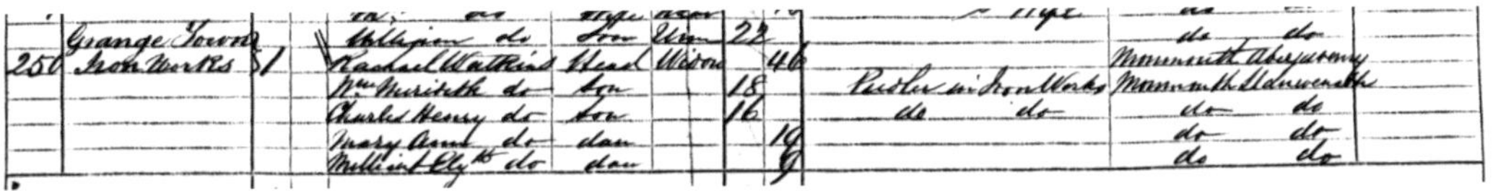

Abb. 66: Rachel Watkins und Kinder in der Volkszählung von Wales 1871

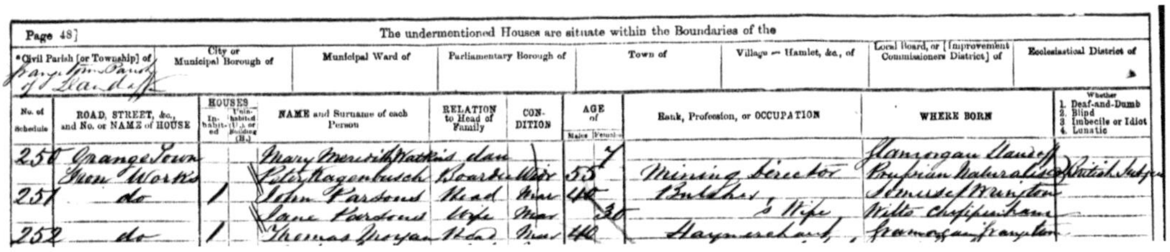

Abb. 67: Peter Kagenbusch in der Volkszählung von Wales 1871

Auf den 16. September 1872 datiert eine Akte[201] mit dem Titel „Beweise im Zusammenhang mit dem Verfahren gegen Peter Kagenbusch und Robson oder Robert Harrison".
Die Akte enthält Aussagen von William Hardcastle Clough aus dem Bezirk Middlesbrough, Bierhausbesitzer, und seiner Frau Jane Clough, Richard Edward Shaw aus Wolverhampton in Staffordshire, Kommissionär, Thomas Smellie aus Newport in Wales, Buchhalter im Eisenwerk, John Boynton, Angestellter, Thomas Brentnall dem jüngeren, Bankkassierer, und Robert Thorpe, Kriminalinspektor bei der Polizei, alle aus Middlesbrough, Zeugen im Prozess gegen Peter Kagenbusch und Robson oder Robert Harrison.[202]

---

[200] Bergwerksdirektor
[201] Die Informationen wurden aus dem Englischen ins Deutsche übersetzt.
[202] North Yorkshire County Record Office, QSB 1872 4/8/15.

Auf den Prozess in Middlesbrough bezieht sich auch der folgende Bericht:[203]

Ein außergewöhnlicher Betrüger in Südwales.

Ein Mann namens Peter Kagenbusch, der offenbar die Leichtgläubigkeit der Bevölkerung in Cardiff und Swansea ausgenutzt hatte, bevor er seine Geschäfte im Norden begann, wird in Middlesbrough wegen betrügerischer Gelderlangung verhört. Einige der Anklagepunkte wurden von Mr. Clough, einem Bierwirt, erhoben; und auch ein Mann namens Harrison wurde der Verschwörung in derselben Angelegenheit angeklagt. Der Staatsanwalt legte mehrere Briefe vor, die er von Kagenbusch erhalten hatte. Dem ersten Brief, der eine Geldforderung enthielt, war eine Liste von Firmen beigefügt, an die der Angeklagte angeblich seine chemische Mischung zum Puddeln[204] von Eisen geliefert hatte. Aufgrund dieser Liste überwies der Staatsanwalt Kagenbusch verschiedene Geldsummen.

Der Polizeiinspektor las einen Brief vor, den er von Rachel Watkin[s] aus Blaenavon, Monmouthshire, erhalten hatte. Sie schrieb:

„Nach der Schilderung des Deutschen, kam Peter Kagenbusch im Februar 1871 nach Cardiff. Der Leiter des Eisenwerks brachte ihn zu mir und nahm ihn mit nach Romes. Er hat mich um 20 Pfund und 10 Schilling betrogen, 10 Pfund lieh er sich für Verpflegung und Unterkunft. Ich bin eine arme Witwe mit sechs Kindern. Er hat mich um alles betrogen, was ich für den Unterhalt meiner armen Waisenkinder besaß und um das Geld für die Beerdigung meines armen Mannes. Er verließ mein Haus, um nach Swansea zu fahren und das Geld für meine Bezahlung zu holen. Er verließ Swansea und ging nach Bilston, Staffordshire. Ich ging dorthin, nachdem er versucht hatte, dort eine Firma zu gründen. Ich entlarvte ihn, sodass er von dort weggehen musste. Er hatte im Golden Lion, High Street, Bilston, nichts bezahlt. Als nächstes fand ich ihn als Kagenbush Oray & Co., Jewel Court Street, Newcastle upon Tyne. Er ging von dort weg und hinterließ keine Adresse. In Grange Town, Cardiff, gab er sich als vermögender Gentleman aus. Er erhielt Geld von Mr. Bryant, Princess Royal Grange Town in der Nähe von Cardiff. Er ist ein grausamer Mensch, der eine arme Witwe um alles, was sie besaß, betrügt. Er gab vor, in Cardiff Gold und Silber zu fördern. "

Der Name eines Herrn Pagden wurde in dem Fall erwähnt, und ein Brief dieses Herrn, eines Rechtsanwalts in London, wurde verlesen. Darin hieß es, der Verfasser sei Anfang des Jahres Kagenbusch vorgestellt worden, der Inhaber wertvoller Patente zur Metallgewinnung sei. Man schlug ihm vor, ihm Geldbeträge vorzustrecken, unter der Voraussetzung, dass er ein Drittel des Geschäftsgewinns erhalten sollte. Auf Kagenbuschs dringendes Bitten wurde er dazu gebracht, seine Zustimmung zu einer Summe von 595 Pfund zu geben. Diese wurde mehrfach verlängert, und er hatte

---

[203] Der Originalbericht aus den „South Wales Daily News" vom 13. September 1872 wurde ins Deutsche übersetzt.

[204] Das Puddelverfahren war ein im 19. Jahrhundert verbreitetes Verfahren zur Umwandlung des im Hochofen hergestellten Roheisens in Schmiedeeisen (dann auch Puddeleisen genannt), später auch zu härtbarem Schmiedestahl (https://de.wikipedia.org/wiki/Puddelverfahren#Puddelofen).

damit viel Ärger und Verluste erlitten. Der Angeklagte befindet sich bis nächsten Montag in Untersuchungshaft.

Auch der folgende Bericht bezieht sich auf den Prozess in Middlesbrough:

Ein Betrüger kommt vorbei.[205]

Er scheint ein Schurke und Hochstapler zu sein, doch wie jeder große Innovator und Unternehmer im viktorianischen Großbritannien bot die Vielzahl zwielichtiger Gestalten eine Möglichkeit zur Täuschung. Der 56-jährige preußische Industriechemiker und Ingenieur Peter Kagenbusch kam 1871 durch Grangetown und nahm eine Witwe und einen Gastwirt mit. In der Volkszählung[206] wird er als Untermieter der sechsfachen Mutter Rachel Watkin[s] aufgeführt, deren zwei Söhne im Eisenwerk arbeiteten. Er war Mrs. Watkin[s] vom Leiter des Eisenwerks vorgestellt worden, und es ist fast sicher, dass das Unternehmen in Grangetown ihn wegen des zweifelhaften Geschäfts, sein patentiertes Rezept für Puddeleisen und sein Fachwissen zu verkaufen, in Verlegenheit brachte. Sein Name taucht im Laufe der Jahrzehnte bei Insolvenzverhandlungen in Liverpool, Leeds und London auf — und später in Schottland im Zusammenhang mit einem fragwürdigen Gold- und Silberschürfprogramm.[207] Er war viel unterwegs und konnte sich schnell bewegen. Rachel verständigte die Polizei, nachdem Kagenbusch nicht aus Swansea zurückgekehrt war, wo er Geld abholen wollte, das er ihr schuldete. Er hatte sich 10 Pfund geliehen und schuldete weitere 10 Pfund für Unterkunft und Verpflegung (Geld für die Beerdigung ihres Mannes). Außerdem schuldete er Robert Bryant, dem Vermieter des 'Princess Royal', Geld. Sie folgte ihm nach Wolverhampton und Newcastle, um ihr Geld zu holen.

Dies alles kam 1873(sic!) in einem Prozess in Middlesbrough ans Licht, in dem Kagenbusch vor Gericht gestellt wurde. Er hatte einen anderen Gastwirt um Geld betrogen. Er suchte Partner für sein Unternehmen und führte Beweise für eine Reihe von „Aufträgen" (darunter einen von Grange Town Iron Works) mit sich, darunter Briefe, in denen er einen Kollegen um sofortiges Geld bat, um das Geschäft am Leben zu erhalten. Es gab keine Aufträge, und es wurden nur Produktproben verschickt. Mrs. Watkins Brief wurde vor Gericht verlesen: „Er hatte sich in Grange Town als vermögender Gentleman präsentiert ... er ist ein grausamer Mensch, der eine arme Witwe um alles betrügt, was ich auf der Welt besaß."

Kagenbusch wurde zu fünf Jahren Gefängnis verurteilt. Später nahm er jedoch andere Projekte wieder auf, die Schulden hinterließen.

Die Verurteilung Kagenbusch's ist auch in dem Gefängniskommissionsregister von 1770–1951 enthalten. Unter dem Gefängnis „House of correction at Northallerton" wird für das Jahr 1872 unter Nr. 19 „Peter Kagenbusch, 56 Jahre alt, Chemiker" aufgelistet (siehe Abbildung 68). Seine Inhaftierung fand am 16. September 1872 statt. Angeklagt war er wegen „Erlangung

---

[205] Der Bericht wurde einer früheren Version der Internetseite „http://www.grangetowncardiff.co.-uk/Twenties2.htm" entnommen und ins Deutsche übersetzt.
[206] Siehe Abbildung 67.
[207] Siehe Abschnitt 7.7.

eines Geldbetrags von dreißig Pfund in bar von William Hardcastle Clough durch Vortäuschen falscher Tatsachen am 20. Juli 1872 und verschiedener anderer Beträge an verschiedenen anderen Tagen aus dem Eigentum des besagten William Hardcastle Clough aus der Gemeinde Middlesbrough.“ Am 18. Oktober 1872 wurde er zu **5 Jahren Zwangsarbeit** verurteilt.

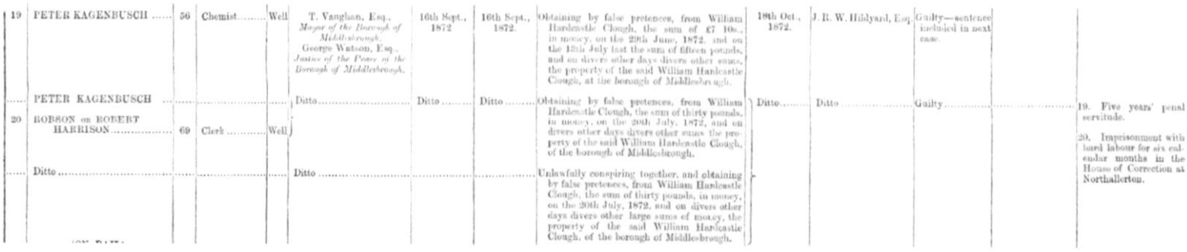

19	PETER KAGENBUSCH	56	Chemist	Well	T. Vaughan, Esq., *Mayor of the Borough of Middlesbrough.* George Watson, Esq., *Justice of the Peace of the Borough of Middlesbrough.*	16th Sept., 1872	16th Sept., 1872.	Obtaining by false pretences, from William Hardcastle Clough, the sum of £7 10s., in money, on the 29th June, 1872, and on the 13th July last the sum of fifteen pounds, and on divers other days divers other sums, the property of the said William Hardcastle Clough, at the borough of Middlesbrough.	18th Oct., 1872.	J. R. W. Hildyard, Esq.	Guilty—sentence included in next case.	
	PETER KAGENBUSCH				Ditto	Ditto	Ditto	Obtaining by false pretences, from William Hardcastle Clough, the sum of thirty pounds, in money, on the 20th July, 1872, and on divers other days divers other sums the property of the said William Hardcastle Clough, of the borough of Middlesbrough.	Ditto	Ditto	Guilty	19. Five years' penal servitude. 20. Imprisonment with hard labour for six calendar months in the House of Correction at Northallerton.
20	ROBSON or ROBERT HARRISON	69	Clerk	Well								
	Ditto				Ditto			Unlawfully conspiring together, and obtaining by false pretences, from William Hardcastle Clough, the sum of thirty pounds, in money, on the 20th July, 1872, and on divers other days divers other large sums of money, the property of the said William Hardcastle Clough, of the borough of Middlesbrough.				

Abb. 68: Eintrag Peter Kagenbusch's im Gefängniskommissionsregister 1872

Der Eintrag in dem gedruckten Buch wurde einem handschriftlichen Gefängnisregister entnommen (siehe Abbildung 69).

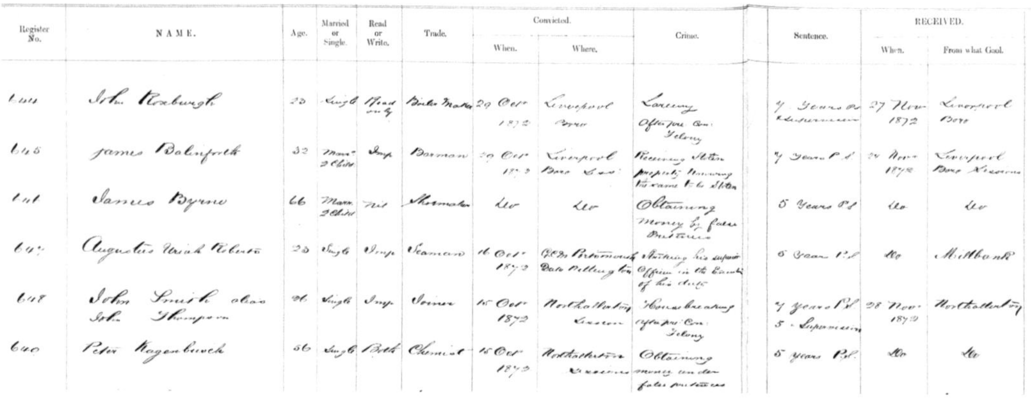

Register No.	NAME.	Age.	Married or Single.	Read or Write.	Trade.	Convicted. When.	Convicted. Where.	Crime.	Sentence.	RECEIVED. When.	RECEIVED. From what Gaol.
644	John Roxburgh	23	Single	Read only	Boiler Maker	29 Oct 1872	Liverpool Boro	Larceny After pre: Con: Felony	7 Years P.S. [illegible]	27 Nov 1872	Liverpool Boro
645	James Balmforth	32	Marr. 2 Child	Imp.	Barman	29 Oct 1872	Liverpool Boro Sess:	Receiving Stolen property knowing the same to be Stolen	7 Years P.S.	24 Nov 1872	Liverpool Boro Sessions
646	James Byrne	66	Marr. 2 Child	Nil	Shoemaker	Do	Do	Obtaining Money by false Pretences	5 Years P.S.	Do	Do
647	Augustus Uriah Roberts	23	Single	Imp.	Seaman	16 Oct 1872	[illegible] Portsmouth [illegible]	Striking his superior Officer in the Execution of his duty	5 Years P.S.	Do	Millbank
648	John Smith alias John Thompson	26	Single	Imp.	Joiner	15 Oct 1872	Northallerton Session	Housebreaking After pre: Con: Felony	7 Years P.S. 5 .. Supervision	28 Nov 1872	Northallerton
640	Peter Kagenbusch	56	Single	Both	Chemist	15 Oct 1872	Northallerton Sessions	Obtaining money under false pretences	5 Years P.S.	Do	Do

Abb. 69: Eintrag Peter Kagenbusch's (Nr. 649) im Gefängnisregister 1872

Peter Kagenbusch wird als unverheiratet („single“) bezeichnet. Unklar ist, ob er wusste, dass seine (ehemalige) Ehefrau zwei Jahre vorher — am 3. Juni 1870 in Mönchengladbach — verstorben war.

Nimmt man an, dass er — wie damals üblich — seine fünfjährige Haftstrafe vollständig verbüßen musste, so wäre er erst im Oktober 1877 wieder auf freien Fuß gekommen. Seinem Naturell folgend, blieb er nicht lange untätig und stürzte sich gleich in neue geschäftliche Abenteuer.

Am 2. Februar 1878 gaben John Peter Kagenbusch und seine beiden Partner bekannt, dass sie ihre Partnerschaft als Metallveredler einvernehmlich aufgelöst hatten:
„Hiermit wird bekannt gegeben, dass die bisher zwischen uns, den Unterzeichneten, John Peter Kagenbusch, Robert Henry Kerr und Andrew Sekler, unter der Firma Kagenbusch, Kerr, Sekler und Co. mit Sitz in Sally Port-court, Newcastle-upon-Tyne, als Metallveredler

bestehende Partnerschaft heute einvernehmlich aufgelöst wurde. Alle gegenüber der ehemaligen Partnerschaft bestehenden oder geschuldeten Schulden werden von Andrew Sekler übernommen und beglichen. — Als Zeuge beurkundet am 2. Februar 1878.“ [208]

1882 wunderte man sich in Deutschland über ein angebliches Verfahren, mit dem Kagenbusch Aluminium gewinnen wollte:
„Kagenbusch in Leeds (Engl(isches) P(atent) 1879, Nr. 4811) macht den **sonderbaren Vorschlag** Thon mit Flussmitteln zu schmelzen, dann unter Zusatz von Zink u(nd) d(er)gl(eichen) durch den elektrischen Strom zu zersetzen und aus der erhaltenen Aluminiumbleilegierung das Aluminium durch Kupellation zu gewinnen.“ [209]

7.7 Der mysteriöse Deutsche und das Gold von Kildonan

Der folgende Text ist die deutsche Übersetzung der Webseite *helmsdale.org*.[210]

Die Geschichte des Goldes von Kildonan begann 1818, als im Fluss Helmsdale ein einzelner Goldklumpen mit einem Gewicht von etwa zehn Pennyweights gefunden wurde. ...

Nach der Entdeckung von Gold in Kalifornien im Jahr 1849 wurde das gelbe Metall in den folgenden 45 Jahren an vielen anderen Orten der Welt gefunden. Schottland sicherte sich Ende 1868 seinen Platz in den Geschichtsbüchern, als eine kurze Meldung in einer Lokalzeitung verkündete, dass in Kildonan in der Grafschaft Sutherland Gold entdeckt worden sei.

Der Verdienst für die Entdeckung gebührt Robert Nelson Gilchrist, einem gebürtigen Kildonaner, der 17 Jahre in den Goldfeldern Australiens verbracht hatte. Nach seiner Rückkehr in die Heimat erhielt er vom Herzog von Sutherland die Erlaubnis, den Kies des Helmsdale River zu waschen, und er beschloss, alle Bäche und Nebenflüsse sehr methodisch zu erkunden. Er fand Gold an vielen Orten, die größten Vorkommen jedoch in den Suisgill- und Kildonan-Burren. Die Berichte über seine Funde verbreiteten sich wie ein Lauffeuer im Norden Schottlands. Die Illustrated London News verbreitete die Geschichte weiter, und innerhalb von sechs Monaten hatten sich über 600 hoffnungsvolle Abenteurer auf den Weg zu dem normalerweise verlassenen Highland Glen gemacht. ...

Im April 1869 entstanden bereits zwei kleine 'Städte'. Baile an Or war eine Hüttensiedlung am Ufer des Kildonan Burn, und Carn na Buth (was so viel wie Zelthügel bedeutet) versorgte die Arbeiter am Suisgill Burn. Schon bald wurde in Baille an Or ein Gasthaus errichtet, das die Bergleute mit Verpflegung und Unterkunft versorgte. ...

Der schottische Goldrausch endete am 30. Dezember 1869 um Mitternacht.

Im folgenden soll die deutsche Übersetzung der beiden Aufsätze „Mysterious German and

---

[208] The London Gazette, 8. Februar 1878, S. 653.
[209] [Fis82, S. 70].
[210] http://www.helmsdale.org/gold-rush.php. Siehe auch [Cal11].

Abb. 70: Kildonan auf einer Karte von Schottland (google-maps)

precious gold of Kildonan" und „Prospector had cash — but only for whisky" von Malcolm Bangor-Jones zitiert werden, da sie sehr anschaulich die Art und Weise beschreiben, in der Peter Kagenbusch im schottischen Kildonan vorging, um seine Umgebung zu täuschen.

Geheimnisvoller Deutscher und kostbares Gold von Kildonan[211]

Obwohl der Kildonan-Goldrausch im Winter 1869 zu Ende ging, lockte die Verlockung des Goldes in den folgenden Jahren mehrere Opportunisten an.

Keiner dieser Spekulanten war wohl so mysteriös wie ein gewisser John Peter Dunker, ein Deutscher, **dessen richtiger Name Kagenbusch war.**

Der Goldrausch war aufgrund der geringen Erträge des in den Lagerstätten an den Ufern der Burns gefundenen Alluvialgoldes im Sande versiegt, obwohl viele der Goldsucher erfahrene „koloniale" Goldgräber waren. Die Möglichkeit, die Goldquelle im Grundgestein zu finden, blieb jedoch attraktiv, obwohl das Gestein zerkleinert und das Gold gewonnen werden musste. Dieser Prozess erforderte Fachwissen und Kapital und konnte erhebliche Auswirkungen auf die Landschaft haben.

Dr. Joass, der Pfarrer von Golspie, örtlicher Altertumsforscher und Hobbygeologe, war sehr daran interessiert, die Goldquelle zu finden. 1880 schickte er zerkleinerten Quarz aus Suisgill zur Analyse an Professor Matthew Heddle, einen renommierten Mineralogen, der die erste geologische Karte von Sutherland erstellte und den sogenannten Ben Hope-Diamanten entdeckte. Der Goldgehalt betrug etwa 11 Körner oder 440stel Unzen pro Tonne Material.

Drei Proben wurden an ein Londoner Labor geschickt. Während eine als wertlos beiseite gelegt wurde, zeigten die beiden anderen, dass es „in der Gegend tatsächlich Gold gab — und wenn man genau wüsste, woher die Proben stammen, könnte dies einen Hinweis auf reichere Vorkommen geben — aber die Goldmenge reicht nicht aus, um den Abbau auf herkömmliche Weise zu lohnen."

Die Ergebnisse dieser Tests und die Erfahrungen des Goldrauschs überzeugten die Gutsverwaltung, dass die Ausbeutung des Goldfeldes wahrscheinlich nicht rentabel sein würde, insbesondere angesichts der Auswirkungen auf Landwirtschaft und sportliche Aktivitäten. Der Herzog von Sutherland und seine Berater wollten dies nicht völlig ausschließen, sollten aber vor übertriebenen Behauptungen auf der Hut sein.

Dunker erschien im **Juni 1880** *auf der Bildfläche. Er wohnte im 'Commercial Inn' in Helmsdale, das nach seinem Wirt auch Ross's Hotel genannt wurde und heute das Bridge Hotel heißt. Nach einigen Nachforschungen kontaktierte er James Peacock, den Mittelsmann des Herzogs für den Osten von Sutherland, der den Rat von Pfarrer Joass einholte.*

Es war nicht klar, woran Dunker interessiert war, und Joass neigte dazu, zuzustimmen, dass „es möglicherweise der Kalkstein ist, nach dem er sucht — um ihn vielleicht zusammen mit Materialien von anderswo zu hydraulischem Zement zu verarbeiten."

William Ross, der örtliche Grundstücksverwalter des Landguts, berichtete jedoch, dass Dunker einen Teil des Flußtals auf der Suche nach Gold untersucht hatte. Dunker muss auch mit seinem Können geprahlt haben, denn es hieß, er könne „Gold aus dem härtesten Stein extrahieren".

Dunker enthüllte Peacock seine Vorschläge, der General Sir Arnold Burrowes Kemball, dem Bevollmächtigten des Herzogs, erklärte, dass der Deutsche „einen wunderbaren Plan zur

---

[211] Deutsche Übersetzung des Aufsatzes [BJ15a].

Abb. 71: Ross's Commercial Inn in Helmsdale circa 1880 [Cal11, S. 143]

Goldgewinnung aus Quarz" hätte. Joass hatte jedoch bemerkt, dass die Gesteinsproben „nichts enthielten, was Herrn Dunkers großartige Erwartungen stützte — im Gegenteil, es handelte sich lediglich um Splitter des roten Granits und Gneis des District River Sand usw. — unter den Proben in einem Paket entdeckte Dr. Joass ein Stück gebrannten Tons — möglicherweise Teil eines alten Ziegels".

Dunker schlug vor, bis zu zwei oder drei Schiffsladungen angeblich goldhaltigen Materials aus der Nähe der Suisgill- oder Kildonan-Burns zu Experimenten mitzunehmen. Er besaß eine Firma in Leeds und behauptete, in den 1840er Jahren Manager des Marquis of Normanby in Whitby gewesen zu sein. Seitdem war er „in verschiedenen Teilen des Kontinents unterwegs, um Blei-, Kupfer- und Silberminen zu inspizieren". Er war in Deutschland geboren, sprach gut Englisch und hatte „das Aussehen eines Mannes, der praktische Arbeit verrichtet hat".

Peacock war jedoch überzeugt, dass Dunkers eigentliches Ziel darin bestand, „mit dem Glauben an sein wunderbares Verfahren Geld zu verdienen — und nicht, die Operation auf eigene Rechnung durchzuführen". Es wurde festgestellt, dass Dunker in einem seiner Briefe **mit Peter Kagenbusch unterzeichnete.**

Es ist fast sicher, dass es sich bei Dunker um den aus Westfalen in Preußen stammenden Peter Kagenbusch handelte, der 1842 als Färber in Yorkshire ein Patent anmeldete.[212] Wahrschein-

---

[212] Bemerkung des Autors: „Dunker" war der Familienname von Kagenbusch's Mutter (siehe Abschnitt 7.8)!

lich handelte es sich auch um denselben Peter Kagenbusch, der 1846 als Chemiker in Liverpool Konkurs anmeldete.

Dunker wurde informiert, dass der Herzog sich weigerte, mit seinem Goldabbauprozess etwas zu tun zu haben, aber keine Einwände gegen die Mitnahme von 200 bis 300 Tonnen Material hätte, sofern Dunker sich verpflichtete, alle Ansprüche auf Ersatz von Oberflächenschäden zu erfüllen.

Der Mittelsmann hatte den Eindruck, Dunker würde ablehnen, es sei denn, er wäre „etwas skrupelloser", als er ihn einschätzte. Peacock wies darauf hin, dass die Kohle, die Dunker angeblich in der Nähe von Helmsdale entdeckt hatte, Joass als „eine Erweiterung des Brora-Flözes, aber viel dünner und unreiner" bekannt war.

In der Zwischenzeit hatte Dunker in Helmsdale seine Arbeit aufgenommen, einen kleinen Ofen in einem Haus in der Dunrobin Street errichtet und mit dem Schmelzen des Gesteins begonnen, das er aus Torrish und anderen Teilen des Flußtals geholt hatte. Das Dorf war in heller Aufregung: Es wurde „nur über Gold gesprochen", und es herrschte „große Aufregung unter den Leuten".

Ross versuchte, den Prozess zu beschreiben: „Ich sehe, dass sie zuerst das Gestein brennen und es dann mit Hämmern zu feinem Pulver zerschlagen, es dann in kleine Becher oder Töpfe füllen und in den Ofen stellen, um das Gold zu gewinnen."

Laut Hafenmeister Donald Mackay wurde das Gestein „pulverisiert und in konische Tiegel gefüllt, die dann in einen Ofen gestellt wurden. Durch einen chemischen Prozess fiel das geschmolzene Gold in die kurze konische Spitze am Boden des Tiegels und behielt diese Form nach dem Abkühlen bei". Mackay hatte ein so geformtes Goldstück gesehen.

Der Hinweis auf einen „chemischen Prozess" wurde durch einen Bericht bestätigt, in dem es hieß: „Das Verfahren zur Trennung des Goldes vom Quarz soll völlig neu sein, wobei hauptsächlich Chemikalien zum Einsatz kommen." Die genaue Art dieses Prozesses war jedoch unklar.

Ross und Mackay berichteten, dass aus 12 Unzen Gesteinspulver ein Pennygewicht Gold gewonnen worden sei und am nächsten Tag etwa eine Unze Gold aus vier bis fünf Pfund Staub. Beide Männer hatten dies jedoch von Dunker selbst erfahren.

Dunker hatte Lagerraum für das Gestein in Gordon Macintoshs Lagerplatz gemietet und sich nach den Kosten für den Transport nach England erkundigt. Der Lagerplatz lag am alten Hafen an der Ecke Shore Street und Stafford Street.

Auf dem Höhepunkt des Kildonan-Goldrausches bildeten die Hütten der Goldsucher eine Elendssiedlung, die auf Gälisch als Baile an Or — Dorf des Goldes — bekannt ist.

Die Nachricht verbreitete sich und am 1. Juli verkündete der 'Inverness Courier': „Es besteht Aussicht auf eine Wiederaufnahme der Goldgewinnung in Kildonan, Sutherlandshire. Ein Deutscher testet derzeit die Goldproduktionseigenschaften des Quarzes, der an mehreren Stellen im Flußtal gewonnen wurde. Die Ergebnisse sollen sehr vielversprechend sein."

Peacock hatte sich nach Dunkers Finanzen erkundigt. James Hill, Vertreter der British Linen Company Bank in Helmsdale, erklärte, der Deutsche verfüge „derzeit über ausreichende

Mittel, um seine Arbeiter zu bezahlen. Geld und Aussehen scheinen ihm egal zu sein, solange er etwas zum Experimentieren hat."

Dunker nahm das Angebot des Herzogs an, und am Samstag, dem 3. Juli, traf sich Peacock mit ihm im Flußtal, um den Umfang der Arbeiten zu besprechen. Auch George Greig, der für die Landgewinnung im oberen Teil des Flußtal zuständige Verwalter des Herzogs, war anwesend. Es wurde eine formelle Vereinbarung getroffen, die es Dunker erlaubte, bis zu 300 Tonnen Material aus einem Gebiet zu entfernen, das „im Süden durch die County Road von Helmsdale nach Kinbrace, im Norden durch die von dieser Straße aus sichtbare Skyline, im Osten durch den Suisgill Burn und im Westen durch den Kinbrace Burn" begrenzt wird.

Das Material sollte so abgebaut werden, dass Boden und Weide möglichst wenig Schaden nehmen. Alle Oberflächenschäden mussten bezahlt werden, und Dunker musste eine Kaution von 10 Pfund hinterlegen. Um die Schäden an der öffentlichen Straße zu begrenzen, sollte er das Material zum nächstgelegenen Bahnhof — entweder Kildonan oder Kinbrace — bringen. Alle Arbeiten mussten bis zum 31. August abgeschlossen sein, und er musste den Anspruch der Krone auf ein Zehntel des Wertes des gesamten geförderten Goldes und Silbers abrechnen.

Peacock erklärte Sir Arnold, die Vereinbarung solle so lange gelten, bis das Landgut greifbarere Leistungen erbringe. **Dunker versprach „wunderbare Ergebnisse"** *und experimentierte eifrig an kleinen Gesteinsproben, während zwei größere Öfen fertiggestellt wurden — einer war bereits fertig und würde bald trocken sein. Diese größeren Öfen sollten es Dunker ermöglichen, täglich einen Zentner Schotter zu schmelzen.*

Dunker behauptete auch, beträchtliche Mengen Silber gefunden zu haben. Peacock sagte sogar, der Deutsche habe erklärt, er habe **„einen unbegrenzten Vorrat an allem Wertvollen"** *entdeckt. Der Mittelsmann vermutete, dass sich alles nur als „ein weiteres Kapitel in der alten Geschichte der Zumutung" herausstellen würde.*

Die Einwohner von Helmsdale warteten gespannt auf die Ergebnisse von Dunkers Experimenten — „wie es bei vielen armen Leuten nicht anders zu erwarten war, die den Gerüchten über seine großartigen Versprechungen und mysteriösen Leistungen beim Schmelzen kleiner Steinproben, seiner Darstellung von Chemikalien und Tiegeln lauschten."

Die Werbung weckte auch von weiter her Interesse. Ein gewisser William King aus Alnwick wurde von seiner Mutter angewiesen, sich an das 'John O'Groat Journal' zu wenden, um eine Anstellung zu finden. Er verfügte über langjährige Erfahrung im Goldabbau und kannte verschiedene Methoden der Goldgewinnung. Er konnte Goldwaschanlagen mit hydraulischer Schleuse (der neuesten Methode) oder auf andere Weise eröffnen und betreiben. Er verstand sich auf den Bergbau und die Förderung von goldhaltigem Waschschlamm usw. Er war ein absoluter Abstinenzler und konnte Zeugnisse über seinen Charakter und sein praktisches Wissen von Bergleuten aus der Kolonie und anderen vorlegen.

Peacock teilte dem Herausgeber des Journals mit, dass es „nicht wahrscheinlich sei, dass in Kildonan mit dem Goldschürfen oder Bergbau wieder begonnen wird. Ein gewisser Mr. Dunker führt gerade in Helmsdale einige Experimente durch, um durch ein Schmelzverfahren Gold und Silber zu gewinnen. Das Ergebnis bleibt abzuwarten und wird in Kürze feststehen. Ich bin derzeit sehr skeptisch und würde Mr. King daher raten, noch etwas abzuwarten, bevor er weitere Schritte in diese Richtung unternimmt."

Der Verdacht gegen Dunker drang bis in die Gutsverwaltung vor. James Campbell, Lehrer und Armeninspektor der Gemeinde Kildonan, hatte streng vertraulich erfahren, dass Dunker „unedle Metalle in die Tiegel legte, die er in den Öfen erhitzte, und dass dies aller Wahrscheinlichkeit nach das einzige Metall war, das er wieder gewann".

Greig hatte in Leeds einige Nachforschungen über Dunker angestellt und herausgefunden, dass ein Patent, das er 1879 erhalten hatte, lediglich einen sechsmonatigen „vorläufigen Schutz" für eine Erfindung zur Gewinnung und Herstellung von Aluminium, Bronze und Gold aus Ton, Schlacke und anderen Substanzen gewährt hatte.

Peacock war der Ansicht, dass weitere von Greig erhaltene Informationen „die Zweifel an seinem (Dunkers) Charakter erheblich verstärken und im Umgang mit ihm noch mehr Vorsicht erfordern".

In der Zwischenzeit hatte Dunker Männer mit der Beschaffung von Rohmaterial beauftragt. Am 12. Juli fuhr der Grundstücksverwalter mit dem Zug nach Kinbrace und ging zu Fuß das Flußtal hinunter, um die Brandstellen zu untersuchen, in denen Dunkers Männer „Steine zum Goldschmelzen aussuchten".

Nahe der Brücke über den Kinbrace Burn befand sich ein zwei Tonnen schwerer Steinhaufen. Weiter oben am Bach fand Ross „zwei Männer, die mit Zinnbecken Gold wuschen". Doll Mackay aus Reay Country und Colin Sinclair aus Caithness hatten für Dunker gearbeitet, waren aber zum Waschen übergegangen, als die Bäche überhandnahmen. Ross forderte sie auf, damit aufzuhören, und Dunker versprach, ihnen keine weitere Arbeit zu geben.

In der Nähe der Brücke bei Suisgill und an einigen anderen Stellen oben am Bach lagen drei bis vier Tonnen Steine. Die Männer trugen die Steine offenbar in Körben an den Straßenrand.

Ross berichtete auch, dass Dunker behauptete, aus 1,5 Pfund Gestein aus Lothbeg „4,5 Unzen Silber und Gold, ich kann es nicht sagen" gewonnen zu haben. Dunker hatte außerdem „einige Steine von einem Fischerboot gekauft, das in den Hafen von Helmsdale einlief. Dieses Boot holte die Steine in Barra und nahm sie als Ballast mit. Herr Dunker hält diese Steine für sehr wertvoll. Er zahlte 5 £ für ein Gewicht von etwa 60 bis 70 Pfund. Sie sehen aus wie die Steine, die in Kinbrace gefunden werden."

Am 13. Juli schickte Dunker 18 Männer in das Flußtal. Jeder musste eine halbe Tonne Material auswählen und an den Straßenrand tragen, wofür er 1 Pfund 10 Schilling (1,50 Pfund) erhielt. Das war weniger als der Stundenlohn von 6 d (2,5 Pence), den die Männer zuvor erhalten hatten, und es war nicht verwunderlich, dass „die Leute im Allgemeinen nicht mehr so viel an das Gold denken wie noch vor einiger Zeit".

Etwa einen Tag zuvor hatte Peacock scharf mit Dunker gesprochen. Ross fand, es habe ihm „sehr gutgetan, denn er arbeitet jetzt hart, trinkt nicht mehr und ist auch bester Laune".

Doch der Beginn des Heringsfangs brachte einen enormen Zustrom von Menschen nach Helmsdale, und jeder freie Platz war belegt. Dunkers Laden in der Dunrobin Street war mit Fischern belegt, und er musste einen Teil seiner Fläche in Macintoshs Räucherhof aufgeben. Es sah so aus als müsste Dunker die Schmelzerei einstellen bis der Heringsfang beendet war.

Der Goldsucher hatte Bargeld — aber nur für Whisky[213]

Am 19. Juli 1880 meldete William Ross, der örtliche Grundstücksverwalter des Landguts, dass Dunkers Männer für die vergangene Woche nicht bezahlt worden waren. Etwa 16 oder 17 von ihnen gingen in das Tal, in der Annahme, sie würden noch am selben Abend bezahlt. Dies geschah jedoch nicht und sie kehrten am nächsten Tag ins Dorf zurück. Am darauffolgenden Tag erhielten sie ein paar Schilling in der Erwartung, am Ende der Woche bezahlt zu werden.

Dunker setzte die Schmelzarbeiten fort, hatte aber nur einen Hochofen in Betrieb. Offenbar kümmerte er sich mehr um das Wirtshaus als um seine Arbeit — und die Männer, die für ihn arbeiteten, sahen sein Verhalten, was sie noch unzufriedener machte.

Laut James Peacock, dem Mittelsmann des Herzogs für Ost-Sutherland, „förderte Dunker Gold aus den Glimmerschiefern, die er als ,Goldsilikate' bezeichnete". Er behauptete, Gold und Silber aus den Bränden gewinnen zu können. Peacock meinte, wenn Dunker tatsächlich „Gold gewinnen könne, könne er mit dieser Menge etwas Geld verdienen — wir würden das Ergebnis in Kürze sehen —, werde er eines Morgens wohl abreisen, ohne sich von seinen Freunden in Helmsdale zu verabschieden".

Am 23. Juli teilte Peacock dem Marquis von Stafford mit, Dunker scheine nicht viel Gutes zu tun. Es werde ihm nicht leidtun zu hören, dass seine Arbeit zu Ende sei — es scheine ihm nur Betrug zu sein. Peacock informierte General Sir Arnold Burrowes Kemball, den Bevollmächtigten des Herzogs, dass Dunker zwar kein Geld habe, um seine Männer zu bezahlen, aber offenbar „ein wenig für Whisky auftreiben konnte — mehr, als ihm guttut".

Dunker beschäftigte nur wenige Männer, doch gegen Ende des Monats kamen Gelder aus Leeds, um seine Hotelrechnung zu bezahlen, und er fuhr nach Brora, um sich um Schamotte und Ziegel zu kümmern.

James Hill, Vertreter der British Linen Company Bank in Helmsdale, veranlasste die Übersendung eines Klumpens von Dunkers Metall zur Prüfung nach London. Das Metall bestand zu über 98 Prozent aus Kupfer, geringen Mengen Silber und Spuren von Gold. Peacock war der Ansicht, dies stimme „mit den zuvor über ihn erhaltenen Informationen überein. Was kann er da mit dreister Falschdarstellung meinen?"

Dunkers Reaktion bestand darin, kühl zu behaupten, „der Prüfer verstehe sein geheimes Verfahren nicht!", und sich über seinen Vermieter Gordon MacIntosh zu beschweren, der ihm nicht erlaubt hatte, seine Öfen anzuheizen. Die Fischer schütteten Wasser von oben in die Öfen und zerstörten seine Chemikalien.

Er bat um alternative Räumlichkeiten, doch Peacock verweigerte ihm die Nutzung eines Teils der alten Brennerei in Helmsdale oder der leerstehenden Torföfen in Brora. Der Herzog stellte keine Unterkunft zur Verfügung, und die Pächter in Helmsdale benötigten zur Untervermietung die Erlaubnis des Herzogs.

Peacock schlug vor, Dunker solle das Material nach Süden bringen. Dunker hatte bereits den Transport von 50 Tonnen nach Leeds oder anderswo organisiert und Kostenvoranschläge von der Highland Railway eingeholt.

---

[213] Deutsche Übersetzung des Aufsatzes [BJ15b].

Bis Ende Juli hatte Dunker offenbar Geld aufgebracht, um einige seiner Männer zu bezahlen. Sein Vorarbeiter, D. Rutherford musste jedoch wegen Veruntreuung von Geldern entlassen werden, und es herrschte große Verwirrung darüber, was den Männern zustehen sollte.

Peacock wünschte, man hätte ihm die Korrespondenz über Dunker im Besitz des Polizeipräsidenten von Sutherland, Alexander McHardy, früher gezeigt. Die Ermittlungen zu Dunkers Hintergrund wurden fortgesetzt und konzentrierten sich auf die Ereignisse in Leeds im Jahr 1872.

Dunker fuhr nach Inverness, um den Transport der Steine nach Leeds zu organisieren. Die Steine wurden jedoch nicht versandt, möglicherweise weil Peacock der Eisenbahngesellschaft mitgeteilt hatte, dass es sich bei dem Material nicht, wie Dunker behauptete, um „Goldquarz", sondern lediglich um Glimmerschiefer handele, und ihnen geraten hatte, Vorauszahlung zu verlangen.

Dunker fuhr am 14. August das Tal hinauf und „sollte morgen früh mit dem Postzug zurückkehren — aber ich habe gehört, dass die Wagen mit den Steinen noch nicht abgeschickt sind". Auch mit seinen Männern hatte er sich noch nicht geeinigt. Zwei von ihnen arbeiteten jedoch für ihn im Flußtal und einer in Helmsdale, wo er „Schmelztiegel herstellte". Offenbar beabsichtigte Dunker, nach dem Ende der Fischereisaison die Schmelzerei wieder aufzunehmen.

Dunker wurde von John MacLeod unterstützt, der heute besser bekannt ist als Aktivist für die Belange der Kleinbauern, Mitglied der Land League und Abgeordneter für Sutherland. MacLeod stammte aus dem Bezirk (er wohnte bei seiner Tante Isabella MacLeod in der Gartymore 33) und hatte eine Ausbildung als Chemiker absolviert.

Der Plan, das Gestein nach Leeds zu bringen, scheiterte und Dunker konzentrierte sich auf andere Dinge. Am 16. August verließ er Helmsdale mit dem Zug um 6 Uhr morgens in Richtung Glasgow. Zwei Tage später telegraphierte er, dass er 500 Tonnen Material an ein Chemieunternehmen verkauft hatte.

Peacock berichtete Sir Arnold die Neuigkeit und bemerkte, es sei „ziemlich unvorsichtig von ihm, 200 Tonnen mehr zu verkaufen, als er bisher erhalten hat". Peacock bezweifelte „stark die Wahrheit dieses Telegramms aus Glasgow".

Die Eisenbahngesellschaft wollte die vier beladenen Lastwagen jedoch erst in Kildonan und Kinbrace abfertigen, nachdem die Fracht bezahlt und die Lastwagen schließlich entladen worden waren. Ende August schrieb Dunker, er wolle nach Helmsdale kommen und das Gestein direkt nach Glasgow bringen. Er firmierte unter dem Namen „The Precious Metal Smelting Company" und behauptete, eine große Schmelzanlage für über 1000 Pfund gekauft zu haben. Doch weder Dunker noch Geld tauchten auf.

Der Heringsfang in Helmsdale endete am 30. August. Mehrere Boote waren am Vortag in See gestochen, kehrten aber mit wenig oder gar keinem Erfolg zurück und machten sich zur Abfahrt bereit. Es war ein Anlass zum Feiern, und Ross hatte noch nie „so viel Alkohol und Schlägereien auf den Straßen gesehen, dass man kaum laufen konnte, da Männer und Frauen kämpften".

149

In der Zwischenzeit berichtete Hill an Peacock privat, er habe „Antworten von einer vertraulichen Quelle erhalten, die sein [Dunkers] allgemeines Erscheinungsbild[214] beschreibe — sein nach seinem Prozess im September 1872 aufgenommenes Foto wurde ebenfalls zur Einsichtnahme geschickt". Kürzlich wurde ein Verfahren gegen Dunker beim „Innenminister eingeleitet, dessen Anklage das Finanzministerium gegen ihn erheben wird und die Angelegenheit liegt nun bei der Polizei von Leeds".

Am 18. September schrieb MacLeod an Peacock über Dunkers Aktivitäten. Bei seiner Ankunft in Glasgow fand er Dunker „im Besitz einer großen Anlage mit Maschinen usw. vor, die Öfen zum Schmelzen des mitgebrachten Erzes baute". Der staatliche Prüfer hatte „ein Stück Metall, das Herr Dunker durch Schmelzen (nach Reinigung) gewonnen hatte, als 22 ¾ Karat Gold gestempelt".

MacLeod erklärte, Dunker wünsche eine Verlängerung der Vereinbarung zur Abnahme des restlichen Teils der 300 Tonnen. In der Zwischenzeit sollte Dunker MacLeod nach Helmsdale schicken, um etwaige Rechnungen zu bezahlen und die Weiterleitung des Materials zu veranlassen.

MacLeod wurde mitgeteilt, dass der Herzog „keine Einwände gegen Herrn Dunkers Abtransport der bereits an den Bahnhöfen Kildonan und Kinbrace gesammelten Steine habe — er sei jedoch nicht bereit, die Genehmigung auf weitere Lieferungen auszuweiten". Die Steine wurden an den Bahnhöfen auf Eisenbahnwaggons umgeladen und Anfang Oktober nach Glasgow transportiert.

Die Haltung des Landguts verhärtete sich, und am 19. Oktober verweigerte der Herzog Dunker die Erlaubnis, weitere der „sogenannten Mineralien aus Kildonan oder Kinbrace abzutransportieren — oder ein Angebot für weitere Lieferungen zu unterbreiten, bis deren goldhaltiger Charakter durch die Aussage von analytischen Chemikern mit unzweifelhafter Autorität sichergestellt sei".

Der Herzog „war sich der Existenz von Gold in Kildonan und anderen Bezirken Sutherlands unter bestimmten bekannten geologischen Bedingungen durchaus bewusst — allerdings nicht in der von Ihnen vermuteten Form". Der Herzog lehnte es ab, „seinen Namen in irgendeiner Form mit einem Plan in Verbindung zu bringen, dessen Durchführbarkeit er aufgrund seiner Erfahrung anzweifelt".

Peacock informierte Polizeichef McHardy darüber, dass Dunker seine Aktivitäten in Glasgow aufgenommen hatte, und schlug vor, „seine Londoner Korrespondenten über Mr. Dunkers Aktivitäten zu informieren — ich habe gehört, er habe dort eine oder mehrere Personen mit Geld erreicht".

MacLeod war bereits in Helmsdale angekommen, und obwohl verschiedene Geldbeträge eingingen, hatte er bald keine Lust mehr, Dunkers Rechnungen zu begleichen. Ross, der Gast-

---

[214] Die (ins Deutsche übersetzte) Personenbeschreibung Dunkers lautet: „Die Person, auf die ich mich beziehe, ist ein kleiner, stämmiger, grauhaariger alter Mann von etwa 60 Jahren oder älter — leicht gebeugt — frische Farbe in den Wangen — kleine, scharfe Augen — spricht sehr überzeugend mit einem leichten deutschen Akzent." (*National Library of Scotland, Sutherland Papers, Acc. 10225/343 ff. 674–675, J. Peacock to A. Hathorn, 25 June 1881*, freundlicher Hinweis von Herrn Malcolm Bangor-Jones, Schottland.)

wirt, meinte, dass „einige Leute, die für Herrn D. arbeiteten, wenig Geld bekamen, während einige andere für ihre Arbeit völlig genug bekamen". MacLeod versuchte sein Bestes, kam mit Dunker aber nicht überein.

Am **3. November** *erwartete MacLeod, dass seine Verbindung zu Dunker bald abgebrochen würde, und hoffte, das Flußtal auf eigene Faust untersuchen zu können. (Er sollte im Sommer 1882 zurückkehren, als er für ein Unternehmen arbeitete, das die Goldgewinnung aus zerkleinertem Gestein untersuchte, bevor er sich der Sache der Kleinbauern annahm.)*

Die offiziellen Ermittlungen gegen Dunker dauerten an, und Mitte November erreichte Sutherland die Nachricht, er sei „entdeckt worden. Seine Arbeiten wurden eingestellt, und ein Detektiv aus London hat Nachforschungen angestellt". Peacock war lediglich überrascht, dass Dunker „so lange weitermachen durfte", bevor die Polizei sein Gelände schloss.

Im **Februar 1881** *war ein Bericht von Professor Heddle über einige „Metalle und Schlacken", die angeblich aus Kildonan stammten und von Dunker erhalten wurden, nicht ermutigend und bestätigte, was das Landgut bereits wusste. John Blake, Verwalter der Mains of Dunrobin, musste nur noch das Tal hinaufgehen und das Ausmaß der Oberflächenschäden an den verschiedenen Farmen ermitteln.*

Das war nicht das letzte Mal, dass man von Dunker hörte. Im Juni 1881 wurden Alexander Hathorn und Thomas Allison Readwin, die in Wales im Goldbergbau tätig waren und sich für Kildonan interessierten, von Dunker besucht, der über sein „Verfahren zur Behandlung und Gewinnung von Gold aus seinen Matrizen" sprach.

Readwin, ein echter Experte, meinte: „Wenn der Mann das schafft, was er behauptet, wird der Herzog mit seinen Quarzriffen viel Geld verdienen können." Peacock warnte davor, mit dem Deutschen etwas zu tun zu haben, „die Polizei hier und in Glasgow beobachtet ihn sehr genau und ist über seine Vergangenheit bestens informiert."

Hathorn bestätigte, dass sie Dunker tatsächlich getroffen hatten. Dieser halle sich „lautstark über die Leute aus Helmsdale beschwert, die ihm Wasser in den Schornstein gegossen und sich anderer Behinderungen schuldig gemacht hatten. Sie zogen es vor, Schafe und Hirsche usw. zu züchten, anstatt im Quarz unter ihren Füßen Gold und Silber zu finden". Einer der Beteiligten bezeichnete Dunker als Sir Walter Scotts Dousterswivel, eine Anspielung auf den deutschen Betrüger im Antiquar, der Geld mit dem Versprechen erhielt, vergrabene Reichtümer mit einer Wünschelrute zu finden.

7.8 Stammbaum und Herkunft der Familie Kagenbusch

Zu guter Letzt galt es zu untersuchen, wie viel sich heute noch über die Verwandtschaftsverhältnisse des Johann Peter Kagenbusch herausfinden lässt.

Wie wir in seinem Sterbeakt noch sehen werden, wurde er in Stiepel geboren, das heute ein Stadtteil von Bochum ist. Die zugehörigen Kirchenbücher sind heute online gegen Gebühr einsehbar. Das Geburtsdatum Kagenbuschs hatten wir bereits auf „um den 5. September 1816 herum" abgeschätzt (siehe Abschnitt 7.1).

Das systematische Durchgehen des Jahrgangs 1816 brachte den erhofften Treffer. Der Taufakt wurde mit einem Fotoprogramm nachbearbeitet, um das Durchscheinen der Tinte von der
Blattrückseite größtmöglich zu reduzieren und den Eintrag überhaupt entziffern zu können
(siehe Abbildung 72).

Die Transkription des Taufaktes lautet:[215]

Nr. 34, d(en) **4ten September [1816]** *wurde dem Joh(ann) Jürgen niederste* **Kagenbusch**
und seiner Ehefrau Cath(arina) Maria Pagenbruch jener Sohn geboren, welcher d(en) 13(?)ten
Dito getauft und **Joh(ann) Peter** *genant wurde.*

*Taufzeugen waren Henrich Georg Müher(?), Henrich Peter Kopperschläger, Maria Catharina
niederste Tetenberg, Maria Cath(arina) Schwarz.*

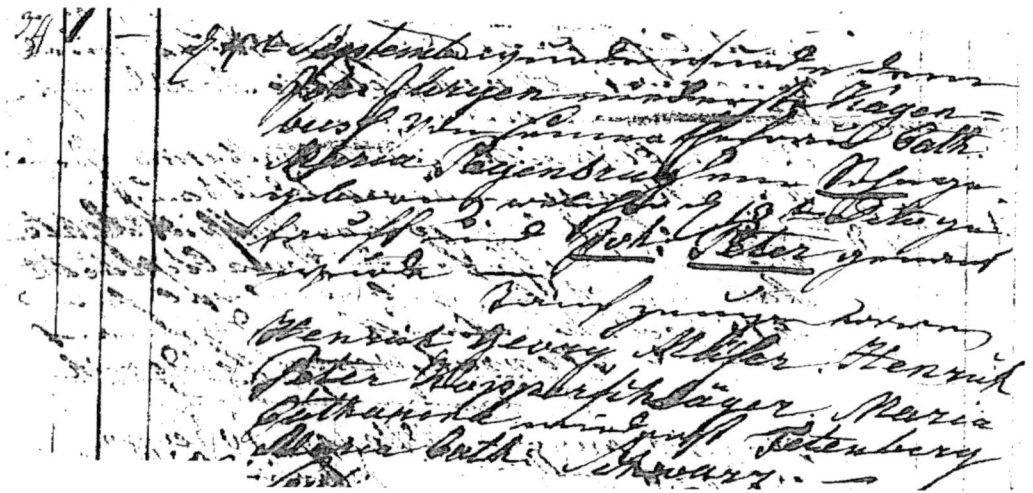

Abb. 72: Taufakt des Johann Peter Kagenbusch vom 13. September 1816

Zwei der Familien- oder Hausnamen enthalten ein vorangestelltes „niederste". Familiennamen mit den Bezeichnungen Ober(ste), Mittel(ste), Nieder(ste)/Unter(ste) u.ä. sind im
südlichen Westfalen häufig. Sie entstanden meist aus Hofteilungen und gehören zum Typus
Wohnstättennamen. D.h. es gab in der Regel vorher ein Gut mit dem einfachen Namen. Nach
der Teilung erhielten die Teilgüter eine Kennzeichnung, welche die örtlichen Gegebenheiten
widerspiegelte. Der Hofname war also sowohl Adresse als auch Familienname.

Die Suche in den Kirchenbüchern von Stiepel wurde auf andere Mitglieder der Familie Kagenbusch ausgedehnt.

Am Sonntag, den 15. Juni 1806[216] heirateten Johann Peter Kagenbusch's Eltern (siehe
Abbildung 73).

Die Transkription des Heiratsaktes lautet:[217]

1806 an *Dom(inica) II. post Trin(itatis) der J(ung)-G(esell) Johann Jürgen Niderste Ka-*

---

[215] Evangelische Gemeinde Stiepel, Stadt Bochum, Geburts- und Taufregister 1815–1846, S. 26, Nr. 34.
[216] 2. Sonntag nach Trinitatis.
[217] Evangelische Gemeinde Stiepel, Stadt Bochum, Trauungen 1790–1814, Bild 155.

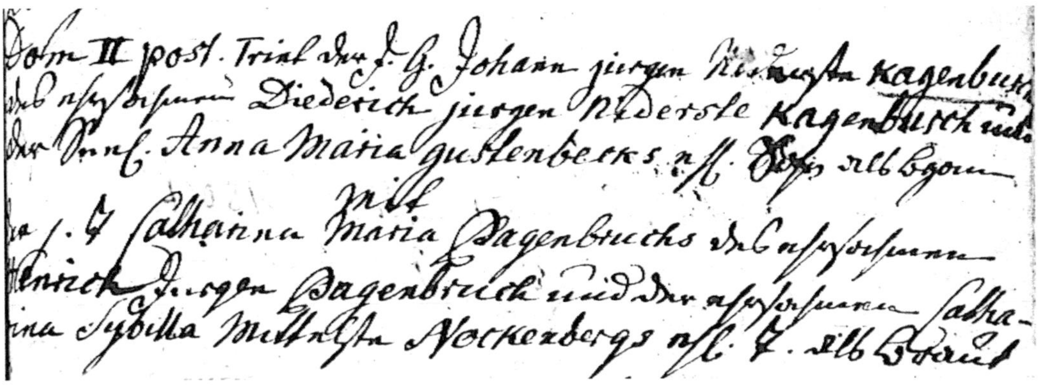

Abb. 73: Heiratsakt von Johann Peter Kagenbusch's Eltern vom 15. Juni 1806

genbusch, des ehrsahmen Diederich Jürgen Niderste Kagenbusch und der See(ligen) Anna Maria Gustenbecks eh(elicher) Sohn als B(räuti)gam mit der J(ungen) T(ochter) Catharina Maria Pagenbruchs des ehrsahmen Henrich Jürgen Pagenbruch und der ehrsahmen Catharina Sybilla Mittelste Nockenbergs eh(eliche) T(ochter) als Braut.

Johann Peter Kagenbusch's Großeltern mütterlicherseits heirateten am 21. Mai 1775 in Stiepel (siehe Abbildung 74).

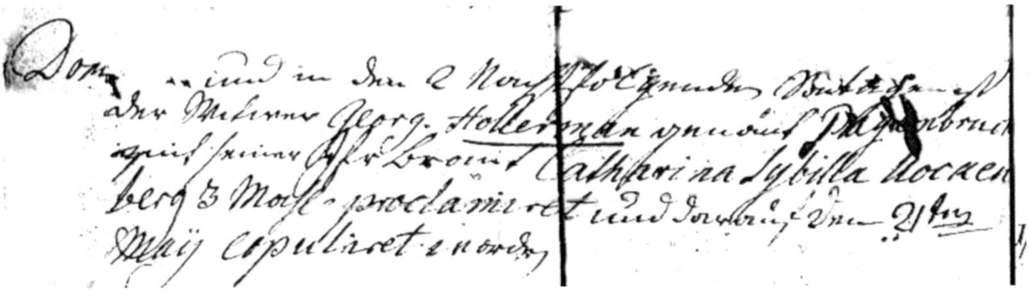

Abb. 74: Heiratsakt von J. P. Kagenbusch's Großeltern mütterlicherseits, 21. Mai 1775

Die Transkription des Heiratsaktes lautet:[218]
Dom(inica) und in den 2 nächstfolgenden Sontagen ist der Witwer Georg Hollerman genant Pagenbruch mit seiner J(ung)fr(äulichen) Braut Catharina Sybilla Nockenberg 3 Mahl proclamiret und darauf den 21ten May [1775] copuliret worden.

Demnach war Georg Hollerman bereits vorher verheiratet gewesen. Auf der vorhergehenden Seite des Kirchenbuches findet sich womöglich[219] diese erste Ehe (siehe Abbildung 75).

---

[218] Evangelische Gemeinde Stiepel, Stadt Bochum, Trauungen 1771–1776, S. 4, unten (Bild 45l).

[219] Frau Brigitte Friedrich, Wien, die auch diesen Familienzweig in ihrem Stammbaum führt, ist hier anderer Meinung. Laut ihr handelt es sich um zwei verschiedene Familien:
1.) Henrich Jürgen/Georg **Dunker**/Hollermann, *24.12.1746 in Stiepel (Eltern: Moritz Dunker und Anna Catharina Oberste Tetenberg) ∞ 1774 Anna Catharina Oberste Dellmann (deren 2. Ehe)
2.) Georg Heinrich **Dunker**/Pagenbruch, *28.12.1744 in Hattingen (Eltern: Johann Caspar Dunker und

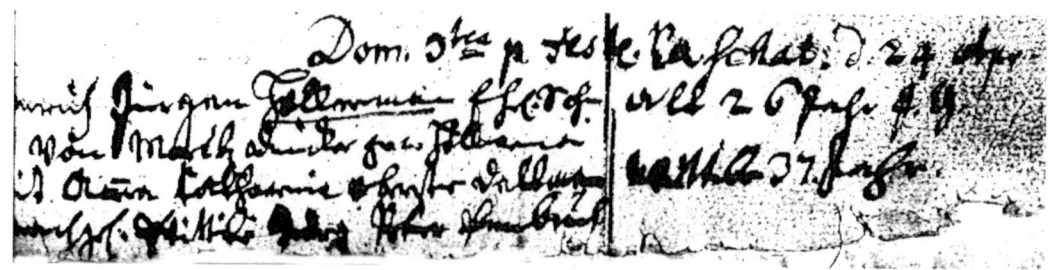

Abb. 75: Heiratsakt der 1. Ehe von Kagenbusch's Großvater mütterlicherseits, 24. April 1774

Die Transkription des Heiratsaktes lautet:[220]
Dom(inica) 3^{tia} p. fest. Paschat.(?) d(en) 24. April [1774] [heirateten] Henrich Jürgen Hollermann, alt 26 Jahr J(ung)G(esell), ehel(icher) Sohn von Moritz **Duncker** *gen(annt) Hollermann, mit Anna Catharina oberste Dellmann, Wittib 37 Jahr, nachgel(assene) Wittib von Georg Peter P(ag)enbruch.*

Auch die erste Heirat der oben genannten Anna Catharina Dellmann lässt sich im Kirchenbuch Stiepel finden (siehe Abbildung 76).

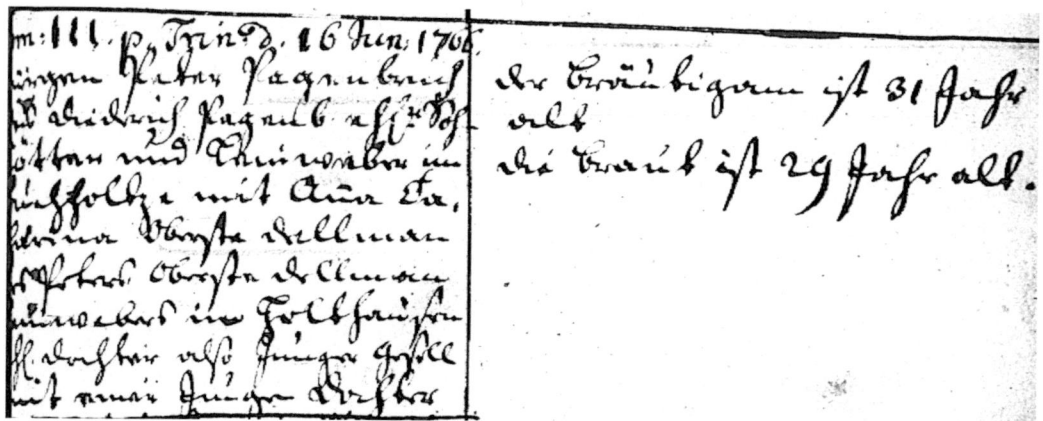

Abb. 76: Heiratsakt der 1. Ehe von Anna Catharina oberste Dellmann, 16. Juni 1766

Die Transkription des Heiratsaktes lautet:[221]
Dom(inica) III p(ost) Trin(itatis) d(en) 16. Juni 1766. Jürgen Peter Pagenbruch des Diedrich Pagenb(ruchs) ehl(ichen) Sohn, Kötter^{222} und Leinweber im Buchholtze mit Anna Catharina Oberste Dellman, des Peters Oberste Dellman, Leinwebers in Holthausen ehl(iche) Dochter, also Junger Gesell mit einer Jungen Dochter. Der Bräutigam ist 31 Jahr alt, die Braut ist 29 Jahr alt.

Anna Elisabeth Kleine) ∞ 1775 Catharina Sybilla Nockenberg aus Sprockhövel.
[220] Evangelische Gemeinde Stiepel, Stadt Bochum, Trauungen 1771–1776, S. 3, unten (Bild 44r).
[221] Evangelische Gemeinde Stiepel, Stadt Bochum, Trauungen 1765–1769, S. 3, unten (Bild 37r).
[222] Regionalbezeichnung für einen landwirtschaftlichen Kleinstellenbesitzer, abgeleitet vom Begriff „Kotten".

Daraus erklärt sich, warum Kagenbusch während seiner Zeit in Schottland den Familiennamen „**Dunker**" verwendete.

Eine weitere Bestätigung liefern die Taufeinträge zweier Geschwister von Johann Peter Kagenbusch's Mutter Catharina Maria Pagenbruch, die selbst am 14. Januar 1781 geboren worden war.

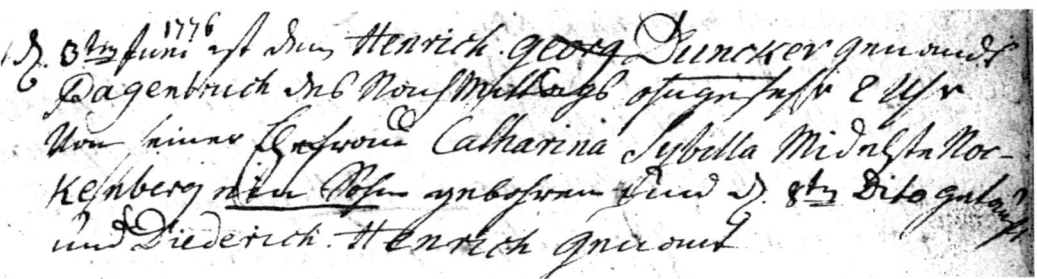

Abb. 77: Taufakt von Diederich Henrich Duncker genannt Pagenbruch am 8. Juni 1776

Die Transkription des Taufaktes von Diederich Henrich, dem Bruder, lautet:[223]
*Den 3ten Juni 1776 ist dem Henrich Georg[224] **Duncker** genandt Pagenbruch des Nachmittags ohngefehr 2 Uhr von seiner Ehefrau Catharina Sybilla Midelste Nockenberg ein Sohn gebohren und d(en) 8ten Dito getauft und Diederich Henrich genant [worden].*

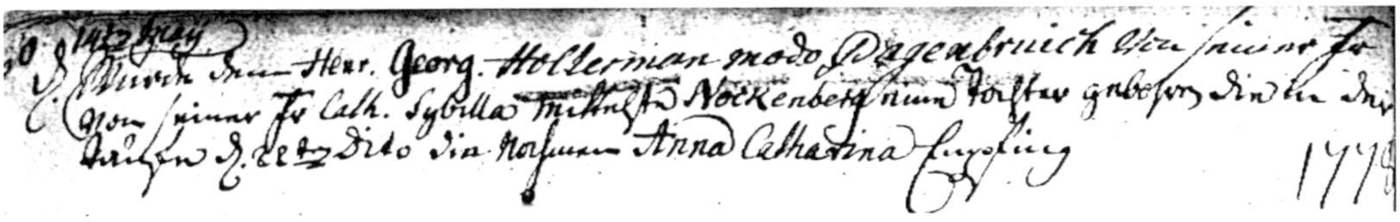

Abb. 78: Taufakt von Anna Catharina Hollermann genannt Pagenbruch am 22. Mai 1778

Die Transkription des Taufaktes von Anna Catharina, der Schwester, lautet:[225]
*Den 14. May [1778] wurde dem Henr(ich) Georg **Hollerman** modo[226] Pagenbruich von seiner Ehefrau Cath(arina) Sybilla Midelste Nockenberg eine Tochter gebohren die in der Taufe d(en) 22ten Dito die Nahmen Anna Catharina empfing.*

Demnach hieß Johann Peter Kagenbusch's Großvater mütterlicherseits mutmaßlich „*Henrich Georg **Hollermann** genannt **Duncker** genannt **Pagenbruch**"*!

Aber wo lagen die mehrfach genannten Höfe „Kagenbusch", „Dunker" und „Pagenbruch"? Ein paar alte sowie heutige Karten geben Auskunft darüber.[227]

---

223 Evangelische Gemeinde Stiepel, Stadt Bochum, Taufen 1764–1784, Bild 90r, Nr. 17 (freundlicher Hinweis von Frau Brigitte Friedrich, Wien).

224 An anderer Stelle auch „Jürgen" genannt.

225 Evangelische Gemeinde Stiepel, Stadt Bochum, Taufen 1764–1784, Bild 99l, Nr. 20 (freundlicher Hinweis von Frau Brigitte Friedrich, Wien).

226 „genannt"

227 Ich danke Frau Brigitte Friedrich, Wien, herzlich für die Zurverfügungstellung des Kartenmaterials!

Eine Karte von 1836 zeigt alle drei Höfe, die nicht weit voneinander entfernt lagen (rot unterstrichen in Abbildung 79).

Abb. 79: Karte von 1836 mit den Höfen Dunker, Pagenbruch und Kagenbruch(sic!)

Gut hundert Jahre später, in der Karte von 1937, finden sich westlich von Sprockhövel-Osterhöfgen nur noch der an der Straße „Am Kampbusch"(sic!) liegende Hof „Am Kagenbusch", sowie die Straße „Am Duneker" (siehe Abbildung 80).

Abb. 80: Karte von 1937 mit den Straßen „Am Duneker" und „Am Kampbusch"(sic!)

Abbildung 81 zeigt eine heutige Karte aus google-Maps, die immer noch dieselben Straßennamen enthält wie die Karte von 1937.

Abb. 81: Karte von 2025 mit den Straßen „Am Duneker" und „Am Kampbusch"

Kehren wir zu den Familienstrukturen des Peter Kagenbusch zurück. Während seiner Bernkasteler Zeit war er verheiratet gewesen. Er hatte am 20. Mai 1851 in Düsseldorf Christina Lisetta Ewaldina Dammann geheiratet (siehe Abschnitt 7.5).

Wie sich herausstellt, war die Angabe im Gefängnisregister von 1872, dass der verurteilte Peter Kagenbusch unverheiratet sei, nicht gänzlich falsch. Korrekt hätte es „verwitwet" heißen müssen, denn seine Ehefrau war zwei Jahre zuvor, am 3. Juni 1870 in Gladbach[228] verstorben (siehe Abbildung 82).

Die Transkription ihrer Sterbeurkunde lautet:

N° 383. Sterbe-Urkunde.
Ober-Bürgermeisterei Gladbach, Kreis Gladbach, Regierungs-Bezirk Düsseldorf.
Im Jahre tausend achthundert siebenzig, den vierten des Monats Junii, vormittags zehn Uhr, erschienen ... der Ferdinand Ernst Haarhaus, sechs und zwanzig Jahre alt, Standes Commis, wohnhaft zu Gladbach, welcher ein **Schwiegersohn** *der Verstorbenen zu sein angab ... und haben diese beiden erklärt, daß am dritten des Monats Junii des Jahres tausend achthundert siebenzig, Nachmittags fünf ein halb Uhr, zu Gladbach verstorben sei:*

---

228 Heute Mönchengladbach.

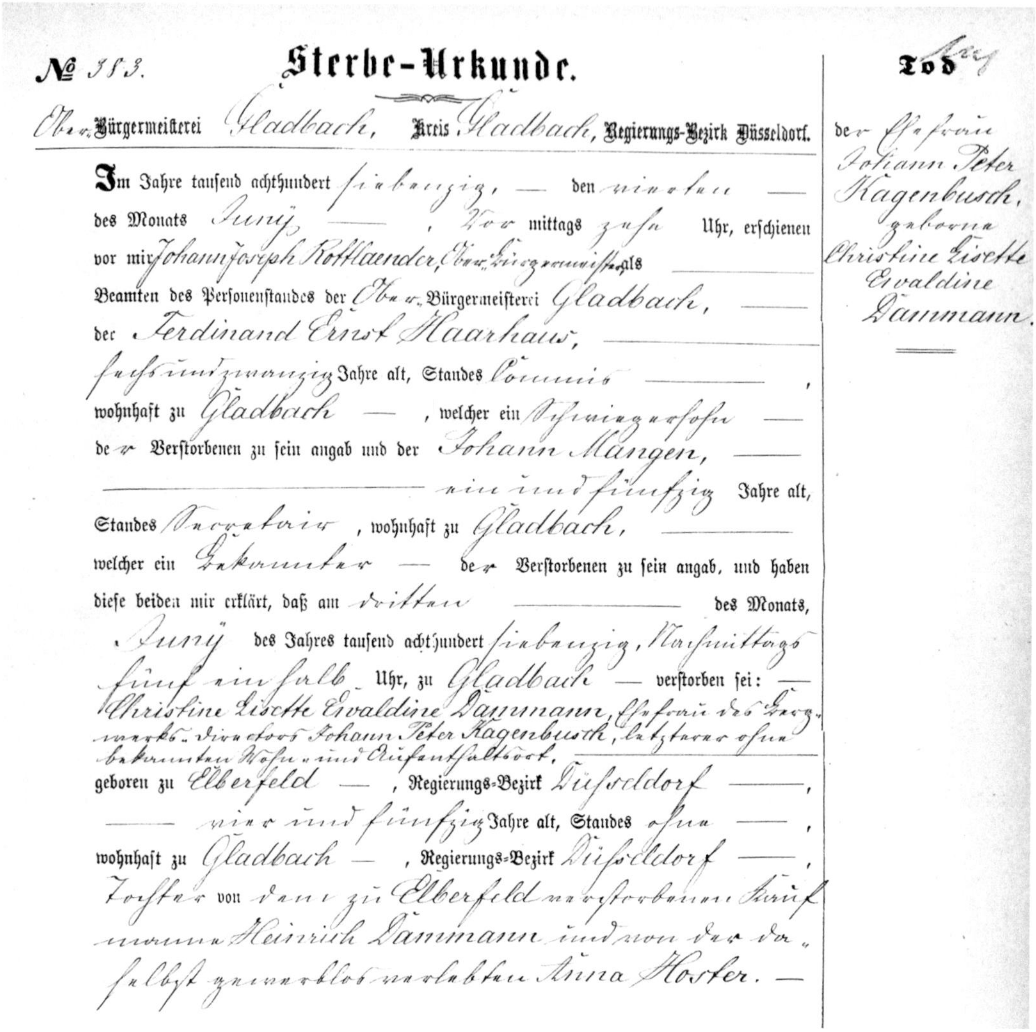

Abb. 82: Sterbeakt von Christine Lisette Ewaldine geborene Dammann

Christine Lisette Ewaldine Dammann, Ehefrau des Bergwerks-Directors Johann Pe-
ter Kagenbusch, letzterer **ohne bekannten Wohn- und Aufenthaltsort**, *geboren*
zu Elberfeld, Regierungs-Bezirk Düsseldorf, vier und fünfzig Jahre alt, Standes ohne,
wohnhaft zu Gladbach, Regierungs-Bezirk Düsseldorf, Tochter von dem zu Elber-
feld verstorbenen Kaufmann Heinrich Dammann und von der daselbst gewerblos
verlebten Anna Hoster. ...

Zwei interessante Details enthält der Sterbeakt von Frau Kagenbusch:
Erstens, dass der Aufenthaltsort ihres Mannes unbekannt war, was darauf schließen lässt,
dass beide getrennt lebten.

Zweitens, dass die Verstorbene einen Schwiegersohn hatte. Weitere Recherchen[229] erbrachten den Sterbeakt der Tochter von Christina Dammann: Der Kommis[230] Ferdinand Ernst Haarhaus, wohnhaft zu Gladbach, zeigte am 18. Februar 1876 den Tod seiner daselbst am 16. Februar 1876 verstorbenen Ehefrau Sophie Henriette geborene Lemkes, 33 Jahre alt, geboren zu Mülheim an der Ruhr, Tochter des in Amerika verstorbenen Kaufmanns Christian Hermann Lemkes und dessen hier verstorbener Ehefrau Ewaldine Dammann an.

Demnach hatte Ewaldine Dammann mit ihren beiden Ehemännern kein glückliches Händchen gehabt — der erste verstarb irgendwo in den Vereinigten Staaten und von dem zweiten war bei ihrem eigenen Tod auch kein Aufenthaltsort bekannt gewesen!

Aus den obigen Daten ergibt sich folgender Stammbaum des Johann Peter Kagenbusch (siehe Abbildung 83):

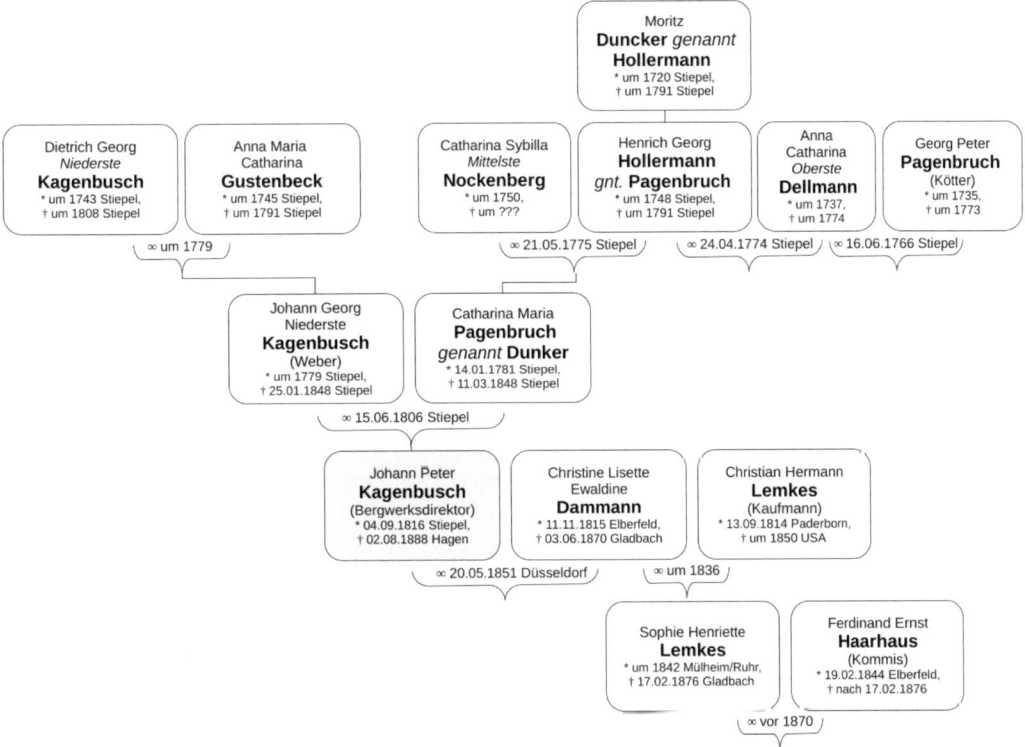

Abb. 83: Stammbaum des Johann Peter Kagenbusch

---

229 Freundliche Mitteilung von Herrn Roland Klinger, Mondorf.
230 Veraltete Bezeichnung für einen Kontoristen, Handlungsgehilfen oder kaufmännischen Angestellten.

7.9 Letzte Jahre und Tod

Nach seiner Zeit in Schottland begab sich Kagenbusch nach London, um dort wieder ein Unternehmen zu gründen und erneut pleite zu gehen.

„The London Gazette" vom 22. Dezember 1882 berichtet über den Bankrott wie folgt (siehe Abbildung 84):

> *Vor dem Londoner Konkursgericht.*
> *In einem Konkursantrag gegen John Peter Kagenbusch, Glengall Road 47, 49 und 51, [Ecke] Old Kent Road, Surrey, Chemiker.*
> *Nach der heutigen Anhörung dieses Antrags und nach Vorlage der das Gericht zufriedenstellenden Beweise für die Schulden des Antragstellers und den angeblichen Konkurs des besagten John Peter Kagenbusch wird angeordnet, dass der besagte John Peter Kagenbusch* **für insolvent erklärt** *wird. — Ausgefertigt unter dem Siegel des Gerichts am 21. Dezember 1882.*

In the London Bankruptcy Court.
In the Matter of a Bankruptcy Petition against John Peter Kagenbusch, of 47, 49, and 51, Glengall-road, Old Kent-road, in the county of Surrey, Manufacturing Chemist.

UPON the hearing of this Petition this day, and upon proofs satisfactory to the Court of the debt of the Petitioner, and of the act of Bankruptcy alleged to have been committed by the said John Peter Kagenbusch having been given, it is ordered that the said John Peter Kagenbusch be, and he is hereby, adjudged bankrupt.—Given under the Seal of the Court this 21st day of December, 1882.

Abb. 84: Feststellung der Insolvenz des Peter Kagenbusch am 21. Dezember 1882

Die erste Hauptversammlung der Gläubiger wurde für den 17. Januar 1883 angesetzt (siehe Abbildung 85):

> *Die erste Hauptversammlung der Gläubiger des besagten John Peter Kagenbusch wird hiermit am Londoner Konkursgericht in Lincoln's Inn Fields, Grafschaft Middlesex, am 17. Januar 1883 um 12 Uhr mittags einberufen. Das Gericht hat den Konkursschuldner angewiesen, zur Prüfung zu erscheinen und eine Vermögensaufstellung gemäß den gesetzlichen Bestimmungen vorzulegen. Bis zur Bestellung eines Treuhänders müssen alle Personen, die sich im Besitz von Vermögenswerten des Konkursschuldners befinden, diese an ... übergeben und alle Schulden des Konkursschuldners begleichen. Gläubiger müssen ihre Forderungsnachweise an den Registerführer unter der angegebenen Adresse weiterleiten.*

Die Chemiker-Zeitung beschrieb 1883 ein Patent Nr. 4186, dass John Peter Kagenbusch in England für ein „Verfahren zur Abscheidung von Metallen aus Mineralien" erhalten hatte.[231]

---

[231] [Kra83, S. 1166].

The First General Meeting of the creditors of the said John Peter Kagenbusch is hereby summoned to be held at the London Bankruptcy Court, Lincoln's-inn-fields, in the county of Middlesex, on the 17th day of January, 1883, at twelve o'clock at noon, and that the Court has ordered the bankrupt to attend thereat for examination, and to produce thereat a statement of his affairs, as required by the statute.

Until the appointment of a Trustee, all persons having in their possession any of the effects of the bankrupt must deliver them, and all debts due to the bankrupt must be paid, to William Hazlitt, Esq., one of the Registrars, at the office of Mr. Peter Paget, Official Assignee in the London Bankruptcy Court, Lincoln's-inn-fields. Creditors must forward their Proofs of Debts to the Registrar, at the said address.

Abb. 85: Hauptversammlung der Gläubiger am 17. Januar 1883

England.

4186. **Metalle**, Neuerung im Verfahren zur Abscheidung von — aus Mineralien etc. und in der Anwendung dieses Processes zur Gewinnung metallischer Legirungen aus den erhaltenen Rückständen. John Peter Kagenbusch, Blankenstein. 30. Aug. 1883.

Abb. 86: Patent 4186 von John Peter Kagenbusch 1883

1886 hatte Kagenbusch sein Betätigungsfeld nach Frankreich — genauer gesagt nach Paris — verlegt! Das „Herforder Kreisblatt" vom 16. November 1886 berichtete über einen dortigen Gerichtsprozess:

Paris.

Die Alchymie vor Gericht.

Daß es noch Leute giebt, die den Stein der Weisen für eine Wirklichkeit halten, ist weiter nicht auffallend, da ja überhaupt kein noch so alberner, noch so verrückter Aberglaube bekannt ist, der nicht auch in unsern Tagen leider noch Tausende von Anhängern besäße. Aber daß sich in Paris Kapitalisten finden, die für den Stein der Weisen, namentlich wenn er in Gestalt eines gewöhnlichen Wacker- oder Mühlsteins auftritt, 445.000 Franken opfern, kann billig Verwunderung erregen. Und doch hat sich der Fall ereignet. Der Angeklagte ist Herr Popp[232], der Direktor der pneumatischen Uhren, dem fünf Kläger Ernstliches vorzuwerfen haben. Herr Popp hätte ihnen versprochen, die Edelmetalle aus Mühlsteinen herauszubringen, hätte aber mit

---

[232] 1877 erhielten die Wiener Uhrmacher Viktor Popp, Ernst Resch und Albert Mayrhofer ein Patent „auf pneumatische Uhren". Viktor Popp errichtete eine kleine Demonstrationsanlage zur Weltausstellung 1878 in Paris. 1879 übersiedelte er nach Frankreich. Die „Companie Générale des Horloges Pneumatiques Système Popp–Resch", deren Direktor Popp war, errichtete ab 1879 in Paris ein Netz von über 50 km Luftdruckleitungen, an das um die 8000 pneumatische Nebenuhren angeschlossen waren (https://watch-wiki.org/index.php?title=Popp,_Viktor).

seinen zahlreichen Versuchen bisher nur das gemünzte Geld aus den Taschen der Kläger gebracht, zwischen 300.000 und 400.000 Franken. Die strittige Frage ist demnach die: Kann man Geld aus einem Mühlstein ziehen? Wenn ja, dann hat Herr Popp keinen Betrug begangen, wenn nicht, dann hat er das Vertrauen seiner Kommanditäre mißbraucht. Um die Frage zu erörtern, wurde eine Anzahl patentierter Alchymisten vorgeladenen; es sind dies Ingenieure, Professoren, große Gelehrte die sich nicht einigen können, der Eine sagt: Ja, der Andere: Nein; einer der Chemiker oder Alchymisten behauptet 300 Gramm Gold aus einer Tonne Mühlsteine gezogen zu haben, ein anderer fand kein Stäubchen. Der Gerichtshof ist demnach sehr genau unterrichtet. Herr Popp gibt an, er habe in seinem Loboratorium einen alten, sehr geschickten deutschen Arbeiter, Namens Kagenbusch, gehabt, der in der That Silber aus Mühlsteinen gezogen hat. Leider ist Kagenbusch nach seiner Heimat zurückgekehrt. Die Sache ist also immer noch nicht recht klar. Zum Glück werden die Advokaten in acht Tagen plaidieren und vielleicht gelingt es ihnen, mehr Licht zu verbreiten.

Paris war möglicherweise nur ein kurzer Abstecher für Kagenbusch, weil er in England „verbrannt" war. Aber er war bereits 70 Jahre alt und fühlte vermutlich, dass sich sein Ende langsam aber sicher näherte.

1888 befand sich Peter Kagenbusch wieder in Deutschland respektive dem Deutschen Reich. Laut Mitteilung des „Central-Blattes für das Deutsche Reich" datiert auf den 21. Februar 1888 der Ausweisungsbeschluß zur „Ausweisung von Ausländern aus dem Reichsgebiete" auf Grund des § 362 des Strafgesetzbuchs für „Peter Kagenbusch, angeblich Bergwerks-Direktor, 71 Jahre, geboren zu Stiepel, Kreis Hattingen, Preußen, **großbritannischer Staatsangehöriger**" (siehe Nr. 5 in Abbildung 87).[233]

Laufende Nr.	Name und Stand des Ausgewiesenen.	Alter und Heimath	Grund der Bestrafung.	Behörde, welche die Ausweisung beschlossen hat.	Datum des Ausweisungs-beschlusses.
1.	2.	3.	4.	5.	6.
2.	Josef Tokar, Handlungskommiß,	geboren am 12. März 1850 zu Kolin, Bezirk Czaslau, Böhmen,	Landstreichen und Betteln,	Königlich preußischer Regierungspräsident zu Oppeln,	24. Februar d. J.
3.	Chaim Toker (Chlem Nowahof · Saga-lowitsch), Tischlergeselle,	geboren am 12. März 1863 (oder 21.März 1868) zu Rakow, Gouvernement Minsk, Rußland, ortsangehörig ebendaselbst,	desgleichen,	Königlich preußische Regierung zu Bromberg,	10. März 1886.
4.	Julius Rosenbaum, ehemaliger Kommiß, jetzt Arbeiter,	geboren am 28. Februar 1870 zu Ungbar, Bezirk Kaschau, Ungarn, ortsangehörig ebendaselbst,	Landstreichen,	Königlich preußischer Regierungspräsident zu Hannover,	13. März d. J.
5.	Peter Kagenbusch, angeblich Bergwerks-Direktor,	71 Jahre, geboren zu Stiepel, Kreis Hattingen, Preußen, großbritannischer Staatsangehöriger,	Nichtbeschaffung eines Unterkommens,	Königlich preußischer Regierungspräsident zu Arnsberg,	21. Februar d. J.

Abb. 87: Ausweisung des Peter Kagenbusch aus Deutschland am 21. Februar 1888

---

[233] [Cen88, S. 121].

Kagenbusch war britischer Staatsbürger und das Deutsche Reich war damals — anders als scheinbar Deutschland heute — nicht gewillt, jeden Mittellosen zu Lasten der Steuerzahler „durchzufüttern". Da Kagenbusch es wohl nicht geschafft hatte, bei Jemandem Kost und Logis — oder wie man es damals ausdrückte: „sein Unterkommen" — zu finden, ordnete man seine Ausweisung aus dem Staatsgebiet an; und das, obwohl er in Preußen geboren war!

Johann Peter Kagenbusch verstarb knapp ein halbes Jahr später am 2. August 1888 im städtischen Krankenhaus zu Hagen, wie sein tags darauf aufgegebener Sterbeakt aussagt (siehe Abbildungen 88 und 89).

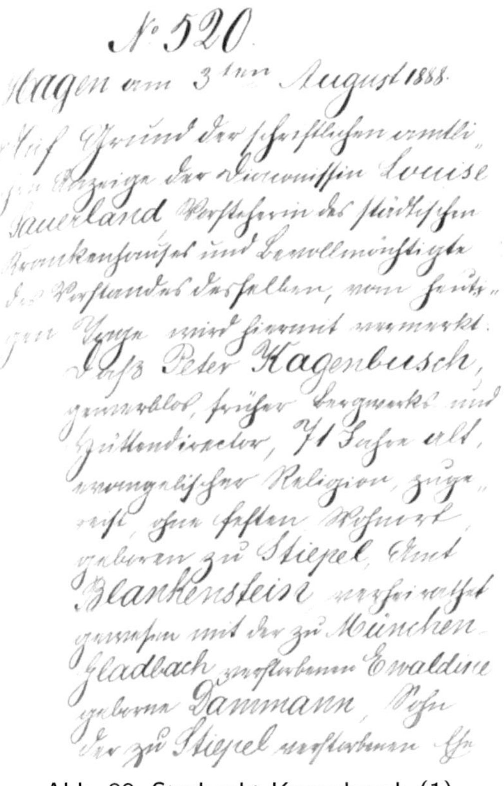

Abb. 88: Sterbeakt Kagenbusch (1)

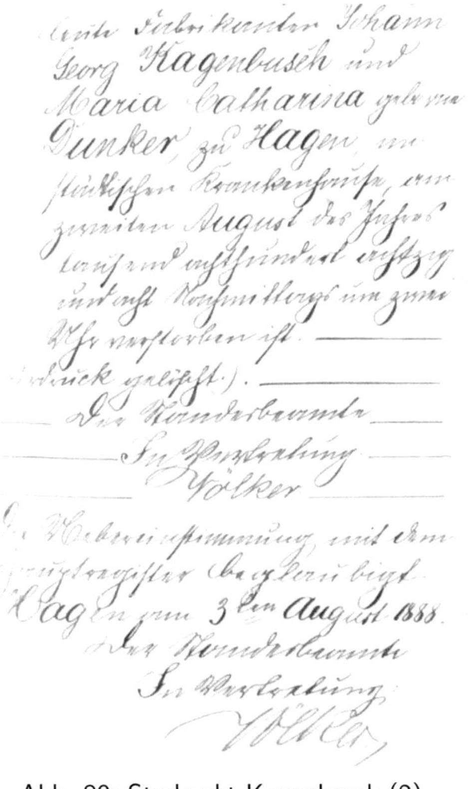

Abb. 89: Sterbeakt Kagenbusch (2)

Die Transkription lautet:

N° 520. Hagen am 3ten August 1888.

Auf Grund der schriftlichen amtlichen Anzeige der Diaconissin Louise Sauerland Vorsteherin des städtischen Krankenhauses und Bevollmächtigte des Vorstandes desselben, vom heutigen Tage wird hiermit vermerkt:
Daß Peter Kagenbusch, gewerblos, früher Bergwerks- und Hüttendirector, 71 Jahre alt, evangelischer Religion, zugereist, ohne festen Wohnort, geboren zu Stiepel, Amt Blankenstein, verheiratet gewesen mit der zu München-Gladbach verstorbenen Ewaldine geborene Dammann, Sohn der zu Stiepel verstorbenen Eheleute Fabrikan-

ten Johann Georg Kagenbusch und Maria Catharina geborene **Dunker**, *zu Hagen, im städtischen Krankenhause, am zweiten August des Jahres tausend achthundert achtzig und acht, Nachmittags um zwei Uhr verstorben ist.*

Der Standesbeamte (in Vertretung), Völker.

Dafür, dass er als „**ohne festen Wohnsitz**" bezeichnet wird, ist es erstaunlich, dass der Sterbeakt so viele korrekte Informationen über ihn enthält. Da er vermutlich im Krankenhaus lag, ohne Besuch von Verwandten zu erhalten, ist davon auszugehen, dass er im Angesicht seines nahen Todes den Krankenschwestern die entsprechenden Daten über sich preisgab.

Zwei weitere Dinge sind bemerkenswert: Erstens, dass er sich immer noch als ehemaligen Bergwerks- und Hüttendirektor bezeichnete und zweitens, dass er als Nachnamen den Mädchennamen seiner Mutter — „**Dunker**" — angab, also jenen Namen, den er 1880 in Helmsdale/Schottland als seinen Familiennamen verwandte! Vermutlich war „Kagenbusch" aufgrund der vielen Gaunereien, die er in den zurückliegenden Jahrzehnten in Großbritannien begangen hatte, inzwischen sehr negativ belastet und in einschlägigen Kreisen bekannt. Was lag da näher, als zukünftig den unbelasteten Familiennamen der Mutter zu verwenden!

Abb. 90: Sterbefall des Peter Kagenbusch zu Hagen (Zivilstandsregister)

Die „Hagener Zeitung" vom 9. August 1888 veröffentlichte ein „Verzeichnis der beim Königlichen Standesamte zu Hagen in der Woche vom 29. [Juli] bis incl(usive) 4. Aug(ust) 1888 beurkundeten Geburten, **Sterbefälle**, Aufgebote und Eheschließungen". Kagenbusch ist oben in der rechten Spalte zu finden (siehe Abbildung 90): *Kagenbusch, Peter, gewerblos, früher Bergwerks- und Hütten-Direktor, ohne festen Wohnort, 71 J(ahre) [alt].*

Auch nach seinem Tod geisterte Kagenburg noch durch die Zeitungen und Gerichtssäle. Es schien fast so, als sei seine zu Lebzeiten stets rastlos und umtriebig gewesene Seele noch immer nicht zur Ruhe gekommen.

Der „General-Anzeiger für Düsseldorf und Umgegend" berichtete am 15. August 1890 — also zwei Jahre nach Kagenbusch's Tod — über folgenden Betrugsfall, der sich bereits 1886 ereignet hatte und nun an der Kölner Strafkammer verhandelt wurde:

Gerichtssaal. Ein eigenartiger Betrugsfall kam der „Köln(er) Z(ei)t(un)g" zufolge an der Kölner Strafkammer zur Verhandlung. Der Gerber Albrecht Vorländer aus Feldhoferbrück entdeckte im Jahre 1885 in der Nahe von Schönenberg[234] im Bröhltahl am Steinchen Bach ein Gestein, von dem er vermutete, daß es Quecksilber enthalte. Er machte hiervon einem Grubenbeamten Mittheilung, beide hielten das Geheimnis für sich, um die Sache gemeinschaftlich auszubeuten. Im Jahre 1886 übergab Vorländer dem Chemiker **Kagenbusch** *eine Probe des Gesteins, welcher dasselbe chemisch untersuchte, worauf er erklärte, es enthalte 25 Procent Quecksilber. Er stelle auch ein diesbezügliches schriftliches Gutachten aus. Kagenbusch, der später flüchtig wurde, war ein Schwindler. Das von ihm ausgestellte Gutachten war falsch, denn wie viele spätere Untersuchungen von berufener Seite ergaben, war das Gestein völlig wertlos. Als Vorländer die Analyse des Kagenbusch im Besitz hatte, mutete[235] er am 20. Oktober 1886 dem Oberbergamte zu Bonn das betreffende angebliche Bergwerk. Als die Kommission der Bergbehörde an Ort und Stelle erschien, erbot sich Vorländer den Beweis zu führen, daß das Gestein quecksilberhaltig sei. In einem Gasthause zu Schönenberg zerstampfte und röstete er nach einem ihm von Kagenbusch angegebenen Verfahren einige der als Probe mitgenommenen Steine; nach zweistündiger Arbeit fanden sich in der Masse Quecksilberkügelchen vor. Vorländer hatte dieses Quecksilber, wie nicht anders anzunehmen ist, der Masse zugesetzt. Das Bergwerk wurde einem Großindustriellen in London zum Verkauf angeboten. Derselbe erklärte sich bereit, es zu erwerben. Am 26. November kam er nach Köln von wo aus der Verkauf vermittelt wurde, da er durch Einsicht des Kagenbuschschen falschen Gutachtens und des Protokolls des Oberbergamtes zu Bonn, welches, wie oben angeführt, von Vorländer getäuscht worden war, sich von der Rentabilität des Bergwerks überzeugt hielt. In Köln nahm Vorländer abermals eine Probe vor und auch jetzt fand sich Quecksilber in den Rückständen. Hierdurch wurde der Londoner bestimmt, am 28. November mit Vorländer einen Kaufvertrag abzuschließen, er hielt sich jedoch die Bethätigung desselben bis 21. Dezember [1885] vor, um anderweitige Untersuchungen vornehmen zu lassen. 6.000 Mark zahlte er an Vorländer als Vorschuß. In London wurde darauf von verschiedenen Sachverständigen das Gestein untersucht, allein es fand sich keine Spur von Quecksilber in demselben. Trotzdem hielt der Industrielle die Sache noch nicht für aufgeklärt; auf seine Veranlassung kamen die beteiligten Personen nach London. Kagenbusch leitete die vorgenommene Analyse. Er setzte der Masse auch hier Quecksilber zu, indessen benahm er sich bei der Fälschung so plump, daß die Täuschung mißlang.* **Kagenbusch** *verschwand dann aus London.* **Da bisher keine Spur von ihm entdeckt wurde, so konnte gegen ihn nicht Anklage erhoben werden.** *Gegen Vorländer erkannte das Gericht auf acht Monate Gefängnis und drei Jahre Ehrverlust.*

---

234 Schönenberg ist ein kleiner Ort in der Gemeinde Ruppichteroth im Rhein-Sieg-Kreis im Süden Nordrhein-Westfalens.

235 Eine Mutung ist ein Antrag eines Muters bei einer Bergbehörde auf Bewilligung einer Genehmigung zum Bergbau (https://de.wikipedia.org/wiki/Mutung).

Der Gerichtsprozess von 1890 war die zeitlich letzte Spur, die im Rahmen der Recherchen zur Person des Johann Peter Kagenbusch gefunden wurde. Es ist aber aufgrund seines internationalen Wirkungskreises stark zu vermuten, dass es noch in vielen Archiven „kagenbuscht"!

Während der Recherchen zu dem Fall des Johann Peter Kagenbusch kamen viele, teils mehr als 180 Jahre alte Informationen über ihn wieder zum Vorschein, die uns einen guten Einblick in seine Lebensweise sowie die Orte geben, an denen er sich aufhielt. Sein Hauptbetätigungsfeld lag in Großbritannien — unterbrochen von einem Intermezzo als Bergwerksdirektor in Waldeck, Bernkastel und der Eifel.

Fassen wir noch einmal alle recherchierten Orte und Länder zusammen, an denen sich Johann Peter Kagenbusch im Laufe seines Lebens nachweislich aufhielt, so erhalten wir die Übersicht in Tabelle 5.

Datum	Ort(e)	Land	genannter Beruf
04.09.1816	Stiepel	Preußen	—
04.11.1839	Wetter/Ruhr	Preußen	Färber, Drucker
1841–1849	Whitby, Leeds, Lyth, Yorkshire	England	Färber, Drucker, Händler, Chemiker
1851–1862, 1865	Düsseldorf, Waldeck, Bernkastel, Birresborn/Eifel	Preußen	Kaufmann, Chemiker, Bergwerksdirektor
1871	Grangetown	Wales	Bergwerksdirektor
1872–1879	Middlesbrough, Northallerton, Leeds, Newcastle upon Tyne	England	Bergwerksdirektor, Metallveredler
1880	Helmsdale, Kildonan	Schottland	—
1881	—	Wales	—
1882–1883	London	England	Chemiker
1886	Paris	Frankreich	Chemiker
1886–1888	Hagen etc.	Deutsches Reich	Chemiker, ehemaliger Bergwerksdirektor

Tabelle 5: Orte an denen sich Johann Peter Kagenbusch nachweislich aufhielt

Wir sehen, dass sich die Aufenthaltsorte von Johann Peter Kagenbusch während seines Erwachsenenlebens bis auf den Zeitraum von 1863 bis 1870 — in dem es nur 1865 eine Nennung gibt — fast lückenlos belegen lassen!

Die Karte[236] in Abbildung 91 zeigt eine Übersicht der Orte, an denen sich Johann Peter Kagenbusch im Rahmen seiner Unternehmungen aufhielt. Diese lagen neben dem preußischen Rheinland und dem hessischen Waldeck vor allem in Großbritannien. Dort erstreckte sich sein Betätigungsfeld über alle drei Teile des Königreiches: England, Schottland und Wales.

---

[236] Die Karte wurde mit der Anwendung MapCustomizer erstellt (https://www.mapcustomizer.com/).

Abb. 91: Orte an denen sich Johann Peter Kagenbusch nachweislich aufhielt

Welches Fazit lässt sich über das Leben des Johann Peter Kagenbusch ziehen? In jedem Fall war es ein sehr bewegtes Leben, vor allem wenn man bedenkt, dass es sich nicht in unserer heutigen globalisierten Welt abspielte, sondern im Europa des 19. Jahrhunderts. Während viele Zeitgenossen Kagenbusch's kaum über ihren Geburtsort hinauskamen, geschweige denn verreisten, bewegte er sich schon mit jungen Jahren im Ausland — und das, obwohl er dort Englisch, also eine Fremdsprache sprechen musste.

Unklar ist, ob und welche Ausbildung er hatte. Die erste Nennung als Erwachsener nennt ihn einen Färber, später bezeichnete er sich als Chemiker. Sein „Berufsleben" drehte sich fast ausschließlich um Mineralien, Metalle und den Bergbau. Darin scheint er zumindest gute

Grundkenntnisse gehabt zu haben, denn immerhin gelang es ihm einige Patente anzumelden und „Fachleute" von seinen Unternehmungen zu überzeugen. Den Gipfel der Erfolgsleiter erklomm er als „Bergwerksbesitzer und -direktor".

Sein größtes Talent war aber ohne Zweifel seine Überzeugungskraft. Immer wieder schaffte er es, Geschäftspartner zu finden und diese davon zu überzeugen, dass sich ihre Investitionen später gewinnbringend auszahlen würden. Dabei mag ihm durchaus in die Karten gespielt haben, dass der ein oder andere Kapitalgeber genug Geld besaß, um sich über die von Kagenbusch benötigten Summen keine allzu großen Gedanken zu machen. Bei anderen wurde sicherlich auch der gesunde Menschenverstand durch die Gier nach den avisierten Renditen ausgeschaltet.

Die meiste Zeit seines Lebens musste er wohl versuchen, seine Unternehmungen „über Wasser" und irgendwie „am Laufen" zu halten. Klappte das nicht mehr, weil ihm das Geld ausging und sein Schwindel aufflog, so ging er bankrott und machte sich — wenn möglich — rechtzeitig „aus dem Staub". Selten blieb er lange an einem Ort. Bei den vielen Schwindeleien und den zum Teil sehr großen Geldsummen, die hierbei veruntreut wurden, muss man sich wundern, dass er scheinbar nur einmal in seinem Leben zu einer Gefängnisstrafe verurteilt wurde.

Wenn eine seiner Unternehmungen am Laufen war, mag er durchaus ein angesehener und scheinbar vermögender Mann gewesen sein, aber dieser Zustand hielt selten lange an. Sein unsteter und riskanter Lebensstil, der überwiegend auf Schwindeleien aufgebaut war, ließ kein normales Familienleben zu. Er war zwar einmal verheiratet, aber es sind keine eigenen Kinder von ihm bekannt und seine Ehefrau verstarb, ohne seinen aktuellen Wohn- und Aufenthaltsort zu kennen. Letztendlich verstarb er selbst tatsächlich ohne festen Wohnsitz in einem Krankenhaus — vermutlich ohne Angehörige oder Freunde an seiner Seite.

8 Zu Unrecht wegen Diebstahls verurteilt

Auf die folgende Geschichte machte mich Herr Roland Klinger, Mondorf, freundlicherweise aufmerksam, dem ich herzlich dafür danke.

8.1 Die beiden Gerichtsprozesse

Am Mittwoch, den 4. April 1883 veröffentlichte das „Düsseldorfer Volksblatt" folgenden Artikel mit dem Titel „Unschuldig verurteilt":

Trier, 1. April. Am ersten Pfingsttage des Jahres 1877 vermißte der Gerber Eduard Simon zu Bernkastel einen Geldbetrag von 300 Mark (zwei Hundert-Markscheine, vier Zwanzig-Markscheine und ein Zwanzig-Markstück in Gold), welchen er etwa 8 Tage vorher in ein Geheimfach seines Schreib-Kaunitzes[237] gelegt hatte. Da nur Simon und seine Ehefrau je einen Schlüssel zu gedachtem Kaunitz besaßen, letztere denselben an einem Schlüsselbunde trug und die Schlüssel nicht immer gut verwahrte, so faßte Simon den Verdacht, daß seine Dienstmagd Margareta Hilsemer, gebürtig aus Hetzerath, mit dem Schlüssel seiner Frau den Kaunitz geöffnet und den Geldbetrag gestohlen habe. Simon und sein Freund Simon Hirsch setzten nun der g(enannten) Hilsamer durch allerlei Mittel derartig zu, daß dieselbe schließlich zugestand, den Geldbetrag gestohlen zu haben. In der Wohnung des Hirsch mußte die Hilsamer folgenden von Hirsch geschriebenen Schein unterschreiben: „Ich bekenne hiermit, von Simon Hirsch ein Darlehn von 100 Thalern[238] erhalten zu haben, und verpflichte mich solches innerhalb dreier Jahre mit Zinsen zurückzuzahlen, jedoch unter Vorbehalt, daß Simon Hirsch niemals etwas über das ihm anvertraute Geheimnis spricht, indem er sonst jeglichen Anspruch auf seine ganze Forderung verliert. Bernkastel, den 15. Mai 1877." Bei dieser Gelegenheit war auch der Hilsamer zugesichert worden, daß keine Anzeige behufs ihrer Bestrafung erfolgen sollte. Kaum waren jedoch Simon nebst seinem Freunde im Besitze des Scheines, als sie dem Gendarmen Wussow Anzeige machten, infolge dessen die g(enannte) Hilsamer in der Sitzung der Zuchtpolizeikammer hiesigen Landgerichts vom 20. Oktober 1878 sich wegen des Diebstahls zu verantworten hatte.

---

[237] Schreibtischschrank
[238] Ein Taler entsprach dem Gegenwert von 3 Mark.

In gedachter Sitzung war g(enannter) Simon und ein gewisser Fuhrmann Bläsius aus Hetzerath als Zeugen geladen. Ersterer gab ungefähr folgende eidliche Erklärung ab: „Acht Tage vor Pfingsten habe ich 2 Hundert-Markscheine, 4 Zwanzig Markscheine und ein Zwanzig-Markstück in Gold in ein geheimes Fach meines Kaunitz gelegt. Am ersten Pfingsttage war das Geld verschwunden. Der Kaunitz war stets geschlossen. Zu demselben besaß ich sowie meine Frau je einen Schlüssel." Infolge dieser Aussagen in Verbindung mit dem ganzen Benehmen der Beschuldigten erklärte die Zuchtpolizeikammer dieselbe des ihr zur Last gelegten Diebstahls für schuldig und verurteilte die g(enannte) Hilsemer zu drei Monaten Gefängnis.

Im Laufe des Oktober v(origen) J(ahres) lief von seiten des Schuhmachers Philipp Hilsemer zu Hetzerath bei der königlichen Staatsanwaltschaft zu Trier eine Anzeige ein, daß bei dem Umzuge des Gerbers Eduard Simon zu Bernkastel anfangs September 1882 zwischen dem Geheimfach des Kaunitz und der Rückwand eingeklemmt 280 Mark durch den Schreiner Pfeiffer zu Bernkastel gefunden worden seien. Diese Summe sei unzweifelhaft diejenige, für welche seine Schwester Margareta im Jahre 1877 eine dreimonatliche Gefängnisstrafe wegen Entwendung dieser Summe verbüßt habe. Sie (seine Schwester) habe hiernach allem Anscheine nach unschuldig wegen Diebstahls eine Gefängnisstrafe erlitten und beantragte er namens seiner Familie und seiner Schwester als Nächstbetheiligte auf Grund der seit Oktober 1879 für das Deutsche Reich geltenden Strafgesetze resp(ektive) Prozeßordnung die Wiederaufnahme des Strafverfahrens gegen seine Schwester. Nachdem die einschlägigen Zeugen in einem Vorverfahren vernommen worden waren, verordnete die Ratskammer der Strafkammer durch Beschluß vom 30. Dezember vorigen Jahres die Wiederaufnahme des Verfahrens und bestimmte hierzu die Sitzung der Strafkammer vom 10. Februar c(urrentum).

In der Sitzung vom 10. Februar c(urrentum) beteuerte die Angeklagte ihre Unschuld und erklärte, daß sie durch allerlei Drohungen seitens ihres Dienstherrn Eduard Simon gezwungen, den Schein unterschrieben und ihre Schuld eingestanden habe, nachdem ihr zugesichert worden sei, daß eine Anzeige gegen sie nicht erfolgen sollte. Trotzdem wurde der Schein an Wussow übergeben und sei infolge dessen seiner Zeit ihre Verurteilung erfolgt. Nach geschlossenem Zeugenverhör beschloß die Strafkammer noch die Vernehmung des früheren Gendarmen Wussow und des Fuhrmannes Bläsius zu Hetzerath, gestattete auch der Beschuldigten noch die Vorladung von Schutzzeugen und vertagte zur weiteren Verhandlung die Sache in die Sitzung vom 31. März c(urrentum).

In der gestrigen Sitzung — wir berichten nach dem ausführlicher[e]n Referate der „Cobl(enzer) V(olks)z(ei)t(un)g" — erklärte die Angeklagte, sie müsse den Diebstahl auf das entschiedenste bestreiten. Hierauf wurde zum Zeugenverhör geschritten. Zeuge Eduard Simon befragt, ob das vom Zeugen Pfeiffer zwischen dem Geheimfach und der Rückwand seines Kaunitz gefundene Geld nicht dasjenige sein könne, was die Beschuldigte gestohlen haben soll, erklärte Zeuge, es kann das Geld sein, möglich sei es, überhaupt entsinne er sich des ganzen Sachverhaltes nicht mehr genau, sein Gedächtnis habe infolge rheumatischen Leidens gelitten. Zeuge legte hierauf den in seinem Besitze befindlichen Schuldschein seitens der Beschuldigten vor, welcher lautete: Heute erhielt ich von Simon Hirsch ein bares Darlehen von 100 Thalern, um solche meinem Dienstherrn Eduard Simon als Ersatz für die ihm am 10. d(ieses) M(onats) genommenen 100 Thaler zurückzugeben. Bernkastel, 23. Mai 1877. (Der eingangs erwähnte Schuldschein vom 15. Mai 1877 war Beschuldigter durch Simon nach Ausstellung des letzten Schuldscheins zurückgegeben worden.) Zeuge Simon Hirsch erklärt zur Sache: Simon rief mich zu sich und teilte mir den bei ihm begangenen Diebstahl mit, auch den Verdacht und das Geständnis der Angeklagten. Dieselbe kam mittags zu mir und wollte 100 Thaler geliehen haben, sie würde selbe Simon zurückgeben und mir auch die Wahrheit sagen. Hierauf fertigte ich den Schein vom 15. Mai 1877 an, den die Beschuldigte unterschrieb. Von dem anderen Scheine ist mir nicht bekannt. Zeuge gab zu, daß nach Unterschrift des Scheines die Beschuldigte geäußert habe: „Gelt, nun habt ihr mich im Sack. "

Zeuge Friedrich Wilhelm Wussow, früher Gendarm zu Bernkastel, deponiert: Simon kam zu mir, teilte mir den Diebstahl und seinen Verdacht gegen die Beschuldigte mit. Dieselbe habe nach vielem Leugnen und Zureden seitens des Simon den Diebstahl eingestanden. Die Beschuldigte habe später öfters ihre Unschuld beteuert und habe geäußert, daß sie den Schein nur unterschrieben, um Ruhe vor Simon zu bekommen. Zeuge Ehefrau des Gerbers Eduard Simon zu Bernkastel sagt aus: „Nach Entdeckung des Diebstahls frug mich mein Mann, ob ich das Geld weggenommen habe, was ich verneinte. Ich habe öfters meine Schlüssel den Kindern zum Spielen gegeben. Bei dem Geständnis der Beschuldigten war ich nicht zugegen. Den von derselben ausgestellten Schuldschein hat mir mein Mann gezeigt. Die aufgefundenen Geldsorten stimmten mit den abhanden gekommenen [genau überein]. "

Zeuge Karl Pfeiffer, Schreiner aus Bernkastel, erklärt: „Anfangs September 1882 bewerkstelligte ich den Umzug des Gerbers Eduard Simon. Hierbei ging die Rückwand des Kaunitz entzwei und fielen 2 Einhundert- und 4 Zwanzig-Markscheine heraus, welche nicht das auf jetzt cirkulierende Papiergeld befindliche Wasserzeichen, roten Adler, hatten. Als ich Simon den Fund mitteilte, sagte er, 'von diesem Geld weiß ich soviel wie von meinem Tod'. " Zeuge Karl Griebler, Gerber aus Bernkastel, teilt mit: Anfangs September v(origen) J(ahres) sei Simon während seines Umzuges voller Freude zu ihm gekommen und habe ihm den Fund von 280 Mark mitgeteilt, habe auch nicht bestritten, daß dies Geld dasjenige sein könne, für welches die Magd verurteilt worden sei.

Die Königliche Staatsanwaltschaft beantragte hierauf zur Sache zu erkennen und die Angeklagte freizusprechen. Der Sachverhalt sei dunkel und würde dunkel bleiben, der Eindruck könne nicht wegfallen, daß die Angeklagte ihre Bestrafung sich selbst durch ihr früheres Benehmen zuzuschreiben habe. Wenn sie nicht schuldig gewesen, habe sie nicht nötig gehabt, den Schuldschein zu unterschreiben und sich in Widersprüche zu verwickeln. Es könne die Identität des Geldes, weil selbe Geldsorten (ohne den jetzt gebrauchten Wasserstempel) stimmen. Es fehle an dem Geldbetrag nur das 20-

171

Markstück in Gold und läge ein non liquet[239] vor. Der Verteidiger der Angeklagten, Herr Rechtsanwalt Müller, beantragte die Freisprechung derselben nicht bloß non liquet, sondern weil ihre Unschuld klar dargethan, sowie Gestattung der Publikation des Urteils im „Reichs-Anzeiger", der „Bernkasteler Zeitung" und dem „Wittlicher Kreisblatt" auf Grund des § 411 der Strafprozeßordnung. Nach gehaltener Beratung verkündete die Strafkammer folgendes Urteil: Das Urteil der Zuchtpolizeikammer hierselbst vom 20. Oktober 1877 wird aufgehoben, die Angeklagte wird des ihr zur Last gelegten Diebstahls **nicht schuldig** *erklärt und die Kosten der Verfahren, inkl. die der Verteidigung und der Reiseentschädigungen für die Angeklagte der Staatskasse zur Last gelegt, dagegen die beantragte Publikation des Urteils verworfen. Die dem Urteil zu Grunde gelegten Erwägungen enthalten unter anderem: Die Angeklagte habe früher den Zeugen Simon Hirsch und Wussow gegenüber den Diebstahl eingestanden und denselben nicht sofort geleugnet, habe vielmehr 2 Scheine ausgestellt, wovon einer für Simon und 1 als Rückschein für sie gelten sollte, deren Entstehungsgeschichte jedoch die größten Bedenken hervorgerufen haben; daß hierdurch die Thatsache bestehe und als deren Folge der Verdacht; das Gericht sei deshalb nicht in der Lage die Unschuld der Angeklagten als ganz klar dargethan zu verzeichnen, vielmehr läge ein non liquet vor, wenn auch viele Umstände für die Unschuld sprächen. Es hat deshalb wie geschehen erkannt und die Publikation des Urteils abgelehnt werden müssen.*

Nach entsprechender Suche konnte auch in der „Bernkasteler Zeitung" vom 3. April 1883 ein Bericht über die Wiederauflage des Rechtsstreits gefunden werden, welcher die „Trierer Zeitung" zitiert:

Trier, 31. März. (Strafkammer.) Heute fand in dem wieder eröffneten Hauptverfahren gegen die Dienstmagd Margarethe Hilsamer, 25 Jahre alt, geboren zu Hetzerath, wohnhaft zu Bernkastel, jetzt zu Köln, die Verhandlung statt. Die Angeklagte war durch Urtheil hiesiger Zuchtpolizeikammer vom 20. Oktober 1877 des einfachen Diebstahls schuldig erklärt und dieserhalb zu 3 Monaten Gefängniß verurtheilt worden, welche Strafe dieselbe auch verbüßte. Im September v(origen) J(ahres) traten Umstände zu Tage, welche die Schuld der Angeklagten zweifelhaft erscheinen ließen, weshalb die Familie der Angeklagten die Wiederaufnahme des Verfahrens auf Grund der seit Oktober 1879 bestehenden Strafprozeßordnung beantragte. Diesem Antrag wurde stattgegeben und das Ergebniß der heutigen Beweisaufnahme war, daß die Strafkammer das Urtheil der Zuchtpolizeikammer aufhob, die Angeklagte für nicht schuldig erklärte und von Strafe und Kosten freisprach. Wir werden über den Sachverhalt in unserer nächsten Nummer ausführlichen Bericht erstatten. (Tr(ierer) Z(ei)t(un)g)

---

[239] Feststellung, dass eine Behauptung oder ein Sachverhalt unklar und nicht durch Beweis oder Gegenbeweis erhellt ist.

8.2 Die handelnden Personen

In diesem Abschnitt werden die Personen aus Bernkastel vorgestellt, die im Fall der zu unrecht des Diebstahls beschuldigten Dienstmagd Hilsamer eine Rolle spielten.

- Margaretha Hilsamer (auch Hilsemer) wurde am 12. September 1856 in Hetzerath als Tochter von Simon Hilsamer und Apollonia Hoff geboren.[240] 1877 war sie als Dienstmagd in Bernkastel tätig. Nach den immensen Problemen, die ihr damaliger Dienstherr Eduard Simon ihr verursachte und nachdem sie ihre Strafe von drei Monaten Gefängnis abgesessen hatte, suchte sie sich vermutlich woanders eine neue Anstellung. 1883 zum Zeitpunkt der Wiederaufnahme des Gerichtsverfahrens wohnte sie in Köln, wo sie 1930 verstarb.[241]

- Philipp Hilsamer, der ältere Bruder von Margaretha, war am 21. August 1848 in Hetzerath als Sohn des Polizeidieners Simon Hilsamer und dessen Ehefrau Apollonia Hoff geboren worden. Der Schuhmacher Philipp Hilsamer heiratete am 14. Mai 1875 in erster Ehe Anna Maria Schons aus Trier, die 1881 verstarb. Am 26. Januar 1883 heiratete er in zweiter Ehe Margaretha Neumann aus Piesport. Philipp Hilsamer verstarb am 11. März 1925 in Hetzerath.[242]

- Der jüdische Rotgerber Eduard Simon wurde am 13. März 1839 in Bernkastel geboren.[243] Am 7. Mai 1863 heiratete er daselbst die aus Klüsserath stammende Jüdin Juliana Herschel mit der er 13 Kinder hatte. 1865 führte er eine Lederwarenhandlung in der Alten Römerstraße 1.[244] Von 1865 bis 1883 besaß Eduard Simon das Haus Burgstraße 48. Am 11. Februar 1883 kaufte Carl Nikolaus Griebler die Gerberei des Eduard Simon.[245] Von dort aus dürfte der für 1884 erwähnte Umzug Simons stattgefunden haben. 1887 hatte Eduard Simon ein Schuhgeschäft in der Römerstraße 23.[246] Eduard Simon verstarb am 29. August 1891 in Bernkastel.

- Der jüdische Zigarrenfabrikant Simon Hirsch, der in vorliegendem Fall als Freund des Gerbers Eduard Simon bezeichnet wird, wurde am 16. Januar 1852 in Bernkastel geboren.[247] Am 14. März 1876 heiratete er die aus Merzig stammende Helena Herz mit der er von 1877 bis 1882 in Bernkastel vier Kinder hatte. Von 1882 bis 1896 gehörte Simon Hirsch das Haus Burgstraße 33.[248] Er verstarb am 16. Oktober 1914 in Merzig.[249]

- Karl Nikolaus Griebler wurde am 12. Dezember 1858 in Bernkastel geboren.[250] Der

---

240 Freundliche Mitteilung von Herrn Roland Klinger, Mondorf.
241 Wie vorherige Anmerkung.
242 Freundliche Mitteilung von Herrn Karl G. Oehms, Trier, aus dem Familienbuch Hetzerath.
243 [Bra21, Nr. 4242].
244 [Bra25].
245 Ebenda.
246 Ebenda.
247 [Bra21, Nr. 1924].
248 [Bra25].
249 SA Merzig S 1914/190.
250 [Bra21, Nr. 1517].

von Eduard Simon 1883 als Zeuge benannte Griebler war ein Berufskollege, der ihm am 11. Februar 1883 seine Gerberei in der Burgstraße 48 abkaufte.[251] Am 7. Mai 1888 heiratete er Catharina Hauth mit der er zwei Kinder hatte. Griebler verstarb am 24. November 1915 in Bernkastel.[252]

• Karl Joseph Pfeiffer wurde am 2. Februar 1828 in Bernkastel geboren.[253] Pfeiffer heiratete im Bernkasteler Brandjahr 1857[254] Susanne Lehnert aus Niederemmel, mit der er sieben Kinder hatte. Von 1866 bis 1879 besaß der Schreinermeister Karl Joseph Pfeiffer das Haus Römerstraße 11.[255] Als Schreinermeister baute er Anfang September 1882 den Kaunitz des Gerbers Eduard Simon ab, wobei er zwischen dem Geheimfach des Sekretärschranks und der Rückwand eingeklemmt 280 Mark fand, deren Diebstahl 1877 fälschlicherweise der Dienstmagd Margaretha Hilsamer angelastet worden war. Karl Joseph Pfeiffer verstarb am 1. April 1905 in Bernkastel-Kues.[256]

• Der um 1842 geborene Sergeant Friedrich Wilhelm Wussow heiratete am 10. November 1871 in Bonn Catharina Reuter.[257] Seit spätestens 1872 war er als Gendarm in Bernkastel tätig.[258] Dort hatte er von 1872 bis 1881 fünf Kinder mit seiner Ehefrau. Am 31. März 1883 in der Wiederauflage des Gerichtsprozesses gegen Margaretha Hilsamer zu Trier wird er als Zeuge „Friedrich Wilhelm Wussow, 40 Jahre alt, früher Gensdarm zu Bernkastel, jetzt Wasserbauaufseher zu Heiligensee bei Berlin" genannt.[259]

---

[251] [Bra25].
[252] SA/BKS S 1915/94.
[253] [Bra21, Nr. 3340].
[254] Siehe Kapitel 6.
[255] [Bra25].
[256] SA/BKS S 1905/15.
[257] Bonner Zeitung vom 14. November 1871 — freundlicher Hinweis von Herrn Roland Klinger, Mondorf.
[258] [Bra21, Nr. 4896].
[259] „Echo der Gegenwart" aus Aachen vom 4. April 1883 — freundlicher Hinweis von Herrn Roland Klinger, Mondorf.

9 Tod auf der Moselbrücke

Am 8. September 1892 ereignete sich ein ungeheuerliches Verbrechen in Bernkastel-Kues. In den frühen Abendstunden wurde ein junger Mann, der von seiner Arbeit in Bernkastel nach Hause nach Cues gehen wollte, auf offener Straße von einem ihm entgegenkommenden Mann auf der Moselbrücke niedergestochen und erlag noch am Tatort seinen schweren Verletzungen.

9.1 Angriff auf dem Nachhauseweg

Die „Bernkasteler Zeitung" vom 9. September 1892 berichtete über das Verbrechen:[260]

Bernkastel, 9. September. Gestern Abend gegen 7 Uhr wurde unser so friedliches Städtchen plötzlich in Aufregung versetzt, welche die stärksten Gemüther erbeben machte. Kommt da ein junger Mann aus Cues, Sohn einer Wittwe, müde von des Tages Arbeit, in Begleitung eines Kameraden, während seine Brüder sich in einiger Entfernung von den Beiden befanden, ruhig seines Weges, um nach Hause zu gehen, als ihm auf der Moselbrücke ein hier ansässiger, elternloser Schusterlehrling Namens May begegnete, ihm ohne weitern Wortwechsel ein Messer in das Herz stieß, sodaß der nichts Ahnende, noch einige Schritte weitergehend, bewußtlos zusammenbrach und nach einigen Minuten, nachdem ein Geistlicher aus dem nahen Hospital herbeigeholt war, der ihm die letzten Sakramente spendete, seinen Geist aufgab. Der so jung aus dem Leben Geschiedene soll, wie wir nachträglich erfahren, mit unserm noch nicht 18 Jahre alten Messerhelden schon am verflossenen Sonntag einige Zänkereien gehabt haben, wobei Letzterer die Drohung ausstieß: „wenn Du mir einmal anderswo begegnest, werde ich Dir's heimzahlen." Am Abende vorher soll obenerwähnter May auch einen jungen Mann von einem hier weilenden Circus derart meuchlings überfallen haben, daß er blutüberströmt und hilferufend in ärztliche Behandlung gegeben werden mußte. Es gelang dem Thäter zu entkommen, der jedoch den Verdacht einzelner Personen sofort auf sich lenkte. Gestern Abend wurde nun der jugendliche Verbrecher von seinem Meister ausgesandt, um Schuhe fortzubringen, als es der Zufall wollte, daß er seinem Feinde aus Cues begegnete und dicht an ihm vorbeigehend, nicht die Passagiere der Brücke achtend, seine so fürchterliche Drohung zur Gewißheit machte, indem er ihm den Todesstoß versetzte. Niemand wußte, was geschehen, bis der Unglückliche unter großem Blutverluste zusammenbrach. Der Thäter ging ruhig seines Weges und setzte sich, zu Hause angekommen,

---

260 Bernkasteler Zeitung, Jg. 58, Nr. 105, S. 2.

an seine Werkbank, als ob nichts geschehen sei; bis er, als der Thäter bezeichnet, von der Polizei aus seiner Kaltblüthigkeit aufgeschreckt und als der Mörder verhaftet wurde. Zu der Leiche zurückgeführt, gestand er alles ein, lieferte das gefährliche Messer aus und bemerkte, daß er seinen Gegner nicht dem Tode überliefern, sondern ihn nur stechen wollte. Die Mutter und Geschwister des unglücklichen jungen Mannes waren untröstlich und der Jammer um den von mörderischer Hand Gefallenen war herzerschütternd. Nur mit Mühe konnte die Polizei den Verbrecher vor der Wuth und Aufregung der zahlreich zusammengeströmten Menschen schützen, als er geschlossen ins hiesige Amtsgerichtsgefängniß abgeführt wird, woselbst er morgen verhört und dann nach Trier geschafft wurde, um in dunkler Kerkerzelle seiner ihm gebührenden Strafe zu harren.

Die Zeitung nennt zwar den Nachnamen des Mörders, über das Opfer erfahren wir jedoch nur wenig. Wir müssen die Akten des Standesamtes Bernkastel bemühen, um mehr zu erfahren. Dort heißt es im Sterbeakt Nr. 42:[261]

„Berncastel, den 10. September 1892. Auf Grund einer Mittheilung der hiesigen Polizeibehörde vom 9. September 1892 ist der Taglöhner Johann Marx, unverheirathet, siebenzehn und ein halbes Jahr alt, katholischer Religien, wohnhaft zu Cues, geboren zu Cues, Sohn des zu Cues verstorbenen Winzers Peter Marx und dessen zu Cues wohnender gewerblosen Ehefrau Barbara geborene Mertes, zu Berncastel auf der Moselbrücke am achten September des Jahres tausend achthundert zwei und neunzig, Nachmittags um sieben Uhr verstorben, worüber gegenwärtige Urkunde aufgenommen worden ist."

9.2 Die Familie

Die Eltern — der am 17. Oktober 1826 zu Kues geborene Winzer Peter Marx und seine am 16. Januar 1835 daselbst geborene Braut Barbara Mertes — hatten am 22. November 1861 auf dem Standesamt Lieser geheiratet.[262]

Ihr Sohn Johann wurde am 1. März 1875 in Kues geboren (siehe Abbildung 92).[263]

Drei Tage nach seiner Ermordung — am 11. September 1892 — wurde Johann Marx in Kues beerdigt, wie man aus seinem Sterbeakt im Kueser Kirchenbuch erfährt (siehe Abbildung 93).[264]

Die letzte Information, die wir über das Verbrechen erfahren, stammt wieder aus der „Bernkasteler Zeitung". Diese schreibt am 20. September 1892: „Heute Mittag um 12:10 Uhr wurde der j(unge) May wegen Mords von hier durch die Gendarmerie nach Trier in das Untersuchungsgefängnis abgeführt." [265]

---

[261] SA/BS S 1892/42.
[262] SA Lieser H 1861/38.
[263] SA Lieser G 1875/21.
[264] KB Kues 5a/624/31.
[265] Bernkasteler Zeitung, Jg. 58, Nr. 109, S. 2.

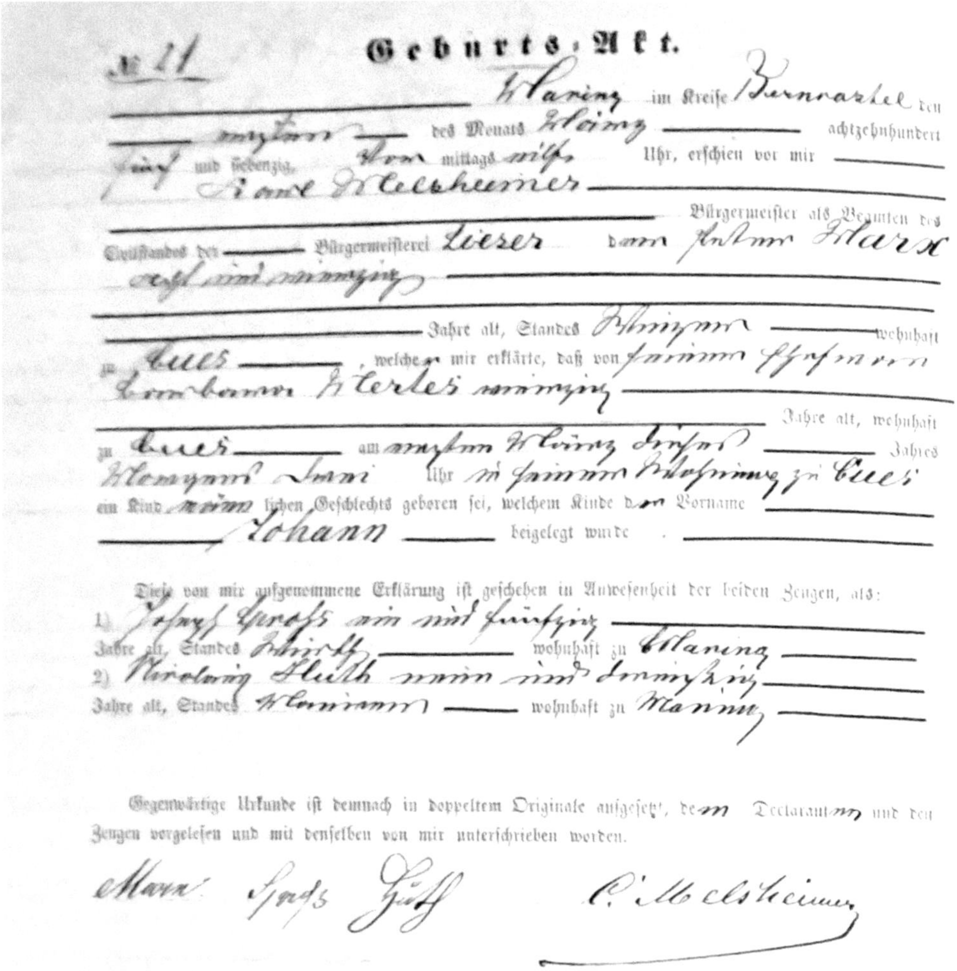

№ 11 Geburts-Akt.

..... im Kreise Bernkastel den ..... des Monats ..... achtzehnhundert ..... und siebenzig, ... mittags ..... Uhr, erschien vor mir ..... Bürgermeister als Beamten des Civilstandes der ..... Bürgermeisterei Lieser ..... Marx ..... Jahre alt, Standes ..... wohnhaft zu Cues ..... welcher mir erklärte, daß von ..... Mertes ..... Jahre alt, wohnhaft zu Cues ..... am ..... dieses Jahres ..... Uhr ..... zu Cues ein Kind ..... lichen Geschlechts geboren sei, welchem Kinde der Vorname Johann beigelegt wurde.

Diese von mir aufgenommene Erklärung ist geschehen in Anwesenheit der beiden Zeugen, als:
1) ..... Jahre alt, Standes ..... wohnhaft zu .....
2) ..... Jahre alt, Standes ..... wohnhaft zu .....

Gegenwärtige Urkunde ist demnach in doppeltem Originale aufgesetzt, dem Declaranten und den Zeugen vorgelesen und mit denselben von mir unterschrieben worden.

Marx

Abb. 92: Standesamtlicher Geburtsakt des Johann Marx vom 1. März 1875

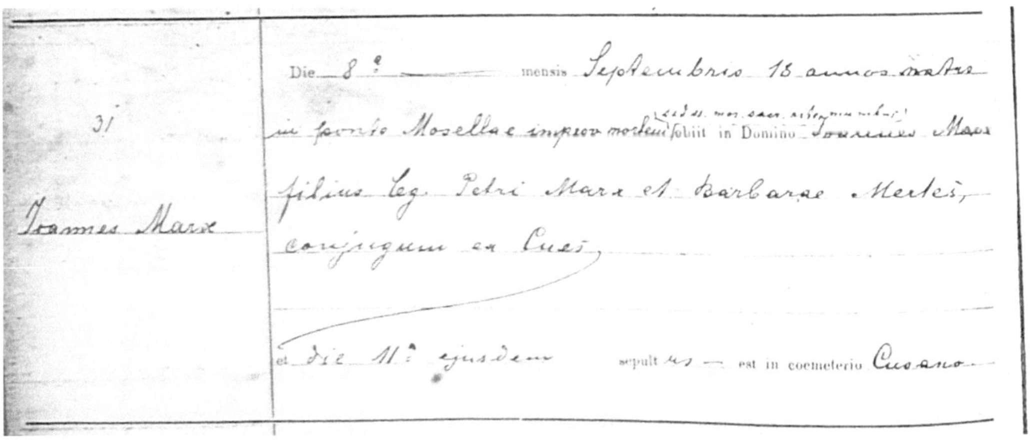

31 Joannes Marx	Die 8 mensis Septembris 18 annos natus in ponte Mosellae ..... obiit in Domino Joannes Marx filius leg. Petri Marx et Barbarae Mertes, conjugum ex Cues. et die 11 ejusdem sepultus est in coemeterio Cusano

Abb. 93: Sterbeakt des Johann Marx im Kirchenbuch Kues

10 Der Stadtsekretär Franz Bildhauer

10.1 Die Familie

Franz Bildhauer wurde am 10. August 1867 in Sehl bei Cochem an der Mosel als Sohn des Winzers Peter Joseph Bildhauer und dessen Ehefrau Margaretha Wagner geboren (siehe Abbildung 94).[266]

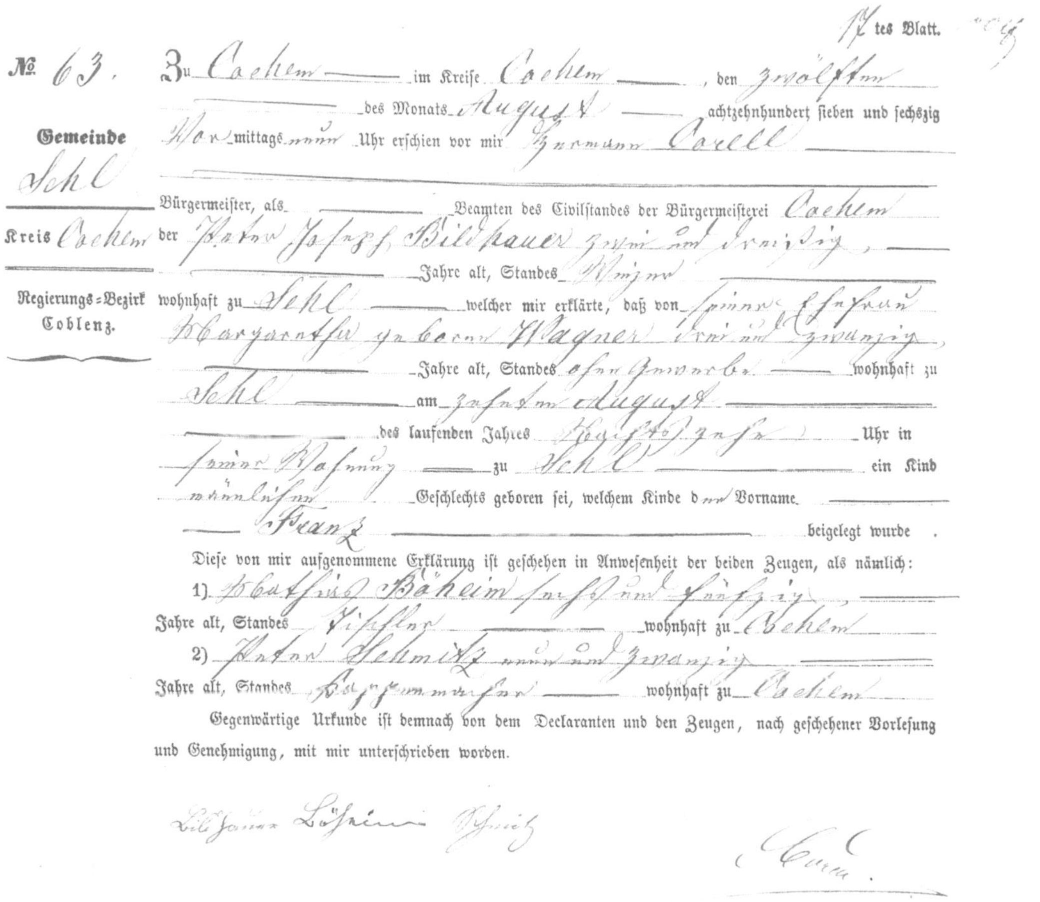

17tes Blatt.

№ 63. Zu Cochem im Kreise Cochem, den zwölften des Monats August achtzehnhundert sieben und sechszig Vormittags neun Uhr erschien vor mir Hermann Carell Bürgermeister, als Beamten des Civilstandes der Bürgermeisterei Cochem der Peter Joseph Bildhauer zwei und dreißig Jahre alt, Standes Winzer wohnhaft zu Sehl welcher mir erklärte, daß von seiner Ehefrau Margaretha geborne Wagner drei und zwanzig Jahre alt, Standes ohne Gewerbe wohnhaft zu Sehl am zehnten August des laufenden Jahres [illegible] Uhr in seiner Wohnung zu Sehl ein Kind männlichen Geschlechts geboren sei, welchem Kinde der Vorname Franz beigelegt wurde.

Diese von mir aufgenommene Erklärung ist geschehen in Anwesenheit der beiden Zeugen, als nämlich:
1) Gottfried Böheim fünf und fünfzig Jahre alt, Standes Tischler wohnhaft zu Cochem
2) Anton Schmitz neun und zwanzig Jahre alt, Standes [illegible] wohnhaft zu Cochem.

Gegenwärtige Urkunde ist demnach von dem Declaranten und den Zeugen, nach geschehener Vorlesung und Genehmigung, mit mir unterschrieben worden.

Bildhauer Böheim Schmitz
Carell

Gemeinde Sehl
Kreis Cochem
Regierungs-Bezirk Coblenz.

Abb. 94: Geburtsakt des Franz Bildhauer

266 SA Cochem G 1867/63 (freundliche Mitteilung von Herrn Heribert Scholer, Schillingen).

Das nächste Mal hören wir von ihm am 10. Oktober 1892, als der Eisenbahnstationsgehilfe Franz Bildhauer in Jülich die am 12. Juni 1870 geborene Anna Sophia Moll heiratet (siehe Abbildung 95).[267]

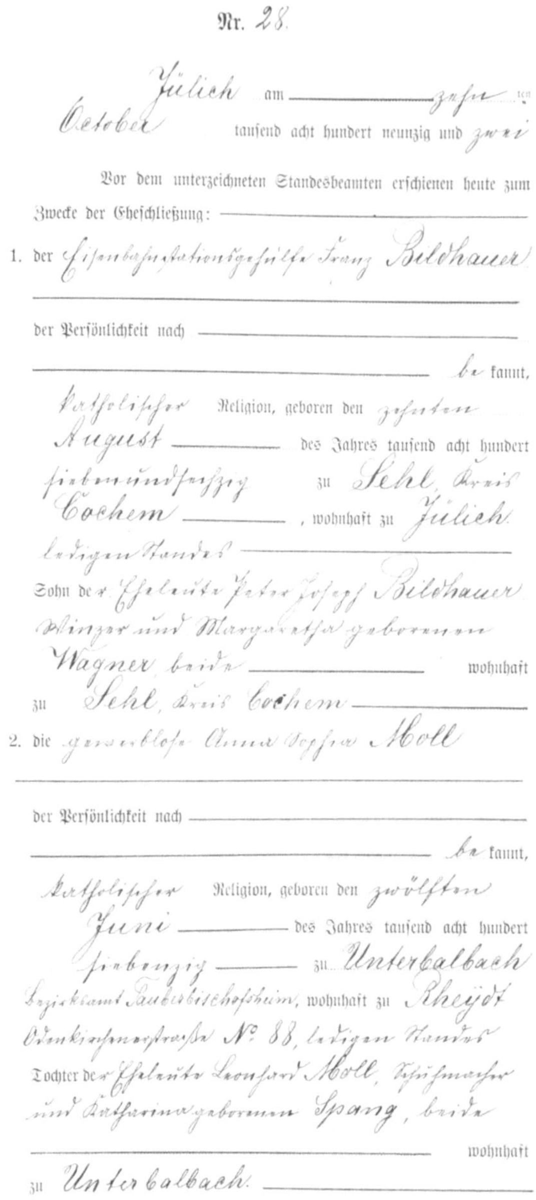

Nr. 28.

Jülich am zehnten October tausend acht hundert neunzig und zwei

Vor dem unterzeichneten Standesbeamten erschienen heute zum Zwecke der Eheschließung:

1. der Eisenbahnstationsgehilfe Franz Bildhauer

der Persönlichkeit nach bekannt,

katholischer Religion, geboren den zehnten August des Jahres tausend acht hundert siebenundvierzig zu Sehl, Kreis Cochem, wohnhaft zu Jülich, ledigen Standes

Sohn der Eheleute Peter Joseph Bildhauer Winzer und Margaretha geborene Wagner, beide wohnhaft zu Sehl, Kreis Cochem

2. die gewerblose Anna Sophia Moll

der Persönlichkeit nach bekannt,

katholischer Religion, geboren den zwölften Juni des Jahres tausend acht hundert siebenzig zu Unterbalbach Bezirksamt Tauberbischofsheim, wohnhaft zu Rheydt Odenkirchenerstraße No. 88, ledigen Standes

Tochter der Eheleute Leonhard Moll, Schuhmacher und Katharina geborene Spang, beide wohnhaft zu Unterbalbach.

Abb. 95: Heiratsakt von Franz Bildhauer und Anna Sophia Moll

[267] SA Jülich H 1892/28 (freundlicher Hinweis von Herrn Roland Klinger, Mondorf).

Am 22. Mai 1895 wurde in Jülich die Tochter Angela Hilda Walburga geboren, die am 11. April 1897 im Alter von nicht einmal zwei Jahren in Bernkastel verstarb, wohin die Familie im Vorjahr gezogen war. Franz Bildhauer arbeitete dort als Verwaltungssekretär, wie sich einem Fall von öffentlicher Beleidigung entnehmen läßt. Der Sattler Peter Joseph Krämer widerrief am Neujahrstag 1898 in der „Bernkasteler Zeitung" öffentlich eine Beleidigung gegenüber dem Verwaltungssekretär Franz Bildhauer.[268]

Am 10. April 1898 wurde den Eheleuten der Sohn Franz Matthias Michael geboren, der 1968 in Essen verstarb. Im selben Jahr wird Bildhauer zum einzigen Mal als Taufpate zu Bernkastel genannt, nämlich am 16. August, als er Pate von Franz Johann, Sohn des Schneidermeisters Johann Breidbach und dessen Ehefrau Johanna Ningel war.[269] Dies könnte man als ein Indiz dafür werten, daß Bildhauer nicht viel Kontakt zur lokalen Bevölkerung unterhielt.

1899 wurde den Eheleuten ein weiterer Sohn geboren, der nur zehn Monate alt wurde. Am 2. Juni 1901 bekam das Ehepaar Bildhauer erneut eine Tochter, die auf den Namen Clothilde Maria Antonie getauft wurde. Sie verstarb am 11. Oktober 1986 in Arnsberg und war zwischendurch nach Brasilien ausgewandert, wie aus ihrer Karteikarte bei den dortigen Behörden hervorgeht (siehe Abbildung 96).[270]

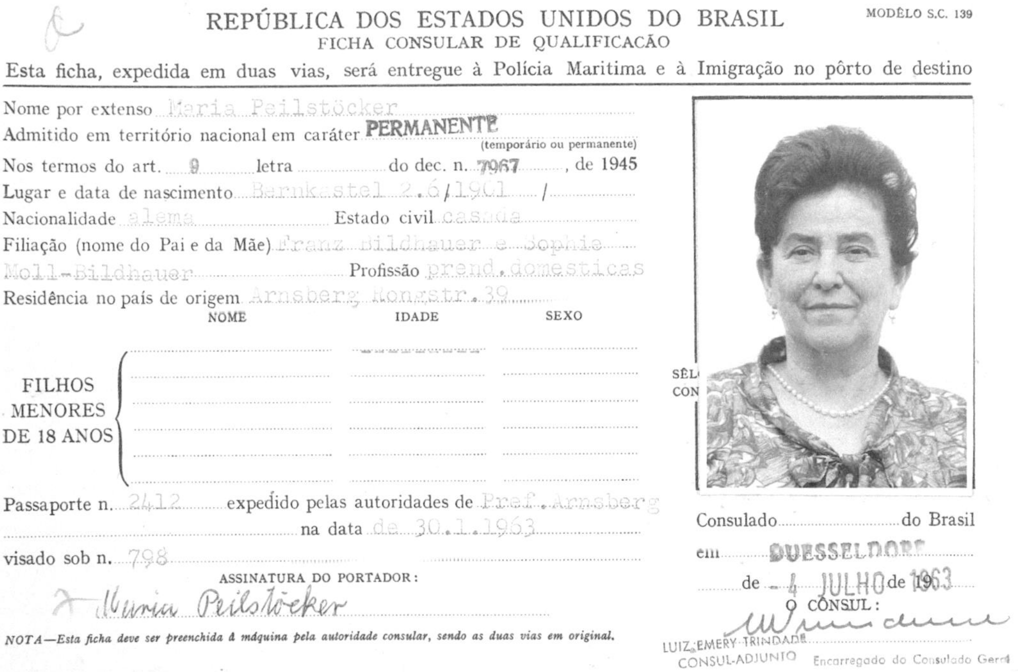
REPÚBLICA DOS ESTADOS UNIDOS DO BRASIL
MODÊLO S.C. 139
FICHA CONSULAR DE QUALIFICACÃO
Esta ficha, expedida em duas vias, será entregue à Polícia Maritima e à Imigração no pôrto de destino

Nome por extenso Maria Peilstöcker
Admitido em território nacional em caráter PERMANENTE (temporário ou permanente)
Nos termos do art. 9 letra ... do dec. n. 7967, de 1945
Lugar e data de nascimento Bernkastel 2.6/1901 /
Nacionalidade alema Estado civil casada
Filiação (nome do Pai e da Mãe) Franz Bildhauer e Sophie Moll-Bildhauer
Profissão prend. domesticas
Residência no país de origem Arnsberg Ringstr. 39

FILHOS MENORES DE 18 ANOS: NOME / IDADE / SEXO

Passaporte n. 2412 expedido pelas autoridades de Pref. Arnsberg na data de 30.1.1963
visado sob n. 798
ASSINATURA DO PORTADOR: Maria Peilstöcker
NOTA—Esta ficha deve ser preenchida á máquina pela autoridade consular, sendo as duas vias em original.

SÊL... CON...
Consulado ... do Brasil
em DUESSELDORF
de 4 JULHO de 1963
O CÔNSUL:
LUIZ EMERY TRINDADE
CONSUL-ADJUNTO
Encarregado do Consulado Geral

Abb. 96: Registrierungskarte von Clothilde Maria Antonie Peilstöcker geb. Bildhauer

268 „Widerruf! Die von mir in der Wirthschaft von Petry hier gegen den Verwaltungs-Secretär F(ranz) Bildhauer hierselbst ausgesprochene Beleidigung nehme ich hiermit als unwahr zurück. Joseph Krämer, Bernkastel." [SB24a, S. 973].

269 [Bra21, S. 321, Nr. 444].

270 Freundliche Mitteilung von Herrn Roland Klinger, Mondorf.

Am 13. Oktober 1902 wurde Franz Bildhauer als Schriftführer des Bernkasteler Bienen-zuchtvereins wiedergewählt.[271]

Das letzte nachgewiesene Kind der Eheleute Bildhauer kam am Neujahrstag 1906 zur Welt und erhielt die Vornamen Maximilian Peter Bernhard. Auch ihm war kein langes Leben beschieden, denn er starb als gerade einmal achtjähriger Schüler am 2. April 1914.

1905 erwarben *Franz Bildhauer (Stadtsekretär) und Ehefrau Sophia Moll* Haus und Grundstück Nr. 394/62, was der heutigen Adresse Hinterm Graben 8 entspricht.[272]

Abb. 97: Hinterm Graben 8 (JMB 2018)

In der Gebäudebeschreibung Nr. 164 des Katasters Bernkastel vom 9. Oktober 1907 wird das Gebäude Hinterm Graben 8, welches *Franz Bildhauer (Stadtsekretär) und Ehefrau Sophie geborene Moll* gehört, wie folgt beschrieben: „Wohnhaus mit Hofraum, 2 Stockwerke, Wände massiv, Dachdeckung: Schiefer, baulicher Zustand: gut. Keller für 20 Fuder. Erdgeschoß: 1 heizbares Zimmer und Küche, 1 Kelterhaus. 1. Stock: 4 heizbare Zimmer und Küche. darüber: 2 heizbare Zimmer und 1 Mansarde, Speicher." [273]

---

[271] „Lokales und Provinzielles. In der gestrigen Generalversammlung des Bienenzuchtvereins wurde Hugo Thanisch in Bernkastel zum Vorsitzenden gewählt, der bisherige Kassirer Decker in Morbach und der Schriftführer Bildhauer in Bernkastel wiedergewählt" [SB24a, S. 984].

[272] LHAK 736, Nr. 1370, Bd. 8, Art. 1724.

[273] [Bra25].

Neben dem Wohnhaus besaß die Familie Bildhauer verschiedene Ländereien. Die Äcker lagen in den Fluren 'im Kaiserfeld' und 'im Krein', die Weingärten in den Fluren 'Pallert', 'neben dem Pallert', 'beim Amerpfad' und 'hinter der Burg'.

Die Artikelnummer 1724 der Mutterrolle des Katasters Bernkastel, auf der die Immobilien der Familie Bildhauer verzeichnet sind, endet 1952/53, so dass man annehmen kann, dass Anna Sophia Moll, die in der Adressliste der Stadt Bernkastel von 1939[274] als „Bildhauer Franz Witwe (Pensionärin)" bezeichnet wird, um 1951/52 verstarb.

10.2 Erinnerungen des Amtsrichters Matthias Rech

Bevor wir auf den Rechtsstreit zwischen Franz Bildhauer und der Stadt Bernkastel-Kues eingehen, wollen wir uns die Perspektive des Matthias Rech, der von 1910 bis 1918 als Amtsrichter in der Moselstadt tätig war, im Hinblick auf Franz Bildhauer anschauen.

Aus den Lebenserinnerungen des Matthias Rech stammen die im folgenden zitierten Textpassagen bezüglich Franz Bildhauer, die er aus seinen Tagebüchern zusammenschrieb:[275]

Eine weniger glückliche Angelegenheit war die Vormundschaft über einen wegen Geistesschwäche entmündigten Stadt- und Bürgermeistereisekretär Bildhauer. Dieser war ein sehr tüchtiger Beamter gewesen und hatte die Geschäfte gleich zweier Bürgermeistereien gut geführt. Er war ein hervorragend talentierter Mann, es war ihm aber längst vor meiner Zeit in irgend einer Form ein Unrecht geschehen. Damit hatte er sich nicht abfinden wollen und war zu einem unleidlichen Stänkerer geworden, der seine ganzen Fähigkeiten dazu benützte, um die unmöglichsten Szenen gegen alle möglichen Behörden in Gang zu setzen. Er mußte als Beamter abgesetzt werden, wobei auch durch eine Dummheit der verschiedenen Bürgermeister seine Pensionsansprüche gegen eine Provinzialkasse verloren gingen.

Ich hatte mir lange Zeit, nachdem er unter vorläufige Vormundschaft gestellt worden war, die größte Mühe gegeben, diese Pensionssache in Ordnung zu bringen, wogegen Bildhauer mir fest zugesagt hatte, in eine andere Landschaft zu verziehen. Durch eine neue Torheit wurde auch dies unmöglich und mir blieb nichts übrig, als in den sauren Apfel zu beißen und ihn zu entmündigen. Das Material war längst beisammen, es war ein typischer Fall einer vollendeten Paranoia Querulatoria. Ich war so klug, diesen Beschluß durch einen Vertreter während meiner Abwesenheit aussprechen zu lassen, weil ich später als Vormundschaftsrichter mit ihm weiter zu tun hatte.

---

[274] [BKS39, S. 1] (freundlicher Hinweis von Herrn Roland Klinger, Mondorf).

[275] Matthias Rech wurde am 3. Oktober 1879 in Bonn geboren. ... Er besuchte in Bonn das Gymnasium und studierte an der Universität zu Bonn, wo er als Doktor beider Rechte promovierte. Er begann seine juristische Laufbahn als Assessor im Mai 1910 am Amtsgericht in Bernkastel an der Mosel. Ab 1914 war er Amtsrichter. 1918 wurde er auf seinen Wunsch nach Rheinbach versetzt. ... Er starb am 17. September 1946 in Bonn (siehe https://wuellenweber.de/MRechTB/index.htm — freundlicher Hinweis von Herrn Roland Klinger, Mondorf).

Jetzt begann ein herrliches Schauspiel, das ich im großen und ganzen vorausgesehen hatte, dessen Einzelheiten aber immer wieder neue Seiten der menschlichen Seele zum Vorschein brachten. Alle blamierten sich dabei so gut sie konnten. Zunächst wollte keiner Vormund werden. Ich hatte verbreiten lassen, daß ich mich streng an den Vorschlag des zuständigen Gemeindewaisenrats, des erfahrenen Hammelschlächters Stüttgen halten werde. Dieser schlug einen Bernkasteler Bürger vor, Roderfeld mit Namen, Schwager von Notar Astor, der eine Weinkellerei Astoria besitzt. Bei Weigerung hat der Vormundschaftsrichter das Recht, dreimal eine Ordnungsstrafe bis zu 300 Mark auszusprechen. Ich hatte durch den Volksmund verbreiten lassen, daß ich in diesem Falle nur einmal, und zwar gleich 300 Mark erheben würde. Dies hatte den Erfolg, daß Roderfeld das Amt, wenn auch seufzend, übernahm. Vermutlich hat er es heute noch.

Um ihm sein Leben zu erleichtern, erfand ich zwei vervielfältigte Drucke a) und b). In dem einen war etwas kürzer, in dem anderen ausführlicher die gesamte Rechts- und Tatsachenlage auseinandergelegt und insbesondere nachgewiesen, daß Bildhauer unpfändbar sei und den Offenbarungseid geleistet habe. Je nach den Anfeindungen, die sein Vormund erfuhr, wurde den Betreffenden, die sich mitunter gewaltig erregten, Formular a) oder Formular b) zur Besänftigung zugeschickt. Da kamen die tollsten Dinge vor. Ein märkischer Kaninchenzüchter ließ sich beschwindeln und sandte einen Kaninchenzuchtbock gegen Nachnahme. Dessen Annahme wurde verweigert und das wertvolle Kanin unter den Bahnbeamten versteigert. Die Differenz wurde von einem jüdischen Advokaten in Potsdam eingeklagt, der sich nur sehr schwer wieder beruhigen wollte. Juwelierlieferanten hatten ihm Sachen zugeschickt, unvorsichtigerweise nicht gegen Nachnahme, und sahen sich um ihr Geld betrogen.
...

*Der Verkehr mit Reben in den verschiedenen Weinbaubezirken unterliegt einer sehr strengen Kontrolle. Bildhauer handelte mit Reben nach seinem Belieben. Der Staatsanwalt erhob Anklage und Bildhauer wurde auf das ausführliche Gutachten des Kreisarztes freigesprochen. Der Oberstaatsanwalt in Koblenz rumorte gewaltig und forderte vom Vormundschaftsrichter dringend geeignete Maßnahmen, um diesen Unfug zu steuern. Dir werde ich schon helfen, dachte ich, und schickte sämtliche Akten Bildhauer, die **fast eine Viertel Stube füllten**, der Staatsanwaltschaft in Koblenz mit ausführlichem Bericht zu und versicherte, ich wäre sehr dankbar dafür, wenn sie mir einige Vorschläge machen wollten. Wie ich vorausgesehen hatte, kam die Sache nach Kenntnisnahme einfach zurück.*

Der Stadtbürgermeister von Bernkastel, Simonis — genannt der dicke Philipp — behandelte diese Sache ganz ohne Humor, hatte persönliche Angst vor Bildhauer, der gedroht hatte, ihn über den Haufen zu schießen, und versuchte, ihn und seine Familie verhungern zu lassen. Dagegen sorgte ich dafür, daß die Familie wenigstens Brot bekam. Gegen diesen Bürgermeister hatte sich Bildhauer in eine sinnlose Wut hineingearbeitet, hatte dessen Liebesleben als Junggeselle ans Tageslicht gezogen und schließlich hatte ich bei Bildhauer in all seinen amtlichen Eingaben (es erfolgten solche fast täglich) folgendes Rubrum herausgebildet:

Auf einem guten einfachen linierten Bogen, der links oben das Prägewappen von Bildhauer trug, stand oben rechts folgende stereotypische Formel:

„In meiner durch die Meineide, Amtsverbrechen und die **öffentliche Hurerei** *des Bürgermeisters Simonis, im gleichen durch die Amtsverbrechen des Amtsrichters Dr. Rech verursachten Entmündigung"*

dann kam der Text, z. B. „lege ich hiermit Einspruch ein gegen den mir zugestellten Mahnbefehl auf Zahlung von 15 Mark wegen gelieferter Enteneier. "

Solche Sachen erregten meine ungeteilte Heiterkeit, womit ich allerdings alleine dastand, denn die meisten Leute ließen sich durch Bildhauer nervös machen und es wurden dann immer wieder Fehler gemacht. Da er nur beschränkt geschäftsfähig war, waren die Zivilprozesse, die er sehr zahlreich führte, voller häßlicher Sachen und es verging fast keine Woche, daß nicht irgend eine Abteilung des Amtsgerichts in Sachen Bildhauer einen Bock machte. Bildhauer griff dies immer sofort auf und spann die Sache immer endlos weiter.

Er hatte ein System erfunden, die **Post ohne Porto** *zu benützen wie ein regierender Fürst. Der Postdirektor kam sich klug vor und rühmte sich beim Dämmerschoppen, er werde Bildhauer schon beikommen. Ich lachte mir ins Fäustchen und behielt recht. Nach einiger Zeit mußte der Postdirektor bekennen, daß auch für ihn an Bildhauer Hopfen und Malz verloren waren.*

Im Kriege, den ich hauptsächlich noch von 1914 bis 1918 in Bernkastel erlebte, kam Bildhauer unversehens zu Geld und einem gewissen Ansehen: Er war einer der wildesten Schieber, weil man ihm nichts machen konnte und er jenseits von Gut und Böse in einer Sphäre lebte, „wo Gletscherluft wehte", wie ein Witzbold sich ausdrückte. Jedenfalls bin ich meinem Grundsatz treu geblieben, mich über ihn nicht zu ärgern, auch wenn er noch so ausfällig wurde. Daß ich ihm im Grunde wohlgesinnt war, hat er wohl gespürt. Jedesmal, wenn ich mich mit einem Bernkasteler unterhalte, stelle ich fest, daß Bildhauer noch lebt und weiter „bildhauert".

Amtsrichter Rech zitiert in seinen Memoiren auch einen Brief Bildhauers:

Allerheiligen 1916.

Leuchtend klarer Herbsthimmel, milde Sonne wie im Frühjahr, schimmernde Farben. Vor Tisch mit Helene und seit langem erstmals mit den Kindern aus. Zum 9. November wieder an 40 [Männer] aus der Stadt einberufen, darunter auch Notar Sieburg. Ob man ihn als Einäugigen nicht wieder heim schickt?

Trotz der ernsten und schweren Zeit und bei allem Mitgefühl mit dem bedauernswerten Armen machte mir heute morgen eine helle Freude dieser Brief unseres Freundes Bildhauer, eines wegen Geistesschwäche entmündigten früheren Stadtsekretärs, eines unermüdlichen Querulanten:

Berncastel, den 31. Okt. 1916

Kgl. Vormundschaftsgericht, hier.

Infolge des von dem dortigen Amtsgerichte unter dem Drucke des Stadtbürgermeisters Simonis hier begangenen Justizverbrechens, um die nachgewiesenen **Meineide, Hurerei und Verbrechen** *des letzteren zu unterdrücken, bin ich jeglichen Erwerbes beraubt. Eine Beseitigung des Justizverbrechens war bislang unmöglich, da der Staatsanwalt und Richter den Meineiden des g(enannten) Simonis Beihülfe leisten. Durch den, mir in so verbrecherischer Weise entzogenen Arbeitsverdienst befindet sich meine Familie in einer äußersten Notlage. Von der ihr seitens des meineidigen Simonis gewährten monatlichen Unterstützung von 20 M(ark) können nicht einmal* **die Huren oder das uneheliche Kind** *des g(enannten) Simonis leben, geschweige meine Familie.*

Ich ersuche daher für den sofortigen standesgemäßen Unterhalt meiner Familie zu sorgen, andernfalls ist Gegenwärtiges als Beschwerde im Instanzenzuge Seiner Exzellenz dem Herrn Justizminister vorzulegen, während ich mir weitere Maßnahmen zur Beseitigung der dort betriebenen Klassen- und Verbrecherjustiz vorbehalte.

Es liegt außer Zweifel, daß die dortige Stelle infolge ihres verbrecherischen jeder Rechtsnorm Hohn sprechenden Treibens zum standesgemäßen Unterhalt meiner Familie eo ipso verpflichtet ist.

Hochachtungsvoll! Fr(anz) Bildhauer, Stadtsekretär.

10.3 Ein möglicher Grund für das Zerwürfnis

Welches Unrecht Franz Bildhauer geschehen war, läßt Amtsrichter Rech in seinen Erinnerungen offen. In den Prozeßakten wird jedoch gesagt, daß es in den Jahren 1905 und 1906 zu Reibereien zwischen Bildhauer und seinem damaligen Vorgesetzten, dem Stadtbürgermeister Julius Melies, kam, die auch noch unter dessen Nachfolger, dem jetzigen Bürgermeister Simonis, ihren Fortgang nahmen.

Möglicherweise lag der Grund für das Zerwürfnis in einer Arbeit, die Bildhauer im Jahr 1904 im Auftrag des damaligen Stadtbürgermeisters Melies ausgeführt hatte.

Bildhauer schrieb in jener Angelegenheit am 20. Dezember 1906 einen Brief an den amtierenden Stadtbürgermeister Simonis:[276]

Berncastel-Cues, den 20. Dezember 1906.

An den Herrn Bürgermeister Simonis Wohlgeboren, hier.

Betrifft: Gewährung einer Entschädigung für Ausführung der schriftlichen Arbeiten des städtischen Wasserwerks.

Pro 1904 sind die nebenbezeichneten Arbeiten von mir im Nebenamte ausgeführt worden. Mit dem Herrn Bürgermeister Melies vereinbarte ich hierfür eine **Vergütung**

---

[276] LHAK 615, Nr. 400, Bilder 1722r–1723l.

von 250 Mark. *Die Zahlung dieses Betrages ist bis heute jedoch noch nicht erfolgt, bildet vielmehr Gegenstand eines von mir angestrengten und z(ur) Z(ei)t beim Amtsgerichte hier bez(iehungsweise) Landgerichte Trier schwebenden Civilprozesses.*

Euer Wohlgeboren bitte ich daher, einen Beschluß des Stadtverordneten-Collegiums hinsichtlich der freiwilligen Zahlung des mir rechtmäßig zustehenden Betrages geneigtest herbeizuführen zu wollen.

Bei Zustimmung werde ich den schwebenden Prozeß sofort zurückziehen.

Mit Rücksicht auf die auflaufenden Prozeßkosten und die mündlich dargelegten Gründe bitte ich die Sache als dringliche Angelegenheit noch in der heutigen Stadtrats-Sitzung zur Verhandlung bringen zu wollen.

Bildhauer, Stadtsecretär.

Demnach hatte Bildhauer die Stadt Bernkastel-Kues bereits während seiner Tätigkeit als Stadtsekretär gerichtlich verklagt, weil er sich ungerecht behandelt sah, beziehungsweise weil ein ihm zustehender, abgesprochener Lohn nicht ausgezahlt worden war. Dass dies bei den Verantwortlichen der Stadt nicht unbedingt gut ankam, lässt sich denken.

Auf der Akte findet sich ein handschriftlicher Vermerk des damaligen Bürgermeisters Melies: „Ich halte den Anspruch überhaupt für ungerechtfertigt, als laufende Arbeit des Stadtsekretärberufes! Melies."

Der Antrag Bildhauers wurde erst auf der nächsten Stadtratssitzung behandelt. Die Tagesordnung der Stadtverordneten-Sitzung am Freitag, den 11. Januar 1907 nennt unter Punkt 11: „Gesuch des Sekretärs Bildhauer um Bewilligung von 250 Mark Entschädigung für die schriftlichen Arbeiten des städtischen Wasserwerks." [277]

Die abschlägige Antwort der Stadt an Bildhauer erfolgte rund vier Wochen später:[278]

Der Stadtbürgermeister   *Berncastel-Cues, den 15. Januar 1907.*

An Herrn Bildhauer, Stadtsecretär **in Suspension**.

Betrifft: Zum Gesuch vom 20. Dezember 1906.

Die Stadtverordnetenversammlung hat Ihr Gesuch vom 20.12.06 um Bewilligung von 250 M(ar)k Entschädigung für Aufstellen der Wassergeldhebeliste **einstimmig abgelehnt**, *da diese Arbeit ohne Weiteres zu den Amtsgeschäften des Stadtbürgermeister-Amtes gehörte und besondere Vergütungen nicht beansprucht werden können.*

Simonis.

---

[277] Bernkasteler Zeitung, Jg. 73, Nr. 5, S. 3.

[278] LHAK 615, Nr. 400, Bild 1723l. Man beachte auch, dass in dem Schreiben seitens der Stadt Franz Bildhauer als Stadtsekretär „in Suspension" bezeichnet wird!

Mit dieser Antwort von Seiten der Stadt gab sich Bildhauer naturgemäß nicht zufrieden und verfaßte folgenden Brief:[279]

Berncastel-Cues, den 2. Februar 1907.

An das Stadtbürgermeisteramt, hier.

Betrifft: Bescheid vom 15. Januar 1907.

*Nach der städtischen Übernahme des Wasserwerkes stimmte das damalige Stadtverordneten-Kollegium in öffentlicher Sitzung einer Erklärung des Bürgermeisters Melies zu, nach welcher er die gedachten Arbeiten mir <u>nebenamtlich</u> übertragen hat. In Ausführung dieses Auftrages wurden die Arbeiten dann auch von mir außer den Dienststunden gefertigt. Im Weiteren hat das Stadtverordneten-Kollegium eine Entschädigung hierfür auch etatsmäßig festgelegt. Die mit dem Bürgermeister Melies meinerseits vereinbarte Vergütung beträgt pro 1904 250 Mark. Als Herr Melies mir erklärte, die Zahlung erfolge durch mein Verhalten in Sachen Leutzgen[280] nicht, lehnte ich die Weiterbearbeitung im <u>Nebenamte</u> ab und erwirkte am 6. October 1905 gegen die Stadt **Zahlbefehl**. Es ist vollständig unwahr, daß ich mit den Arbeiten im Rückstand war. Die Stellungnahme des Stadtverordneten-Collegiums zur Sache von heute, ändert an meinem rechtlichen Anspruche nichts. Es kann mir doch wohl nicht zugemutet werden, daß ich neben Brand und Licht[281] noch meine Nachtsruhe infolge eines Racheactes der Stadt opfere, um mich noch obendrein <u>falsch</u> anschuldigen zu lassen.*

Ich bitte daher die Angelegenheit den geschilderten Tatsachen entsprechend dem Stadtverordneten-Kollegium erneut vorzutragen.

Bildhauer, Stadtsecretär.

10.4 Die Prozessjahre 1907 bis 1918

Wie wir weiter unten sehen werden, erhielt Franz Bildhauer im Juni 1907 seine Kündigung seitens der Stadt Bernkastel-Kues. Noch bevor dies geschah, befand er sich mit der Stadt bereits im Streit wegen seiner Meinung nach ausstehenden Gehaltszahlungen.

Am 10. Mai 1907 schrieb er folgenden kurzen Brief an Stadtbürgermeister Simonis:[282]

Berncastel-Cues, den 10. Mai 1907.

An den Bürgermeister Herrn Simonis Wohlgeboren, hier.

---

[279] LHAK 615, Nr. 400, Bilder 1724r–1725l.

[280] Was mit der „Sache Leutzgen" gemeint ist, ließ sich nicht ermitteln, es dürfte aber um den Stadtverordneten Johann Karl Leutzgen gehen. Falls Bildhauer eine persönliche Auseinandersetzung mit ihm gehabt haben sollte, so ist es einigermaßen verwunderlich, dass er 1929 ausgerechnet ihn als Zeugen in eigener Sache benannte (siehe Abschnitt 10.11).

[281] Mit „Brand und Licht" ist vermutlich gemeint, dass er die Schreibarbeiten nach Feierabend zu Hause anfertigte und dafür Holz zum Heizen und elektrisches Licht aus eigenen Mitteln aufwendete.

[282] LHAK 615, Nr. 400, Bild 1719r.

Betrifft: Rückständiges Gehalt des Stadtsecretärs Bildhauer.

Um Auszahlung des mir rechtlich zustehenden rückständigen Gehaltes bitte ich hiermit sehr gehorsamst.

Bildhauer, Stadtsecretär.

Die Antwort des Bürgermeisters lautete:

Berncastel-Cues, den 14. Mai 1907.

An Herrn Stadtsecretär **in S(uspension)** *Bildhauer, hier.*

Betrifft: Zum Gesuch vom 10. Mai 1907.

Durch die erfolgte Suspendirung vom Amt sind Sie, wie Ihnen mitgeteilt wurde, auf die Hälfte Ihres Gehaltes für die Dauer des Verfahrens gegen Sie gesetzt. Diese Gehaltshälfte ??? ??? die Stadt Bernkastel-Cues in Frage kommt auf die Stadtkasse angewiesen. Eine Anweisung der übrigen Hälfte kann erst erfolgen, wenn Sie in dem eingeleiteten Verfahren schuldlos hervorgehen und bedauere ich Ihrem Gesuch nicht entsprechen zu können.

Simonis.

Nach dieser ablehnenden Antwort verklagte Bildhauer die Stadt Bernkastel-Kues.

Auch in der Stadtverordneten-Sitzung am Dienstag, den 19. November 1907 ist unter Punkt 16. der Tagesordnung vom „Prozeß des Stadtsekretärs Bildhauer gegen die Stadt Bernkastel-Cues wegen Gehaltszahlung" die Rede. Im Sitzungsprotokoll heißt es: „Von dem Vortrage des Herrn Bürgermeisters über diese Angelegenheit nahm das Kollegium Kenntnis. Weiter erklärte sich dieses mit der Prozeßführung in derselben Angelegenheit einverstanden." [283] Demnach scheint Bildhauer keinen Fürsprecher unter den Stadtverordneten gehabt zu haben, denn in den Sitzungsprotokollen wird durchaus öfters erwähnt, wenn jemand aus der Reihe der Ratsmitglieder eine eigene Meinung vertrat oder Vorschläge machte.

Im Archiv der Stadt Bernkastel-Kues befindet sich die Akte „Prozeßsache Bildhauer betr(effend) Kündigung bez(iehungs)w(eise) Pensionierung" (siehe auch Abbildung 98), welche die Jahre 1919 bis 1929 umfaßt.[284] Was die ersten zwölf Jahre des Gerichtsstreits angeht, so kann man diesen teilweise aus den in den späteren Akten enthaltenen Rückblicken und Zusammenfassungen ergänzen.

Einen guten Einblick in die Ereignisse der Jahre 1907 bis 1918 liefert die Anklageschrift von Rechtsanwalt Dr. Eduard Weber aus Trier, der Bildhauer vor Gericht vertrat:

Dr. Ed(uard) Weber, Rechtsanwalt.   *Trier, den 12. Januar 1919.*

An das Landgericht II. Zivilkammer, Trier.

<u>*Klage!*</u>

---

[283] Bernkasteler Zeitung, Jg. 73, Nr. 135, S. 2.

[284] LHAK Best. 615, Nr. 787. Bei den in diesem Buch zitierten Prozessschriften wurden wichtige Passagen vom Autor fett markiert.

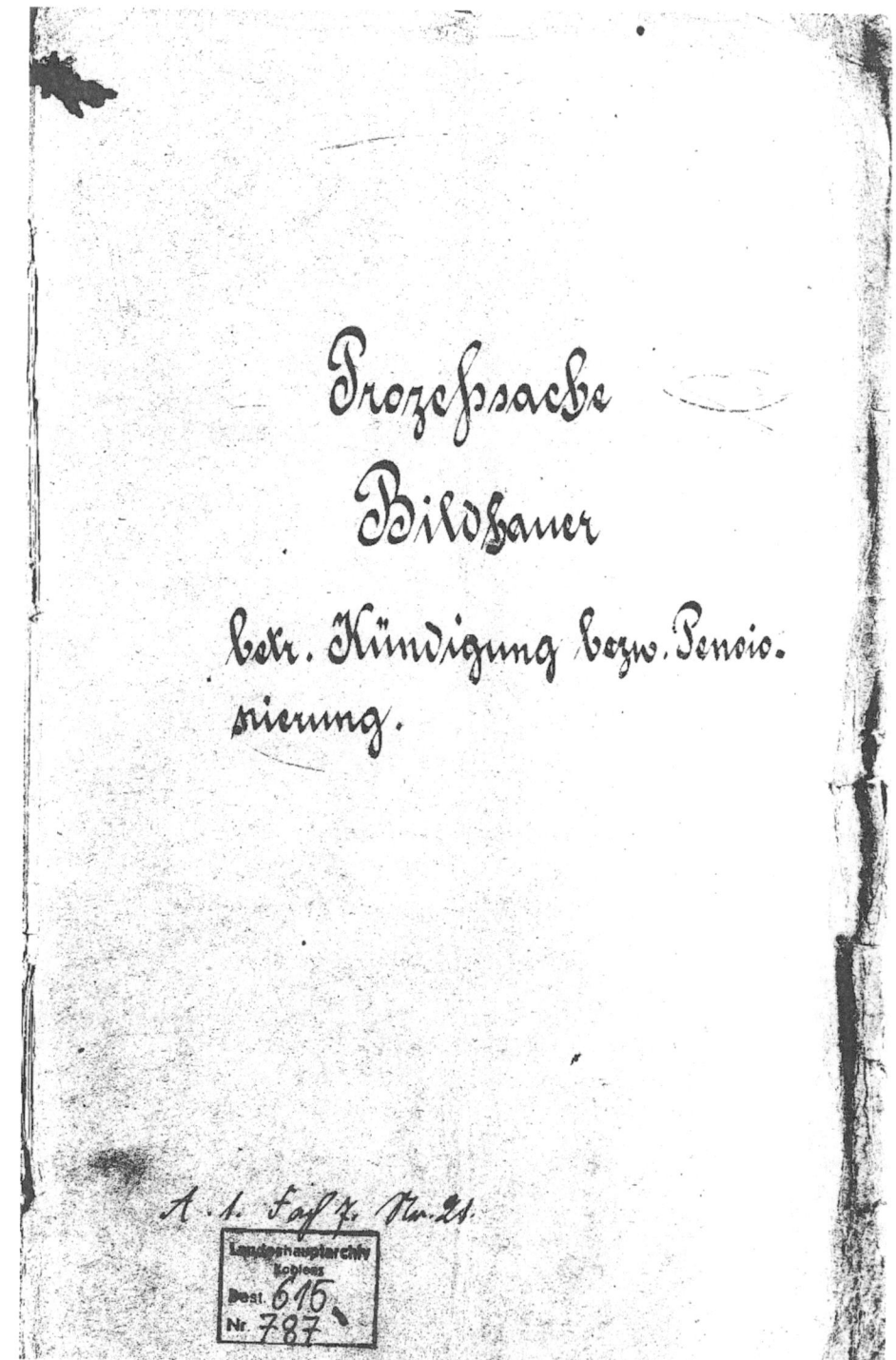

Abb. 98: Titelbild der Prozeßsache Bildhauer gegen die Stadt Bernkastel-Kues

Des Franz Bildhauer in Berncastel, vertreten durch seinen Vormund, Notar Dr. Astor daselbst, **Klägers***. Prozeßbevollmächtigter: Rechtsanwalt Dr. Eduard Weber in Trier,*

gegen die Stadt Berncastel, vertreten durch ihren stellv(ertretenden) Bürgermeister daselbst, **Beklagte***.*

Namens des Klägers lade ich die Beklagte zur mündlichen Verhandlung des Rechtsstreites vor das Landgericht II. Zivilkammer zu Trier, zu dem von dem Herrn Vorsitzenden anzuberaumenden Termin, mit der Aufforderung, einen bei dem Landgericht zugelassenen Rechtsanwalt mit ihrer Vertretung zu beauftragen und ihnen den Antrag:

> *„die Beklagte kostenfällig zu verurteilen, die dem Kläger gegenüber am 15. Juni 1907 ausgesprochene Kündigung seines Amts als Stadtsecretär zurückzunehmen und dem Kläger daß Gehalt mit jährlich 1.050 M(ark) für die Zeit seit dem 15. Dez(em)b(er) 1907 unter Abzug der während dieser Zeit an ihn bereits gezahlten Beträge zu zahlen, oder den Kläger ordnungsmäßig zu pensionieren, ferner festzustellen, daß die Beklagte verpflichtet ist, dem Kläger allen Schaden zu ersetzen, der ihm durch die gegen ihn ausgesprochene, oben erwähnte Kündigung seines Amtes entstanden ist und noch entstehen wird, sowie das Urteil so gegen Sicherheitsleistung für vorläufig vollstreckbar zu erklären. "*

Gründe!

Der Kläger trat im Jahre 1894 als Stadt- und Amtssecretär in den Dienst der damals noch vereinigten Bürgermeistereien Berncastel Stadt und Land. In den Jahren 1905 und 1906 kam es zu Reibereien zwischen dem Kläger und seinem damaligen Vorgesetzten Melies, die auch noch unter dessen Nachfolger, dem jetzigen Bürgermeister Simonis, ihren Fortgang nahmen. Die Diffamierungen führten schließlich zu seiner vorübergehenden Suspension, sie demnächst aber wieder zurückgenommen wurde. Mittlerweile beantragte B(ildhauer) seine Pensionierung. Noch ehe aber darüber entschieden wurde, sprach am 15. Juni 1907 der Bürgermeister Simonis Bildhauer gegenüber die Kündigung seiner Stelle zum 15. Dezember 1907 aus. Dies wurde damit begründet, daß B(ildhauer) wegen seines unqualifizierbaren Verhaltens gegenüber dem Bürgermeister als zum Dienst nicht mehr geeignet zu erachten sei. Die formelle Zulässigkeit der Kündigung wurde auf das für die Stadt Berncastel erlassene Ortsstatut über die Verhältnisse der Kommunalbeamten gestützt. Bildhauer strengte daraufhin Klage gegen Stadt- und Landbürgermeisterei an auf Feststellung der Unzulässigkeit der Kündigung. Er begründete diese Klage mit der Behauptung, die Kündigung sei formell unzulässig gewesen, da er bereits **auf Lebenszeit angestellt** *gewesen sei. Er bezog sich auf eine vom Beigeordneten Liell unterzeichnete Anstellungsurkunde, in der tatsächlich der Vermerk „auf Lebenszeit " enthalten war. Bildhauer wurde jedoch mit seinen Klagen abgewiesen, da der Beweis nicht als geführt erachtet wurde, daß er auf Lebenszeit angestellt gewesen sei, vielmehr das Ortsstatut bindend für ihn erklärt. Zwischendurch hatte Bildhauer sein Recht auch in anderen Richtungen in einer großen Zahl von Eingaben an die Behörden verfochten und war darin sehr heftig, namentlich gegen die Person des Bürgermeisters Simonis*

geworden. Dadurch waren mehrere Strafverfahren gegen Bildhauer anhängig gewor-
den. In diesen sowohl neuen als auch in den gesamten den Gegenstand betreffenden
schriftlichen Äußerungen war der dringende Verdacht hervorgetreten, daß Bildhauer
als geisteskrank zu betrachten sei, in den Strafverfahren wurde er unter Anwen-
dung des § 51 St.G.B. freigesprochen. Am 4. April 1912 stellte daher der Erste
Staatsanwalt beim Amtsgericht Bernc(astel) den Antrag, Bildhauer wegen Geis-
teskrankheit zu entmündigen. Diesem Antrag wurde nach Beobachtung von Bild-
hauer in der Irrenanstalt Merzig stattgegeben. Der Beschluß ist rechtskräftig. Die in
dem Entmündigungsverfahren getroffenen Feststellungen müssen zu einer ganz an-
deren Beurteilung Bildhauers führen, als dies bei den bisherigen Maßnahmen gegen
ihn der Fall gewesen ist. Der Kreisarzt Dr. Lehmann sagt in seinem Gutachten in
diesem Verfahren vom 14.12.1912 wörtlich folgendes:

> *„Bildhauer ist mir zufolge langjähriger gerichtsärztlicher Praxis genau bekannt.*
> *Er leidet an einer typ(ischen) Form der Geistesgestörtheit, der Paranoia queru-*
> *latoria, welche ihn zwar bis zu einem gewissen Grade nicht gehindert zu haben*
> *braucht, den Dienst als Stadtsecretär auszufüllen, deren weitere Ausbildung aber*
> *ihn plötzlich auch für seinen bis dahin formell richtig versehenen Dienst unfähig*
> *machen, weil er unter dem unwiderstehlichen Einfluß von Zwangsideen (Beein-*
> *trächtigungs- und Verfolgungswahn) stand. Unter diesem Einfluß hat er auch*
> *seine ganzen Prozesse geführt und ist demnach sein ganzes Verhalten in seinen*
> *gesamten Streitsachen von diesem Standpunkt aus zu beurteilen.“*

Von dem Landrat in Berncastel wird Bildhauer schon im Jahre 1906 als ein
hochgradig nervöser und leidender Mensch bezeichnet, der dem Bürgermeister Melies
schon lange Zeit vorher Anlaß zu Klagen gegeben habe; dieser selbst führe die Ver-
fehlungen Bildhauers auf die hochgradige Nervosität Bildhauers zurück.

Das Gutachten des Sanitätsrates Dr. Buddeberg in Merzig endlich kommt aufgrund
vierwöchiger Beobachtung in Bestätigung des Gutachtens Dr. Lehmann zu dem
Resultat, daß Bildhauer als Geisteskranker zu betrachten sei und daß der Beginn
der Krankheit viele Jahre, mindestens aber bis zum Jahres 1905 zurückreiche. Im
einzelnen wird auf den Inhalt der Entmündigungsakten des Amtsgerichts Berncastel
Bezug genommen. Auch der hiermit zum Zeugen benannte Arzt Dr. Wiesemes in
Mülheim hat Bildhauer wiederholt untersucht und seine Dienstunfähigkeit wegen
Krankheit wiederholt festgestellt. Auch der damalige Kreisarzt Dr. Schäfer, dessen
jetzige Adresse noch festgestellt werden wird, und der als sachverständiger Zeuge
benannt wird, hat bereits in seinem Atteste vom 7.11.[19]04 seine Erkrankung an
Lungen- und Herzleiden und Nervenschwächung festgestellt.

Nach den hervorgehobenen ärztl(ichen) Gutachten kann es keinem Zweifel unter-
liegen, daß Bildhauer bereits zur Zeit der Vorfälle, die die Grundlage und den Anlaß
zu der gegen ihn ausgesprochenen Kündigung bilden, geisteskrank gewesen ist, also
für seine ganze Handlungsweise nicht verantwortlich gemacht werden kann. Ist das
aber der Fall, dann durfte auch eine Kündigung nicht ausgesprochen werden, sondern
es mußte die ordnungsmäßige Pensionierung stattfinden. Hinzu kommt übrigens auch

noch, daß die **Kündigung***, die ihm als Geisteskranken gegenüber ausgesprochen worden, aus diesem Grunde* **rechtsungültig** *ist.*

Auf Anregung des Vormundschaftsgerichtes in Berncastel haben nun schon Verhandlungen mit den beteiligten Bürgermeistereien von Berncastel-Stadt und Land stattgefunden. Diese führten schließlich dazu, daß Bildhauer seine damals erhobenen Klagen zurückzog und die beiden Bürgermeister [von] Berncastel-Stadt und Land seine Pensionierung aussprachen. Nun aber verweigerte der Landeshauptmann die Auszahlung der Pension mit der Begründung, es bestehe keine Verpflichtung zur Zahlung, solange die Kündigung bestehe; es gehe nicht an unter Nichtbeachtung der Kündigung nachträglich die Pensionierung auszusprechen. Gegen diesen Standpunkt dürften sich Einwendungen nicht erheben lassen. Die Aufhebung der Kündigung müßte aber nun nach den vorstehenden Ausführungen ohne weiteres erfolgen. Desgleichen müßte die Pensionierung Bildhauers ausgesprochen werden, da er nach dem vorliegenden ärztlichen Gutachten infolge Krankheit zur Fortsetzung der Dienstgeschäfte nicht mehr in der Lage ist. Eine Rücknahme der Kündigung durch die Beklagte und ordnungsmäßige Pensionierung ist jedoch bis heute nicht erfolgt.

Selbst wenn man die Kündigung als ordnungsmäßig erfolgt betrachten wollte, müßte doch deren Zurücknahme erfolgen. Die Kündigung ist eine Willensäußerung des Dienstherrn, die selbstverständlich jederzeit zurücknehmbar ist. Wie erwähnt hat über die Zulässigkeit der Kündigung bereits ein Rechtsstreit beim Landgericht Trier unter dem Aktenzeichen 20219/08 geschwebt, der in 2 Instanzen zu Ungunsten des Klägers entschieden wurde. Während nun die Sache am Reichsgericht anhängig war, hat die Besprechung zwischen dem Kläger, dem Vormundschaftsrichter[285] und den beiden Bürgermeistern stattgefunden, die schon kurz erwähnt wurde und dabei hat Kläger sich einerseits verpflichtet, die Klagen zurückzunehmen und andererseits haben die Bürgermeister die Verpflichtung übernommen, seine Pensionierung herbeizuführen. Beweis: Zeugnis des Amtsrichters Dr. Rech, jetzt in Rheinbach bei Bonn, diese ist denn auch tatsächlich ausgesprochen worden. Wie erwähnt ist aber die Pensionszahlung verweigert worden, nachdem sie übrigens bereits einige Monate gezahlt war, weil die Kündigung noch vorlag. Auf Grund der mit dem Kläger vor dem Vormundschaftsrichter geschlossenen Vereinbarung hatten die Bürgermeister die Verpflichtung übernommen, die Pensionierung auszusprechen, d.h. also alles beizutragen, um die Pensionierung tatsächlich herbeizuführen. Dazu gehörte auch selbstverständlich, falls notwendig, die Zurucknahme der Kündigung. Auch aus dieser noch besonders übernommenen Verpflichtung der Bürgermeister würde sich die Berechtigung der Klage erheben. Diese muß also aus dem doppelten Grunde zugesprochen werden, weil einmal durch nachträgliche Feststellungen ermittelt worden ist, daß sie zu Unrecht erfolgt ist, dann aber auch seitens der Beklagten die Verpflichtung zur ordnungsmäßigen Pensionierung übernommen worden ist. Dazu kommt dann noch, daß die Kündigung dem Kläger als Geisteskranken gegenüber der Wirkung entbehrt.

---

[285] Hierbei handelte es sich um den Amtsrichter Dr. Matthias Rech, wie aus seinen oben geschilderten Erinnerungen hervorgeht.

In formeller Hinsicht stützt sich die Klage auf § 7 des Kommunalbeamtengesetzes. Die daselbst vorgeschriebene Entscheidung des Bezirksausschusses ist am 8. Juni 1918 zu Ungunsten des Klägers ergangen. Diese Entscheidung ist dem Unterzeichneten, der den Kläger auch in diesem Verfahren vertreten hat, am 17. Juli 1918 zugestellt worden.

Gez(eichnet) Dr. Weber, Rechtsanwalt.

*Der Verhandlungstermin wird auf 8. Februar 1919
vormittags 9 Uhr anberaumt.*

Trier, den 14. Januar 1919.

Der Vorsitzende der Zivilkammer.

Zusammenfassend kann man sagen, daß sich der Sachverhalt ziemlich genau so darstellte wie in den Memoiren des Dr. Rech erzählt: Stadtsekretär Bildhauer hatte sich mit den beiden Stadtbürgermeistern Melies und Simonis „in die Wolle gekriegt" und war daraufhin im Juni 1907 gekündigt worden. Anschließend hatten diverse ärztliche Gutachten ergeben, daß Bildhauer schon vor diesem Ereignis geisteskrank war. Daher war die Kündigung rechtlich unwirksam und man hätte ihn statt dessen pensionieren müssen. Die beiden Bürgermeister von Bernkastel-Stadt und Land hatten dem Vormundschaftsrichter Dr. Rech selbiges auch versprochen — allein, sie hatten es nicht getan, weil sie dazu vorher offiziell die Kündigung hätten zurücknehmen müssen!

Dr. Rech schreibt wortwörtlich: „Durch eine neue Torheit wurde auch dies unmöglich ..." Bildhauer blieb daher nichts anderes übrig, als erneut den Klageweg durch die Instanzen zu beschreiten, um nach Möglichkeit zu seinem Recht zu kommen.

10.5 Das Gutachten Schaumburg vom 23. April 1926

Um nicht jeden einzelnen Briefwechsel der folgenden Jahre nach 1918 hier aufzuführen, wird im Folgenden ein Gutachten aus dem Jahr 1926 zitiert, welches die wichtigsten Ereignisse zusammenfasst.

Sanitätsrat Schaumburg von der Provinzial-Heil- und Pflegeanstalt in Bonn verfasste am 23. April 1926 ein Gutachten darüber, ob Bildhauer bei Entgegennahme der Kündigung am 10. und 15. Juni 1907 geisteskrank gewesen sei.[286]

Abschrift

7 U 115/23   *in Sachen Bildhauer gegen Berncastel,
Bonn, den 23. April 1926*

---

[286] LHAK 615, Nr. 787, Bilder 1801r–1807r. Die Abschrift in Maschinenschrift ist für die Mikroverfilmung zum Teil zu eng gebunden gewesen, so daß Teile des Textes nicht auf dem Mikrofilm abgebildet sind und ergänzt werden mußten. Diese Worte sind in eckige Klammern „[ ]" gesetzt.
Fett markierte Stellen dienen dem Autor zur besonderen Hervorhebung ihrer Wichtigkeit!

Gutachten

Auf Ersuchen des Oberlandesgerichts Köln, vom 19. April 1926 (Aktenzeichen 7 U 115/23) erstatte ich im nachfolgenden in der Streitsache Bildhauer gegen die Gemeinde Berncastel Stadt und Land das Gutachten darüber, ob Bildhauer bei Entgegennahme der Kündigung am 10. und 15. Juni 1907 zweifellos oder doch mit an Gewissheit grenzender Wahrscheinlichkeit **geisteskrank** *gewesen ist. Dem Gutachten liegen zu Grunde die Kenntnis der zahlreichen über Bildhauer geführten Akten aus den letzten 20 Jahren.*

Vorgeschichte

Aus den Akten über Bildhauer ist folgendes zu entnehmen. Am 30. April 1906 schreibt Bildhauer, dass er wegen Krankheit seinen Dienst nicht mehr in seinem ganzen Umfange versehen könne. Er habe einen längeren Urlaub nötig, der aber kaum zu dauernder Arbeitsfähigkeit führen würde. Er wolle deswegen am 1. Oktober 1906 in den Ruhestand treten, unter der Voraussetzung, dass er Pension bekomme. Durch Verfügung vom 26. Juli 1906 wurde Bildhauer vom Landrat des Kreises Berncastel vom Amte suspendiert, nachdem gegen ihn die Voruntersuchung wegen Urkundenfälschung, Betrugsversuch und Bestechung eröffnet worden war. Auf eine Beschwerde des Bildhauer wurde die Verfügung vom Regierungspräsidenten zu Trier am 18. August 1906 bestätigt. Am 13. November 1906 beschwert sich Bildhauer beim Regierungspräsidenten, dass er eine ihm zugesagte Entschädigung für Mehrarbeiten nicht bekomme und dass er mit Mehrarbeiten überhäuft sei, andere aber in der Dienstzeit [andere?] Arbeiten machen [könnten?]. Das Strafverfahren gegen Bildhauer wurde aus Beweismangel eingestellt und am 3. Juni 1907 auch die Amtssuspendierung aufgehoben. Am 10. Juni 1907 wurde dann in der Gemeindesitzung von Berncastel beschlossen, dem Bildhauer **mit 6 monatlicher Frist zu kündigen**. *Bildhauer erkannte unter dem 12. Juni 1907 die Kündigung als nicht zu Recht bestehend an und verlangte eine Abschrift seiner angeblich verloren gegangenen Anstellungsurkunde, die ihm aber verweigert wurde. Bildhauer richtete dann noch mehrere gleichlautende Beschwerden an die Bürgermeisterei Berncastel, er erhielt am 26. Juli 1907 vom Regierungspräsidenten zu Trier den Bescheid, dass seine Kündigung zu Recht bestehe. In einem Schreiben vom 6. August 1907 an den Bürgermeister Simonis zu Berncastel bezeichnet Fahmer aus Coblenz den Bildhauer als einen intriganten, mit allen Schlechtigkeiten ausgestatteten gemeingefährlichen Menschen. Die Gemeinde Berncastel hält am 15. August 1907 die Kündigung von Bildhauer trotz dessen Einspruch aufrecht.*

Am 31. Oktober 1907 erkennt der Oberpräsident die Kündigung des Bildhauer an und bescheidet dessen Beschwerden abschlägig. In einer Eingabe vom 5.12.1907 behauptet Bildhauer, der Bürgermeister habe seiner Frau angeboten, er (Bildhauer) solle sich mit 1.500 M(ark) Pension zufrieden geben, er tue dieses. Von dem Angebote des Bürgermeisters ist nach dessen Angabe nie die Rede gewesen. Am 16. Dezember 1907 bittet Bildhauer um weitere Beurlaubung, da er noch krank sei. Es wird ihm am nächsten Tage geschrieben, dass er ausgeschieden sei und daher nicht weiter beurlaubt werden könne. Dann folgen zahlreiche Eingaben über Pensionszahlung pp. die alle abgewiesen und immer erneut gestellt werden. Indem er sich trotz aller Belehrungen darauf stützt, dass die von ihm selbst verfasste **Anstellungsurkunde** *die den Tatsachen nicht entsprach, aber versehentlich gezeichnet [ihre] Gültigkeit habe. Oktober 1908 erging sich Bildhauer in Beleidigungen gegen den Bürgermeister von Berncastel, bezeichnete sich noch als Stadtsekretär und wurde deswegen verklagt, aber freigesprochen.*

Laut Attest des Dr. Wiesemer[287] vom 24. Oktober 1908 ist Bildhauer wegen Lungen- und Herzaffektion sowie wegen chronischem Gelenkrheumatismus seit 1906 dauernd arbeits- und dienstunfähig. Auch Dr. Schaefer[288] Ber[icht?] bezeichnet [im] Mai 1906 Bildhauer als dauernd Lungen- und Herzleidend. Im September 1910 stellt das Bürgermeisteramt zu Berncastel Strafanzeige gegen Bildhauer wegen fortgesetzter Beleidigung. [Im] Oktober 1910 ebenso der Regierungspräsident zu Trier. Bildhauer wird durch Beschluss des Landgerichts Trier vom 19. September 1912 wegen § 51 außer Verfolgung gesetzt.

Am 16. Juli 1908 bezeichnet der Landrat von Berncastel in einem Schreiben an den Regierungspräsidenten den Bildhauer als Querulanten, da Bildhauer trotz Beantwortung aller seiner Beschwerden immer von neuem vorstellig wurde und unbelehrbar ist. In einem Schreiben des Bürgermeisters von Berncastel-Land vom 20. Dezember 1912 heißt es, daß während der Revisionsverhandlung des Bildhauer beim Reichsgericht 1912 Ereignisse eingetreten seien, die vermuten ließen, daß Bildhauer geistig nicht normal sei und daß diese geistige Minderwertigkeit vermutlich schon früher bestanden habe und daß die Vorkommnisse, die zu einer Kündigung führten ebenfalls auf das Konto dieser geistigen Minderwertigkeit zu setzen seien.

Spezialakten, Pfändungsbeschlüsse pp Fach 7 Abt. a

In einem Urteil des Landgerichts Trier [vom] April 1912 heißt es, daß Bildhauer von seiner widerrechtlichen Entlassung überzeugt war, dagegen alle möglichen Rechtsmittel ergriff, aber ohne Erfolg. Er sei dann sehr nervös geworden, weiter an paranoia querulatoria erkrankt und infolge dessen der freien Willensbestimmung beraubt, obwohl er äußerlich scheinbar verständig sei.[289]

Spezialakten, betr. Prozess Bildhauer, wegen Forderung von 1.500 M(ark) Pension

1911 verklagt Bildhauer den Bürgermeister von Berncastel mit der Angabe, derselbe habe ihm 1.500 M(ark) Pension versprochen. Er wird vom Bürgermeister am 11.

---

[287] Hier muß es „Wiesemes" heißen!

[288] Hier muß es „Schäfer" heißen!

[289] Egal, ob Bildhauer äußerliche Symptome einer Geisteskrankheit zeigt oder nicht, er wird in jedem Fall als krank angesehen. Es handelt sich gewissermaßen um eine Tautologie, das ist in der Logik eine Aussage, die unabhängig von der Interpretation immer wahr ist. Ein Gegenbeweis ist nicht möglich.
Ähnlich verhielt es sich im Mittelalter beim sogenannten „Hexenbeweis": Wenn eine Frau, die man gefesselt ins Wasser warf, nicht unterging, dann war sie ein Hexe und wurde auf dem Scheiterhaufen verbrannt. Ertrank sie jedoch, so war sie unschuldig gewesen. Gleich wie, das Ergebnis war immer dasselbe — die Frau war tot, egal ob sie durch Ertrinken oder auf dem Scheiterhaufen gestorben war!

August 1911 zur Zeit seiner Kündigung noch als dienstfähig bezeichnet. Dr. Lehmann schreibt am 24. September 1912 daß Bildhauer wegen **paranoia querulatoria** *nicht mehr im Stande sei, seinen Dienst zu versehen.*

[Im] Oktober 1913 wird die Beobachtung des Bildhauer in einer Irrenanstalt angeordnet und Dezember 1913 vom Amtsgerichte beschlossen.

Bildhauer beschuldigt [am] 20. Dezember 1913 den Bürgermeister [Simonis] von Berncastel **des Meineides, der Hurerei pp.**

Schreiben vom Amtsgericht Berncastel [vom] 3. September 1916: Bildhauer ist nunmehr **rechtskräftig entmündigt**. *Vom Gericht wird dabei angeregt dem Bildhauer eine Pension zu gewähren, um ihm keinen weiteren Anlass zum Querulieren zu geben, zumal nach dem ärztlichen Gutachten die Anfänge seiner Erkrankung weit zurückliegen und den Anlass zu seiner Entlassung gegeben haben sollen, ohne daß die Krankheit erkannt sei.*

Die Reibereien zwischen Bildhauer und dem Bürgermeister fingen 1905 und 1906 an und führten zunächst zur Suspension, dann beantragte Bildhauer seine Pensionierung, wurde aber, bevor diese entschieden war, gekündigt.

Entmündigungsakten Amtsgericht Berncastel-Cues

[Auf] Bl(att) 28 der Akten heißt es unter anderem: „Es ist in der Beurteilung der Persönlichkeit des Bildhauer seit längerer Zeit bei den beteiligten Behörden eine völlig veränderte Grundanschauung eingetreten, nachdem man erkannt habe, daß Bildhauer als geisteskrank zu betrachten ist. Seine Handlungsweise, welche vor Jahren zur Disciplinarischen Amtsentsetzung hätte führen können, stellt sich heute als ein Ausfluss seines unzweifelhaft schon damals vorhandenen geistigen Defekts dar."

Kreisarzt Lehmann, Berncastel, bekundet

(Bl. 8, Band II) Bildhauer leidet an paranoia querulatoria, welche ihn bis zu einem gewissen Grade nicht behindert zu haben brauche, den Dienst als Stadtsekretär auszufüllen, deren weitere Ausbildung ihn aber plötzlich auch für seinen bis dahin formell richtig versehenen Dienst unfähig macht, weil er unter Beeinträchtigungs- und Verfolgungsideen stand. Unter diesem Einfluss hat er seine ganzen Prozesse geführt und ist sein ganzes Verhalten von diesem Standpunkte aus zu beurteilen.

[Im] Januar 1913 wird das früher schon einmal eingeleitete Entmündigungsverfahren wieder aufgenommen. Bildhauer bezeichnet das Gericht zu Berncastel als befangen, den Kreisarzt als fahrlässig und nicht objektiv. Dr. Ueberholz lehnt Bildhauer ab, wegen wissenschaftlicher Unfähigkeit. Bürgermeister Simonis kann nicht angeben, ob Bildhauer geisteskrank oder gesund ist. Er war immer sehr erregt, mache Eingaben, die nach Form und Inhalt über das geistig normale hinausgingen.

Lentzgen[290] hält Bildhauer abgesehen von seiner Aufgeregtheit für gesund, ebenso

---

[290] Hier muß es „Leutzgen" heißen!

*der Kaufmann Dillinger. Sekretär Bach[291] sagt aus, dass er den Bildhauer seit 1900 kenne, er war bis 1906 einzeln angetrunken und aufgeregt sonst aber normal. 1907 musste Bildhauer einmal wegen großer Gereiztheit vom Bürgermeister aus dem Zimmer gewiesen werden. Bildhauer versuchte dann den Bürgermeister zu denunzieren und wurde suspendiert etc. 1906 habe nach seiner Ansicht Bildhauer ihn schon wegen angeblicher Majestätsbeleidigung denunziert. Frau Bildhauer hält die Beobachtung für unnötig, da ihr Mann gesund sei. Dr. Schwickerath erklärt, dass am 24. November 1913 nach zweimaliger Untersuchung, Bildhauer weder geisteskrank noch geistesschwach ist. Dr. Buddeberg sagt unter anderem, in seinem Entmündigungsgutachten: Er fasse es als absolut normal auf, dass Bildhauer zunächst alle Instanzen durchging, um seine Kündigung rückgängig zu machen und seine Pensionierung zu erreichen. Ebenso fasse er auch die ersten Eingaben an Behörden pp. auf. Es seien also alle seine Versuche, sich die Pension zu erkämpfen **nicht als krankhaft** anzusehen, sie entsprängen lediglich dem Gefühl in seiner Rechtssphäre gekränkt zu sein. Später (??) bekam dieses Rechtsuchen ein anderes Gesicht, entwickelte sich pathologisch, er wurde ein Angreifer, stellt anderen böse Absichten unter, verdächtigte, verleumdete etc. Bildhauer sei nach seiner Ansicht ein Geisteskranker. Der Beginn der Erkrankung reiche mindestens bis in das Jahr 1905 (!). Früher sei Bildhauer ohne Zweifel sehr tüchtig und brauchbar gewesen, seit 1905 bezw. 1906 genügte er den Anforderungen nicht mehr, er ließ sich 1906 Verfehlungen zu Schulden kommen, denen man mit Rücksicht auf seine Nervosität nicht nachging, da Bildhauer schon seit Beginn des Jahres leidend und sehr nervös sei. Bereits 1903 benahm er sich gegen den Bürgermeister Melies unehrerbietig, auch gab Bildhauer an, dass der Bürgermeister von ihm vermutet habe, er intrigiere gegen ihn. Alles das dränge zu der Ansicht, dass Bildhauer schon lange psychisch krank gewesen sei und das entspreche auch dem Charakter dieser langsam und schleichend einsetzenden Erkrankung pp.*

Vormundschaftsakten Bildhauer (Reg. B. VIII 65)

Amtsrichter Recht[292] schreibt [auf] Blatt 22:
Es bleibt nur eine rechtskräftige Feststellung der Geistes[krankheit?] abzuwarten übrig und dann die **Kündigung evtl. anzufechten, w[eil sie] einem geisteskranken Mann gegenüber ausgesprochen ist***. (22. Oktober 1913) (ebenso Bl. 147 am 2. Sept. 1916) Bl. 159 Bildhauer behauptet bereits bei der Kündigung 1907 geistes[krank] gewesen zu sein. Das Landgericht Trier entscheidet am 5. Nov[ember] 1921 dass Bildhauer nach dem Gutachten Dr. Buddeberg damals [schon] krank und der freien Willensbestimmung beraubt war und dass [dadurch?] die Kündigung erst Februar 1913 wirksam wurde (vorl(äufige) Entmün[digung] des Bildhauers).*

Akten Bildhauer gegen Berncastel B. a. I.

Rechtsanwalt Thewalt bestreitet, dass Bildhauer zur Zeit der [ersten] Kündigung geisteskrank war. Aus dem Gutachten Buddeberg ergibt sich das Gegenteil, dieses

---

291 Hier muß es „Back" heißen!
292 Hier muß es „Rech" heißen!

müsse als maßgebend angesehen werden. Dr. Lehmann seine Angaben könnten keinen Anspruch auf Richtigkeit haben. Auch die Ehefrau spreche entschieden gegen eine Geisteskrankheit ihres Mannes. Dr. Wiesemer[293] gibt in seinem Gutachten [...] an, die dienstlichen Verfehlungen des Bildhauer seien durch seine Zwangszustände bedingt. Er habe Bildhauer schon vor 1907 an nervösen Zuständen behandelt und beobachtet, dass der anfänglich vielleicht noch nicht psychopathologische Zustand immer mehr das Bild einer ausgesprochenen Psychose zeigte. Jedenfalls erschien Bildhauer in den letzten Jahren allen als ein Mensch, der für seine Handlungen nicht in vollem Umfange verantwortlich war. Dr. Buddeberg sagt unter anderem in seinem **2. Gutachten** *Bl. 79 pp der Akten: In seinem ersten dem Entmündigungsgutachten befinde sich ein Widerspruch insofern, als er zuerst geäußert habe, die ersten Eingaben des Bildhauer seien* **nicht als krankhaft** *aufzufassen u[nd er] dann den Beginn der Erkrankung des Bildhauer vor das Jahr 1907 zurückverlegt habe. Da die ersten Eingaben nicht[s] Pathologisches nach Form und Inhalt aufwiesen, habe er sie dementsprechend bewertet und beurteilt.*

Ein Paranoiker, namentlich wenn er langjähriger Beamter sei, könne bei Verteidigung seines Rechtes sehr wohl formgerechte Eingaben machen. Aus diesen braucht sich nicht gleich das krankhafte seines Denkens zu ergeben. Andererseits sei Bildhauer schon von Anfang an pathologisch verändert gewesen, seiner Umgebung aufgefallen, weil er im Gegensatz zu früher nervös und widersetzlich geworden war zum Beispiel gegen den Bürgermeister Melies, ferner argwöhnisch gegen seinen Mitarbeiter. Es sei als wahrscheinlich anzunehmen, dass Bildhauer schon zur Zeit der Kündigung geisteskrank war und daß seine Stellung zu seiner Umgebung besonders zu seiner Behörde durch Verfolgungs- und Beeinträchtigungsideen beeinflusst war. Seine freie Willensbestimmung sei schon bei der Kündigung dauernd gestört gewesen. Amtsgerichtsrat Rech meint, daß das beamtenwidrige Verhalten des Bildhauer, daß den Anlass zu seiner Kündigung gab, Ausfluss einer bereits damals bestehenden Geistesstörung war (Bl. 95).

Bürgermeister Ziegler hält Bildhauer vor dem Jahre 1907 nicht für geisteskrank (Blatt 104), er weiß auch nicht, daß Bildhauer an einer Geisteskrankheit gelitten hätte. Er kenne Bildhauer seit 1903, sei bis 1906 Sekretär mit ihm zusammen gewesen, habe niemals von einem geistigen Defekt etwas gemerkt. Auch in der Kündigungszeit habe er an Bildhauer **nicht Abnormes** *bemerkt, nachher sei er erregt und nervös geworden. Am 5. November 1921 entschied das Landgericht Trier, daß die Kündigung des Bildhauer nicht vor dem 13. Februar 1913 wirksam geworden sei. Dem Tage seiner vorläufigen Entmündigung Bl. 155 pp bezeichnet Rechtsanwalt Gorius das Gutachten von Buddeberg als nicht erschöpfend und versteht nicht, wie Buddeberg dazu kommt aus geringfügigen Gründen Bildhauer schon vor 1907 im Gegensatz zu früher als schwer krank und unzurechnungsfähig zu bezeichnen. Dagegen hält Rechtsanwalt Schrammen den Beweis, daß Bildhauer 1907 bereits geisteskrank war, für erbracht.*

---

[293] Hier muß es „Wiesemes" heißen!

*Am 14. März 1923 beantragt Rechtsanwalt Thewalt die Nachprüfung des Geisteszu-
standes des Bildhauer durch die Anstalt Bonn. Bürgermeister Melies kennt Bildhauer
von 1902 bis 1906 als Sekretär, er hat ihn für nicht ganz normal gehalten, von einer geistigen Erkrankung wodurch die freie Willensbestimmung ausgeschlossen war,
könne nicht die Rede sein. Seit 1906 sei er (Melies) in Benrath. Sekretär Back
bezeichnet Bildhauer als einen tüchtigen Beamten, der, wenn ohne Aufsicht, wohl
bummelte und trank und dann zu Exzessen neigte. Geisteskrank war er nicht. Beige-
ordneter Stöck [hatte] Bildhauer bis zu seinem Ausscheiden für einen normalen Menschen gehalten. Wenn er getrunken hatte, war er nicht zu gebrauchen, darum habe
ihn Melies auch entlassen. Stadtdiener Velten hat Bildhauer nie als geisteskrank
angesehen, besonders nicht 1905 – 1907.*

*Buddeberg stellt **in seinem 3. Gutachten** fest, dass Bildhauer schon 1906 sich
Verfehlungen zu Schulden kommen ließ, damals aber schnell gesagt wurde, er sei
schwer leidend. Auch habe Bildhauer sich 1906 unehrerbietig gegen seinen Vorgesetzten benommen. Auch Dr. Wiesemes habe Bildhauer schon vor 1907 wegen nervöser
Zustände behandelt, die nachher immer mehr das Bild einer Psychose gezeigt hätten.*

*Ferner sei Dr. Lehmann der Ansicht, daß die Krankheit des Bildhauer weit
zurückliege. Sodann habe die Form der Psychose des Bildhauer wie er (Buddeberg) schon gesagt habe, sich langsam und schleichend entwickelt, sei mit anderen
Worten nicht sofort in die Erscheinung getreten, namentlich nicht für Laien. In der
Anstalt Merzig sei er [sehr] besonnen gewesen und geriet nur in Affekt, wenn auf
seine Verhältnisse [und] das ihm vermeintlich zugefügte Unrecht die Rede kam. Dr.
Schwickerath[294] habe sich durch das Verhalten des Bildhauer **täuschen lassen**. Die
beiden Aussagen des Sekretärs Back[295], widersprächen [sich] direkt. Es sei daher nur
der Schluss möglich, daß Bildhauer schon vor der Kündigung **sehr wahrscheinlich**
geisteskrank war.*

*[Bildhauers] Rechtsanwalt erkannte laut Schreiben vom 14.5.[19]25 das Gutachten
von Buddeberg nicht an. Er behauptet, daß Bildhauer weder 1905 – 1907 noch 1913
geisteskrank gewesen ist, noch zur Zeit krank sei. Bildhauer müsse in Bonn erneut
beobachtet werden, um zu beweisen, dass er gesund sei. Er sei 1913 nur für krank
erklärt [worden], um ihn den zu erwartenden Strafen zu entziehen. Bildhauer sei ein
schlauer Gegner, den niemand für verrückt halte. Amtsgerichtsrat Reck[296] habe der
Frau Bildhauer selbst geraten ihren Mann für verrückt erklären zu lassen, dann werde
er nicht verurteilt. Amtsgerichtsrat Reck(sic!) sagt aus, daß [die] Entmündigung absolut notwendig war, da Bildhauer an typischem Verfolgungswahn litt. Bildhauer dem
Gefängnis zu entziehen, habe kein Grund vorgelegen. Er habe der Frau des Bildhauer
lediglich gesagt, es sei für ihren Mann **das Beste, wenn er entmündigt werde**.
Bildhauer habe später seine Entmündigung ausgenützt um allerlei Betrügereien zu
verüben.*

---

294 Hier muß es wohl Dr. Buddeberg heißen!?
295 Hier muß es „Back" heißen!
296 Hier muß es „Rech" heißen!

Auch Frau Bildhauer sagt aus, dass Amtsrichter Reck(sic!) ihr [gegenüber] nie eine Äußerung gemacht habe, wie Rechtsanwalt Gorius angebe. Ihr Mann habe nie getrunken, sei aber schon 1904 – 1907 sehr nervös gewesen, so das Tiefsinn befürchtet worden sei. Während der Kündigungszeit habe der Bürgermeister ihr einmal gesagt, ihr Mann sei verrückt, mit dem könne man nicht verhandeln. Rechtsanwalt Gorius bleibt dabei, daß Bildhauer nie geisteskrank war. Am 2. Februar 1926 wurde beschlossen, ein Obergutachten von der Anstalt Bonn einzufordern über die Frage, ob Bildhauer bei Entgegennahme der Kündigung am 10. und 15. Juni 1907 zweifellos oder doch mit [an] Gewissheit grenzender Wahrscheinlichkeit geisteskrank gewesen ist.

Begründung.

Bildhauer leidet nach seinen in den Akten niedergelegten Eingaben, nach den Zeugenbekundungen und nach den zum Teil recht eingehenden, ausführlichen auf Grund seiner besonderen Beobachtung in der Anstalt abgefassten Gutachten ohne jeden Zweifel an Querulantenwahn, der am häufigsten beobachteten Form der chronischen Paranoia. Bei dieser Erkrankung handelt es sich um die schleichende Entwicklung eines dauernden und unerschütterlichen Wahnsystems, welches meist mit weitgehender Erhaltung der Klarheit und Ordnung im Denken, Wollen und Handeln verknüpft ist. Da nun außerhalb ihres Wahnsystems ihr Denken, Fühlen und Wollen normal erscheint, kommt es häufig vor, daß diese Kranken von Laien und psychiatrisch weniger oder gar nicht geschulten Ärzten für gesund gehalten und auch erklärt werden, zumal ihre Intelligenz, die bei allen Handlungen entwickelte Energie, ausgezeichnet sind und handgreifliche Merkmale eines Irreseins fehlen. Weiter handelt es sich wie schon erwähnt bei der Paranoia querulatoria nicht um eine akute, plötzlich und unverkennbar in die Erscheinung tretende Krankheit, so dass an ihrem Vorhandensein Zweifel nicht auftauchen können, sondern die ersten Anfänge der Erkrankung gehen ausnahmslos wenigstens zunächst [vorbei?] insofern sie garnicht beobachtet oder anders gedeutet und be[merkt?] werden. Selbst für den geschulten Beobachter und Kenner der Krankheit ist es unmöglich, bei einem erheblich unbelasteten Menschen zu entscheiden, ob dieses oder jenes Symptom bei seinem ersten Erscheinen *als krankhaft in psychiatrischem Sinne, als Zeichen [einer] beginnenden Störung aufgefasst werden muss, oder ob es ohne Bela[ng?,] ein Zufallsprodukt einer augenblicklichen Verstimmung oder Err[egung] ist. Erst bei* **retrospektiver Betrachtung** *aller in die Erscheinung getretenen Ereignisse gelingt es, sich ein genaueres und den Tatsachen gerecht werdendes Bild von dem Werdegang und Beginn der Paranoia querulatoria zu machen. Diese in vorhergehenden Erwähnte zwecks[?] Erklärung der Paranoiafrage vorausschickend komme ich zur Beantwortung der Frage, ob Bildhauer schon zur Zeit der Kündigung als geisteskrank anzusehen war. Die Urteile über den Geisteszustand sind sehr verschieden. Zur Zeit der Kündigung hielten seine Mitarbeiter und Vorgesetzten Bürgermeister Simonis, Ziegler, Sekretär Velten, Stöcker[297], Dr. Schwickerath, sein Vormund ihn nicht für geisteskrank. Diese Ansicht kann nicht*

---

[297] Hier muß es „Stöck" heißen!

auffallen, weil Bildhauer damals offensichtliche Zeichen einer geistigen Störung nicht bot, sein ganzes Verhalten vielmehr den Anschein erweckte, als ob man es mit einem tüchtigen, aber etwas reizbaren und launischen Beamten zu tun hatte. Seine Verfehlungen und sein ungehöriges Benehmen wurden auf das Konto von Alkohol und Nervosität resp. Erregung gesetzt. Anders lauten die Äußerungen der Ärzte und der Behörden. Dr. Wiesemer[298] meint die Verfehlungen des Bildhauer seien durch Zwangszustände bedingt. Der Zustand des Bildhauer, den er schon vor 1907 wegen Nervosität behandelt habe, sei immer mehr in den einer Psychose übergegangen. Bildhauer sei in den letzten Jahren (welchen ?) nicht mehr für sein Handeln verantwortlich gewesen. Dr. Lehmann schreibt: Bildhauer leidet an Paranoia querulatoria, er konnte Anfangs bis zu einem gewissen Grade als dienstfähig gelten, später nicht mehr. Seine Prozesse hat er unter dem Einfluss seiner Krankheit geführt, sein ganzes Verhalten ist von diesem Standpunkte zu beurteilen. Budenberg[299] fasst die Eingaben des Bildhauer zu Anfang als normal auf, schließt dann aber, dass Bildhauer schon seit 1906 oder 1905 krank ist. Er gibt in einem weiteren Gutachten zu, das in seinen ersten Ausführungen ein Widerspruch enthalten sei. Er habe **versehentlich** *die ersten äußerlich formellen Eingaben* **falsch bewertet,** *wahrscheinlich sei Bildhauer schon zur Zeit seiner Kündigung krank gewesen, so daß die freie Willensbestimmung aufgehoben war. Buddeberg bestätigt diese, seine zweite Ausführung, dann noch* **in einem dritten Gutachten.**

Der erste Vorgesetzte des Bildhauer, Bürgermeister Melies, der Bildhauer von 1902 bis 1906 kannte, hält Bildhauer für nicht normal, aber auch nicht für geisteskrank und unzurechnungsfähig. Amtsgerichtsrat Reck[300] ist der Ansicht, daß das beamtenwidrige Verhalten des Bildhauer, das zu seiner Kündigung führte, bereits Ausfluss seiner geistigen Störung war. Bildhauer habe an Verfolgungswahn gelitten. Weiter schreibt der Landrat von Berncastel schon Juli 1908, Bildhauer sei schon lange ein Querulant, der unbelehrbar sei. Der Bürgermeister von Berncastel-Land, Ziegler schreibt, sodann am 20. Dezember 1912 unter anderem, dass die geistige Minderwertigkeit bei Bildhauer schon früher bestanden hätte, und dass die Vorkommnisse, die zu einer Kündigung führen, ebenfalls auf diese Minderwertigkeit zurückzuführen seien. [Auf] Blatt 68 der Entmündigungsakten ist gesagt, dass in der Beurteilung der Persönlichkeit des Bildhauer bei den Behörden eine ganz andere Anschauung seit längerer Zeit eingetreten sei, dass man seine Handlungsweise die zu seiner Kündigung führte, nunmehr als Ausfluss seiner schon damals bestehenden Geistesstörung auffasse.

Schließlich sind noch folgende Tatsachen zur Beurteilung Bildhauers beachtenswert. 1903 benahm Bildhauer sich gegen den Bürgermeister Melies unehrerbietig. 1906 meldete Bildhauer sich im April als nervenkrank, glaubte, er werde wohl nicht wieder dienstfähig. Juli 1906 erfolgte seine Suspendierung vom Amt, nachdem wegen **Urkundenfälschung, Bestechung, Betrugsversuch** *eine Voruntersuchung gegen*

---

[298] Hier muß es „Wiesemes" heißen!
[299] Hier muß es „Buddeberg" heißen!
[300] Hier muß es „Rech" heißen!

ihn eingeleitet war. Oktober 1906 wollte Bildhauer in den Ruhestand treten, wenn er pensioniert würde, November 1906 verlangte er Entschädigung wegen Mehrarbeit, denunzierte gleichzeitig seine Mitarbeiter. Am 3. [Juni] 1907 wurde die Amtssuspendierung aufgehoben aus Mangel an Beweisen, seinen Verfehlungen ging man mit Rücksicht auf seine Nervosität nicht nach. Und schließlich erfolgte **am 10. Juni 1907** *also 7 Tage nach Aufhebung der Suspendierung* **die Kündigung,** *die dann einen Rattenkönig von Beschwerden, Eingaben, Verdächtigungen nach sich zog, in denen Bildhauer sich trotz aller Misserfolge nicht von weiteren Schritten abhalten ließ, beleidigte, verleumdete, entstellte pp., so daß er schließlich* **entmündigt** *wurde, nachdem schon vorher der § 51 wegen Unzurechnungsfähigkeit zugebilligt (1912). Das Bildhauer geisteskrank ist, an Paranoia querulatoria leidet, geht aus seinem in den Akten ausführlich geschilderten Verhalten, aus seinen zahlreichen, charakteristischen Eingaben und Beschwerden mit einer Deutlichkeit hervor, dass Zweifel darüber gar nicht aufkommen können. Wenn dagegen der Einwand erhoben wird, dass Bildhauer Rechtsauskünfte erteilt, Steuererklärungen anfertigt, gar keine Zeichen einer Geistesstörung bietet, vielmehr den Eindruck eines besonnenen, klugen, gerissenen Menschen macht, so ist dem entgegen zu halten, dass Kranke der Art wie Bildhauer an Querulantia leidende, meist keine für den Laien überzeugende Krankheitssymptomatik bieten, dass sie keine Verblödungszeichen an sich haben, vielmehr* **äußerlich gewandt und ganz normal erscheinen können.** *Für jeden, der geistige Störungen, im vorliegenden Fall die Paranoia querulatoria kennt, muss es aber bei einiger Überlegung klar sein, dass schon [die] ersten Beschwerden des Bildhauer ausgesprochen querulatorisch gefärbt waren, dass damals schon gleich nach der Kündigung die Krankheit nicht mehr bestritten werden konnte und dass sie zunehmend rasch sich verschlimmerte. Der in dem Gutachten Buddeberg enthaltene Widerspruch — er bezeichnete zuerst die ersten Beschwerden und Eingaben des Bildhauer, weil formell richtig, als normale Reaktionen auf die Kündigung und sagte im nächsten Atemzuge, Bildhauer sei schon lange seit 1906 oder 1905 krank — ist in* **zwei** *weiteren Ausführungen desselben Gutachters* **als Versehen** *bezeichnet und dementsprechend eingehend berichtigt worden. Wenn man nun weiter zurückgehend in Erwägung zieht, dass Bildhauer bereits im April 1906 sich wegen Nervosität krank meldete und dabei die Befürchtung aussprach, dass er wohl nicht wieder dienstfähig werden würde, dass Bildhauer sich ungehörig gegen seinen Vorgesetzten Melies benahm, der ihn schon damals nicht für normal hielt, dass sich Bildhauer 1905 und 1906 Verfehlungen gegen seine vorgesetzte Behörde zuschulden kommen ließ, denen man mit Rücksicht auf seine Nervosität nicht nachging und die seinem früheren Verhalten, als dem eines tüchtigen, gewissenhaften Beamten, fremd waren, dass Bildhauer 1906 weiter unzutreffende Denunziationen machte zur Begründung eines pekuniären Vorteils, dass er 1906 glaubte, der Bürgermeister intrigiere gegen ihn etc., so drängt sich der berechtigte Schluss auf, dass alle diese einzelnen Momente nicht Zufallserscheinungen sind, nicht als zufällige harmlose Entgleisungen eines nervösen, leicht erregbaren Menschen angesehen werden können, sondern dass Bildhauer sich bereits vor der im Juni 1907 ausgesprochenen Kündigung in einem Zustande der sich bei ihm entwickelnden geistigen Störung befand, in welchem seine freie Willensbestim-*

mung aufgehoben war. Eine Stütze findet diese Ansicht noch darin, als es sich, wie eingangs auseinandergesetzt ist, bei der Paranoia querulatoria um eine Erkrankung handelt, welche ganz schleichend beginnt und welche den davon Befallenen lange Zeit für das Auge nicht als geisteskrank gelten läßt.

Ich komme daher zusammenfassend zu dem Schluss, dass
    *1.) Bildhauer an **Paranoia querulatoria** leidet.*
    2.) Dass Bildhauer zur Zeit der gegen ihn ausgesprochenen Kündigung ***höchst wahrscheinlich*** *bereits geisteskrank war.*

        gez(eichnet) Schaumburg, Sanitätsrat
        der Provinzial-Heil- und Pflegeanstalt.

10.6 Das Urteil des Oberlandesgerichts Köln vom 22. Juni 1926

Der Rechtsstreit zwischen Franz Bildhauer und den beiden Gemeinden Bernkastel-Stadt und -Land zog sich seit beinahe 20 Jahren hin. Jede der beiden Seiten pochte auf ihren Standpunkt und man stand sich unversöhnlich gegenüber. Die Gemeinden sahen Bildhauer weiterhin als ordnungsgemäß gekündigt an und, daß er keinen Rechtsanspruch auf weitere Zahlungen von ihnen mehr habe. Dieser Ansicht hatte das Landgericht Trier in seinem Urteil vom 19. April 1923 zugestimmt und die Klage des (ehemaligen) Stadtsekretärs abgewiesen.

Bildhauer hatte daraufhin seine **Taktik geändert**. Da er 1913 für geschäftsunfähig erklärt und entmündigt worden war, war er vor Gericht nach seiner Niederlage in Trier nun darauf aus, zu beweisen, daß seine Geisteskrankheit bereits zum Zeitpunkt der **Kündigung** im Jahr 1907 vorgelegen habe und diese daraufhin **rechtsunwirksam** sei. Er ging gegen das Urteil des Landgerichts Trier vor dem Oberlandesgericht in Köln in Berufung.

Dessen Urteil vom 23. April 1926 lautete wie folgt:[301]

        Abschrift

7 U 115/23   *Verkündet am 22. Juni 1926*
                      gez(eichnet) Goebel, Gerichtsschreiber.

        Im Namen des Volkes!

In Sachen des Weinhändlers Franz Bildhauer in Berncastel, vertreten durch seinen Vormund Kaufmann Franz Roderfeld in Berncastel-Cues, **Kläger** *und Berufungskläger, Prozessbevollmächtigter: Rechtsanwalt Schrammen in Köln,*

gegen
1) die Landbürgermeisterei Berncastel, vertreten durch ihren Bürgermeister.

---

[301] LHAK 615, Nr. 787, Bilder 1817r–1819l.

2) die Stadt Berncastel, vertreten durch ihren Bürgermeister,
Beklagte *und Berufungsbeklagte, Prozessbevollmächtigter: Rechtsanwalt Gorius in Köln,*

wegen Kündigung, Gehaltszahlung und Schadensersatz

hat der 7. Zivilsenat des Oberlandesgerichts in Köln auf die mündliche Verhandlung vom 15. Juni 1926 unter Mitwirkung des Senatspräsidenten Professor Dr. Graven, des Oberlandesgerichtsrats G. J. R.[302] Splinter und des Landesgerichtsrats Dr. Ludowici, für Recht erkannt:

Auf die Berufung des Klägers wird das am 19. April 1923 verkündete Urteil der 2. Zivilkammer des Landesgerichts in Trier dahin abgeändert, dass der Klageanspruch **dem Grunde nach für berechtigt erklärt** *und die Sache zur Entscheidung über die Höhe der Klageforderung und über die Kosten der Berufung an die Vorinstanz zurückverwiesen wird.*

Tatbestand.

Der Kläger trat im Jahre 1894 als Stadt- und Amtssekretär in den Dienst der damals noch vereinigten Bürgermeistereien Berncastel-Stadt und Land. Am 15. Juni 1907 wurde ihm zum 15. November 1907[303] gekündigt. Mit der vorliegenden Klage verlangt der Kläger die Beklagten zur Zurücknahme dieser Kündigung unter Weiterzahlung des Gehaltes an ihn für die Zeit seit dem 18. Dezember 1907, unter Abzug der in dieser Zeit gezahlten Beträge, oder zu seiner ordnungsgemässen Pensionierung zu verurteilen, ferner verlangt er Feststellung, dass die Beklagten verpflichtet seien, ihm allen durch die Kündigung entstandenen und noch entstehenden Schaden zu ersetzen.

Zur Begründung dieses Antrags macht der Kläger in erster Linie geltend, dass er **zur Zeit der Kündigung** *und schon vorher* **geisteskrank gewesen** *sei.*

Das Landgericht hat durch das angefochtene Urteil die Klage abgewiesen, weil es den von den Beklagten erhobenen Einwand der rechtskräftig entschiedenen Sache — eine früher mit anderer Begründung von dem Kläger auf Feststellung der Unwirksamkeit der Kündigung und Weiterzahlung des Gehalts erhobene Klage ist rechtskräftig abgewiesen worden — für durchgreifend erachtet hat.

Gegen dieses ihm am 5. Mai 1923 zugestellte Urteil hat Kläger am 19. Mai 1923 Berufung eingelegt und beantragt:

> *unter Abänderung des angefochtenen Urteils der Klage stattzugeben und weiter festzustellen, dass die Beklagten auch zum Ersatz des Geldentwertungsschadens verpflichtet sind, ev(entuell) ihm Vollstreckungsnachlass zu gewähren.*

Die Beklagten haben beantragt:

> *die Berufung zurückzuweisen ev(ent.) ihnen Vollstreckungsnachlass zu gewähren.*

---

[302] Geheimer Justizrat
[303] Hier muss es 15. Dezember 1907 heißen!

205

Der Kläger begründet die Berufung im Wesentlichen damit, dass er **zur Zeit der Kündigung bereits geisteskrank gewesen sei.** *Ferner habe er [sich] in dem früheren mit den Beklagten geführten Rechtsstreit mit den Vertretern der Beklagten dahin geeinigt, dass diese die Kündigung zurücknehmen sollten. Im einzelnen wird auf die Schriftsätze des Klägers vom 18. Mai 1923 (Blatt 216) und 16.6.[19]25 (Bl. 296) verwiesen.*

Die Beklagten bestreiten, dass der Kläger damals geschäftsunfähig gewesen sei. Auf ihre Schriftsätze vom 14. Mai 1925 (Blatt 294?) und 12.11.[19]25 (Bl. 313) und 14.6.[19]26 wird ebenfalls verwiesen.

Durch Zwischenurteil des Senats vom 18.12.[19]23 ist die von den Beklagten zunächst erhobene Einrede der rechtskräftig entschiedenen Sache zurückgewiesen worden.

Gemäß den Beweisbeschlüssen vom 20.5.[19]24 (Bl. 242) 23.??.[19]25 (Bl. 298), 4.7.[19]25 (Bl. 301) und 9.2.[19]26 (Bl. 318) ist über die Frage der Geisteskrankheit des Klägers Beweis erhoben worden. Auf das Ergebnis der Beweisaufnahme, wie es in den Zeugenvernehmungsprotokollen Bl. 252, 256, 259, 309 und 311 und in den Gutachten der Sachverständigen Buddeberg (Bl. 287) und Schaumburg (Blatt 325 ff) niedergelegt ist, wird Bezug genommen. Die dem Verzeichnis Bl. 268 unter I aufgeführten Beiakten haben dem Gericht vorgelegen.

Entscheidungsgründe

Die Berufung erscheint begründet. Nach der ganzen Sachlage, insbesondere auf Grund der Gutachten Buddeberg und Schaumburg sieht das Gericht den von dem Kläger zu führenden **Beweis,** *dass er sich zur Zeit der Kündigung am 15.6.[19]07 in einem die freie Willensbestimmung ausschließenden Zustande krankhafter Störung der Geistestätigkeit im Sinne des § 104 Nr. 2 BGB befunden habe, als* **erbracht** *an.*

Der Sachverständige Buddeberg kommt in seinem Gutachten zu dem Endergebnis, dass mit erheblicher Wahrscheinlichkeit anzunehmen ist, dass der Kläger zur Zeit der Kündigung geisteskrank gewesen sei, ebenso sagt der Obergutachter Schaumburg, dass der Kläger damals höchst wahrscheinlich geisteskrank gewesen sei. Gegen beide Gutachten, die in ausführlichen und einleuchtenden Darlegungen das gesamte tatsächliche Material berücksichtigen, lassen sich keine begründeten Bedenken erheben. Es verschlägt auch nichts, dass die Zeugen Melies, Ziegler, Stöck, Back, Velten übereinstimmend den Kläger für nicht geisteskrank halten; ebensowenig wie der Hinweis der Beklagten, dass der Kläger wie seine zahlreichen Eingaben u.s.w. beweisen, schon seit langen Jahren im Besorgen eigener und fremder Rechtsangelegenheiten außerordentlich gewandt sei. Denn nach dem Gutachten Schaumburg bieten Kranke wie der Kläger, die an Querulantenwahn leiden, meist keine für den Laien überzeugende Krankheitssymptome, sondern können äußerlich gewandt und ganz normal erscheinen.

Auf Grund der beiden vorerwähnten Gutachten ist zum mindesten der Nachweis als geführt anzusehen, dass der Kläger sich zur Zeit der Kündigung mit einer an Sicherheit grenzenden Wahrscheinlichkeit in einem Zustand der Geistesstörung im Sinne des § 104 Nr. 2 BGB befunden hat. Spricht sonach die Wahrscheinlichkeit für die damalige Geschäftsunfähigkeit des Klägers, so wäre es Sache der sich auf die Gültigkeit der Kündigung berufenden Beklagten, seine damalige Geschäftsfähigkeit zu beweisen. Sie müssten dartun, dass der Kläger sich bei Empfangnahme der Kündigung in einem lichten Zwischenraum oder in einem Zustande hochgradiger Besserung befunden habe. (Warneyer BGB Anm. VI zu § 104). Einen derartigen Beweis haben die Beklagten aber nicht einmal angetreten. Es muss daher als bewiesen angesehen werden, dass der Kläger zur Zeit der Kündigung **geschäftsunfähig** *gewesen ist. Daraus folgt aber,* **dass die Kündigung keinerlei rechtliche Wirkung hat**, *und der Kläger sonach noch jetzt als in Diensten der Beklagten stehend angesehen werden muss.*

Der Klagespruch auf **Weiterzahlung seines Gehalts ist somit gerechtfertigt**.

Da die Kündigung unwirksam ist, kommt dagegen eine Verurteilung der Beklagten zur Zurücknahme der Kündigung nicht in Frage.

Das Gericht hält zudem insoweit nicht einen selbständigen Klageantrag für vorliegend, sondern der Kläger will damit offenbar nur den Grund für die Weiterzahlung des Gehalts zum Ausdruck bringen.

Der Antrag auf Feststellung der Schadensersatzpflicht der Beklagten entbehrt bisher ebenfalls der Begründung, da mangels Nachweis eines Verschuldens der Beklagten ein Grund für ihre Schadensersatzpflicht nicht ersichtlich ist.

Zur Entscheidung der **Höhe des Klageanspruchs** *und der Kosten der Berufung war Sache gemäß § 538 Nr. 3 ZPO an die Vorinstanz zurückzuverweisen.*

> *gez(eichnet) Graven   Splinter   Ludovici*
>
> *Ausgeführt Leu, Kanzleisekretär,*
>   *als Gerichtsschreiber des Oberlandesgerichts.*

10.7 Revision vor dem Reichsgericht in Leipzig am 8. April 1927

Mit dem Urteil des Oberlandesgerichts Köln vom 22. Juni 1926 war Franz Bildhauer mit einem Male wieder in der besseren Position gegenüber den beiden beklagten Gemeinden Bernkastel-Stadt und Land.

Der Rechtsanwalt beim Oberlandesgericht Köln, Hans Gorius, der die beiden Bernkasteler Gemeinden als Prozessbevollmächtigter vor Gericht vertreten hatte, sah den Prozess als endgültig verloren an. Eine **Revision** in nächster Instanz — dem Reichsgericht Leipzig — sah er **als nicht erfolgversprechend** an, wie er am 23. Juli 1926 dem Bürgermeister von Bernkastel-Kues schrieb:

„Eine Aussicht für die Revision verspreche ich mir nicht. Die Frage, ob der Gegner im Augenblick der Kündigung geisteskrank gewesen ist oder nicht, ist eine reine Tatfrage, über welche in Leipzig nicht mehr entschieden werden kann, weil hier nur Rechtsirrtümer geltend gemacht werden können. Ich kann daher eine **Revision nicht empfehlen**." [304]

Da sich die Stadt Bernkastel-Kues mit dem Urteil von Köln nicht abfinden wollte, übergab Rechtsanwalt Gorius am 5. August 1926 die Prozessakten an den von ihm empfohlenen Justizrat Dr. Schrömbgens, der Rechtsanwalt beim Reichsgericht Leizig war.[305]

Dr. Schrömbgens war nach Akteneinsicht — anders als sein Kölner Kollege Gorius — sehr wohl der Ansicht, daß eine Revision vor dem Reichsgericht Aussicht auf Erfolg habe. In seinem Schreiben vom 12. August 1926 gab er dafür mehrere Gründe an:[306]

Zum einen habe die Stadt Bernkastel-Kues dem Kläger Bildhauer mehrfach zu erkennen gegeben, daß man ihn wiedereinstellen wolle, zum anderen habe die Stadt seit der vorläufigen Entmündigung des Klägers am 13. Februar 1913 gegenüber seinem eingesetzten Pfleger — der ja nicht geisteskrank und damit geschäftsfähig war — die Kündigung des Klägers wiederholt.

Mit Schreiben vom 19. August 1926 informierte Dr. Schrömbgens die Bürgermeisterei Bernkastel-Stadt und -Land darüber, daß er beim Reichsgericht Leipzig für beide beklagten Gemeinden **Revision eingelegt** habe (siehe Abbildung 99).[307]

Die Revisionsverhandlung fand am 8. April 1927 statt. Das **Urteil** des 7. Zivilsenats des Oberlandesgerichts in Köln vom 22. Juni 1926 **wurde aufgehoben** und die Sache zur Verhandlung und Entscheidung an das Berufungsgericht zurückverwiesen.

Die vollständige Urteilsbegründung lautete wie folgt: [308]

Abschrift

III. 364/1926

Im Namen des Reichs.

Verkündet am 8. April 1927.
gez. Thys, Justizobersekretär als Gerichtsschreiber.

In Sachen

1.) der Landbürgermeisterei Berncastel,
2.) der Stadt Berncastel,
*je vertreten durch ihren Bürgermeister, **Beklagte**, Revisionskläger, Prozess-*
bevollmächtigter: Rechtsanwalt Justizrat Dr. Schrömbgens in Leipzig,

wider

---

304 LHAK 615, Nr. 787, Bild 1819r.
305 LHAK 615, Nr. 787, Bild 1830r.
306 LHAK 615, Nr. 787, Bilder 1832–1833r.
307 LHAK 615, Nr. 787, Bild 1836r.
308 LHAK 615, Nr. 787, Bilder 1862r–1863r.

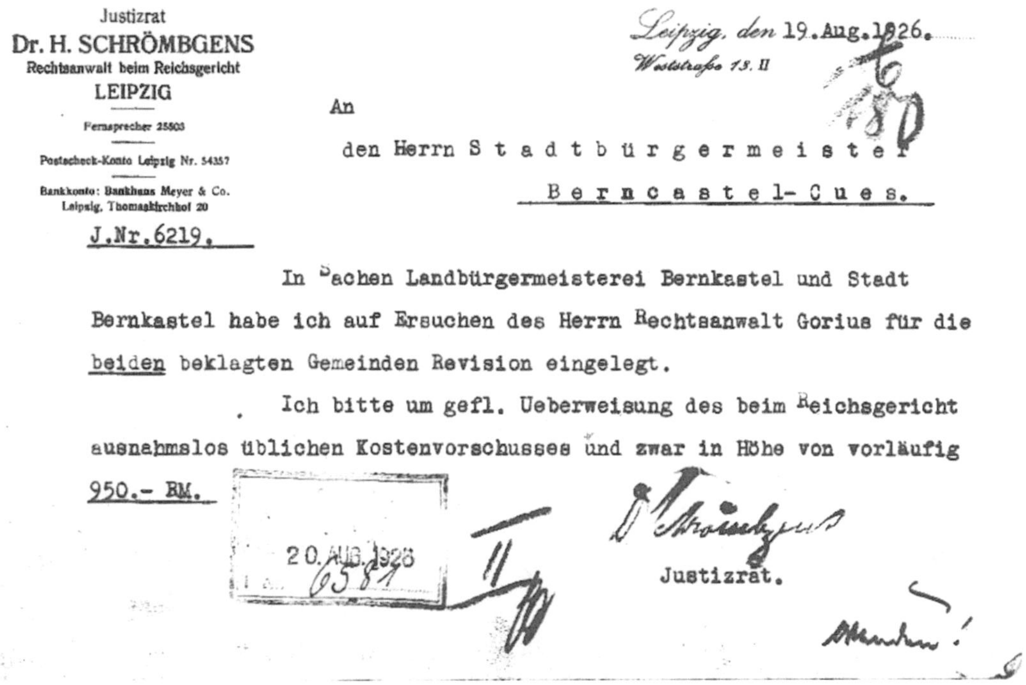

Justizrat
Dr. H. SCHRÖMBGENS
Rechtsanwalt beim Reichsgericht
LEIPZIG

Fernsprecher 25503

Postscheck-Konto Leipzig Nr. 54357

Bankkonto: Bankhaus Meyer & Co.
Leipzig, Thomaskirchhof 20

J.Nr.6219.

Leipzig, den 19.Aug.1926.
Weststraße 13. II

An

den Herrn S t a d t b ü r g e r m e i s t e r

B e r n c a s t e l - C u e s.

In Sachen Landbürgermeisterei Bernkastel und Stadt

Bernkastel habe ich auf Ersuchen des Herrn Rechtsanwalt Gorius für die

beiden beklagten Gemeinden Revision eingelegt.

Ich bitte um gefl. Ueberweisung des beim Reichsgericht

ausnahmslos üblichen Kostenvorschusses und zwar in Höhe von vorläufig

950.- RM.

20.AUG.1926

Justizrat.

Abb. 99: Revisionsantrag aus Leipzig vom 19. August 1926

den Weinhändler Franz Bildhauer, Berncastel, gesetzlich vertreten durch seinen Vormund, Kaufmann August Velten daselbst, **Kläger**, Revisionsbeklagten, Prozessbevollmächtigter: Rechtsanwalt Dr. Fuchslocher in Leipzig,

hat das Reichsgericht, III. Zivilsenat auf die mündliche Verhandlung vom 8. April 1927 unter Mitwirkung:
    des Präsidenten Oegg
    und der Reichsgerichtsräte Dr. Czolbe, Linz, Teichmann, Dr. Brodführer

für Recht erkannt:

Das **Urteil** des 7. Zivilsenats des Oberlandesgerichts in Köln vom 22. Juni 1926 **wird aufgehoben** und die Sache zur Verhandlung und Entscheidung an das Berufungsgericht zurückverwiesen. Die Entscheidung über die Kosten der Revisionsinstanz bleibt dem Endurteil vorbehalten.

Von Rechts wegen.

Tatbestand

Kläger war seit 1894 Beamter (Stadt- und Amtssekretär) der damals noch vereinigten Bürgermeistereien Berncastel Stadt und Land. Er war unter dem Vorbehalt *der Kündigung angestellt. Am 15. Juni 1907 ist ihm zum 15. November 1907[309] gekündigt worden. Kläger behauptet, damals schon geisteskrank gewesen zu sein, — er ist in der Folge im Jahre 1913, wegen Geisteskrankheit entmündigt worden, — und will aus diesem Grunde die ihm persönlich zugegangene Kündigung nicht gelten lassen. Mit der Klage verlangt er die Verurteilung der Beklagten dahin, dass sie ihm für die Zeit seit dem 15. Dezember 1907 sein rückständiges Gehalt, unter Anrechnung geleisteter Zahlungen, bezahlen oder ihn ordnungsmässig in den Ruhestand versetzen; ferner verlangt er die Feststellung, dass die Beklagten verpflichtet seien, ihm allen aus der Kündigung entstandenen und noch entstehenden Schaden zu ersetzen. Die Beklagten haben gebeten, die Klage abzuweisen. Das Landgericht [Trier] hat die Klage abgewiesen. Auf die Berufung des Klägers hat das Oberlandesgericht [Köln] den Klageantrag dem Grunde nach für gerechtfertigt erklärt. Mit der Revision beantragen die Beklagten, das angefochtene Urteil abzuändern und nach ihrem Berufungsantrag zu erkennen. Kläger bittet die Revision zurückzuweisen.*

Entscheidungsgründe.

*Nach den Feststellungen des Berufungsrichters war der Kläger schon zur Zeit der Kündigung, am 15. Juni 1907, geisteskrank und gemäß § 104 Nr. 2 BGB geschäftsunfähig. Die Revision bekämpft weder diese Feststellung, noch die daraus vom Berufungsrichter gezogene Folgerung, dass die Kündigung, weil einem Geschäftsunfähigen gegenüber erklärt, rechtsunwirksam war. Sie rügt einzig, dass der Berufungsrichter auf Grund der Unwirksamkeit der Kündigung den, danach allerdings bestehen gebliebenen Gehaltsanspruch für die volle, seit dem 18.(sic!) Dezember 1907 abgelaufene Zeit dem Grunde nach für gerechtfertigt erklärt hat, ohne zu prüfen, ob nicht dem späteren Verhalten der Beklagten **eine wirksame Kündigung zu entnehmen sei**. Der Kläger ist im Jahre 1913 entmündigt worden. Seitdem hatte er einen gesetzlichen Vertreter, dem gegenüber die Beklagten eine Kündigung wirksam erklären konnten. Die Revision weist darauf hin, dass nach dem erstinstanzlichen Schriftsatz vom 14. März 1923 und dessen Anlagen die Beklagten auf Grund Beschlusses vom 18. Dezember 1921 vorsorglich **eine erneute Kündigung ausgesprochen** und dem gesetzlichen Vertreter des Klägers haben zugehen lassen, worin sie sich übrigens auf frühere Kündigungserklärungen beziehen und diese aufrechterhalten haben wollen. Der genannte, in dem Urteil I. Instanz vom 18. April 1923 als vorgetragen bezeichnete Schriftsatz hat als auch in dem angefochtenen Urteil in Bezug genommen zu gelten. Übrigens verweist die Revision auch darauf, dass in den bestreitenden Verhalten der Beklagten im Rechtsstreit, in ihren ständig aufrechterhaltenen Klageabweisungsanträgen, möglicherweise eine rechtswirksame Kündigung zu finden sei.*

Dieser Rüge der Revision konnte der Erfolg nicht versagt werden. Das hier wiedergegebene Vorbringen der Beklagten musste in der Tat den Berufungsrichter veranlassen, die von der Revision aufgeworfene Frage zu prüfen. Zu diesem Zweck war das angefochtene Urteil aufzuheben und die Sache an das Berufungsgericht

---

[309] Hier muss es 15. Dezember 1907 heißen!

zurückzuverweisen.

gez(eichnet) Oegg. Czolbe. Linz. Teichmann. Brodführer.

Ausgefertigt: Der Gerichtsschreiber des III. Zivilsenats des Reichsgerichts.

gez(eichnet) Unterschrift. Justizobersekretär.

Wert des Streitgegenstandes in der Revisionsinstanz: 15.000 RM.

10.8 Die zweite Berufung vor dem Oberlandesgericht in Köln vom 5. Juli 1927

Das Reichsgericht in Leipzig hatte mit seinem Urteil vom 8. April 1927 die Sache Bildhauer wieder an das Berufungsgericht in Köln zurückverwiesen.

Das Oberlandesgericht in Köln trat am 5. Juli 1927 in der Berufungsverhandlung der strittigen Gehaltszahlungen zusammen. Es entschied, daß lediglich für den Zeitraum vom 15. Dezember 1907 bis 17. August **1913** — und nicht wie von Bildhauer gefordert bis zum 15. Juni **1922** — eine **Gehaltszahlung** an den Kläger gerechtfertigt sei. Wie hoch die zu leistende Gehaltszahlung sein sollte, wurde zur Entscheidung an die 1. Klageinstanz, das Landgericht Trier zurückverwiesen. Außerdem wurde entschieden, daß von den bisherigen **Kosten** des Rechtsstreites **70 Prozent** dem Kläger — d.h. Franz Bildhauer — aufzuerlegen waren!

Die Urteilsbegründung lautete wie folgt: [310]

Abschrift

7. U. 68/27   *Verkündet am 5. Juli 1927*
gez. Goebel, Gerichtsschr(eiber).

Im Namen des Volkes.

In Sachen

*des Weinhändlers Franz Bildhauer in Bernkastel, gesetzlich vertreten durch seinen Vormund, den Kaufmann August Velten in Bernkastel, **Klägers** und Berufungsklägers,*
Prozessbevollmächtigter: R(echts)-Anwalt S. Schrammen in Köln

gegen

1.) die Landbürgermeisterei Bernkastel,
2.) der Stadt Bernkastel,
*je vertreten durch ihren Bürgermeister, **Beklagte** und Berufungsbeklagte,*
Prozessbevollmächtigter: R(echts)-Anwalt Gorius in Köln,

---

[310] LHAK 615, Nr. 787, Bilder 1875r ff.
Bemerkung: Aufgrund des Umfangs des Urteils werden nur die für den Leser wichtigen Passagen zitiert.

wegen Gehaltszahlung

hat der siebte Zivilsenat des Oberlandesgerichts in Köln auf die mündliche Verhand-lung vom 28. Juni 1927 unter Mitwirkung des Senatspräsidenten Prof. Dr. Graven und der Landesgerichtsräte Dr. Unverdruss und Dr. Schmit für Recht erkannt:

Das Urteil des Landgerichts, 2. Zivilkammer in Trier vom 19. April 1923 wird teil-weise abgeändert, wie folgt:
Der Anspruch des Klägers gegen die Beklagten auf **Entrichtung der Bezüge,** *die ihm vom 15. Dezember 1907* **bis 17. August 1913** *nach dem Anstellungsver-trag und den Besoldungsvorschriften zukommen, abzüglich der während dieser Zeit an ihn bereits gezahlten Beträge zuzüglich einer angemessenen Aufwertung, wird dem Grunde nach für gerechtfertigt erklärt. Zur Entscheidung über den Betrag dieses Anspruches und über 3/10 der bisherigen Kosten des Rechtsstreits wird die Sache an das Gericht 1. Instanz zurückverwiesen. Im übrigen bleibt die Klage, unter entsprechender Zurückweisung der Berufung abgewiesen. Von den bisherigen* **Kosten** *des Rechtsstreites werden* **7/10 dem Kläger** *auferlegt.*

Dieses Urteil ist vorläufig vollstreckbar.

10.9 Erneute Revision vor dem Reichsgericht

Wie zu erwarten ging Bildhauer auch gegen das abgeänderte Urteil des Oberlandesgerichts Köln in Revision, weil er nach wie vor der Meinung war, dass ihm die Kündigung seitens der beiden Gemeinden nicht ordnungsgemäß zugestellt worden sei. Sein Rechtsanwalt Dr. Fuchslocher führt in einem Schreiben an das Reichsgericht in Leipzig vom 7. Dezember 1927 folgende Gründe an:[311]

„Die Kündigung von 1907 war nur eine Kündigung gegenüber dem festgestellter-maßen geschäftsunfähigen Kläger. Sie ist nur gegenüber dem Kläger selbst erklärt worden. Dadurch, dass nach Anordnung der Vormundschaft der Vormund von der Kündigung erfuhr, wurde an der Tatsache nichts geändert, **dass nur eine Erklärung gegenüber dem Kläger selbst vorliegt***.*

Die Feststellungen des Berufungsgerichts über die Vorgänge vom 17.2.[19]13 reichen zur Annahme nicht aus, dass an diesem Tage oder vorher dem Vormund gegenüber zum Ausdruck gebracht worden wäre, dass auch ihm gegenüber die Kündigung aufrecht erhalten werde. "

In einem Schreiben von Dr. Fuchslocher an den Anwalt der Gegenseite — Justizrat Dr. Schrömbgens in Leipzig — werden erstmals konkrete Zahlen zur **Höhe des Streitwerts** genannt. Mit Schreiben vom 14. März 1928 schlug man der Gegenseite folgenden **Vergleich** vor, der eine Zahlung von **gut 10.000 Mark** an Bildhauer bedeutet hätte:[312]

---

[311] LHAK 615, Nr. 787, Bild 1900r.
[312] LHAK 615, Nr. 787, Bild 1902r.

Abschrift!

Dr. Fuchslocher   *Leipzig, den 14.3.1928.*
Rechtsanwalt beim Reichsgericht.   *Grassisstrasse 2*

                 Herrn Justizrat Dr. Schrömbgens, Leipzig.

Sehr geehrter Herr Kollege!

In Sachen Bildhauer c/a Berncastel komme ich heute zurück auf Ihr gef(älliges) Schreiben vom 23.2.[19]28. Der Auftrag zur **Revisionseinlegung** *ist mir von dem erstinstanzlichen Prozessbevollmächtigten erteilt worden. Im übrigen habe ich auch mit dem Vormund des Herrn Bildhauer in laufender Korrespondenz gestanden. Vollmacht steht Ihnen evtl. zur Verfügung. Ihre Vorlage dürfte sich aber erübrigen, wenn der von Ihnen angeregte* **Vergleichsabschluss** *zustande kommen könnte. Der Vormund des Herrn Bildhauer, Herr A(ugust) Velten in Berncastel-Cues, hat mir geschrieben, dass er bereit sein würde, Ihren Vorschlag anzunehmen und sich mit der Anerkennung der Ansprüche des Klägers bis 12. Oktober 1913 zu begnügen, sofern Kläger keine Kosten entstehen. Die Beklagten müssen also auf etwaige Kostenerstattungsansprüche verzichten, sowie ferner die Gerichtskosten der Revisionsinstanz übernehmen.*

Ich verweise auf den Wertfestsetzungsbeschluss des Reichsgerichts vom 31.1.[19]28; darin ist der Streitwert für die Zeit bis 12. Oktober 1913 festgesetzt:

   1.) für die Zeit, auf die sich die Armenrechtsbewilligung bezieht, auf 150,- Mark,

   2.) für die weitere Klage auf **8.400,- Mark***,*

   3.) für die Anschlussrevision der Beklagten auf **2.100 Mark***.*

Da Gerichtskosten für das Objekt zu 1) nicht erhoben werden, und die Kosten für das Objekt zu 3) bei Zurücknahme der Revision dem Beklagten ohnehin zur Last fallen, handelt es sich nur noch um Freistellung des Klägers von den Gerichtskosten für das Objekt zu 2). Dieselben betragen 5/10 der einfachen reichsgerichtlichen Gebühr von 114 Mark, also 57 Mark.

Ich nehme an, dass Ihre Partei im Interesse der Erledigung dieses schon so lange Jahre schwebenden Prozesses das geringfügige Opfer von weiteren 57,- Mark bringen wird.

Auf eine Erstattung der Ihnen entstandenen Kosten durch den Kläger werden die Beklagten im Ernst wohl selbst niemals gerechnet haben.

Im Interesse des Zustandekommens des Vergleiches bin ich bereit auf meine Gebühren zu verzichten, soweit dieselben nicht aus der Reichskasse erstattet werden.

Mit kollegialer Hochachtung!

   gez(eichnet) Dr. Fuchslocher.

Das Urteil der zweiten Revision — falls sie vom Reichsgericht in Leipzig überhaupt zugelassen wurde — scheint sich nicht in dem Aktenbündel Nr. 787 des Archivs der Stadt Bernkastel-

Kues zu befinden. In einem Schreiben an die Stadt vom 7. Januar 1929 spricht August Velten, der gesetzliche Vormund Bildhauers, jedoch von einem rechtskräftig gewordenen Urteil und fragt an „ob die Stadt bereit ist, die Höhe der Entschädigung an Bildhauer **im Wege des Vergleiches** zu erledigen".[313]

Gut 14 Tage später fragt Velten bei der Stadt Bernkastel-Kues nochmal nach dem Stand der Dinge — demnach hatte er in der Zwischenzeit keine Antwort von der Stadt erhalten. Er schreibt ferner, daß man auch in einem anderen Prozeß noch eine weitere Klage prüfe — vermutlich, um etwas Druck in Richtung Stadt aufzubauen. Insgesamt scheint dem Vormund aber daran gelegen, daß die Streitsache nach mehr als 20 Jahren endlich erledigt werden könnte. Er schreibt:[314]

> *A. Velten, Berncastel-Cues, 24. Januar 1929.*
>
> *An den Stadtbürgermeister i.V. Herrn Oberhoffer. Hier.*
>
> *Unter Bezugnahme auf mein Schreiben vom 7. d(ieses) M(onats) bleibe ich der bald gefälligen Antwort noch erwartend.*
>
> *Gleichzeitig weise ich darauf hin, dass nach Ansicht unseres Vertreters, Herrn Rechtsanwalt Dr. Fuchslocher in Leipzig die* **Nichtigkeitsklage gegen den ersten Prozess** *Aussicht auf Erfolg hat, da Bildhauer während der Dauer dieses Prozesses bereits geschäftsunfähig, noch keinen gesetzlichen Vertreter hatte, er also in diesem Prozesse nicht nach den Vorschriften des Gesetzes vertreten war.*
>
> *Da durch die erneute Aufrollung der Streitfrage der Stadt große Kosten entstehen würden und sich die Erledigung der Angelegenheit auf unabsehbare Zeit hinaus schieben würde, so halte ich es im Interesse für beide Teil* **für am besten, die Sache im Wege des Vergleiches zu regeln**.
>
> *Ich sehe daher der diesbzgl. Nachricht hierüber möglichst bald entgegen.*
>
> *Hochachtungsvoll A. Velten.*

10.10 Nach den finalen Urteilen von Leipzig und Köln

Auch nach dem für ihn negativen und wohl endgültigen Urteilen aus Leipzig und Köln, wollte sich Bildhauer nicht geschlagen geben. Vermutlich konnte er das nach mehr als 20 Jahren Dauerstreit mit den verschiedenen politischen und juristischen Instanzen auch nicht mehr. Selbst wenn er offiziell nicht gewinnen konnte, so wollte er seinen Feinden doch das Leben so schwer wie möglich machen — und er wußte das er das konnte, alleine schon weil sich fast alle ihm bekannte Personen über seine Aktionen ärgerten und aufregten. Außerdem galt er offiziell als geisteskrank und daher konnte man ihm sowieso nicht viel anhaben.

So schrieb er weiterhin seine Briefe, die immer wieder mit Beleidigungen gespickt waren. Auf eines seiner Schreiben antwortete man von Seiten des Bürgermeisters der Stadt Bernkastel-

---

[313] LHAK 615, Nr. 787, Bild 1909r.
[314] LHAK 615, Nr. 787, Bild 1917r.

Kues eher resigniert als wirklich zuversichtlich (siehe Abbildung 100): „Ihrer Sache kann nur gedient sein, wenn Sie die fortgesetzten beleidigenden Angriffe in Ihren Schriftstücken, die gegen Beamte der Stadt gerichtet sind, unterlassen. Hört das nicht auf, so **wandern** Ihre Gesuche von jetzt ab **in den Papierkorb**.“

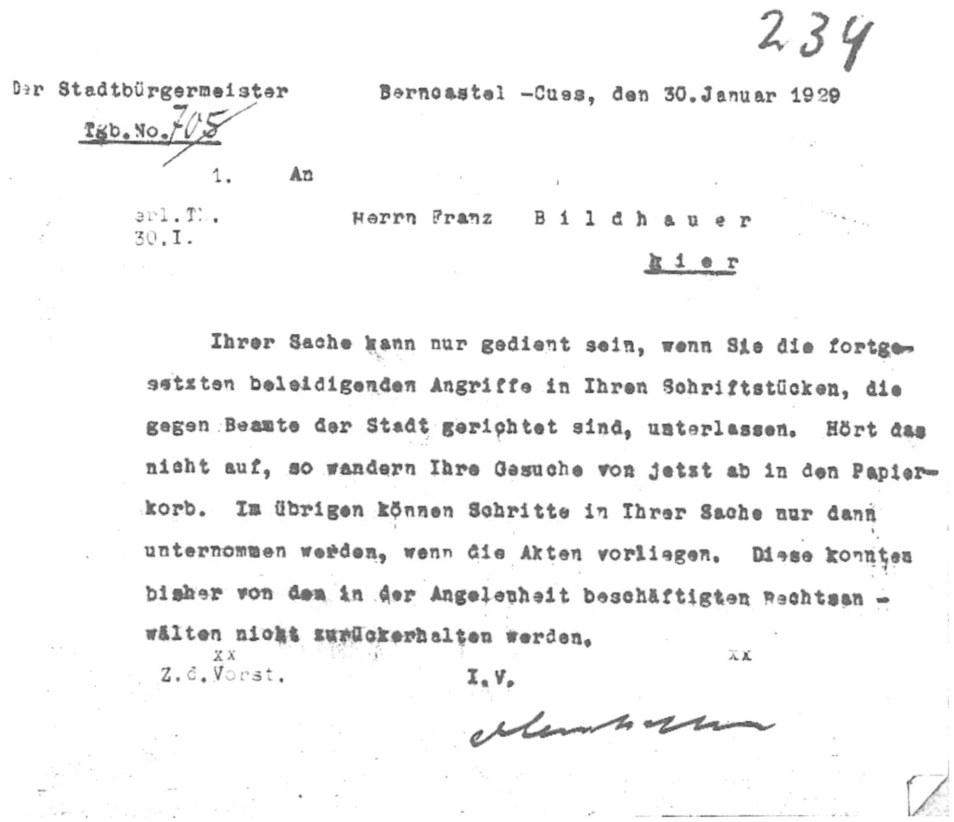

234

Der Stadtbürgermeister
Tgb. No. 705

Bernocastel-Cues, den 30. Januar 1929

1. An

erl. T.
30. I.

Herrn Franz Bildhauer
Hier

Ihrer Sache kann nur gedient sein, wenn Sie die fortgesetzten beleidigenden Angriffe in Ihren Schriftstücken, die gegen Beamte der Stadt gerichtet sind, unterlassen. Hört das nicht auf, so wandern Ihre Gesuche von jetzt ab in den Papierkorb. Im übrigen können Schritte in Ihrer Sache nur dann unternommen werden, wenn die Akten vorliegen. Diese konnten bisher von dem in der Angelegenheit beschäftigten Rechtsanwälten nicht zurückerhalten werden.

Z. d. Vorst.

I. V.

Abb. 100: Die Sache mit dem Papierkorb vom 30. Januar 1929

Anlass für obige Antwort der Stadt Bernkastel-Kues mag ein Brief Bildhauers vom 5. Januar 1929 gewesen sein, in dem dieser

- dem Stadtsekretär Back[315] ein jahrelang gemeingefährliches, hinterlistiges Intrigenspiel gegen ihn vorwirft,
- den amtierenden Stadtbürgermeister Dr. Hammelrath als „Separatistenführer“ bezeichnet,
- letzterem den Raub der originalen Anstellungsurkunden Bildhauers beim Landgericht Trier unterstellt,
- bei Stadtsekretär Back auch Geisteskrankheit infolge erblicher Belastung nicht ausschließt.

[315] Bildhauer hatte auch behauptet, Back sei mit dem Bauunternehmer Peter Eßlinger verwandt, was definitiv nicht stimmte.

10.11 Der letzte Strohhalm

Franz Bildhauer gingen prozesstechnisch immer mehr die Möglichkeiten aus, als er noch einen letzten Strohhalm ergriff — die Anerkennung seiner Bestallungsurkunde über seine **Anstellung auf Lebenszeit**. Wäre dies geglückt, so hätte ihn die Stadt Bernkastel-Kues gar nicht kündigen können, sondern lediglich pensionieren. Das hätte für Bildhauer aber fortlaufende Bezüge und damit eine **finanzielle Absicherung** bedeutet.

Bereits am 15. Mai 1928 hatte das Amtsgericht Bernkastel-Kues ein Schreiben an den dortigen Stadtbürgermeister versandt, in dem man schreibt, daß man nach Einsicht der Verhandlungsniederschrift[316] der Stadtverordnetenversammlung vom 30. April 1903 der Ansicht sei, **„dass tatsächlich dem Bildhauer eine Bestallungsurkunde über seine Anstellung auf Lebenszeit ausgestellt worden ist."**

Das Schreiben lautet:[317]

Das Amtsgericht   *Berncastel-Cues, den 15. Mai 1928. B.VIII.165:*

In Sachen

Bildhauer gegen Berncastel

hat das Vormundschaftsgericht von dem Inhalte der Verhandlungsniederschrift der Stadtverordnetenversammlung vom 30. April 1903 Kenntnis genommen.

Aus dem Inhalte dieser Verhandlungsschrift kann nur der Schluss gezogen werden, **dass tatsächlich dem Bildhauer eine Bestallungsurkunde über seine Anstellung auf Lebenszeit ausgestellt worden ist**.

Es wird ergebenst ersucht, aus den dortigen Akten festzustellen, welchen Verlauf die Angelegenheit weiterhin genommen hat und das Ergebnis dieser Prüfung dem Vormundschaftsgericht gefälligst mitzuteilen.

???, Amtsgerichtsrat.

An den Herrn Stadtbürgermeister Dr. jur. Rud(olf) Hammelrath. Hier.

Am 26. Februar 1929 schickte das Amtsgericht Bernkastel folgenden Brief an das Amtsgericht München wegen Vernehmung des Zeugen Karl Leutzgen, nachdem Franz Bildhauer dort vorstellig geworden war:[318]

Aktenzeichen: III F 8 29/1929   *Abschrift.*

Geschäftsstelle des Amtsgerichts.   *Bernkastel-Cues, den 26. Febr(uar) 1929.*

Es erscheint der Stadt- und Amtssekretär Franz Bildhauer von Bernkastel-Cues (Mosel) und erklärt:

---

[316] In der in der „Bernkasteler Zeitung" vom 3. Mai 1903 abgedruckten Zusammenfassung der Stadtverordnetensitzung vom 30. April findet eine Anstellung des Stadtsekretärs Franz Bildhauer keinerlei Erwähnung!

[317] LHAK 615, Nr. 787, Bild 1906r.

[318] LHAK 615, Nr. 787, Bilder 1938r–1939l.

Ich beantrage im Wege des Beweissicherungsverfahrens umgehende **eidliche
Vernehmung des Rentners Karl Leutzgen** *in München, Georgenstrasse 4.*

Gründe:

*Im Jahre 1894 trat ich als Angestellter in den Dienst der Stadt- und
Landbürgermeisterei Bernkastel-Cues. Durch Bestallung vom 7.11.1900 und
18.10.1901 wurde ich* **auf Lebenszeit** *zum Stadt- und Amtssekretär der Stadt-
und Landbürgermeisterei Bernkastel-Cues ernannt. In den Jahren 1910 und 1911[319]
hatte ich in einer Strafsache verschiedene Vernehmungen vorzunehmen, die von mir
ordnungsgemäß erledigt wurden. Es kam aber ohne das geringste Verschulden meinerseits zu Differenzen mit dem Bürgermeister und zum Schlusse wurde mir nach
Abschluss eines Strafverfahrens gekündigt in der Annahme, meine Anstellungsurkunden lauteten auf sechsmonatliche Kündigung, nachdem vorher eine Pension von
RM 1.350.– die mir angeboten wurde, angenommen worden ist. Diese wurde mir
aber nicht ausgezahlt. In verschiedenen Instanzen habe ich den Prozess gewonnen.
Im Laufe des Verfahrens sind meine Anstellungsurkunden, die beim Landgerichte
Trier lagen, aus den Akten verschwunden. Wie mir das Landgericht Trier mitteilte,
geschah das zur Zeit der Separatistenunruhen (1923). Da die Urkunden nicht vorla-
gen, hat das Oberlandesgericht Köln auf eingelegte Revision nach Zurückverweisung
von Leipzig ein Urteil dahin[gehend] gestellt,* **dass ein kündbares Angestell-
tenverhältnis vorläge und kein unkündbares Beamtenverhältnis** *und hat mir
ca. 18.000.– RM zugesprochen. Gegen dieses Urteil habe ich Revision eingelegt, die
beim Reichsgericht schwebt. Da ich nur dann zu meinem Rechte kommen kann,
wenn mein unkündbares Beamtenverhältnis festgestellt wird, ist die Vernehmung
des damaligen Stadtverordneten Leutzgen[320] als Zeuge unbedingt erforderlich. Ein
anderes Beweismittel habe ich nicht, Leutzgen ist ungefähr 70 Jahre alt. Seine
Vernehmung ist unbedingt erforderlich, da er in diesem Alter jederzeit sterben kann.
Dann habe ich kein Beweismittel mehr in der Hand. Ich beantrage die Vernehmung
des Rentners Leutzgen als Zeugen durch das Amtsgericht München im Wege der
Beweissicherung anzuordnen über folgende Behauptung:
„Der Antragsteller Bildhauer wurde durch Bestallung vom 7. November 1900 und
18. Oktober 1901* **auf Lebenszeit** *zum Stadt- und Amtssekretär der Stadt- und
Landbürgermeisterei Bernkastel-Cues ernannt."
Das Aktenzeichen des Prozesses Bildhauer gegen die Stadt- und Landbürgermeisterei
Bernkastel-Cues beim Reichsgericht in Leipzig ist mir nicht bekannt. Ich versichere
an Eidesstatt, dass der Zeuge Leutzgen ungefähr 70 Jahre alt ist. Die Dringlichkeit
der Sache ist dadurch gegeben. Die Klage vom 30. Januar [1929] ziehe ich zurück.
Auf die Ausführungen zur Sache in ihr beziehe ich mich.*

v.g.u.

gez(eichnet) Fr(anz) Bildhauer

---

[319] Hier muss es eigentlich 1905/06 oder 1906/07 heißen, da Bildhauer bereits im Juni 1907 erstmalig
gekündigt wurde und er 1910/11 nicht mehr in seinem Amt tätig war!

[320] Johann Karl Leutzgen (*16.01.1862 Bernkastel, †23.01.1934 München) [Bra21].

Beglaubigt:
Der Urkundsbeamte der Geschäftsstelle: Suckart.

Das Amtsgericht München setzte mit Schreiben vom 27. Februar 1929 den Termin für die Vernehmung des Karl Leutzgen auf Mittwoch, den 20. März 1929, vormittags 12 Uhr im Sitzungssaal Zimmer Nr. 5370, im Justizpalast am Karlsplatz an, vorausgesetzt, die Stadt Bernkastel-Kues würde vorher einen Vorschuss für die Auslagen in Höhe von 5 Reichsmark bezahlen.[321]

Mit diesem Schreiben rund um die Vernehmung des ehemaligen Bernkasteler Stadtverordneten Leutzgen endet das Aktenbündel rund um den Prozeß Bildhauer gegen Stadt und Landgemeinde Bernkastel.

Ob und wie der Prozeß ein Ende gefunden hat, entzieht sich damit unserer Kenntnis.

10.12 Anstellung auf Kündigung

Im vorhergehenden Abschnitt war von der Stadtverordnetensitzung vom 30. April 1903 die Rede, aus der zu entnehmen sei, dass die Anstellung Franz Bildhauers als Beamter auf Lebenszeit ausgestellt worden sei. Dies war mitnichten so, wie ein Fund im Archiv der Stadt Bernkastel-Kues zeigt.[322]

In der Stadtverordnetensitzung vom 26. März 1900 heißt es im Beschlußbuch: „Vortrag: die 2. Stadt- und Amtssecretairstelle. Der zweite Stadt- und Amtssecretair Bildhauer ist zwar etatsmäßig bestellt gewesen, jedoch ohne Beamteneigenschaft. Ich bitte die Versammlung, den g(enannten) Bildhauer zum Stadt- und Amtssecretair mit Beamtenqualität auf Kündigung anzustellen. Beschluß die Versammlung genehmigt sodann, daß der Stadt- und Amtssecretair Bildhauer vom 1. April cur(rentum) als solcher mit Beamtenqualität **auf Kündigung** angestellt wird und daß die Kündigungsfrist drei Monate betragen soll. Das Gehalt soll für die Stadt- und Landbürgermeisterei vom 1. April cur(rentum) ab 1.500 Mark pro Jahr betragen." [323]

Der von Stadtbürgermeister Kunz unterzeichnete Anstellungsvertrag Franz Bildhauers datiert auf den 1. Mai 1900 (siehe Abbildung 101).[324]

Am 29. Januar 1903 sandte der oben genannte Stadtverordnete Karl Leutzgen ein Schreiben an den Stadtbürgermeister Melies, in dem er einige „Anträge zur Berathung und Beschlußfassung in der nächsten Stadtverordneten-Versammlung" unterbreitete, darunter „3.) Aufschluß und Berathung über die angebliche definitive Anstellung des Secretär Bildhauer".[325]

---

[321] LHAK 615, Nr. 787, Bild 1937r.
[322] LHAK 615, Nr. 400 („Stadtsekretäre").
[323] LHAK 615, Nr. 400, Bilder 1711r–1712l.
[324] LHAK 615, Nr. 400, Bild 1712r.
[325] LHAK 615, Nr. 400, Bild 1715r.

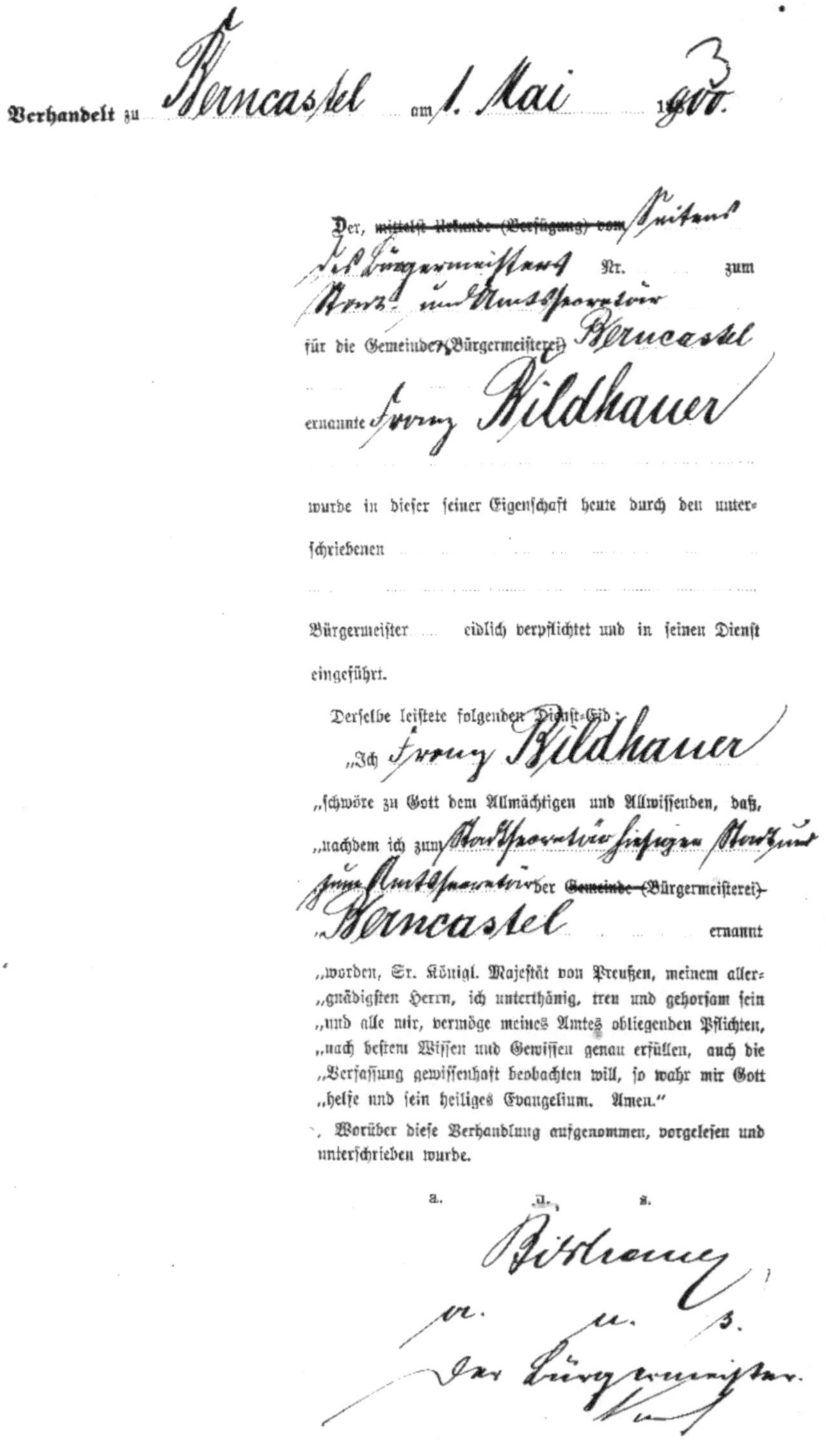

Verhandelt zu *Berncastel* am *1. Mai* 19*00*.

Der, ~~mittelst Urkunde (Verfügung) vom~~ *Seitens*
des Bürgermeisters Nr. zum
Amte im Amtsporator
für die Gemeinde ~~(Bürgermeisterei)~~ *Berncastel*

ernannte *Franz* *Bildhauer*

wurde in dieser seiner Eigenschaft heute durch den unter-

schriebenen

Bürgermeister   eidlich verpflichtet und in seinen Dienst

eingeführt.

Derselbe leistete folgenden ~~Dienst-Eid~~:

„Ich *Franz* *Bildhauer*

„schwöre zu Gott dem Allmächtigen und Allwissenden, daß,

„nachdem ich zum *Amtsporator bisherigen Amt und*

zum Amtsporator der Gemeinde ~~(Bürgermeisterei)~~

„Berncastel   ernannt

„worden, Sr. Königl. Majestät von Preußen, meinem aller-
„gnädigsten Herrn, ich unterthänig, treu und gehorsam sein
„und alle mir, vermöge meines Amtes obliegenden Pflichten,
„nach bestem Wissen und Gewissen genau erfüllen, auch die
„Verfassung gewissenhaft beobachten will, so wahr mir Gott
„helfe und sein heiliges Evangelium. Amen."

`, Worüber diese Verhandlung aufgenommen, vorgelesen und
unterschrieben wurde.

a.   g.,   s.

Bildhauer

v.   u.   s.

Der Bürgermeister.

Abb. 101: Anstellungsvertrag Franz Bildhauers vom 1. Mai 1900

10.13 Rolle der Beamten in Bernkastel-Stadt und Land

Man darf wohl annehmen, dass die meisten Beamten und Bediensteten der Gemeinden Bernkastel-Stadt und Bernkastel-Land den ehemaligen Stadtsekretär Franz Bildhauer nicht besonders gut leiden konnten oder ihm sogar feindselig gegenüberstanden. Die wenigen, die ihm anfangs noch wohlgesonnen begegnet sein mögen, dürfte er im Laufe der Zeit durch seine schroffe und beleidigende Art vor den Kopf gestoßen haben.

Darüber hinaus wurden von den agierenden Beamten — egal ob absichtlich oder unabsichtlich — immer wieder Fehler gemacht, oder schlampig gearbeitet, was auch Amtsrichter Rech in seinen Memoiren erwähnt:

- Die Anstellungsverträge Bildhauers bei den beiden Gemeinden waren angeblich verschwunden.[326]

- Pensionsansprüche Bildhauers gegenüber einer Provinzialkasse waren laut Amtsrichter Rech „durch eine Dummheit verloren gegangen".

- Man hatte sich mit Bildhauer auf eine Pensionszahlung geeinigt, diese auch schon einige Monate an ihn gezahlt, bevor man sie — wegen der formal gegen ihn noch bestehenden Kündigung — wieder einstellte.

- Die Bürgermeister der beiden Gemeinden hielten sich nicht an eine Absprache mit Amtsrichter Rech, daß die Kündigung gegen Bildhauer formal aufgehoben werden sollte, um damit die Wiederaufnahme der Pensionszahlungen zu ermöglichen.

- Immer wieder ist in den Akten zu lesen, dass Rechtsvertreter, die für die Stadt Bernkastel-Kues tätig waren, ihrem Geld hinterherlaufen mußten, und mehrfach Zahlungserinnerungen für die an die Stadt versendeten Rechnungen verschickten.

- Gewissermaßen das „Tüpfelchen auf dem i" bildete eine Beschwerde von Justizrat Dr. Schrömbgens, der als Rechtsanwalt beim Reichsgericht Leipzig die Interessen der Stadt Bernkastel-Kues gegenüber Bildhauer vertrat. Er hatte die **Stadt** um den einfachen Gefallen gebeten, von ihm übersandte Akten an die Bürgermeisterei Bernkastel-**Land** weiterzuleiten. Statt dessen gingen die Akten wieder nach Leipzig zurück und er mußte sie selbst erneut nach Bernkastel versenden! Daß „dieses doch eigentlich einfache Verfahren" innerhalb der Moselstadt nicht funktioniert hatte, stieß bei Dr. Schrömbgens — verständlicherweise — auf absolutes Unverständnis (siehe Abbildung 102).

10.14 Paranoia querulatoria

Möller schreibt[327] über den Querulantenwahn (Paranoia querulatoria):
„Ein echter Querulantenwahn, der die Kriterien des Wahns völlig erfüllt, ist zum einen sehr

---

[326] Wie Abschnitt 10.12 beweist, war sein Anstellungsvertrag damals wohl verschlampt oder (absichtlich?) verlegt worden, findet er sich doch heute im Archiv der Stadt Bernkastel-Kues wieder!

[327] [Möl06, S. 527].

230

Justizrat

r. H. SCHRÖMBGENS

chtsanwalt beim Reichsgericht

LEIPZIG

Fernsprecher 25503

Postscheck-Konto Leipzig Nr. 543 57

Bankkonto: Bankhaus Meyer & Co.
Leipzig, Thomaskirchhof 20.

Leipzig C 1, den 27. März 1928.

Weststrasse 13 II

Herrn

S t a d t b ü r g e r m e i s t e r

B e r n c a s t e l - C u e s.

J. Nr. 2128

In Sachen Landbürgermeisterei Berncastel u.Gen.
gegen Bildhauer erhielt ich das dortige Schreiben vom 22.d.M.
Ich hatte mir gedacht,Sie würden mein Schreiben und den Vorschlag
der Gegenseite von dort aus unmittelbar an das Bürgermeisteramt
Berncastel-Land gesandt haben,damit auch dieses davon Kenntnis
genommen und dazu Stellung genommen hätte.Da aber aus mir unbe-
kannten Gründen von diesem doch eigentlich einfachen Verfahren
nicht Gebrauch gemacht ist,sondern Sie mir den gegnerischen Vorschlag zurücksenden mit dem Ersuchen,ihn auch dem Bürgermeister
Amt Berncastel-Land zu übersenden,geschieht das heute.

Ich habe mir bemerkt,dass Sie den Vorschlag der Gegenseite ablehnen.

Justizrat

Abb. 102: Brief von Rechtsanwalt Schrömbgens aus Leipzig vom 27 März 1928

selten und zum anderen schwer von querulatorischen Persönlichkeiten — also von nichtpsy-
chotischen Störungen zu unterscheiden. Rettersöl (1966) fand unter 3.441 Aufnahmen in die
Psychiatrische Universitätsklinik Oslo nur bei 2 Patienten einen Querulantenwahn (0,06 %).
Winokur (1977) berichtet von nur 5 Patienten mit Querulantenwahn bei 21.000 Einweisun-
gen in die Psychiatrische Klinik der Universität Iowa.

Außer dem klassischen Querulantenwahn in Rechtsfragen werden unter anderem Karri-
erequerulanten ... beschrieben. Die Störung beeinträchtigt nicht nur das Leben der Betroffenen, sondern belastet auch soziale Ressourcen, wie etwa Institutionen im Justizbereich

(Lester et al. 2004)."

Über die Therapie des Querulantenwahns schreibt Möller weiter: [328]

„Die Therapie der Wahnsyndrome zählt zu den schwierigsten Problemen der Psychiatrie. Die Wahnkranken zeigen eine misstrauische Haltung und sind bei in der Regel fehlender Krankheitseinsicht oft nicht motiviert, sich in Behandlung zu begeben. Der Wahnkranke wird meist gegen seinen Willen, vor allem durch Druck aus der engeren Umgebung zur Behandlung gebracht."

Sanitätsrat Schaumburg von der Provinzial-Heil- und Pflegeanstalt in Bonn schreibt in seinem Gutachten vom 23. April 1926:

„Wenn dagegen der Einwand erhoben wird, dass Bildhauer Rechtsauskünfte erteilt, Steuererklärungen anfertigt, gar keine Zeichen einer Geistesstörung bietet, vielmehr den Eindruck eines besonnenen, klugen, gerissenen Menschen macht, so ist dem entgegen zu halten, dass Kranke der Art wie Bildhauer an Querulantia leidende, meist keine für den Laien überzeugende Krankheitssymptomatik bieten, dass sie keine Verblödungszeichen an sich haben, vielmehr äußerlich gewandt und ganz normal erscheinen können."

In dieselbe Kerbe schlägt eine Aussage in der Urteilsbegründung des Oberlandesgerichts Köln vom 22. Juni 1926: „Es verschlägt auch nichts, dass die Zeugen Melies, Ziegler, Stöck, Back, Velten übereinstimmend den Kläger für nicht geisteskrank halten" — die Zeugen waren in den Augen der Gutachter und des Gerichts gewissermaßen nur „doofe Laien", die schlicht zu ungebildet waren, um die geistige Erkrankung des Franz Bildhauer erkennen zu können!

Mit einer solchen Aussage kann man jeden normalen Menschen als gestört hinstellen, wenn man möchte, denn der ungeschulte Laie „weiß ja nicht, dass dieser Mensch sich zwar völlig normal verhält, es in Wirklichkeit aber gar nicht ist!" Dem Amtsmissbrauch — um eine unbequeme Person öffentlich mundtot zu machen — öffnet eine solche Aussage jedenfalls Tür und Tor.

Man fühlt sich unweigerlich an die Berliner Politik der letzten Jahre erinnert, in der das linke Parteienspektrum die Deutung der Wahrheit für sich beansprucht und jeden, der ihrem Narrativ nicht entspricht sogleich diffamiert und in die rechte Ecke stellt, so daß eine vernünftige Diskussion in der Sache nicht mehr möglich ist. Es zählt nur eine Meinung und das ist die der Regierenden. Wenn sich dann die Institutionen — wie Ärzte und Justiz — noch mit ihnen gemein machen, dann kann der „kleine Mann" nur hoffen, dass er niemals in diese Mühlen hinein gerät!

Wenn man sich die Hand- und Unterschrift Bildhauers im Laufe der Zeit anschaut, kann man jedenfalls keine Verschlechterung der Handschrift erkennen, die auf einen geistigen oder körperlichen Verfall schließen ließe (siehe Abbildungen 103 bis 106).

---

[328] a.a.O.

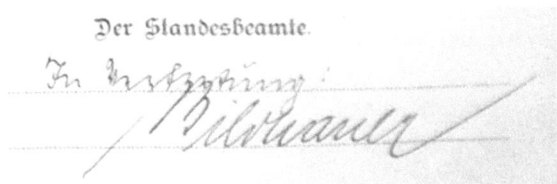

Abb. 103: Handschrift Bildhauers vom 5. Januar 1929

Der Standesbeamte.

Abb. 104: Unterschrift Bildhauers vom 12. Januar 1906

Abb. 105: Unterschrift Bildhauers vom 19. Februar 1919

Abb. 106: Unterschrift Bildhauers vom 17. September 1920

10.15 Denkanstoß

Ob Franz Bildhauer geisteskrank war und falls ja, ab wann dieser Zustand eintrat, läßt sich nach rund 100 Jahren von dieser Stelle aus nicht mehr sagen, es sei denn wir maßen uns dieselben hellseherischen Fähigkeiten an wie die damalige Ärzte — wie beispielsweise Sanitätsrat Schaumburg — die ihn in den Jahren 1905 und 1906 zwar nie persönlich getroffen und untersucht hatten, nachträglich aber sicher waren, dass er schon damals, d.h. bereits vor seiner Kündigung geisteskrank gewesen sein mußte!

Noch deutlicher tritt die Willkür bei mehreren Gutachten über den Patienten Bildhauer zutage:

1. Sanitätsrat Schaumburg, der Direktor der Provinzial-Heil- und Pflegeanstalt in Bonn, zitiert mehr als **schlampig** die Namen von Personen, die an der Sache Bildhauer beteiligt waren. In seinem Gutachten vom 23. April 1926 sind nicht weniger als sieben Namen — teils mehrfach — falsch geschrieben. Wenn man diese mangelnde Sorgfalt auf den Rest des Gutachtens extrapoliert, beschleicht einen ein ungutes Gefühl!

2. Sanitätsrat Dr. Buddeberg, Leiter der Irrenanstalt Merzig, fasst die Eingaben des Bild-hauer zu Anfang als normal auf, schließt dann aber **in einem weiteren Gutachten**, dass Bildhauer schon seit 1906 oder 1905 krank ist. Er gibt zu, daß in seinen er-sten Ausführungen **ein Widerspruch** enthalten sei. Er habe **versehentlich** die ersten äußerlich formellen Eingaben **falsch bewertet**, wahrscheinlich sei Bildhauer schon zur Zeit seiner Kündigung krank gewesen, so daß die freie Willensbestimmung aufgehoben war. Buddeberg bestätigt diese seine zweite Ausführung dann noch **in einem dritten Gutachten**.
— Der Gutachter Dr. Buddeberg schrieb also einfach so lange Gutachten, bis das Ergebnis „paßte"!

3. Man glaubt die Enttäuschung Dr. Buddebergs mit Händen greifen zu können, wenn er über den Aufenthalt Bildhauers in Merzig schreibt (Zitat Dr. Schaumburg): „In der Anstalt Merzig sei er [= Bildhauer] besonnen gewesen und geriet nur in Affekt, wenn auf seine Verhältnisse [und] das ihm vermeintlich zugefügte Unrecht die Rede kam. Dr. Schwickerath[329] habe sich durch das Verhalten des Bildhauer täuschen lassen."
— Man hätte wohl lieber gehabt, dass Bildhauer in der Anstalt die natürliche Angstreaktion „Ich will hier raus!" bei gleichzeitigem Herumtoben gezeigt hätte, so daß man ihn hätte ruhigstellen und ein entsprechendes Gutachten verfassen können.

Vielleicht war Bildhauer einfach nur ein Mann mit Prinzipien, der sich auch vor einer Aus-einandersetzung mit seinen Vorgesetzten nicht scheute und zur Not vor Gericht sein ihm zustehendes Recht erstreiten wollte.

Interessant ist in diesem Zusammenhang auch der Fall des Friedensrichters Poll, der 1846 einen Gerichtsstreit mit Peter Joseph Coblenz, dem Vorsitzenden des Bernkasteler Demokratischen Vereins, wegen angeblicher Beleidigung in allen drei Instanzen verlor und

---

[329] Hier muß es wohl Dr. Buddeberg heißen!?

dafür jedes Mal — entgegen den gesetzlich zulässigen Bestimmungen — sogar staatliche Mittel eingesetzt hatte (siehe Abschnitt 4.5.1).

Dem Beamten Poll gestand man von öffentlicher Seite aber die zweite und dritte Instanz des Klageweges zu — es wurde also im Vergleich zu Franz Bildhauer mit zweierlei Maß gemessen! Oder wie es Sanitätsrat Dr. Buddeberg — zunächst — in seinem ersten Gutachten ausdrückte: „Er fasse es als **absolut normal** auf, dass Bildhauer zunächst alle Instanzen durchging, um seine Kündigung rückgängig zu machen und seine Pensionierung zu erreichen. Ebenso fasse er auch die ersten Eingaben an Behörden pp. auf. Es seien also alle seine Versuche, sich die Pension zu erkämpfen nicht als krankhaft anzusehen, sie entsprängen lediglich dem Gefühl **in seiner Rechtssphäre gekränkt** zu sein."

Als Bildhauer aber immer wieder vor Gericht scheiterte, mag ihm irgendwann zwar alles egal geworden sein und er hat nur noch seinen Ärger an dem herrschenden System und dessen Repräsentanten abgearbeitet. Betrachtet man allerdings einige seiner Beleidigungen und Unterstellungen gegenüber Bediensteten des Staates, so klingen diese oft ziemlich „verschwurbelt", so daß man annehmen könnte, daß er zumindest in späteren Jahren nicht mehr „ganz dicht" war.

Der ein oder andere Leser mag nun denken, dass dies alles ja zum größten Teil in der Kaiserzeit geschehen sei, wo man allgemein obrigkeitshöriger und weniger emanzipiert war als heute. Diese Leser seien nur — quasi als „Spitze des Eisbergs" — an die Affäre um die hessischen Steuerfahnder erinnert, die 1996 zwangspensioniert wurden!

In Wikipedia heißt es zu dieser Affäre:[330]
„Besondere Aufmerksamkeit erhielten die psychiatrischen Gutachten, mit denen den Steuerfahndern Dienstunfähigkeit bescheinigt wurde. Den Steuerfahndern wurde in nahezu wortgleichen Gutachten eine eindeutige 'paranoid-querulatorische Entwicklung' oder auch eine Anpassungsstörung attestiert. Der chronische Verlauf und die Unheilbarkeit mache die Steuerfahnder für alle Zeiten dienstunfähig, auch im Sinne der Teildienstunfähigkeit, Nachuntersuchungen wurden als zwecklos dargestellt."

„Irgendwie kommt einem das nach der Lektüre des Falles Bildhauer doch bekannt vor!"

Die fünf hessischen Beamten wurden im Dezember 2015 in letzter Instanz juristisch rehabilitiert.

Vielleicht hatte der Stadtsekretär Bildhauer damals nicht soviel Glück wie die hessischen Steuerfahnder, die **nach fast 20 Jahren** immerhin rehabilitiert wurden!

---

[330] https://de.wikipedia.org/wiki/Steuerfahnder-Affäre.

10.16 Stilblüte

Dass Franz Bildhauer nicht nur ihm Rahmen seiner persönlichen Belange gegenüber der Stadt Bernkastel-Kues tätig wurde, hatte bereits der Amtsrichter Matthias Rech erwähnt (siehe Abschnitt 10.2). Im Zusammenhang mit dem Nachtwächter Heinrich Hoffmann, der 1930 den nächtlichen Ruhestörer Franz Klock erschossen hatte (siehe Kapitel 13), tauchte ein weiterer Zufallsfund auf. Im Archiv der Stadt Bernkastel-Kues fand sich ein kleiner, handgeschriebener Zettel, der auf den 28. März 1921 datiert.[331] Darin bitten einige Bewohner der Straße „Hinterm Graben" die Stadt darum, dass der Ausscheller zukünftig seine Bekanntmachungen auch in ihrer Straße machen möge (siehe Abbildung 107)!

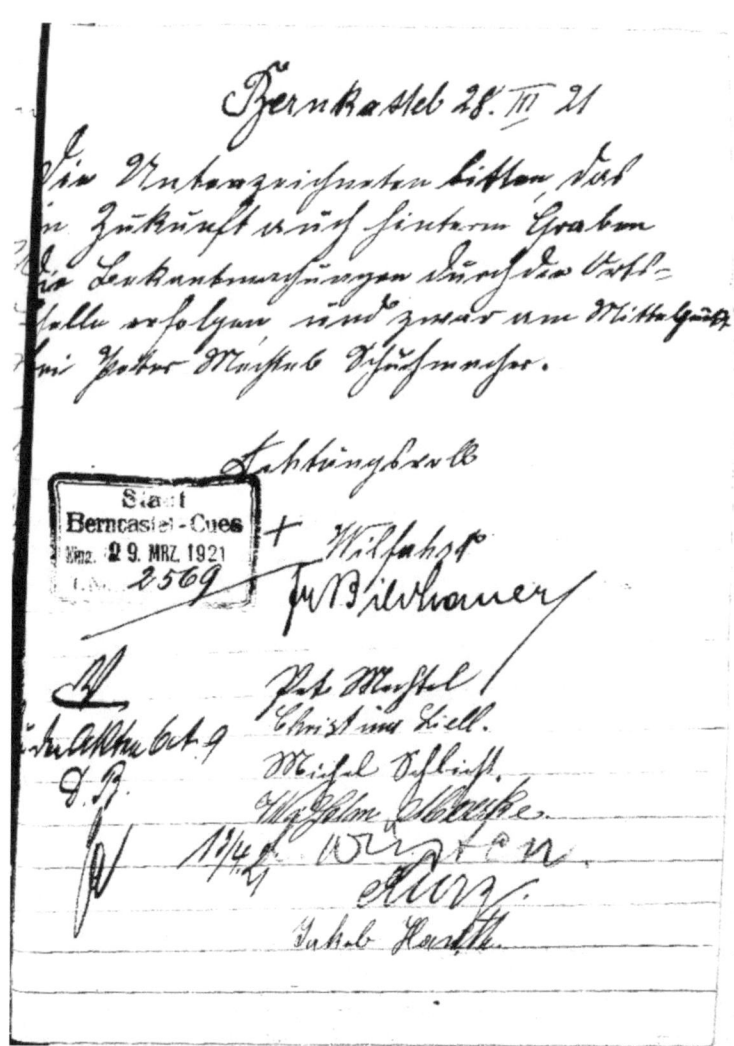

Abb. 107: Schreiben der Anwohner „Hinterm Graben" 1921

---

[331] LHAK 615, Nr. 404, Bild 913.

Unterzeichnet haben das Schreiben:

- NN Wilfahrt
- **Franz Bildhauer** (Haus Nr. 8)
- Peter Mechtel (Haus Nr. 7)
- Christina Liell
- Michael Schlicht
- Wilhelm Maske
- NN Wüsten
- NN Kurz
- Jakob Hauth

10.17 Letzte Jahre und Tod des Franz Bildhauer

In den Jahren nach 1929 — also dem Jahr in dem die Prozessakten[332] der Stadt Bernkastel enden — ließen sich über Franz Bildhauer kaum Informationen finden.

Lediglich seine Todesanzeige, die in der „Bernkasteler Zeitung" vom 8. August 1935 abgedruckt ist, war auffindbar. Franz Bildhauer war nach kurzer und schwerer Krankheit am 7. August 1935 in Bernkastel-Kues verstorben und wurde am 10. August — den Tag an dem er seinen 68. Geburtstag gefeiert hätte — beerdigt (siehe Abbildung 108).

Er sei „nach einem arbeitsreichen Leben" verstorben, heißt es. — Die Hälfte dieses Arbeitslebens hatte er gegen Land und Stadt Bernkastel-Kues gekämpft!

Egal ob er wirklich geistesgestört war oder man ihm von behördlicher Seite Unrecht tat beziehungsweise ihn sogar zerstören wollte — was hätte er mit seinem Leben alles anfangen können, hätte er seine Energie für etwas Positives einsetzen können!?

---

[332] LHAK Best. 615, Nr. 787.

Allzufrüh bist du geschieden,
Und umsonst war unser Fleh'n,
Ruhe sanft in Gottes Frieden.
Bis wir einst uns wiederseh'n.

Gott dem Allmächtigen hat es gefallen, heute nacht meinen innigstgeliebten Gatten, unseren herzensguten Vater, Großvater, Schwiegervater, Schwager und Onkel

Franz Bildhauer

Stadtobersekretär i. R.
und Weingutsbesitzer

in ein besseres Jenseits abzurufen. Er starb plötzlich und unerwartet nach kurzer, schwerer Krankheit und nach einem arbeitsreichen Leben im Alter von 68 Jahren, versehen mit den heiligen Sterbesakramenten.

Im Namen der trauernden Hinterbliebenen

Frau Fr. Bildhauer geb. Moll
Johanna Schumacher geb. Bildhauer
Franz Bildhauer
Maria Peilstöcker geb. Bildhauer
Hans Peilstöcker Reg.-Inspektor
Else Bildhauer geb. Weiß
und 4 Enkelkinder

Bernkastel, Arnsberg und Essen,
den 7. August 1935.

Die Beerdigung mit darauffolgendem Seelenamt findet am Samstag, den 10. Aug. 1935, vormittags 9 Uhr statt.

Abb. 108: Todesanzeige Franz Bildhauers

228

11 Doppelmord an den eigenen Töchtern

11.1 Ein Familiendrama

Die „Bernkasteler Zeitung" vom 12. Mai 1909 berichtet von einem Familiendrama, das sich am Vortag in Kues zugetragen hatte:[333]

> *Bernkastel-Cues, 11. Mai. Ein Familien-Drama. Unsere sonst so stille Moselstadt ist heute der Schauplatz eines Familien-Dramas geworden, das unsere Einwohnerschaft in wohl begreifliche Aufregung versetzte. Der im Stadtteil links der Mosel — Cues — ansässige Mehlhändler und Winzer Peter Herges — Mittelstraße[334] — hat heute früh seine beiden Töchter, die im Alter von 21 und 18 Jahren standen, mit zwei Revolverschüssen niedergestreckt. Wie es heißt, hat Herges versucht, sich selbst zu erschießen; durch Nachbarn, die auf die beiden Schüsse hin herbeieilten, soll er an der Absicht, sich selbst zu töten und dem Arm der Gerechtigkeit zu entziehen, gehindert worden sein. Die beiden Töchter Barbara und Katharina sind sofort, und zwar die eine durch einen Schuß ins Herz und die andere durch einen Schuß in den Hinterkopf — der Schußkanal führt hinterm rechten Ohr in den Kopf — getötet worden. Herges, der in völliger Apathie verharrt, verweigert jede Auskunft über den Grund seiner Tat. Der Amtsanwalt und Stadtbürgermeister Simonis haben die polizeibehördlichen und gerichtlichen Maßnahmen veranlaßt. Herges ist heute morgen noch in der Kirche gewesen und hat bald nach seiner Rückkehr die Tat vollbracht. Herges ist seit Jahren Witwer. — In zahlreichen Gruppen umstanden die Einwohner von Cues das Haus und besprachen das Drama.*

11.2 Voruntersuchung

Der des Doppelmordes verdächtige Vater wurde noch am Tag der Tat vernommen und am nächsten Tag obduzierte man die beiden ermordeten Schwestern, wie aus einem Artikel der „Bernkasteler Zeitung" vom 13. Mai 1909 zu ersehen ist:

> *Bernkastel-Cues, 12. Mai. Zu dem Familiendrama im Stadtteil Cues erfahren wir noch folgendes: Gestern nachmittag traf der Erste Staatsanwalt — Schulte — aus*

---

[333] Freundlicher Hinweis von Herrn Roland Klinger, Mondorf.
[334] Heute Kardinalstraße von der Pützstraße bis zur Lehn [SB24c, S. 60–61].

Trier hier ein. Wie wir hören, hat er den Mörder in der Zelle aufgesucht und ihn einem kurzen Verhör unterzogen. Heute morgen um 9 Uhr ging die Obduktion der beiden von Vaterhand ermordeten Schwestern in der Totenkammer des Klosterkrankenhauses vor sich. Gleichzeitig fand eine Gegenüberstellung des Täters mit seinen in der Jugendblüte hingemordeten Opfer[n] statt. Herges hat die fürchterliche Tat eingestanden, er soll jedoch nicht zu bewegen gewesen sein, Angaben über den Grund seines Mordes zu machen. Die Voruntersuchung ist hiermit abgeschlossen, Herges ist heute mittag 11 Uhr 49 Min(uten) nach Trier in das Untersuchungsgefängnis eingeliefert worden. Es ist daher anzunehmen, daß die Mordtat vielleicht schon in der nächsten Schwurgerichtsperiode des Landgerichts zu Trier, die im nächsten Monat stattfindet, ihre Sühne findet.

11.3 Über den Tathergang

Am 14. Mai 1909 veröffentlichte die „Bernkasteler Zeitung" einen langen Artikel mit dem Titel „Das Familien-Drama in Cues":

Bernkastel-Cues, 13. Mai. An einem schönen Maienmorgen, als noch kaum sich das Leben des Werktags regte, die Welt noch in tiefem Frieden ruhte, das Gezwitscher der Vögel als die einzigen Laute in der Natur widerhallten, hat in unserer Moselstadt — im Stadtteil Cues — ein entmenschter Vater es fertig bringen können, sein eigen Blut in der Maienblüte der Jugend erbarmungslos hinzumorden.

Es war für uns eine sehr schwierige Aufgabe authentisches Material über die Vorgänge dieser Mordtat zu erlangen. [...] Wir haben nun, da die Behörden uns nicht die Unterstützung in dem notwendigen Maße zuteil werden ließen, selbst Nachforschungen über die Vorgänge und die Gründe zu dieser unseligen Tat angestellt, durch die wir in die Lage versetzt sind, unseren Lesern hiermit eine einigermaßen vollständige Schilderung zu geben. Keineswegs kann sie aber als lückenlos angesprochen werden, da noch vieles der Aufklärung bedarf. Durch das beharrliche Schweigen des Mörders über die Gründe seiner Tat, ist eine Erklärung dieser bestialischen Handlung bis jetzt unmöglich, und der Mund der beiden Töchter ist durch die Hand ihres eigenen Vaters auf ewig geschlossen, sodaß wohl manches nie eine Aufklärung finden wird.

Am frühen Morgen des verflossenen Dienstag hat der Winzer und Mehlhändler Peter Herges im Stadtteil Cues, wie schon kurz berichtet, seine beiden Töchter, die in der Blüte und der Vollkraft ihrer Jugend standen, ohne eine Regung seiner Vaterliebe durch Revolverschüsse niedergeknallt. Die Tat muß in der Zeit nach 5 Uhr geschehen sein. Anzunehmen ist wohl, daß Herges die Absicht mit sich herumgetragen hat, auch seinem Dasein, das er nicht mehr wert hielt, gelebt zu werden, ein vorzeitiges Ziel zu setzen. Der Mut, die begonnene Tragödie zu Ende zu führen, fehlte ihm nach der Vollführung seiner grauenvollen Tat. Ob H(erges) tatsächlich die Stirn gehabt hat, nach der Tat in die Kirche zu gehen, kann nicht als tatsächlich angesehen werden, da die Ansichten der Nachbarn darüber so widerspruchsvoll sind, daß man annehmen muß, er hat nicht den Frieden des Gotteshauses durch seine Gegenwart gestört. Die Nachbarn, denen die Stille im Herges'schen Hause unheimlich vorkam, begaben sich in das Haus und fanden den H(erges) in einer Stube des unteren Raumes an einem Tisch sitzend, dumpf vor sich hinbrütend, der auf ihre teilnehmenden Fragen, keine Antwort gab. Ueber den Verbleib seiner Töchter befragt, gab er ausweichende Antworten. Die Nachbarn, größtenteils Frauen, ließ die ganze Situation nichts Gutes ahnen, und sie riefen einige Männer aus der Nachbarschaft herbei, die beherzt nach dem Verbleib der beiden Töchter forschten. Als sie in die oberen Räume eindrangen, bot sich ihnen ein entsetzlicher Anblick dar. Mit Blut verschmiert lagen die beiden Töchter in den Betten. Die ganze Verfassung und der Zustand der nebenliegenden Räume, eingetretene Türen und Blutlachen, zeigten, daß wenigstens die jüngere Tochter — Katharina — mit ihrem entmenschten Vater um ihr junges Leben gerungen hat. Mehr Bestialität konnte der Mörder gegenüber seinem eigenen Fleisch und Blut nicht an den Tag legen. Die beiden Männer fanden auf dem Tische, an dem der Mörder regungslos saß, Aufzeichnungen, die offenbar den Zweck haben sollten, im Falle Selbstmordes an seiner eigenen Person, Aufklärungen über diese Tat zu geben. Der Inhalt des sogen(annten) Briefes, der auf ein abgerissenes Kuvert geschrieben, ist ungefähr folgender: „Die Hintergasse[335] hat mich kaput[t] gemacht. Aus Verzweiflung habe ich es getan; der Teufel hat mich soweit gebracht." Sonst steht noch ein krauses und konfuses Zeug auf dem Zettel, das eher einen Schluß auf die Abnormität des Täters zuließe, wenn nicht die bestialische Art der Ausführung der Tat diese Annahme nichtig macht. Unterdessen hat H(erges) den in der Tasche verborgen gehaltenen Revolver herausgezogen; das Tun wurde aber von den um ihn herumstehenden Frauen bemerkt. Sie hielten ihn fest, damit er sich nicht bewegen konnte. Einer der Männer nahm ihm die so großes Verhängnis heraufbeschworene Schußwaffe mit Gewalt ab. Nachdem noch Pfarrer Schmitt[336] erschienen war, ordnete dieser die Benachrichtigung der Polizeibehörde an. Nach 9 Uhr taten die Vertreter der Polizeibehörde und der die Voruntersuchung führende Richter ihre Schuldigkeit.

Die Gründe zu dieser Tat sind, wie wir zuerst annahmen, in Familien- und zerrütteten Vermögensverhältnissen zu suchen. Die Zerrüttung der Vermögensverhältnisse sind aber auf den vor 3 Jahren verstorbenen Sohn, der zweimal verheiratet war, aus jeder Ehe ein Kind hatte, und nach seinem Tode beträchtliche Schulden hinterließ, zurückzuführen. Der Vater hat die Tilgung dieser hinterlassenen Schulden übernommen. Dieser Umstand muß doch wohl innerhalb der Familie zu Verdrießlichkeiten und gegenseitigen Vorwürfen geführt haben, die den Täter seit dem Tode des Sohnes ein gedrücktes und verschlossenes Wesen zur Schau tragen ließen. Ueber das Verhältnis des Vaters zu seinen Töchtern läßt sich etwas Bestimmtes, ob in gutem oder schlechten Sinne, nicht sagen, da auch hier, wie in vielen anderen Dingen die Meinungen selbst unter denen, die die Familien gut kannten, sehr weit auseinandergehen und daher bestimmte Schlüsse nicht zulassen. Viele Leute sagen,

---

[335] Heute Goethestraße [SB24c, S. 100].
[336] Johann Schmitt (*09.03.1858 Kanzem, †07.04.1926 Köwerich) wurde am 20. April 1909 als Pfarrer in Cues eingeführt. Seit dem 14. Mai 1920 war er Pfarrer in Köwerich [SB24c, S. 454].

H(erges) sei ihnen schon länger „so ein bischen verrückt" vorgekommen; ob die Tat die eines anormalen Menschen ist, möchten wir keinesfalls bejahen, aber auch nicht verneinen. Nach dem Dafürhalten der Aerzte liegt eine Anormalität bei H(erges) nicht vor.

Die Obduktion im Klosterkrankenhaus — es ist erst gestern die Leiche der ältesten Tochter Barbara vorgenommen worden — durch Kreisarzt Dr. Lehmann und Dr. Kettenhofen im Beisein einer Gerichtskommission, hat ergeben, daß der sofort tötliche Schuß hinterm rechten Ohr quer durch das Gehirn gegangen ist. Die Kugel ist bei der Obduktion im Gehirn gefunden worden. Die Wunde weist keinen Brandschorf und keine Pulvereinsprengungen auf.[337] Der Tod ist schon nach kurzer Zeit eingetreten. — Die Obduktion der 2. Leiche — Katharina Herges — erfolgte heute vormittag von den obengenannten Aerzten und im Beisein der Gerichtskommission. Die Leiche hat einen Schuß in die Brust und zwar in die linke Gegend des Herzens erhalten, der tötliche Wirkungen hatte. Die Schußwunde zeigt, wie die Aerzte sagen, Brandschorf und Pulvereinsprengungen, die ein Zeichen dafür sind, daß von dem Mörder der Revolver direkt auf die Brust seines unglücklichen Opfers aufgesetzt worden ist.

Der Revolver, den Herges zu seiner Mordtat benutzt hat, ist eine billige Schießwaffe, die er sich, wie man sagt, schon vor Jahr und Tag gekauft hatte, weil ihm [in] früher[er] Zeit einigemale größere Beträge gestohlen wurden.

Fast alle größeren Blätter nicht nur in unserer Provinz, sondern in ganz Deutschland nehmen von dieser Mordtat, die unsere Moselstadt so oft nennen läßt, Notiz. Es ist aber auch ein Ausnahmefall, daß ein Vater jeder menschlichen Regung bar sein kann, und seine Töchter, die in blühendem Alter stehen, ermordet.

11.4 Obduktion und letztes Geleit

Wie immer bei einer solch schrecklichen Tat — damals wie heute — schossen schnell die Gerüchte ins Kraut. So hieß es, die jüngere Tochter Katharina habe einen langsamen und qualvollen Tod gehabt. Dies konnte durch die Obduktion widerlegt werden, wie die „Bernkasteler Zeitung" vom 15. Mai 1909 berichtete:

Bernkastel-Cues, 14. Mai. Zu dem Familiendrama in Cues. Die gestern erfolgt Obduktion der Leiche der jüngeren Tochter des Doppel-Mörders Herges — Katharina — hat nachstehenden ärztlichen Befund ergeben: Die Leiche wies an drei verschiedenen Stellen des Körpers Verletzungen auf. H(erges) hat, wie nun feststeht 2 Schüsse auf seine jüngere Tochter abgegeben. Der den Tod herbeiführende Schuß ist in den linken Lungenflügel gegangen, und sind dadurch die Lungengefäße verletzt worden. Der Tod muß demnach in kurzer Zeit eingetreten sein. Durch diese ärztliche Feststellung sind die Gerüchte, als ob das unglückliche Opfer einen längeren und qualvollen Todeskampf gehabt hat, hinfällig. Die Brustwunde zeigt Brandschorf, ein Zeichen, daß der Schuß aus allernächster Nähe abgegeben wurde. Weiter hat das

---

[337] Demnach war der Schuß nicht aufgesetzt gewesen.

Mädchen einen Schuß in das linke Handgelenk erhalten. Nach Ansicht der Aerzte ist, das Opfer, nachdem es den Schuß in die Brust erhalten hatte, vor ihrem Mörder in das Nebenzimmer geflüchtet, und hat sich vor weiteren Verfolgungen verschanzt. Der bestialische Vater hat aber die verschlossene Tür mit Gewalt eingetreten, und hat auf seine Tochter noch den zweiten Schuß abgefeuert, der das Mädchen, das wahrscheinlich die Hände zur Abwehr vorgehalten hat, in das linke Handgelenk traf. Eine dritte Verletzung hat sich das Mädchen selbst zugezogen; beim Zusammenbrechen ist es, wie angenommen wird, mit der Stirn auf einen scharfen Gegenstand aufgeschlagen, und hat sich dabei eine Verletzung an der Stirn zugezogen, die einen Bluterguß in die Stirnhaut herbeiführte. — Die Beerdigung der beiden durch Vaterhand gefallenen Schwestern fand heute vormittag um 9 Uhr statt. Hunderte von Einwohnern beider Stadtteile gaben den beiden unglücklichen Opfern auf ihrem Wege zur letzten Ruhestätte das Geleite. Wie beide Schwestern gemeinsam von der Hand ihr[es] Vaters fielen, so ruhen auch beide in einem gemeinsamen Grabe. R. I. P.

11.5 Tod des Kindsmörders

Der Mehlhändler Peter Herges saß unterdessen in Trier im Untersuchungsgefängnis und wartete auf seinen Schwurgerichtsprozeß, als es plötzlich hieß, er sei verstorben.

Die „Bernkasteler Zeitung" vom 12. Juni 1909 schreibt unter der Überschrift „Der Mörder Herges gestorben":

Wie uns von amtlich unterrichteter Seite schon am Mittwoch mitgeteilt wurde, ist der Winzer Peter Herges aus dem Stadtteil links der Mosel, der bekanntlich am Morgen des 11. Mai seine beide[n] Töchter ermordet hat, im Untersuchungsgefängnis in Trier am Mittwoch gestorben.[338] Die genaue Todesursache ist bis heute noch nicht bestimmt bekannt. Wie aber von amtlicher Seite bemerkt wird, ist der Tod ein natürlicher gewesen. Durch den plötzlich erfolgten Tod hat Herges seine Tat nicht vor dem irdischen Richter sühnen können.

Das „Niederrheinische Tageblatt" schreibt in seiner Ausgabe vom 12. Juni 1909, daß Peter Herges „in einem Anfall von Delirium" gestorben sei!

Sein Sterbeakt[339] (siehe Abbildung 109) im Standesamt der Stadt Trier wurde am 10. Juni durch den Schreiber Paul Stiebing aufgegeben. Als Sterbeort wird die Windstraße Nr. 3 in Trier genannt, wo sich damals das Königlich Preußische Gefängnis befand.[340]

---

[338] Demnach am 9. Juni 1909.
[339] SA Trier S 1909/458.
[340] Siehe https://kulturdb.de/einobjekt.php?id=8858

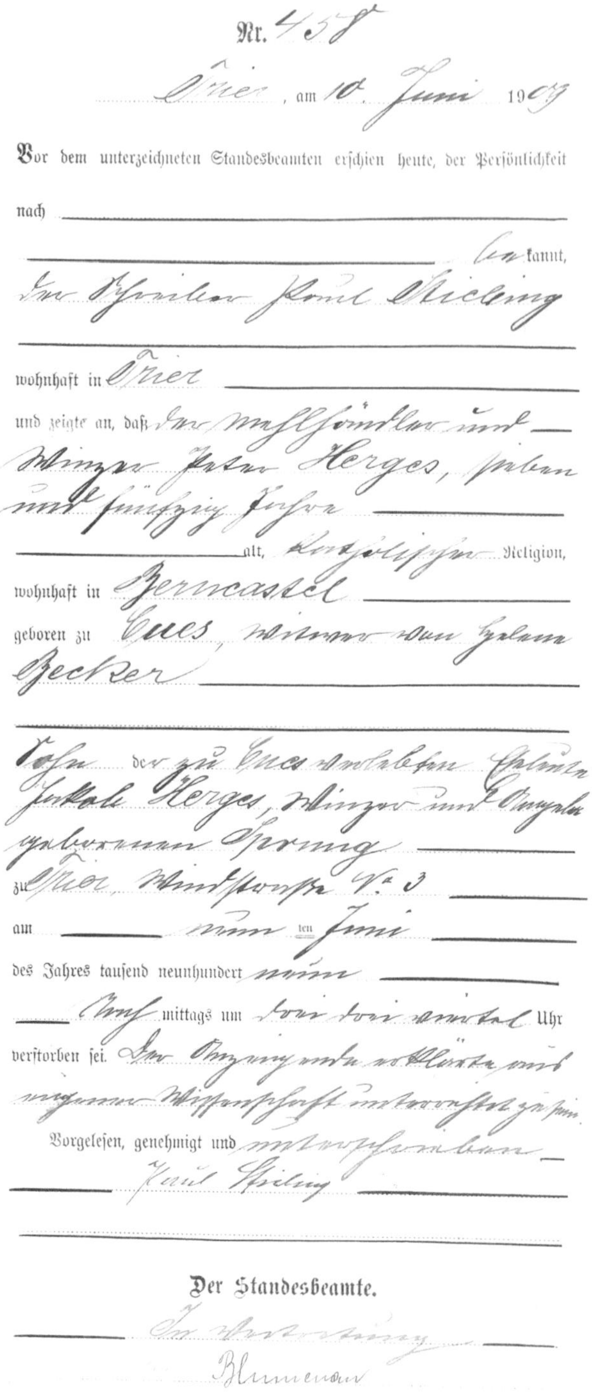

Nr. 458

Trier, am 10. Juni 1909

Vor dem unterzeichneten Standesbeamten erschien heute, der Persönlichkeit nach _____

_____ bekannt,

Der Schreiber *Karl Stieling*

wohnhaft in Trier _____

und zeigte an, daß Der *Weinhändler und Winzer Peter Herges*, *sieben und fünfzig Jahre* _____

alt, *katholischer* Religion,

wohnhaft in *Berncastel* _____

geboren zu *Cues*, *Witwer von Helena Becker* _____

Sohn der zu *Cues verstorbenen Eheleute Jacob Herges, Winzer und Margaretha geborenen Spring* _____

zu *Trier Windstraße No 3* _____

am _____ *neunten Juni* _____

des Jahres tausend neunhundert *neun* _____

_____ *Nachmittags* um *vier Uhr ein halb* Uhr

verstorben sei. Der *Anzeigende erklärte mit eigener Wissenschaft unterrichtet zu sein.*

Vorgelesen, genehmigt und *unterschrieben* _____

Karl Stieling

_____

Der Standesbeamte.

_____ *In Vertretung* _____

Blumenau

Abb. 109: Sterbeakt des Peter Herges

11.6 Die Familie Peter Herges

Aus den Unterlagen der Standesämter Lieser (bis 31. März 1905) und Stadt Bernkastel-Kues (ab 1. April 1905[341]) ließ sich folgende Stammtafel der Familie Herges aufstellen (siehe Abbildung 110), in der der Doppelmörder Peter Herges senior durch das grau eingefärbte Kästchen repräsentiert wird.

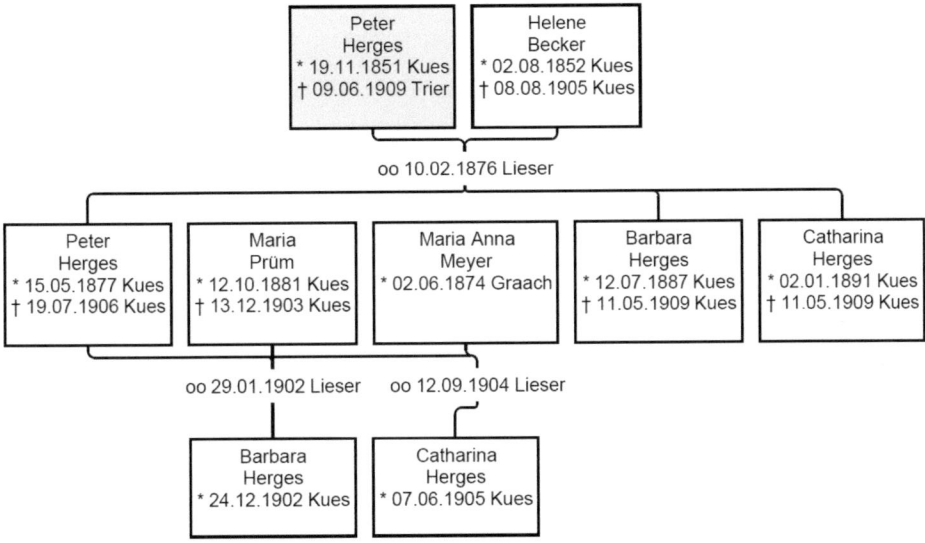

Abb. 110: Stammtafel der Familie Herges

Schaut man sich die Jahre 1902 bis 1909 an, so sieht man, welche Ereignisse sich in der Familie abgespielt haben:

- 29.01.1902 (∞): Peter Herges junior heiratet seine erste Ehefrau.
- 24.12.1902 (*): Peter Herges junior wird erstmals Vater.
- 13.12.1903 (†): Die erste Ehefrau des Peter Herges junior stirbt.
- 12.09.1904 (∞): Peter Herges junior heiratet seine zweite Ehefrau.
- 07.06.1905 (*): Peter Herges junior wird zum zweiten Mal Vater.
- 08.08.1905 (†): Helene Becker, die Ehefrau von Peter Herges senior stirbt.
- 19.07.1906 (†): Peter Herges junior verstirbt.
- 11.05.1909 (†): Peter Herges senior erschießt seine beiden Töchter.
- 09.06.1909 (†): Peter Herges senior stirbt im Gefängnis zu Trier.

Es war eine Berg- und Talfahrt aus Hochzeiten und Geburten einerseits und vielen Todesfällen andererseits, die einen im Laufe der Zeit wohl ziemlich „mürbe" macht.

---

[341] An diesem Tag schlossen sich Bernkastel und Kues zur Stadt Bernkastel-Kues zusammen.

12 Das Ende des Pulverturms

Direkt rechts an das Geburtshaus des Nikolaus von Kues am Kueser Nikolausufer war der sogenannte Pulverturm angebaut (siehe auch [SB24c, Abschnitt 6.2]).[342]

Abb. 111: Cusanus-Geburtshaus (li.) und Pulverturm (Fritz von Wille, 1921)

---

[342] Der Aufsatz über das Ende des Pulverturms wurde erstmals in [SB24b, Abschnitt 16.2] veröffentlicht.

12.1 Streit um die Erhaltung des Pulverturms

Anfang des 20. Jahrhunderts gab es seitens der Ortsgemeinde bzw. des Stadtbezirkes Cues mehrere Versuche den Pulverturm — den man aufgrund der niedrigen Tordurchfahrt als Verkehrshindernis ansah — aufzukaufen und anschließend abzureißen. Dem gegenüber sah der Provinzialkonservator der Rheinprovinz das Gebäude — vor allem im Ensemble mit dem benachbarten Cusanus-Geburtshaus — als historisch wertvoll an und das nicht in komplettem Widerspruch zu einer besseren Verkehrssituation.

Einige Schreiben aus dieser Zeit sind im Archiv der Stadt Bernkastel-Kues erhalten geblieben und sollen in diesem Abschnitt vorgestellt werden.[343]

Der erste Brief vom 23. April 1906, in dem man den Abriss des Pulverturms forderte, ist adressiert an Julius Melies, Bürgermeister der Stadt Bernkastel-Kues:

Bezugnehmend auf unser beiliegendes Gesuch erlauben wir uns noch Folgendes Ew(er) Hochwohlgeboren mitzuteilen:

1. *Der Inhaber des sogenannten Pulverturms läßt an dem in unsrer Eingabe gemachten Forderung M(ark) 500 nach, sodaß der Preis auf M(ark) 10.000 jetzt stände, will jedoch nicht länger als bis zum 1. Januar 1907 auf dieser Forderung stehen bleiben, da bis dahin ihm, so viel er wüßte, ein ihm passendes Haus mit Vorrecht zum Ankauf zur Verfügung stände.*

2. *Sollte der von hoher Regierung bei der Besichtigung des Pulverturms mutmaßlich am Platze ausgesprochene Plan den Bogen um etwa einen M(e)t(e)r abzutragen geschehen, so wäre dabei gar nichts geschafft, denn, wenn die Straße nur einigermaßen erhöht werden würde, ständen wir im Verkehr bei Hochwasser bei Durchfahrt mit Heu, Stroh etc. auf demselben Standpunkt wie früher, auch wäre die Zugluft, dadurch nicht verringert, wodurch mutmaßlich auffallender Weise in den beiden oben anliegenden Häusern, so viele und schwere Kinderkrankheiten vorgekommen sind.*

3. *Die Stadtgemeinde ist jedoch auch im Falle einer Abtragung von einem M(e)t(e)r gezwungen das Haus anzukaufen, da der Besitzer, sich doch nicht dazu verstehen würde, daß er sich das Fundament des Hauses würde abtrennen lassen. Wir bitten Ew(er) Hochwohlgeboren die Sache so viel als möglich zu beschleunigen.*

Hochachtungsvoll Verein Städtischer Interessen des Stadtbezirks Cues.
Der Vorsitzende Nik(olaus) Herges–Becker.
Der Schriftführer H(einri)ch Zimmermann–Thiel.

Der Provinzial-Conservator der Rheinprovinz in Bonn hingegen sah in seiner Antwort vom 4. Mai 1906 jedoch den schützenswerten Charakter des Gebäudeensembles am Cueser Gestade.

Auf das Schreiben vom 28. April d(iese)s J(ahre)s (I.B.J.Nr. 3129), betr(effend) den Pulverturm zu Berncastel, beehre ich mich ganz ergebenst das Folgende zu berichten:

---

[343] Siehe LHAK 615, Nr. 370. Ergänzungen des Autors sind in Klammern gesetzt.

Die Moselfront des Dorfes Cues hat als Schmuck zwei spätgotische Bauten von einer im Allgemeinen vortrefflichen Erhaltung aufzuweisen, die zusammen eine äusserst malerische Gruppe bilden und den reizvollen Eindruck des ganzen Bildes wesentlich bestimmen. Das eine Haus, in den Dachformen nach [kl]äglich verändert, aber noch mit den ursprünglichen Steinsprossenfenster versehen, ist das Geburtshaus des Kardinals Nicolaus Cusanus und darf dadurch für die Gemeinde ausser seiner künstlerischen Bedeutung ein besonderes geschichtliches Interesse beanspruchen. Dem letzten Moment hat man auch schon etwa 70 Jahre nach dem Tode des Cusanus Ausdruck gegeben, indem man zur Erinnerung an den berühmten Sohn des Ortes auf des Cusanus-Haus jenen reizvollen Frührenaissance-Aufbau mit dem Wappen des Kardinals anbrachte. Das neben dem Cusanus-Haus zurückspringende, gleichfalls aus dem 15. Jahrhundert stammende gut erhaltende Haus mit der Durchfahrt, der sogen(annte) Pulverturm, kann als altes Gemeindehaus gleichfalls ein grosses historisches Interesse in Anspruch nehmen. In dem engen Zusammenhang mit dem Cusanus-Hause dürfte darüber hinaus der besondere Wert des Bauwerkes liegen. Wie die Moselfront, so bietet auch die Ansicht dieses Hauses von der Strasse aus mit dem Treppenturm des Cusanus-Hauses ein sehr malerisches Bild.

Abb. 112: Geburtshaus des Cusanus (links) und Pulverturm (rechts) um 1870 (RK)

Die Denkmalpflege muss unter den Umständen auf die Erhaltung der ganzen Baugruppe das allergrößte Gewicht legen. Die Verkehrshindernisse, die hier vorliegen, dürften umso weniger eine vollständige Beseitigung des sogenannten Pulverturmes rechtfertigen, als sie sich durch einen relativ geringfügigen, den äussern Eindruck nur in geringem Masse beeinflussenden Umbau werden beseitigen lassen.

Der Brief enthält eine Skizze zur Situation vor Ort (siehe Abbildung 113) sowie einen Vorschlag zur Verbesserung der Verkehrssituation durch Vergrößerung des Torbogens, die nicht mit dem Denkmalschutz kollidieren würde:

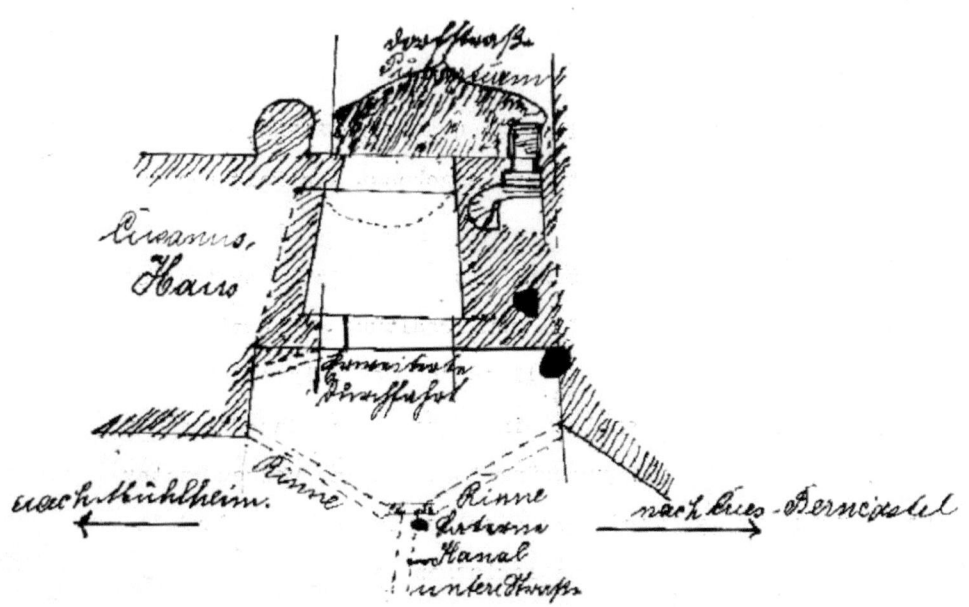

Abb. 113: Cusanus-Geburtshaus und Pulverturm (Skizze von 1906)

Moselufer:

Wie die Besichtigung am 11. April d(ieses) J(ahres) ergeben hat, ist es möglich, die Tordurchfahrt an der Moselseite zu erbreitern und durch Beseitigung des Tonnengewölbes wesentlich zu erhöhen. Wenn dazu eine bessere Regulierung des Geländes direkt vor dem Tore käme, so würde damit wohl allen Ansprüchen auf grössere Bewegungsfreiheit für den Wagenverkehr genügt werden können. Auch die Madonna in dem Winkel zwischen Cusanus-Haus und Pulverturm könnte an ihrer Stelle belassen werden, es bedürfte hier nur einer Verkürzung des in der jetzigen Ausdehnung an sich hässlichen Schutzdaches. Bedenken vom Standpunkt der Denkmalpflege gegen diese Abänderungen liegen nicht vor.

I(n) V(ertretung) gez(eichnet) Renard.

An den Herrn Regierungspräsidenten zu Trier, durch die Hand des Herrn Kgl. Oberpräsidenten.

Da man seitens des Stadtbezirkes Cues nicht von seiner „destruktiven" Haltung abweichen wollte, sah sich der Provinzial-Conservator in einem Schreiben vom 10. Dezember 1906 abermals genötigt, seinen denkmalpflegerischen Standpunkt zu erneuern:

Auf das Schreiben vom 26. Oktober d(ieses) J(ahre)s (i.B. 6938) betr(effend) den Pulverturm in Cues, beehre ich mich unter Zurückreichung dreier Anlagen ganz ergebenst das Folgende zu berichten.

Es liegt diesseits keine Veranlassung vor, von dem in meiner Äußerung vom 4. Mai d(iese)s J(ahre)s eingenommenen Standpunkt abzugehen, umsoweniger als in der Eingabe des Verkehrsvereins vom 23. April auf die für die Denkmalpflege bestimmten Gründe des diesseitigen Schreibens nicht eingegangen wird. Ich muß mich nach wie vor auf den Standpunkt stellen, daß eine Beseitigung der das Verkehrsinteresse beeinträchtigenden Zustände an dem Pulverturm auch ohne Niederlegung des mittelalterlichen Turmgebäudes möglich erscheint.

Der *Verein Städtischer Interessen des Stadtbezirks Cues* unter seinem Vorsitzenden Nikolaus Herges–Becker dachte sich jedoch immer neue Gründe aus, die seiner Meinung nach für einen Abriss des Pulverturmes sprachen, wie ein Brief an den Bernkastel-Kueser Bürgermeister vom Februar 1907 zeigt:

Gründe zur Beseitigung des Pulverturms sind folgende:

Der s(o) g(enannte) Pulverturm ist durch seine Bauart eine fast vollständige Behinderung zur Ein- und Ausfahrt in die Dorf- resp(ektive) Hauptstraße des sogenannten Alt-Cues. Es laufen sehr oft Fremde vorbei ohne die Straße zu finden zur Station Cues.

Da der Verkehr im landwirtschaftlichen Fu[h]rwerk immer mehr zunimmt, ist derselbe durch das niedre Törgewölbe des Pulverturms durch das Steckenbleiben von landwirtschaftlichen Fuhren, sehr oft so gesperrt, daß Passanten nicht durch können, von Gegenfuhren ganz abgesehen.

Das sehr viele Heu, welches auf dem Cueser Werth gewonnen wird, muß sogar den neuen Weg (ganz schwer) hinaufgeführt werden, wo entgegenfahrende Fuhren nicht sehr leicht aneinander vorbei können. Es müssen auch diejenigen, welche direct oberhalb des Torbogens in der Dorfstraße wohnen, diesen neuen Weg herauf und wieder die Dorfstraße hinunter fahren um zu ihren Häusern zu gelangen.

Bei Hochwasser bedeutet der Torbogen eine sehr große Gefahr sowohl für die Bewohner am Gestade von Cues, als auch für die vielen in solchen Zeiten [ver]ankerten Schiffen im Cueser Hafen, denen jeder freihe Verkehr mit dem sogenannten frühern Oberdorf vollständig abgeschnitten ist.

Bekanntlich wächst die Mosel in solchen Fällen (Jahre 1893, 1882, 1879, 1875, 1860) sehr schnell und der Torbogen ist bald so unterwässert, daß nur sehr kühnen Leuten mit einem kleinen Kahn versehen und Gebrauch sämmtlicher Kräfte ein Risiko unternehmen können und nur auf Gefahr ihres Lebens um sich und den Abgetrennten zu helfen resp(ektive) helfen zu können.

Eine Einfahrt mit einem Kahn in den neuen Weg in solchen Fällen, ist der starken Strömung halber unmöglich, während es leicht wäre, durch die Verteilung der Strömung, hervorgerufen durch den Cueser Inselhafendamm in solchen Fällen in die Dorfstraße einzufahren, wenn der Pulverturm nicht hinderlich wäre.

Würde in solcher Periode ein Brand ausbrechen in den im Wasser stehenden Häusern, so wären die Bewohner derselben einem elenden Tode preisgegeben.

Durch die angegebenen Gründe veranlasst, bittet der unterzeichnete Verein Ew(er) Hochwohlgeboren wollen veranlassen, daß seitens der Stadtgemeinde der Pulverturm zur Niederlegung baldmöglichst angekauft werde und unser Gesuch dem Wohllöblichen Stadtverordneten Colegium zur gef(äl)l(igen) Genehmigung zu unterbreiten.

Am 14. Februar 1907 informierte der Bürgermeister von Bernkastel-Kues den Cueser Verein darüber, dass die Stadtverordnetenversammlung das Gesuch zur Beseitigung des Pulverturmes unterstützen wolle, „wenn die Interessenten sich bereit erklären einen entsprechenden Beitrag zu den Kosten der Erwerbung und Niederlegung des Turmes beizutragen". Man solle auch in Erfahrung bringen, zu welchem Preis man den Pulverturm nebst Grundstück erwerben könne und baldmöglichst von den Resultaten dieser Bemühungen berichten.

Daraufhin antwortete am 2. Mai 1907 der *Verein Städtischer Interessen des Stadtbezirks Cues* wie folgt der Stadt Bernkastel-Kues:

In Erwiderung Ihres geehrten Schreibens vom 14/2 d(ieses) J(ahres) teilen wir ergebenst mit, daß eine Beitragszeichnung zum Ankauf zwecks Niederlegung des sogenannten Pulverturmes in Anbetracht der Zeitverhältnisse ziemlich aussichtslos wäre.

Trotzdem haben wir bei den nächsten Anwohnern den Rundgang wieder versucht. Das Resultat ergab einige hundert Mark mit der Bedingung daß die direckt anstoßenden Nachbarn auch etwas d.h. noch mehr zeichnen sollten. Da dies jedoch nicht denkbar sein kann in Anbetracht ihrer Vermögens- sowie häußlichen Verhältnisse, so mußten wir Abstand davon nehmen.

Wenngleich es sich bei der Niederlegung des Pulverturms um Eröffnung einer Hauptstraße handelt, so sind doch auch dadurch Rettungen von Menschenleben wohl in Betracht zu ziehen.

Obengenannter Gründe halber wäre das Bestehenbleiben des Pulverturms nur mehr für Zwang seitens der Behörde anzusehen, durch die Niederlegung desselben das historische Geburtshausgebäude des Kardinals Cusanus dadurch auch ganz freigelegt würde.

Wegen etwaiger Abtrennung eines Teiles, sowie des Untersatzes resp(ektive) Fundaments genannten Hauses bitten wir Ew(er) Hochwohlgeboren wollen vorerst persönliche Einsichtnahme nehmen unter Zuziehung des Vorstandes des unterzeichneten Vereins, wo event(uel)l Herr Jarre[344] hier der zum Vorstande gehört zu diesem Zweck als Sachverständiger sich beteiligte und frühzeitig bestellt werden mußte.

Damit war das Projekt aus Kostengründen erst einmal vom Tisch.

Letztendlich erwarb die Stadtgemeinde Bernkastel-Kues den Pulverturm im Jahre 1917. Betrachtet man den vorangegangenen erbitterten Streit um die Zukunft des Pulverturmes, so könnte der Brand von 1921 durchaus ein „warmer Abriss" gewesen sein.

---

[344] Der Bauunternehmer August Jarre.

12.2 Über den Brand von 1921

Die „Bernkasteler Zeitung" vom 27. September 1921 teilt folgendes mit:

Am 27. September 1921, in der vierten Morgenstunde, brach im Stadtteil Cues in einem an den Pulverturm anstoßenden Hintergebäude Feuer aus, das sich sofort auf das am Gestade liegende Haus von Benedikt Port und den Pulverturm ausdehnte und die Dachstühle in kürzester Zeit in Flammen setzte. Die neugegründete Cueser Freiwillige Feuerwehr bestand hier zum ersten Male ihre Feuerprobe. Ihrem schnellen Eingreifen gelang es mit Unterstützung der Bernkasteler Freiwilligen Feuerwehr, die sehr gefährdeten, über den Brandherd hoch hinausragenden Nachbargebäude moselabwärts und das altberühmte Cusanushaus, das zudem noch durch eine massive Brandmauer gedeckt war, vor dem Übergreifen des Feuers und dem besonders starken Funkenflug zu schützen. Auch die Lieserer Freiwillige Feuerwehr war sehr rasch eingetroffen und hat sich an den Löscharbeiten beteiligt. Es gelang, aus dem Pulverturm ebenso wie aus dem Gebäude von Benedikt Port und den gefährdeten Nachbarhäusern einen großen Teil der Möbel und des Hausrates in Sicherheit zu bringen.

Die seit Jahren schwer kranke Mutter des Fährmanns Günter, die im dritten Stockwerk des Pulverturms wohnte, wurde in nachbarliche Obhut gebracht. Es sind wiederum vier Familien durch den Brand obdachlos geworden. Der Schaden ist ganz bedeutend, besonders bei dem Haus Benedikt Port. Auch der Pulverturm ist durch Feuer und Wasser so stark mitgenommen, daß an einen Wiederaufbau nicht mehr gedacht werden kann. Der Streit um die Erhaltung des historischen Pulverturms, eines von vielen Malern auf der Leinwand festgehaltenen Bauwerks, hat nun durch diese Brandkatastrophe eine unerwartet schnelle Lösung gefunden. Die Entstehungsursache ist noch nicht aufgeklärt.

Abb. 114: Cusanushaus mit Pulverturm

Nach dem Bericht der Bernkasteler Zeitung vom 28. September 1921 war die Brandstätte im Stadtteil Cues im Laufe des 27. September das Ziel zahlreicher Besucher. Die Freiwillige Feuerwehr arbeitete den ganzen Tag über an der Aufräumung der Trümmer und dem Löschen der weiterglimmenden Heu- und Brikettvorräte. Am 28. September früh wurde die Feuerwehr wieder alarmiert, um die Aufräumungsarbeiten fortzusetzen und das nochmals stark aufflackernde Feuer zu löschen. Abgebrannt sind so viel wie vollständig die Hinterhäuser von Andreas Becker-Prüm, Franz Port-Hoffmann und die Häuser von Heinrich Günter und Benedikt Port-Sproß. Der Pulverturm ist bis zum oberen Stockwerk ein Raub der Flammen geworden. Das Cusanushaus des Adam Bootz konnte gerettet werden. Natürlich haben sie auch durch die Löscharbeiten ebenfalls gelitten. In welchem der an das Haus von Benedikt Port anstoßenden Hinterhäuser der Brand ausgebrochen ist, läßt sich schwer feststellen, da das Feuer schon weit um sich gegriffen hatte, als es bemerkt wurde.

Die Erben Jakob Port haben den Freiwilligen Feuerwehren der Stadt für die tatkräftige Abwehr des Feuers von ihrem Hause einen Betrag von 500 Mark zur Verfügung gestellt mit dem Hinweis, daß sie dadurch vor schwerem Schaden bewahrt wurden.

Noch in der „Bernkasteler Zeitung" vom 1. Februar 1921 hatte ein Liebhaber heimischer Denkmalpflege geschrieben:

Eine allen Freunden der Mosel und ihrer Geschichte vertraute malerische Baugruppe, der Pulverturm in Cues mit seinem rundbogigen Durchblick in die schmale Dorfgasse, ihrem alten Treppenturm, ihren verwitterten Fenstergruppen, ihrem durch ein Wetterdach geschützten Heiligenwinkel und dem benachbarten Geburtshaus des Kardinals Nikolaus Cusanus, der Gegenstand zahlloser Bleistiftsskizzen und Gemälde, steht in Gefahr! Obwohl nachgewiesen ist, daß eine dem geringen Verkehr entsprechende Vergrößerung der Durchfahrt auch ohne den Abbruch möglich ist, sucht die Gemeinde Cues diesen gegen die Absichten der örtlichen Behörden zu erreichen, kurzsichtig genug, da ihr damit ein Reiz unwiederbringlich verloren ginge, den sie sich vor vielen anderen alten Mosel- und Rheinorten bewahrt hat, den der Einheitlichkeit ihrer Moselansicht. Der Torbogen verbindet die Reihen behäbiger Häuser zu einer einheitlichen Wand, während der Abbruch eine jähe Lücke hineinrisse, nicht anders als bei all den anderen Flußansichten, die ihre Moseltore unnötigerweise verloren haben und bei denen der Einblick in das nüchterne und nicht eben immer schöne Innere einst gefällig verdeckt war. Mag die Gemeinde es vor sich selbst verantworten, daß sie durch den Abbruch in der Zeit der Wohnungsnot ein paar sehr brauchbare Wohnungen verlieren würde — die Erhaltung der schönen Baugruppe aber ist nicht allein eine Angelegenheit der Gemeinde Cues, sondern eine solche aller Freunde des Mosellandes, darüber hinaus aller Kunst- und Geschichtsfreunde. Deshalb wollen wir hoffen, daß die zur Entscheidung des Streites herbeigerufenen oberen Behörden fest den Standpunkt der Allgemeinheit vertreten, unsere Dörfer sind an derartigen Schönheiten nicht mehr so reich, daß wir durch Mutwillen eine davon entbehren oder verlieren dürfen. Der Heimat Schönheit ist Deutschlands bester zukunftverbürgendster Besitz!

13 Tod in der Silvesternacht

13.1 Der Tathergang

In der „Bernkasteler Zeitung" vom 2. Januar 1930 wird in der Rubrik „Nah und Fern" über den Jahreswechsel berichtet. Der Artikel enthält zunächst nichts, was für dieses Ereignis ungewöhnlich wäre, bis es gegen Ende heißt: „Noch klang in den Ohren der alte und stets wieder neue Wunsch 'Prosit Neujahr!', als sich — zum Teil noch in der Nacht, zum Teil am Morgen — die erschütternde Kunde von dem verhängnisvollen Schuß, der ein junges Menschenleben zum Opfer forderte, verbreitete. Der tiefbedauerliche Vorfall bildete dann auch den Gesprächsstoff des gestrigen Tages im neuen Jahr. Möge er kein schlechtes Omen für das Jahr 1930 sein." [345]

Was genau war passiert?

Abb. 115: Franz Klock im Jahr 1926 (RK)

Die Antwort erfahren wir in der Beilage derselben Zeitungsausgabe. Dort heißt es unter dem Titel „Ein verhängnisvoller Schuß in der Silvesternacht":

Bernkastel-Cues, 2. Januar 1930.
Die Silvesterfeier hat im Stadtteil Bernkastel einen erschütternden Abschluß gefunden. Hier wurde gegen 4 Uhr der 23jährige Kraftwagenführer Franz Klock durch den

---

[345] Mein Dank gilt Herrn Roland Klinger, Mondorf, der mich auf diese Geschichte aufmerksam gemacht hat.

diensttuenden Nachtwächter Hoffmann auf dem Marktplatz durch einen [Schuß?] getötet.

Was bisher über den Hergang des furchtbaren Geschehens in die Oeffentlichkeit drang, hat zu verschiedenen Auslegungen geführt, die auch schon in einem Teil der auswärtigen Presse Aufnahme gefunden haben, die aber dem Hergang des tiefbedauerlichen Ereignisses nach den bisherigen Feststellungen nicht voll entsprechen. Er sei daher so geschildert, wie er sich bis jetzt übersehen läßt.

Mehrere junge Leute zogen nach 3 Uhr singend durch die Römerstraße und wurden von dem Nachtwächter dabei gestört. Auf der Kapuzinertreppe wurde danach ein Ständchen gesungen. Der Nachtwächter kam mit seinem Stiefsohn Goergen hinzu. Dies führte zu Auseinandersetzungen. Der Nachtwächter ging dann über die Kapuzinertreppe weiter zur Mandatstraße und stellte sich dort in einen dunklen Hauseingang. Während ein Teil der jungen Leute ohne Zusammentreffen mit dem Nachtwächter ebenfalls über die Mandatstraße zum Marktplatz gegangen war, kam es zwischen den etwas später folgenden jungen Leuten Franz Klock und Peter Sayn sowie dem Nachtwächter und seinem Sohn in der Mandatstraße zu einer Rauferei, in deren Verlauf von Sayn dem Sohne des Nachtwächters der Gummiknüppel des Nachtwächters abgenommen und in mehrere Teile zerbrochen wurde. Hoffmann holte darauf seinen in der Türnische abgelegten Mantel und verschwand mit seinem Stiefsohn in der Richtung nach der Kapuzinertreppe, während die beiden anderen sich nach dem Marktplatz begaben. Dort befanden sie sich in Gesellschaft einer Anzahl junger Leute, als nach einiger Zeit Nachtwächter Hoffmann mit seinem Sohne von der Römerstraße her sich dem Marktplatz näherte. Auf den Ruf, daß der Nachtwächter komme, drehte sich nach den übereinstimmenden Aussagen Klock um und ging einige Schritte mit den Händen gestikulierend auf ihn zu. Darüber, ob ein Angriff erfolgte oder bevorstand, sind die Aussagen widersprechend. Plötzlich krachte ein Schuß. Einige Zuschauer wollen beobachtet haben, daß Hoffmann den Schuß in gebückter Stellung abgegeben habe, eine andere Aussage geht dahin, daß Hoffmann vom Boden aufstand als er abfeuerte. Entscheidend wird die heutige Obduktion sein, aus welcher Entfernung und in welcher Richtung der Schuß abgegeben wurde.

Nach dem Schuß ging der Getroffene, Franz Klock, die Hände auf die Bauchgegend pressend, in gebückter Haltung vom Hause Liell[346], wo sich die Tat abspielte, quer über die Straße und brach vor dem Zigarrengeschäft Räth[347] zusammen. Er wurde von seinen Kameraden in die Drogerie Wintrath[348] gebracht. Eine kleine Wunde oberhalb des Auges wurde als Einschußstelle des Geschosses gehalten, da man sonstige Verletzungen nicht wahrnehmen konnte. Der hinzugerufene Arzt stellte fest, daß der Tod nach wenigen Minuten eingetreten war. Auch geistlicher Beistand war schnellstens zur Stelle. Die Leiche wurde nachts noch ins Krankenhaus gebracht und dort festgestellt, daß die Kugel in die linke Seite (Herzgegend) eingedrungen war. Die polizeilichen Vernehmungen setzten noch in der gleichen Stunde ein.

Kurz nach der Tat fand sich auf dem Marktplatz eine erregte Menschenmenge zusam-

---

346 Heute Markt 34/36.
347 Heute Markt 19.
348 Heute Markt 25.

men, die lebhaft den Vorfall diskutierte und teilweise in der Erregung zur Selbstjustiz aufrief. Es gelang jedoch, allmählich wieder Beruhigung herbeizuführen. Trotzdem kam es am Frühmorgen noch zu Ausschreitungen im Hause des Nachtwächters Hoffmann, der sich nach der Tat sofort entfernte, den Hauptwachtmeister Bauschert von dem Vorgange benachrichtigte und später in seine Wohnung zurückkehrte. Gestern abend stellte sich Hoffmann dem Untersuchungsrichter im Amtsgericht Bernkastel. Die Vernehmungen dauern noch an. Hoffmann ist mit dem heutigen Tage vom Amte suspendiert.

13.2 Familie Klock

Franz Klock wurde am 24. Juli 1906 in Bernkastel als Sohn des Vergipsers Vinzenz Klock und dessen Ehefrau Anna Schuh geboren (siehe Abbildung 116).[349]

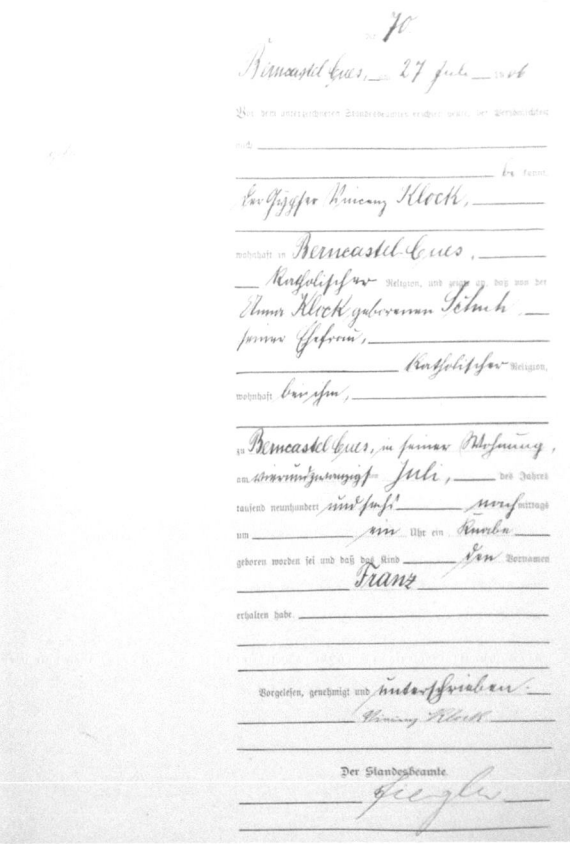

Abb. 116: Geburtsakt des Franz Klock von 1906

Die Familie wohnte im Haus Burgstraße 6 (siehe Abbildung 117), das Georg Klock, der

---

[349] SA/BKS G 1906/70.

Großvater des Franz Klock, im Jahr 1865 erworben hatte.[350]

Abb. 117: Haus der Familie Klock, Burgstraße 6 (JMB 2019)

Die Eltern von Franz Klock hatten am 12. November 1898 in Bernkastel geheiratet und vor ihrem Sohn Franz bereits zwei gemeinsame Töchter gehabt.[351]

---

[350] [Bra25].
[351] [Bra21, Nr. 2240].

In der Sterbeurkunde von Franz Klock (siehe Abbildung 118), deren Angaben aufgrund des vorliegenden Verbrechens von der Polizeiverwaltung Berncastel-Cues mitgeteilt wurden, heißt es, daß er „zu Berncastel-Cues auf dem Marktplatze am ersten Januar des Jahres tausend neunhundert und dreißig um drei drei viertel Uhr verstorben" ist.[352]

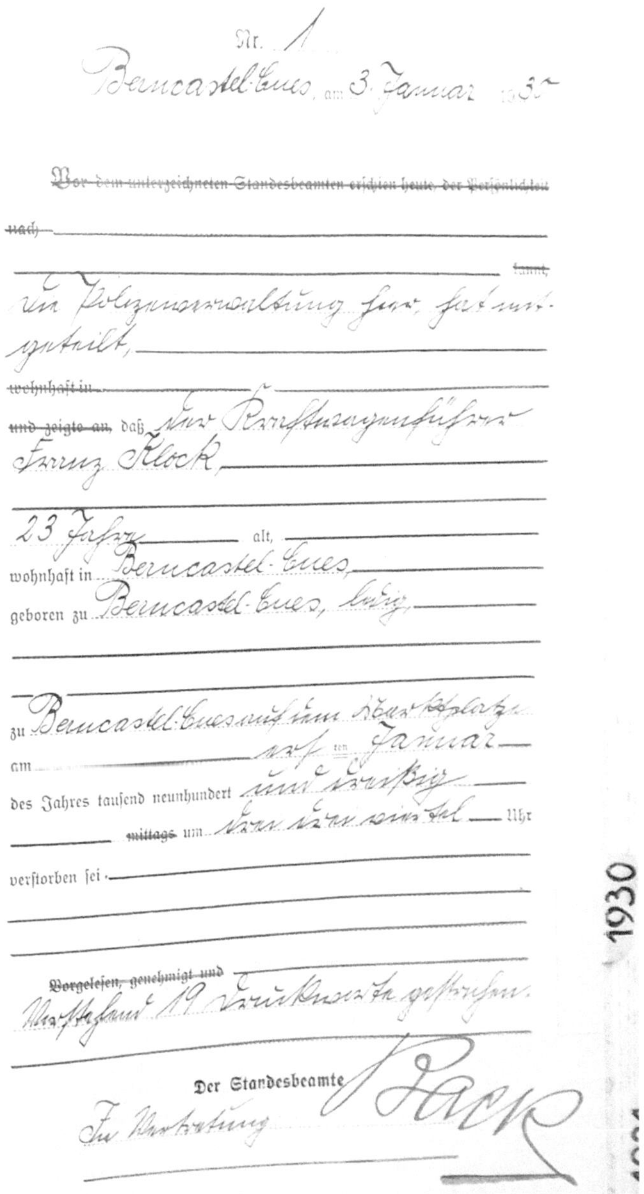

Abb. 118: Sterbeakt des Franz Klock

---

[352] SA/BKS S 1930/1.

Die Todesanzeige des 23jährigen Kraftwagenführers Franz Klock wurde in der „Bernkasteler Zeitung" vom 2. Januar 1930 veröffentlicht (siehe Abbildung 119).

Abb. 119: Todesanzeige des Franz Klock

13.3 Nachtwächter Hoffmann

Die Suche nach einem Gerichtsverfahren, das gegen den Nachtwächter Hoffmann eröffnet wurde, blieb erfolglos. Ein Prozeß hätte wohl vor dem Schwurgericht in Trier stattgefunden, aber in der „Bernkasteler Zeitung" des fraglichen Zeitraums konnte keine entsprechende Meldung gesichtet werden.

Dementsprechend wenige Informationen haben wir über den Nachtwächter. Laut Zeitungsartikel wissen wir nur, daß er mit Nachnamen Hoffmann hieß und wohl eine Witwe geheiratet hatte, die in erster Ehe mit einem Herrn Görgen verheiratet gewesen war und mit diesem einen gemeinsamen Sohn hatte. Es wird jedoch weder der Vorname des Nachtwächters noch der seines Stiefsohnes genannt, der in der Silvesternacht mit ihm auf Streife war.

Im Jahr 1930 kannte vermutlich jeder Einwohner Bernkastels den Nachtwächter Hoffmann, so daß man es seitens der Zeitung nicht für nötig hielt, seinen Vornamen anzugeben. Wir wollen jedoch etwas mehr über den Schützen aus der Silvesternacht erfahren und machen uns auf die Suche ...

In den Standesamtsakten von Bernkastel-Kues werden wir fündig. Der am 21. September 1879 in Neumagen geborene und noch dort wohnhafte Fischer Heinrich Hoffmann, Sohn des Kalkbrenners Jonas Hoffmann und dessen Ehefrau Regina Dill, heiratete am 17. Januar 1913 in Bernkastel-Kues die verwitwete Tagelöhnerin Anna Maria Görgen, geborene Schlosser, geboren am 3. Januar 1883 zu Bernkastel.[353]

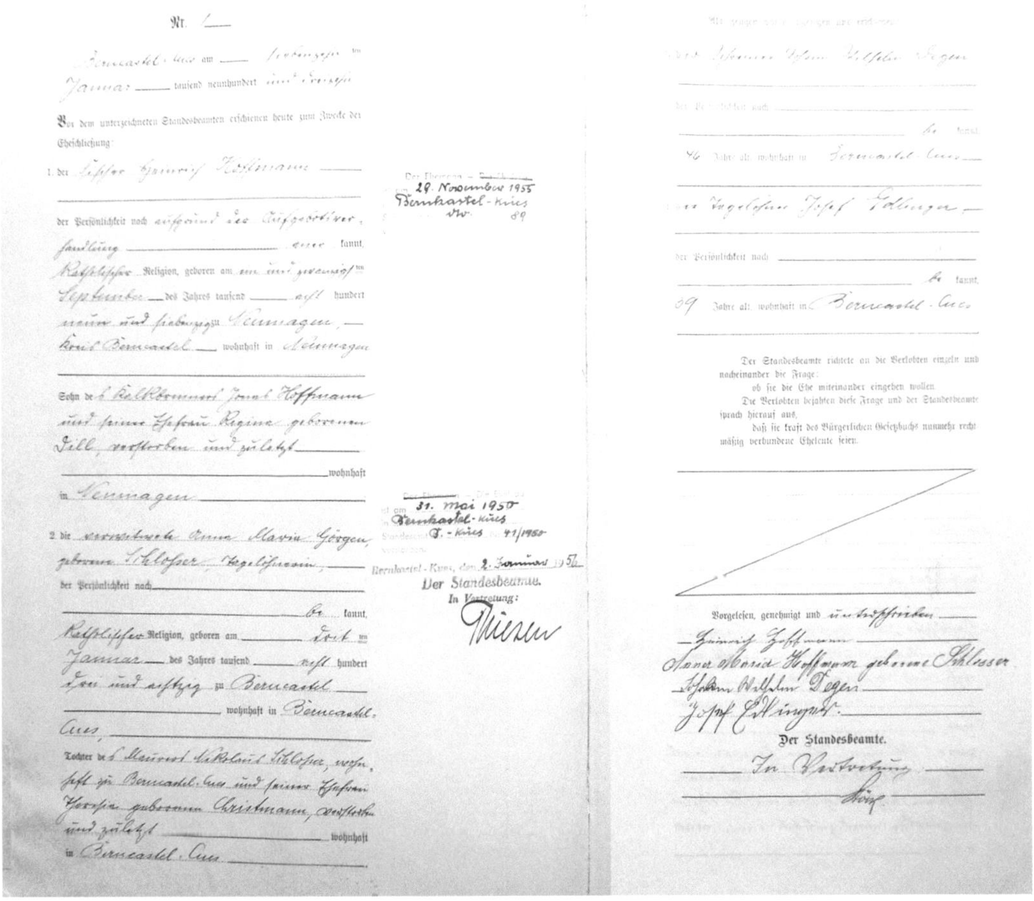

Abb. 120: Heiratsakt Heinrich Hoffmann und Anna Maria Görgen geb. Schlosser

In obigem Heiratsakt werden auch die Sterbedaten der Eheleute genannt: Heinrich Hoffmann verstarb am 29. November 1955 in Bernkastel-Kues, seine Ehefrau Anna Maria war bereits fünf Jahre zuvor — am 31. Mai 1950 — verstorben. Beide starben in Bernkastel-Kues.

In erster Ehe hatte Anna Maria Schlosser am 11. Januar 1907 in Bernkastel-Kues den

---

[353] SA/BKS H 1913/1 (siehe auch Abbildung 120).

ebenfalls aus Neumagen stammenden Tagelöhner Johann Görgen geheiratet.[354] Dieser verstarb nach nur dreieinhalb Ehejahren am 18. August 1910 im Alter von nur 26 Jahren im Moselkrankenhaus in Kues.[355]

Ob sie ihren zweiten Ehemann deswegen kennenlernte, weil er auch aus Neumagen stammte und daher wohl ihren ersten Ehemann kannte, muss offen bleiben.

13.4 Die Stelle als Nachtwächter

Im Archiv der Stadt Bernkastel-Kues gibt es zwei Aktenbündel, die den Titel „Stadtdiener, Feldhüter, Nachtwächter, Totengräber, Ausscheller" tragen — das erste umfasst den Zeitraum 1818–1924[356], das zweite den Zeitraum 1920–1929[357]. In diesen beiden Faszikeln konnten einige neue Informationen zum Nachtwächter Heinrich Hoffmann gefunden werden, die im Folgenden vorgestellt werden.

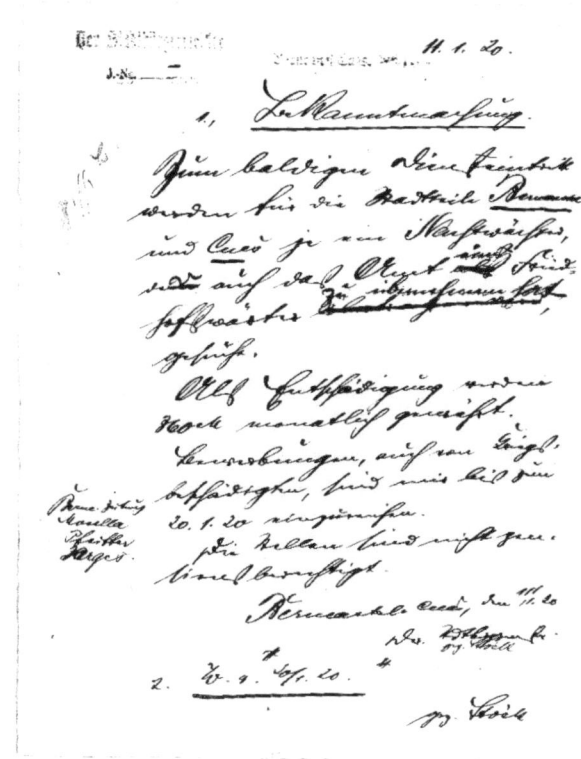

Abb. 121: Ausschreibung der Nachtwächterstelle (A)

---

[354] SA/BKS H 1907/1.
[355] SA/BKS S 1910/55.
[356] LHAK Best. 615, Nr. 404.
[357] LHAK Best. 615, Nr. 405.

Anfang 1920 schrieb die Stadt Bernkastel-Kues für beide Stadtteile jeweils eine Stelle als Nachtwächter aus, der gleichzeitig auch die Aufgaben eines Friedhofswärters zu übernehmen hatte. Diese Stellenausschreibung hat sich in dreistufiger Ausführung erhalten und stellt ausgezeichnet den Weg einer solchen behördlichen Anforderung dar.

Zunächst wurde die Anforderung am 11. Januar 1920 handschriftlich verfasst und vom Stadtbürgermeister — hier dem 1. Beigeordneten, Apotheker Peter Stöck — unterzeichnet (siehe Abbildung 121).

Am 13. Januar wurde die Anforderung in Maschinenschrift übertragen (siehe Abbildung 122).

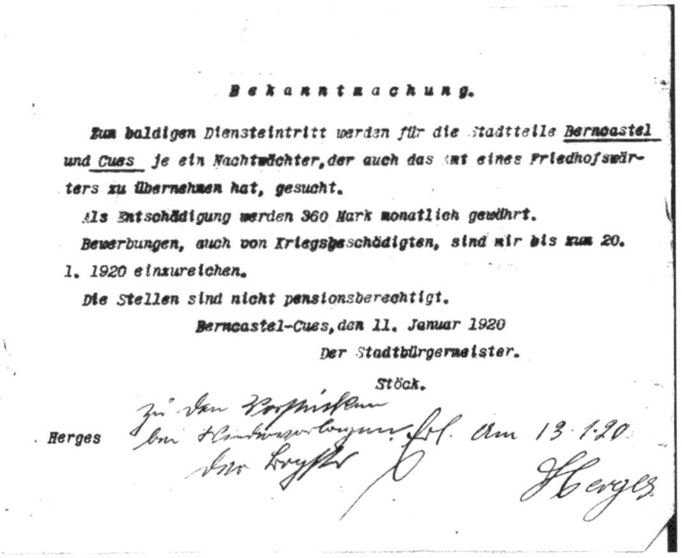
Bekanntmachung.

Zum baldigen Diensteintritt werden für die Stadtteile Berncastel und Cues je ein Nachtwächter, der auch das Amt eines Friedhofswärters zu übernehmen hat, gesucht.

Als Entschädigung werden 360 Mark monatlich gewährt.

Bewerbungen, auch von Kriegsbeschädigten, sind mir bis zum 20. 1. 1920 einzureichen.

Die Stellen sind nicht pensionsberechtigt.

Berncastel-Cues, den 11. Januar 1920

Der Stadtbürgermeister.

Stöck.

Herges

Am 13·1·20

Herges

Abb. 122: Ausschreibung der Nachtwächterstelle (B)

Schließlich erschien am 16. Januar 1920 die Stellenausschreibung als gedruckte Annonce in der „Bernkasteler Zeitung“ (siehe Abbildung 123).

Bekanntmachung.

Zum baldigen Diensteintritt werden für die Stadtteile Bernkastel und Cues je ein

Nachtwächter

der auch das Amt eines Friedhofswärters zu übernehmen hat, gesucht.

Als Entschädigung werden 360 Mark monatlich gewährt.

Bewerbungen, auch von Kriegsbeschädigten, sind mir bis zum 20. Januar 1920 einzureichen.

Die Stellen sind nicht pensionsberechtigt.

Berncastel-Cues, den 11. Januar 1920.

Der Stadtbürgermeister:
Stöck.

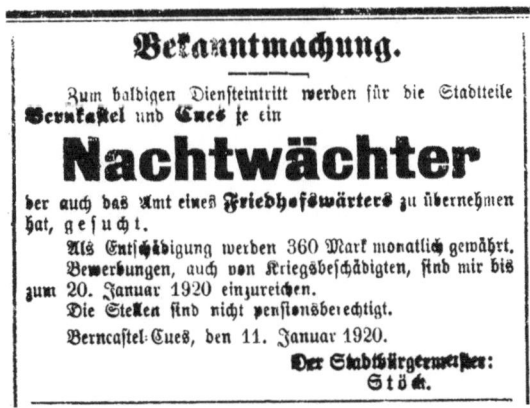

Abb. 123: Ausschreibung der Nachtwächterstelle (C)

Letztlich erhielt der Schlosser(sic!) Heinrich Hoffmann den Zuschlag für die ausgeschriebene Stelle im Stadtteil Bernkastel (siehe Abbildungen 124 und 125).

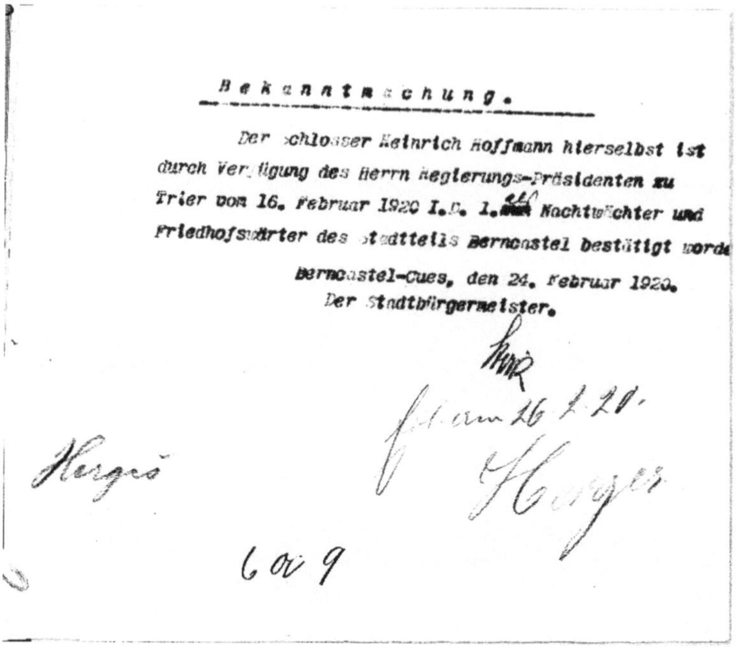

Abb. 124: Anstellung als Nachtwächter (A)

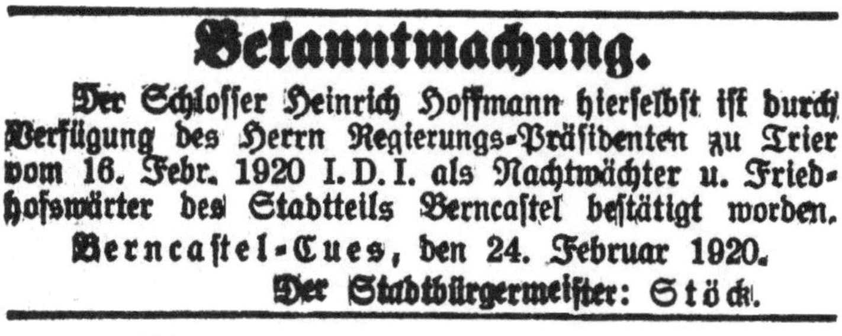

Abb. 125: Anstellung als Nachtwächter (B)

13.5 Ausufernde nächtliche Ruhestörungen

Nach dem für das Deutsche Reich verlorenen ersten Weltkrieg waren die wirtschaftlichen Verhältnisse im Land sehr schwierig und mündeten schließlich 1923 in eine Hyperinflation. Parallel zum wirtschaftlichen Niedergang scheint sich die öffentliche Ordnung — auch in Bernkastel-Kues — verschlechtert zu haben. Der Stadtbürgermeister beantragte beim Kreis Bernkastel die Anstellung eines weiteren Polizeibeamten für Bernkastel-Kues, was mit

Schreiben vom 4. Oktober 1922 durch den Landrat unter Bezug auf die Sitzung des Kreisaus-schusses vom 22. September abgelehnt wurde.[358]

Im Rahmen dieser schwindenden öffentlichen Ordnung ist auch ein Schreiben vom Ober-präsidenten der Rheinprovinz an den Regierungspräsidenten zu Trier vom 27. November 1922 zu sehen.[359] Dort heißt es unter anderem: „Überdies sind vielfach Klagen an mich gelangt, dass die durch die geltenden Polizeiverordnungen festgesetzten Polizeistunden keineswegs überall streng eingehalten werden. ... Auch erregt es bei denjenigen sehr umfangreichen Kreisen der Bevölkerung, welche z. Zt. in großer wirtschaftlicher Not sind, begreiflich Miß-stimmung, wenn in öffentlichen Lokalen andere Teile der Bevölkerung über die Polizeistunde hinaus sich Vergnügungen hingeben. Ich ersuche daher, auf das unverzüglichste allen nach-geordneten Behörden die strengste Durchführung der geltenden Polizeiverordnungen über die Polizeistunde zur Pflicht zu machen. ... Sowohl gegen Gäste, welche die Polizeistunde überschreiten, als auch gegen Gast- und Schankwirte sind im allgemeinen die höchsten zulässigen Geldstrafen zu verfügen. Gegen die Gast- und Schankwirte ist bei Wiederholung des Verstosses mit Herabsetzung der Polizeistunde, und bei weiteren Wiederholungen mit Einleitung des Concessions-Entziehungsverfahrens vorzugehen."

Am 29. Dezember 1922 machten insgesamt neun Stadtverordnete von Bernkastel-Kues ihrem Unmut über die immer größer werdenden nächtlichen Ruhestörungen in einem Brief an die Polizeiverwaltung der Stadt Luft.[360]

Der Brief lautet:

Bernkastel-Cues, 29. Dezember 1922.

An die Polizeiverwaltung z. Hd. des Herrn Stadtbürgermeisters hier.

Der **Unfug und Lärm auf den Strassen** *hat in den Sonn- und Feiertagsnächten einen Umfang angenommen, dass es endlich an der Zeit ist mit strengen Massnah-men dagegen einzuschreiten. Die Bewohner des untern Stadtteils verlangen dringend Schutz gegen dieses Treiben und auch wir sind der Ansicht, dass es so nicht wei-tergehen kann. Wir sehen uns veranlasst von der Polizeiverwaltung den sofortigen Erlass einer Verfügung zu fordern, die jeden Lärm und jede sonstige Störung der Ruhe während der Nachtzeit mit* **erheblichen Strafen** *ahndet. Geldstrafen nicht unter 3.000 Mark,* **rücksichtslose Anzeigen** *durch die Nachtwächter dürften bald hier Wandel schaffen. Beamte, die sich weigern, ihre Funktionen ordnungsmässig durchzuführen, müssen aus ihrem Dienst entfernt werden. Zur Verstärkung des Nachtwächterdienstes an den Samstagen, Sonntagen und Feiertagen wünschen wir bis auf weiteres Heranziehung des Feldhüters [Jakob] Löwen mit seinem Polizeihund, dem eine angemessene Vergütung hierfür bewilligt werden kann. Eine diesbezügliche Vorlage wäre der nächsten Stadtverordnetensitzung zu machen. Den Dienst bitten wir aber sofort einzurichten und die Bekanntmachung über* **strenge Bestrafung**

---

[358] LHAK 615, Nr. 404, Bild 937.
[359] LHAK 615, Nr. 404, Bild 939.
[360] LHAK 615, Nr. 404, Bild 944.

des nächtlichen Unfugs *unverzüglich, also noch vor Sylvester, zu erlassen.*

Die Stadtverordneten

Oberhoffer, Stöck, Popp, Thomi, Löwen, Becker(?), ???, Junk, Blau jr.

Einen Tag nach dem Beschwerdebrief der Stadtverordneten — am 30. Dezember 1922 — lud man den Nachtwächter und Friedhofswärter Heinrich Hoffmann vor, um ihn anzuweisen „für die Zukunft streng darauf zu achten, dass derartige Ausschreitungen nicht mehr vorkommen." Es wurde ihm ferner aufgegeben „in jedem Falle der Ruhestörung unnachsichtlich einzuschreiten und Anzeige zu erstatten".[361]

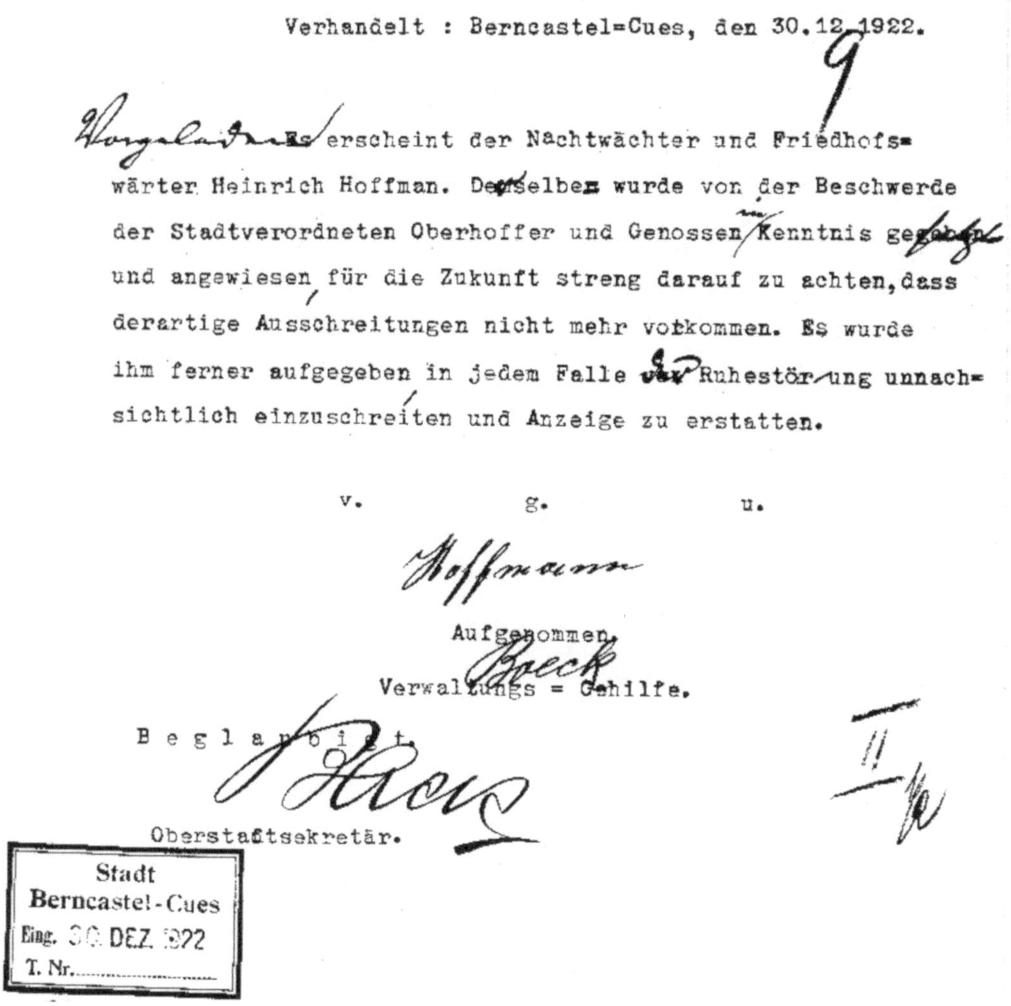

Verhandelt : Berncastel-Cues, den 30.12.1922.

Vorgeladen Es erscheint der Nachtwächter und Friedhofswärter Heinrich Hoffman. Demselben wurde von der Beschwerde der Stadtverordneten Oberhoffer und Genossen, Kenntnis gegeben und angewiesen, für die Zukunft streng darauf zu achten, dass derartige Ausschreitungen nicht mehr vorkommen. Es wurde ihm ferner aufgegeben, in jedem Falle der Ruhestörung unnachsichtlich einzuschreiten und Anzeige zu erstatten.

v. g. u.

Hoffmann

Aufgenommen,

Boeck

Verwaltungs = Gehilfe.

Beglaubigt.

Oberstadtsekretär.

Stadt Berncastel-Cues

Eing. 30 DEZ. 1922

T. Nr.

Abb. 126: Vorladung von Nachtwächter Hoffmann am 30. Dezember 1922

[361] LHAK 615, Nr. 404, Bild 943 (siehe Abbildung 126).

Nachdem man den Nachtwächter Heinrich Hoffmann instruiert hatte, fragte man den im gestrigen Brief der Stadtverordneten als zusätzliche Verstärkung angeforderten Feldhüter Jakob Löwen, ob er an einer solchen Anstellung interessiert sei. Seine sehr intelligente Antwort lautete:

„Ich bin nicht abgeneigt, an Sonn- und Feiertagen bei Ausübung des nächtlichen Polizeidienstes mitzuwirken, wenn mir für diese nebendienstliche Tätigkeit eine angemessene Vergütung bewilligt wird. Hierzu bin ich jedoch augenblicklich wegen noch nicht vollständiger Genesung von einer durchgemachten schweren Erkrankung außer Stande. Auch möchte ich bitten, zunächst die Höhe der Vergütung durch die Stadtverordnetenversammlung festsetzen zu lassen. Erst nach Festsetzung derselben werde ich mich endgültig entschließen."

Auf die Mißstände, die sich in Bernkastel ausgebreitet hatten, wies auch ein Artikel in der „Bernkasteler Zeitung" vom 29. Dezember 1922 hin.
Dort heißt es:

Bernkastel-Cues, 29. Dezember 1922.

*Die Feiertagsnächte haben hier in unserer Stadt Auswüchse gezeigt, die nicht scharf genug verurteilt werden können. Schon in der heiligen Nacht setzte der Lärm in den Straßen ein, bis kurz vor der Mette trieben sich einige grölende Burschen herum zum Aergernis für die Bewohnerschaft der Verkehrsstraßen. Haben diese Menschen denn kein Gefühl, daß sie den Frieden der heiligen Nacht in solch unflätiger Weise stören. Der nächtliche Skandal setzte sich in der folgenden Nacht fort und erreichte seinen Höhepunkt in der Dienstagnacht. Wer sind diejenigen, die vergessen haben, daß sie unter gesitteten Menschen wohnen? Durchweg Halbwüchsige, die zuviel Geld in die Finger bekommen, in einigen Stunden so viel die Gurgel herunterschütten, wie ein Altrentner vielleicht an Unterstützung für einen ganzen Monat zu verzehren hat. Wo bleiben die Eltern, die einem solchen Treiben tatenlos zusehen? Wo bleibt vor allem die Nachtpolizei? **Ist sie zu bang, um Anzeige zu erstatten**, denn sie kann doch unmöglich all das nicht hören und nicht sehen? Wo bleibt die Verwaltung, die einem solchen skandalösen Treiben durch strenge Verordnungen Einhalt bietet, hohe Strafen zum Besten der notleidenden Bevölkerung verhängt? **Die Bürgerschaft** ist schutzlos gegen diese Auswüchse. Sie **verliert das Vertrauen in die Behörden**, wenn das so weiter geht. Ein alter abgedroschener Unfug setzt wieder ein, das Festklemmen der Klingelleitungen. Um sich davor zu schützen, stellen die Bewohner vielfach die Hausklingel ab, sehr zum Schaden bei Einbruch und Feuersnot. Unter den hier waltenden Zuständen sieht die Bürgerschaft der Verkehrsstraßen den Ereignissen der Neujahrsnächte mit besonderer „Freude" entgegen.*

Der Zeitungsartikel griff demnach neben den Behörden auch die Nachtwächter und ihr zu lasches Auftreten gegenüber den nächtlichen Störenfrieden an.

In der Beilage zur letzten Ausgabe des Jahres 1922 — der „Bernkasteler Zeitung" vom 30. Dezember 1922 — drohte auch Stadtbürgermeister Hammelrath den nächtlichen Ruhestörern eine härtere Gangart an. Die Bekanntmachung lautet:

Bekanntmachung. Der nächtliche Straßenunfug, insbesondere in den Sonn- und Feiertagsnächten, hat einen derartigen Umfang angenommen, daß ich mich veranlaßt sehe, mit strengsten Mitteln dagegen vorzugehen. Da die Polizeistrafen nicht zu wirken scheinen, so werde ich in Zukunft gegen die Ruhestörer die Einleitung eines gerichtlichen Strafverfahrens beantragen.

Gleichzeitig mache ich darauf aufmerksam, daß das Befahren der Bürgersteige mit Fahrrädern und Handwagen, sowie das Linksgehen auf den Bürgersteigen der Moselbrücke strengstens verboten ist, und daß ich gegen Zuwiderhandelnde ebenfalls scharf vorgehen werde.

Berncastel-Cues, den 29. Dezember 1922.

Die Polizeiverwaltung. Der Stadtbürgermeister: Dr. Hammelrath.

In der Erstausgabe des neuen Jahres — der „Bernkasteler Zeitung" vom 2. Januar 1923 — war zu lesen, daß dem nächtlichen Treiben mit Nichten Einhalt geboten, sondern Sachbeschädigung verübt worden war:

5.000 Mark Belohnung. *In der Sylvesternacht sind wiederum drei Scheiben unseres Bilderaushangs an der Brücke zertrümmert worden. Es scheint sich hier um einen Racheakt irgend eines Rohlings zu handeln, der sich durch unsern Artikel über den nächtlichen Straßenunfug in seinem Treiben gestört fühlte. Jedenfalls erreicht er damit nichts. Wir werden nach wie vor Mißstände im öffentlichen Leben rügen, mag man auch noch so sehr versuchen, uns auf diese oder jene Art den Mund zu verbinden. Eine Belohnung von 5.000 Mark setzen wir für denjenigen aus, der den erbärmlichen Helden namhaft macht.*

13.6 Technischer Fortschritt: Stechuhren für die Nachtwächter

Um die Arbeit des Nachtwächters zu überprüfen wurden tragbare Stechuhren eingesetzt. Diese Stechuhren waren mit einem Uhrwerk und einem mechanischen Schlüsseldekoder ausgestattet. An den Kontrollstellen, die der Nachtwächter laut Plan anzulaufen hatte, gab es kleine Kästchen mit einem kodierten Schlüssel (Stechstellen) die beim Einstecken und Drehen in der Stechuhr ein Druckwerk betätigten. Mit diesem Druckwerk wurde auf einem Papierstreifen die Uhrzeit sowie die Nummer der Stechstelle gedruckt. Dieser Streifen diente als Nachweis für die gegangene Runde.[362]

Bereits am 17. Februar 1920 — quasi gleichzeitig mit dem Dienstantritt von Nachtwächter Heinrich Hoffmann — hatte der amtierende Bürgermeister Stöck bei dem Bernkasteler Uhrmacher Nikolaus Kronser folgende Bestellung aufgegeben: „Für Rechnung der Stadt bitte ich um **Lieferung zweier Kontrolluhren nebst Schlüsseln**. Ich bitte um möglichste

---

[362] https://www.baunetzwissen.de/sicherheitstechnik/fachwissen/waechterkontrollsysteme/entwicklung-des-waechterkontrollgangs-165058

Beschleunigung.“ [363]

Abb. 127: Abbildung eines Nachtwächters in einem Bürk-Prospekt von 1885 (siehe https://magazin.wienmuseum.at/wie-waechter-bewacht-wurden)

---

[363] LHAK 615, Nr. 404, Bild 959.

Über ein halbes Jahr später ließ Stadtbürgermeister Stöck nachfragen: „Wann kann mit der Lieferung der Kontrolluhren gerechnet werden?"

Am 9. September antwortete der Polizeiwachtmeister Bauschert: „Kronser läßt sich wieder Preislisten schicken, die letztens Herrn Stöck zu teuer waren." [364] — Da wieherte der Amts-schimmel wieder kräftig!

Am 10. November 1920 ging der Kostenvoranschlag von Uhrmacher Kronser für die Wächterkontrolluhren bei der Stadt Bernkastel-Kues ein.[365]

Uhr Nr. 1 hatte folgende Spezifikation: 12 Stunden Gehwerk, Lochmarkierung, 6 Stationen, mit Schlüssel & Kette, für 1 Jahr Blätter & 1 Kontrollbuch,

komplett	751 Mark,
1 Ledertasche	64 Mark
6 Stück Eisenkasten à 23 Mark	<u>138 Mark</u>
insgesamt	953 Mark

Einen Tag später bestellte Stadtbürgermeister Stöck 2 Uhren vom Typ Nr. 1 für 953 Mark pro Stück bei Uhrmacher Kronser.[366]

Am 16. Dezember 1920 hieß es: „Die Kontrolluhren sind eingetroffen. Für jeden Stadtteil sind 6 Kästen für die Kontrollschlüssel vorhanden. Rechnung zur Anweisung vorgelegt." [367]

Am 17. Dezember wurde „Den Herrn Pol(izei) Wachtmeistern Neufing und Bauschert zur Feststellung und Angabe an welchen Gebäuden die Kästen am zweckmäßigsten angebracht werden." angezeigt.[368]

In Bernkastel waren dies folgende 6 Gebäude:[369]

1. Kasinomauer

2. Mauer an der Kleinbahn (später: Raiffeisenlager)

3. Graachertor

4. Kirchhofmauer Burgstr(aße) (später: Schneidmühle[370])

5. Rathaus

6. Ecke Kallenfels bei Wirz

Ab dem 1. August 1921 — also rund anderthalb Jahre nachdem man die Uhren ursprünglich anschaffen wollte(!) — führten die Nachtwächter die Kontrolluhren im Dienste mit sich.[371]

---

[364] LHAK 615, Nr. 404, Bild 959.

[365] LHAK 615, Nr. 404, Bild 962.

[366] LHAK 615, Nr. 404, Bild 963.

[367] Ebenda.

[368] Ebenda.

[369] In Kues waren dies: 1. Hospital-Ecke ??; 2. Fabrikgebäude Heiden; 3. Val(entin)? Zimmermann ??; 4. Volksschule; 5. Pulverturm; 6. Thanisch Gartenmauer.

[370] Eventuell die heutige Burgstraße 63.

[371] LHAK 615, Nr. 404, Bild 965r.

Bereits einen Tag später vermeldete Polizeiwachtmeister Neufing: „Nachtwächter Schmitt hat beim Öffnen der Kontrollkasten den Schlüssel gebrochen." [372]

Auch die Zeit des Stechens der Kontrolluhren war genau vorgegeben: „10:30 Uhr, 11–11:30 Uhr. Dann Wirtschaftskontrolle[373] bis 12:30, dann jede halbe Stunde einen Stich bis um 4 Uhr. Sämtliche Kasten müssen wenigstens zweimal in der Nacht durchgeholt werden. Neufing, P(olizei) Wachtm(eister)." [374]

„Gegen Rückgabe" legte die Polizeiverwaltung der Stadt Bernkastel-Kues am 17. Januar 1924 den beiden Nachtwächtern Hoffmann (Stadtteil Bernkastel) und Schmitt[375] (Stadtteil Cues) folgendes Schreiben vor:
„Von heute abend, den 17. Januar 1924 ab, ist der regelmäßige Nachtwächterdienst wieder aufzunehmen von abends 10 Uhr bis morgens 4 Uhr. Sämtliche **Uhren** [d.h. Kontrollkästen] sind im Laufe der Nacht **zweimal zu stechen**." [376]

13.7 Verletzung der Dienstvorschriften

Am 26. Januar 1925 gab der Polizeiwachtmeister Bauschert an, daß „in der Nacht vom 25. zum 26. Januar nachts um ½ 3 Uhr in der Hebegasse, Schwanenstr(aße) und Moselgasse ruhestörender Lärm verübt worden sei". Stadtbürgermeister Hammelrath ließ dem „Herrn Nachtwächter Hoffmann, hier", schreiben: „Ich ersuche um Vorlage der Anzeige gegen die Ruhestörer."

Der angeschriebene gab am 28. Januar folgendes zu Protokoll:

1. *Vermerk: Hoffmann gibt an, daß er den Lärm in den genannten Straßen nicht gehört hätte. Wohl dagegen hätte er Lärm am Kapuzinerkreuz gehört. Es seien 4 Mann gewesen, die er verfolgt hätte. Sie seien ihm aber entwischt. Hoffmann beantragt polizeiliche Nachtschutzverstärkung für die Nächte von Sonn- und Feiertagen zu den nachfolgenden Wochentagen.*

2. *Den Herren Pol(izei)betriebsassistenten zur Kenntnisnahme: Der Nachtschutz ist antragsgemäß zu verstärken.*

Nachtwächter Hoffmann drehte also den Spieß einfach um und stellte den Antrag, daß man seine Tätigkeit doch bitte mit Hilfe der Polizei unterstützen solle!

---

[372] LHAK 615, Nr. 404, Bild 964.
[373] Hiermit waren die Gastwirtschaften in der Stadt gemeint.
[374] LHAK 615, Nr. 404, Bild 965l.
[375] Es handelte sich um Nikolaus Schmitt.
[376] LHAK 615, Nr. 404, Bild 955.

Bereits Ende 1924 gab es Anschuldigungen, daß die beiden Nachtwächter Schmitt und Hoffmann ihren Dienst nicht ordnungsgemäß nach den erlassenen Anweisungen verrichten würden. Dazu hörte man am 17. und 18. Dezember die drei Polizeibetriebsassistenten Bauschert, Herges und von Radziminski an.

Am 18. Dezember 1924 trafen sich der Stadtbürgermeister und die beiden Beigeordneten zu diesem Thema. Das Protokoll lautet wie folgt:[377]

Sitzung

des kollegialen Gemeindevorstandes an Donnerstag, den 18. Dezember 1924 nachmittags um 5 Uhr im Amtszimmer.

Anwesend waren unter dem Vorsitze des Bürgermeisters Dr. Hammelrath die beiden Beigeordneten Oberhoffer und Zimmermann.

Tagesordnung.

Zusammenstellung und Nachprüfung des Beschwerdematerials gegen die Diensttätigkeit der Nachtwächter.

Bericht.

Der Bürgermeister trägt zunächst vor, daß die Nachtwächter Hoffmann und Schmitt beschuldigt werden:

1. *den Nachtwächterdienst nicht nach den ausgegebenen Dienstanweisungen versehen zu haben, insbesondere daß sie des öfteren die vorgeschriebene Dienstzeit eigenmächtig abgekürzt haben.*

2. *das vorgeschriebene Stechen der Kontrolluhren nicht regelmässig, insbesondere nicht ordnungsmäßig ausgeführt zu haben, indem sie Kontrollstreifen vorgelegt haben, die mit einem Nachschlüssel oder sonst einem dazu nicht bestimmten Instrumente gestochen waren und sich dadurch **der Urkundenfälschung und des Betrugs der Verwaltung schuldig gemacht** zu haben.*

3. *Auch im übrigen die Nachtwächterfunktionen nicht gewissenhaft und energisch ausgeführt zu haben, z.B. bei Revision von Wirtschaften, sowie die Polizeibeamten nicht genügend unterstützt zu haben.*

Der Bürgermeister verließt sodann die Dienstanweisung für die Nachtwächter, welche am 21. Dezember 1920 für diese erlassen wurde. Er erstattete Bericht, daß zur Kontrolle der beiden Nachtwächter Uhren angeschafft wurden, die diese bei ihrem Dienste mitzuführen hatten. In jedem Stadtteile waren 6 Kontrollkästchen angebracht, in welchem sich die Schlüssel befanden, mit denen die Kontrollstreifen, welche sich in der Kontrolluhr befanden, gestochen werden mußten. Die Uhren mußten jeden Morgen auf dem Polizeibüro zur Revision und Erneuerung des Kontrollstreifens abgegeben werden. Die benutzten Kontrollstreifen wurden hierselbst in ein Buch eingeklebt und unter diesen gleich die Uhrzeiten eingetragen, wann die Streifen von

---

377 LHAK 615, Nr. 405, Bilder 1007r–1008r.

den Nachtwächtern gestochen wurden und mit welchem Schlüssel. Aufgrund dessen sollte festgestellt werden, wann und wo der Nachtwächter um die genannte Zeit seinen Dienst ausgeübt hatte. Das Kontrollbuch wurde dem Bürgermeister von dem Polizeibüro alle 14 Tage zur Einsicht vorgelegt. Nachdem dieser bei Durchsicht der Kontrollstreifen festgestellt hatte, daß die Nachtwächter ihren Dienst nicht nach der herausgegebenen Dienstanweisung ausführten, richtete er an sie ein Schreiben, in welchem er sie auf die Einhaltung der Dienstanweisung hinwies. (Schreiben vom 4.8.21.) Gleichzeitig wurde vom Bürgermeister angeführt, daß von Seiten der Polizeibeamten darüber Klage geführt wurde, daß die Nachtwächter ihren Dienst vielfach auch dann nicht versehen würden, wenn sie am Tage **ein Grab herzustellen** *bezw. am folgenden Tage eine Beerdigung hätten. Die nunmehr vorgenommene Nachprüfung der Kontrolluhren ergab, daß die Nachtwächter nur in ganz wenigen Ausnahmefällen den Dienst bis zur vorgeschriebenen Zeit 4 bzw. 5 Uhr gemacht haben. Die Kontrolluhr schließt meist zwischen 3 bis 3 ½ Uhr ab.*

Hierauf wurde in die Vernehmung der als Zeugen zugezogenen Polizeibeamten eingetreten.

Der Polizeibetriebsassistent von Radziminski erklärte zunächst eingehend die Handhabung der Uhr und äußerte sich weiter wie folgt: „Beim Eintragen der Kontrollzeiten fiel mir auf, daß der Kasten Nr. 1 eine geraume Zeit nicht gestochen wurde. Als ich Hoffmann auf dieses aufmerksam machte, erklärte mir dieser, daß der Schlüssel aus Kasten Nr. 1 offenbar mit Gewalt entfernt sei. Einige Monate später ist mir wieder aufgefallen, daß der Kontrollstreifen auf Nr. 1 gestochen wurde. Um festzustellen, ob der Schlüssel wieder vorhanden war, habe ich die sämtlichen Schlüssel aus den Kontrollkästen entnommen. Trotz des Fehlens der Schlüssel wurde die Kontrolluhr an zwei Abenden nämlich am 20. und 21. August 1924 gestochen. Am 3. Tage darauf brachte Hoffmann die Kontrolluhr persönlich in mein Büro und warf sie dort auf den Tisch mit der Bemerkung 'Da steche wer will!' Die beiden Kontrollstreifen befinden sich im Kontrollbuch."

Auf die Frage über das Verhalten bezw. Vorgehen der Nachtwächter im Dienste erklärte von Radziminski, daß die Nachtwächter nicht immer ihre Vorschriften beobachteten. Hierbei wies er auf den Fall des Metzgermeisters Frey [in] Graach hin. Bezüglich Schliessung der Wirtschaften (Feierabend bis 12?) sei Hoffmann nicht energisch genug.

Aufgrund der vorgenannten Mängel bezüglich der Kontrolluhren erließ der Vorsitzende für die Nachtwächter unterm 23. Oktober 1924 eine neue Dienstanweisung, die bestimmte nächtliche Meldezeiten vorsieht. Auf die Frage, wie sich diese bewähren würde, erwiderte von Radziminski, daß er die Nachtwächter bei seinem Kontrollgange bisher nur an 2 Abend[en] an den vorgeschriebenen Stellen angetroffen habe.

Ebenfalls weißt von Radziminski dahin, daß Nachtwächter Schmitt seine Kontrolluhr an 3 Abenden gestochen habe, ohne im Besitze der Schlüsseln zu sein, nämlich am 18., 19. und 20.8.1924.

Hierauf wurde Pol(izei)-Betr(iebs)-Ass(istent) Herges vorgerufen. Auf die Frage des Vorsitzenden über die von ihm bezgl. des Nachtwächterdienstes gemachten Feststellungen erklärte er folgendes: Von Radziminski und ich wir waren uns darüber klar, daß die Kontrolluhren der Nachtwächter nicht vorschriftsmäßig gestochen werden, worauf von Radziminski die 2 Schlüssel aus den Kästen beim Hospital und Tanisch Spitze herausnahm. Am andern Tage kam von Radziminski zu mir in meine Wohnung und sagte wir wollen die andern Schlüssel auch herausholen, um festzustellen was Schmitt jetzt machen wird. Diese 4 Schlüssel legte ich auf meinem Büro in die Schublade. Schmitt legte jedoch **3 Kontrollstreifen vor, die gestochen waren, ohne daß die Schlüssel in den Kästen waren.** *Auf die Frage bezgl. der letzten Dienstanweisung erwiderte Herges, daß er mit Schmitt jeden Abend den Dienst versehen hat. Verschiedentlich ging er an die Wohnung und holte Schmitt dort ab. Im Dienst selbst habe er gegen Schmitt nichts vorzubringen, da er auch zugreift. Daß Schmitt sich öfters krank meldete, ist der Verwaltung auch bekannt. Bezüglich des Fehlens [des] Schlüssels Nr. 1 verhält sich es ebenso wie im Falle Hoffmann auf der Seite Berncastel.*

Weiterhin wurde Pol(izei)-Betr(iebs)-Ass(istent) Bauschert vernommen: Dieser erklärte, daß er in seinem früheren Dienste (vor seiner Ausweisung) festgestellt habe, daß die Nachtwächter öfters ihren Dienst nicht genau nach der Dienstanweisung ausgeführt hätten. Darauf seien die Nachtwächter vom Bürgermeister auf ihre Dienstpflichten erneut aufmerksam gemacht worden. Auf die Frage des Vorsitzenden, wie die Nachtwächter die letzte Dienstanweisung, (23.10.1924) einhalten würden, erklärte Bauschert, daß er auf seinem Kontrollgange den g(enannten) Hoffmann erst einmal angetroffen habe. Wie er aber festgestellt habe, sei Hoffmann jeden Abend im Dienst gewesen.

Am 22. Dezember 1924 wurden die beiden genannten Nachtwächter verhört. Das Protokoll lautet wie folgt:[378]

<u>*Verhandlung vom 22. Dezember 1924. Vernehmung der Nachtwächter.*</u>

Der Vorsitzende verließt das Protokoll der Verhandlung vom 18.12.24 (Vernehmung der Polizeibeamten) worauf in die Vernehmung der Nachtwächter eingetreten wurde.

Zuerst wurde der Nachtwächter Schmitt vorgerufen: Der Vorsitzende gibt dem Nachtwächter Schmitt von den gegen ihn erhobenen Beschuldigungen betr(effend) Nachtwächterdienst Kenntnis, worauf Schmitt auf die einzelnen Fragen folgendes erklärt:

Schmitt gibt zu, den Nachtwächterdienst nicht stets nach den Vorschriften der Dienstanweisung ausgeführt zu haben, ebenfalls gibt er zu, diesen Dienst öfters abgekürzt zu haben. Auf die Frage, weshalb er dieses eigenmächtig vorgenommen habe, erklärte Schmitt, daß er von dem Pol(izei)-Wachtmeister Neufing hierzu die Genehmigung erhalten hätte, des Nachts keinen Dienst zu verrichten **wenn er ein**

---

[378] LHAK 615, Nr. 405, Bilder 1006r–1007l.

Grabe herstellen müsse. *Bezüglich Stechen der Kontrolluhr erklärte Schmitt, daß er die Kontrolluhr stets bei sich geführt habe, jedoch hätte er öfters vergessen, sie an den bestimmten Kontrollkästen zu stechen. Auf die Vorhaltung des Vorsitzenden betreffs* **Stechen der Kontrolluhr ohne Schlüssel** *unter Vorzeigen der 3 Kontrollstreifen gibt Schmitt dieses ebenfalls zu, jedoch verweigert er die Aussage, wie er dieses ausgeführt hätte. Auf die Frage des Vorsitzenden, ob er dieses auch schon vorher so gemacht habe, gibt Schmitt keine Antwort, gibt aber bei einer späterhin gemachten Äusserung dieses zu. Auf die Frage ob er einen Nachschlüssel besitze, erwiderte Schmitt, daß er einen solchen nicht im Besitze habe.*

Zu Punkt 3 der Anschuldigung betreffs Ausübung des Dienstes (Revision der Wirtschaften, Unterstützung der Polizeibeamten) weißt Schmitt diese Anschuldigungen zurück, da er stets auf die genaue Einhaltung der Feierabendstunden bedacht genommen hätte und auch den Polizeibeamten stets zur Seite stehen würde. Die beiden Beigeordneten hielten dem g(enannten) Schmitt die Wichtigkeit des Nachtwächterdienstes in Bezug auf Feuerausbruch und sonstiger Ereignisse vor, was dieser auch anerkannte und versicherte, den Dienst in Zukunft genau auszuführen.

Hierauf wurde in die Vernehmung des Nachtwächters Hoffmann eingetreten und dieser vorgerufen.

Der Vorsitzende gibt ihm von den gegen ihn gemachten Anschuldigungen Kenntnis und erklärte Hoffmann folgendes: Den Nachtwächterdienst öfters nicht nach den Vorschriften der Dienstanweisung ausgeführt zu haben, bestreite ich entschieden, jedoch gebe ich zu, hin und wieder die Dienstzeit gekürzt zu haben. Diese Aussage bekräftige ich damit, daß ich wegen Ausführung von Friedhofsarbeiten, welche besonders bei **Herstellung von Gräbern** *anstrengend sind, den Nachtdienst nicht voll versehen kann. Auf die Frage des Vorsitzenden betr(effend)* **Stechen der Kontrolluhr** *erklärte Hoffmann dasselbe 2mal ohne die vorgeschriebenen Schlüssel vorgenommen zu haben und zwar* **mit einer Nadel** *hier auf dem Polizeibüro, wo der Schlüssel zum Öffnen der Uhr gehangen hätte. Mit einem Nachschlüssel die Uhr gestochen zu haben, bestreitet Hoffmann entschieden. Die Fälle in denen keine Kontrollstreifen eingeklebt sind, erklärt Hoffmann damit, daß er in diesen Fällen vergessen hätte, die Uhr mitzunehmen. Auf die Frage wegen Reparatur der Uhr erklärte Hoffmann, daß dieses auf das straffe Aufziehen der Uhr zurückzuführen sei, was bei ihm nur einmal vorgekommen sei. Im Besitze eines Nachschlüssels bin ich nicht. Auf die Vorhaltung bezüglich der letzten Dienstanweisung (23.10.24) äußerte sich Hoffmann diese genau ausgeführt zu haben. Über die Frage des Wirtschaftschlusses und Unterstützung der Polizeibeamten erklärte Hoffmann, daß er die Wirtschaftschliessung stets genau kontrolliert hätte, gibt aber zu, Anzeigen wegen Übertretung der Polizeistunde sowie nächtlicher Ruhestörung nicht gerne vorzulegen,* **um sich mit der Bürgerschaft nicht zu verfeinden** *und nicht dauernd am Gerichte zu liegen. Auf [die] Frage bezügl(ich) Fall Frey [in] Graach erwiderte Hoffmann, daß er hierbei auch zugegriffen hätte und hätte auch die Beschuldigten zur Ruhe ermahnt. Hierbei erklärte er, daß er die Polizeibeamten stets unterstützt hätte. Hierauf machten die beiden Beigeordneten Oberhoffer und Zimmermann Vorhaltungen bezügl(ich) der*

Wichtigkeit des Dienstes in Bezug auf Feuerausbruch, Diebstahl und dergl(eichen) mehr, worauf Hoffmann erwiderte, daß er einmal wegen Allamierung(sic!) der Feuer-wehr wegen des Brandes des Bienenhauses bei Erz (Burgstr.) von der Bürgerschaft hierüber Vorwürfe gemacht bekommen hätte.

Nachträglich gibt Hoffmann zu, daß er auch in einigen anderen Fällen als den 2 Fällen vom 20. und 21. August die Kontrollstreifen mit einer Nadel gestochen habe.

Hierauf wurde die Verhandlung geschlossen.

Die beiden Nachtwächter Heinrich Hoffmann und Nikolaus Schmitt hatten sich scheinbar über Jahre hinweg verschiedenster „Tricksereien" bedient, um ihre nächtliche Arbeitszeit weitestgehend zu reduzieren. Dies war schon länger aufgefallen, ohne daß man seitens der Stadt Bernkastel-Kues ernsthafte Konsequenzen zog.

Knapp zwei Jahre später — am 26. Oktober 1926 — gab es wieder Beanstandungen an der Ausführung des Nachtwächterdienstes, wie ein Schreiben der Behörde erkennen läßt:[379] „Schreiben an Nachtwächter Hoffmann, hier. Die heute von mir vorgenommene Kon-trolle Ihres Nachtwächter-Kontrollbuches gibt mir Veranlassung, darauf hinzuweisen, daß der Nachtwächterdienst punkt 10 Uhr abends zu beginnen hat."

Im Mai 1927 erreichten die Verfehlungen einen neuen „Höhepunkt" — beiden Nachtwächtern wurde vorgeworfen, sie hätten sich in den zwei aufeinanderfolgenden Nächten vom 1. und 2. Mai, also während ihrer Dienstzeit, **auf der Kirmes in Andel vergnügt**! Abgegeben hatten beide jedoch Kontrollstreifen, die ordnungsgemäß gestochen waren![380]

Ins Rollen brachte den Stein des Anstoßes der Oberlandjäger Biewer aus Mülheim, der am 3. Mai folgenden Brief schrieb:

Landjäger-Posten Mülheim   *Mülheim/Mosel, den 3. Mai 1927*

Bericht

über das Verhalten des Nachtwächters Nikolaus Schmitt, in Berncastel-Cues (: Ge-stade :) und über die Vorkommnisse die sich auf den 1. und 2. Mai d(ieses) J(ahre)s in Andel zugetragen haben.

An die Landjägerabteilung in Berncastel-Cues.

Am 1. und 2. Mai d(ieses) J(ahre)s fand in Andel die Jahreskirmes statt, die ich zu überwachen hatte. Nachdem die Lustbarkeiten um 2^{00} Uhr nachts beendet waren, wurde die Gastwirtschaft Remy und das Zelt unterhalb Andel gemeinsam von mir und dem Pol(izei) Betr(iebs) Ass(istenten) Lang, aus Mülheim und dem Feldhüter Bottler aus Andel geräumt. Nachdem dies geschehen, fuhren Lang und ich mit dem Fahrrad zurück nach Mülheim.

---

379 LHAK 615, Nr. 405, Bild 1024.
380 LHAK 615, Nr. 405, Bilder 1030r–1031l.

Am nächstfolgenden Tage (: 2. Mai :) wurde mir von mehreren Bürgern aus An-del folgendes berichtet: „Herr Wachtmeister, heute morgen um 7 ½ Uhr war ein Landjäger im Zelt **in einem total betrunkenen Zustande,** *wo jeder Anwesende seinen Ulk und Scherz mit dem fraglichen Landjäger betrieben hat. "*

Im Laufe des gestrigen Nachmittags stellte ich fest, welcher Landjägerbeamte aus un-serer Abteilung außer mir sich noch in Andel aufgehalten hat. Erst um 1$\underline{^{00}}$ Uhr nachts erschienen zwei uniformierte Beamte in feldgrauer Uniform in der Gastwirtschaft Re-my.

Da die beiden Uniformen mir unbekannt waren, trat ich in das Lokal Remy ein, um ihre Persönlichkeiten und Zweck ihrer Anwesenheit in Andel festzustellen.

Da mir kurz vorher bekannt wurde, daß Nachtwächter Schmitt der fragliche Land-jäger sein sollte, ging ich auf Schmitt zu, und frug ihn, ob er der Nachtwächter Schmitt aus Berncastel sei. Dieses bejahte Schmitt.

Nachdem ich ihn auf sein ungebührliches Verhalten am vorhergehenden Abend aufmerksam gemacht hatte, gab ich ihm zu verstehen, **daß er in Zukunft in Bern-castel verbleiben sollte,** *damit nicht wieder die Uniform eines anderen Beamten (: Landjäger :) beschmutzt wird.*

Am gestrigen Abend befand sich in Begleitung des Schmitt noch der Nachtwächter Hoffmann aus Berncastel, ebenfalls in Uniform.

Ich bitte, **eine Verwarnung der beiden Nachtwächter** *durch die vorgesetzte Behörde gefälligst herbeiführen zu wollen.*

> *Biewer,*
> *Oberlandjäger.*

Der Oberlandjäger Biewer hatte seine beiden Kollegen aus Bernkastel also bei ihren Vorge-setzten „angeschwärzt"!

Der Landrat war überaus erbost und schrieb am 5. Mai an den Stadtbürgermeister von Bernkastel-Kues: „Wie ist es möglich, daß z.B. der Nachtwächter Schmitt an 2 Tagen hin-tereinander den Dienst versäumen u(nd) sich nach auswärts auf die Kirmes begeben konnte? Soweit mir bekannt, haben die Nachtwächter bei ihren nächtlichen Dienstgängen Kontroll-uhren zu stechen; es müßte daher doch schon Montag früh bei der Revision aufgefallen sein, daß Schmitt seinen Dienst in der Nacht nicht ordnungsmäßig ausgeführt hat. "[381]

Der Stadtbürgermeister informierte den Landrat, daß er „bereits am 3.5.27 das formelle Diszi-plinarverfahren gegen die beiden Nachtwächter Hoffmann und Schmitt eröffnet" habe.[382]

Am 10. Mai 1927 schritt man zur Vernehmung der beiden beschuldigten Nachtwächter.[383]

---

[381] LHAK 615, Nr. 405, Bild 1035l.
[382] LHAK 615, Nr. 405, Bild 1031r.
[383] LHAK 615, Nr. 405, Bild 1035r–1039l.

Zunächst wurde der Cueser Nachtwächter Nikolaus Schmitt vernommen:

Vernehmung eines Beschuldigten.

Verhandelt, Berncastel-Cues, den 10. Mai 1927.

Auf Vorladung erscheint der Nachtwächter und Friedhofswärter Nikolaus Schmitt und sagt mit dem Gegenstande der Vernehmung bekannt gemacht und zur Wahrheit ermahnt, aus:

Zur Person.

Ich heiße Nikolaus Schmitt, bin am 31. Mai 1882 zu Cues, Gemeinde Cues, Kreis Berncastel, Landgerichtsbezirk Trier, Staat Preussen geboren, wohne in Berncastel-Cues, Gestade 184[384], bin ortsangehörig in Berncastel-Cues, Kreis Berncastel, besitze die Staatsangehörigkeit als Preusse, bin kath(olischer) Religion, verheiratet mit Regina geb(orene) Ried, Tag der Eheschließung 15. Mai 1917. Mein Vater hieß Christian Schmitt. Meine Mutter heißt Angela geb(orene) Dusemund. Ich habe 4 Kinder im Alter von 6 Jahren bis 2 Monaten, ernähre mich als Nachtwächter und Friedhofswärter. Ich besitze kein Vermögen. Bestraft bin ich noch nicht.

Beschuldigter ließ sich hierauf vernehmen wie folgt:

Zur Sache.

*Ich erkläre im voraus, dass ich bisher stets der Ansicht war, mein Dienst endige vom 1. Mai ab schon um 3 Uhr nachts und nicht, wie mir heute eröffnet wurde erst um 4 Uhr. Als ich am Sonntag, den 1. Mai d(iese)s J(ahre)s um 3 Uhr nachts meinen Dienst beendigte, fuhr ich in Gesellschaft des Kaufmanns Martin Schwarz von hier mit dem Personenkraftwagen des Karl Remy, welcher an den beiden Kirmestagen ständig zwischen Andel und Berncastel verkehrte, in meiner vollständigen Uniform nach Andel zur Kirmes. Schwarz lud mich zu dieser Fahrt ein und erklärte mir, dass wir in Andel nur eine Flasche Wein trinken und sodann mit dem Remy'schen Auto wieder nach hier zurückfahren würden, **was höchstens 10 Minuten dauern könnte.** Nur durch dieses Versprechen ließ ich mich bewegen, mit nach Andel zu fahren. In Andel angekommen, begaben wir uns ins Festzelt, wo nur mehr einige Personen, etwa 10 an der Zahl, anwesend waren. Ich trank zunächst am Ausschanktisch eine Tasse Kaffee und später mit Schwarz zusammen eine Flasche Wein. Weiter hatte ich an geistigen Getränken in der betreffenden Nacht nichts mehr zu mir genommen, sodass ich unmöglich betrunken sein konnte, umsoweniger, als ich vorher in Berncastel nichts getrunken hatte. Die Behauptung, dass ich im Festzelt bzw. in Andel total betrunken gewesen und von den übrigen Anwesenden zum Besten gehalten worden sei, ist mir daher unverständlich. Etwa um 7 oder 7 ½ Uhr morgens, nachdem wir vergeblich auf das Remy'sche Auto gewartet hatten, gingen Schwarz und ich zu Fuss nach Berncastel-Cues zurück. Ich setzte mit der Cueser Fähre über die Mosel und gelangte so direkt in meine Wohnung. Der vorgenannte Kaufmann Schwarz und dessen Schwager Matthias Wagner, der bis 6 Uhr morgens bei uns war, können*

---

[384] Heute Nikolausufer [SB24c, S. 199].

meine Behauptung, dass ich nicht betrunken war und mein Benehmen kein Anstoss erregte, bekräftigen.

*Am Montag den 2. Mai fuhr ich wieder nach Andel, und zwar nahm mich der Rechts-anwalt Dr. Rochhold von hier in seinem Auto mit dorthin. Meine Fahrt nach Andel hatte nur den Zweck, den Urheber des mir inzwischen bekanntgewordenen Gerüchts, dass ich tagsvorher in schwerbetrunkenem Zustande im Festzelt und im Strassen-graben herumgeflogen sein sollte, festzustellen. Nachtwächter Hoffmann begleitete mich dorthin, um mir bei dieser Feststellung behilflich zu sein. Letzterer und ich gingen mit Rechtsanwalt Rochhold auf dessen Einladung in die Wirtschaft Remy, woselbst wir zusammen eine Flasche Wein tranken. Während unseres Aufenthaltes daselbst — etwa 10 Minuten — kam Oberlandjäger Biewer in das Wirtslokal und stellte mich wegen des in seiner Anzeige erwähnten Vorfalles zur Rede, worauf ich ihm kurz erwiderte, dass ich alles verantworten könnte, was ich tagsvorher gemacht hätte. Ich hielt es nicht für angebracht, mich über diesen Vorfall mit Biewer des weiteren auseinanderzusetzen, da ich mir keiner Pflichtvernachlässigung bewusst war. Hoff-mann und ich traten daraufhin den Nachhauseweg an. Ich gebe zu, dass ich in dieser Nacht meinen Dienst um 2 Uhr nachts abgebrochen habe. Dies geschah aber nur zu dem vorangegebenen Zweck und nachdem ich festgestellt hatte, **dass in meinem Dienstbezirk sowohl auf den Strassen als auch in den Wirtschaften alles in Ordnung war**. Nach unserem Eintreffen in Berncastel-Cues — etwa um drei Uhr nachts — nahmen wir beide unseren Dienst wieder auf, was das Kontrollregister ausweisen dürfte. Weiteres habe ich zu meiner Rechtfertigung nicht anzugeben.*

v(orgelesen), g(enehmigt) [und] u(nterzeichnet)

gez(eichnet) Nik(olaus) Schmitt

Beglaubigt Back, Stadtobersekretär.

Am nächsten Tag wurde der Bernkasteler Nachtwächter Heinrich Hoffmann vernommen (siehe auch Abbildung 128): [385]

Vernehmung eines Beschuldigten.

Verhandelt, Berncastel-Cues, den 11. Mai 1927.

Auf Vorladung erscheint der Nachtwächter und Friedhofswärter Heinrich Hoffmann und sagt mit dem Gegenstande der Vernehmung bekannt gemacht und zur Wahrheit ermahnt, aus:

Zur Person.

Ich heiße Heinrich Hoffmann, bin am 21. September 1879 zu Neumagen, Gemeinde Neumagen, Kreis Berncastel, Landgerichtsbezirk Trier, Staat Preussen geboren, wohne in Berncastel-Cues, Burgstraße 24, bin ortsangehörig in Berncastel-Cues, Kreis Berncastel, besitze die Staatsangehörigkeit als Preusse, bin kath(olischer) Re-ligion, verheiratet mit Maria geb(orene) Schlosser, Tag der Eheschließung 22. Januar

---

[385] LHAK 615, Nr. 405, Bild 1037r–1039l.

1913. Mein Vater hieß Jonas Hoffmann. Meine Mutter hieß Regina geb(orene) Dill. Ich habe 1 Kind und 2 Stiefkinder[386] im Alter von 18 bis 12 Jahren, ernähre mich als Nachtwächter und Friedhofswärter. Ich besitze kein Vermögen. Ich habe eine Disziplinarstrafe vom 18.12.1925 wegen Amtspflichtverletzung, für die ich eine Geldbuße als Ordnungsstrafe erhielt.

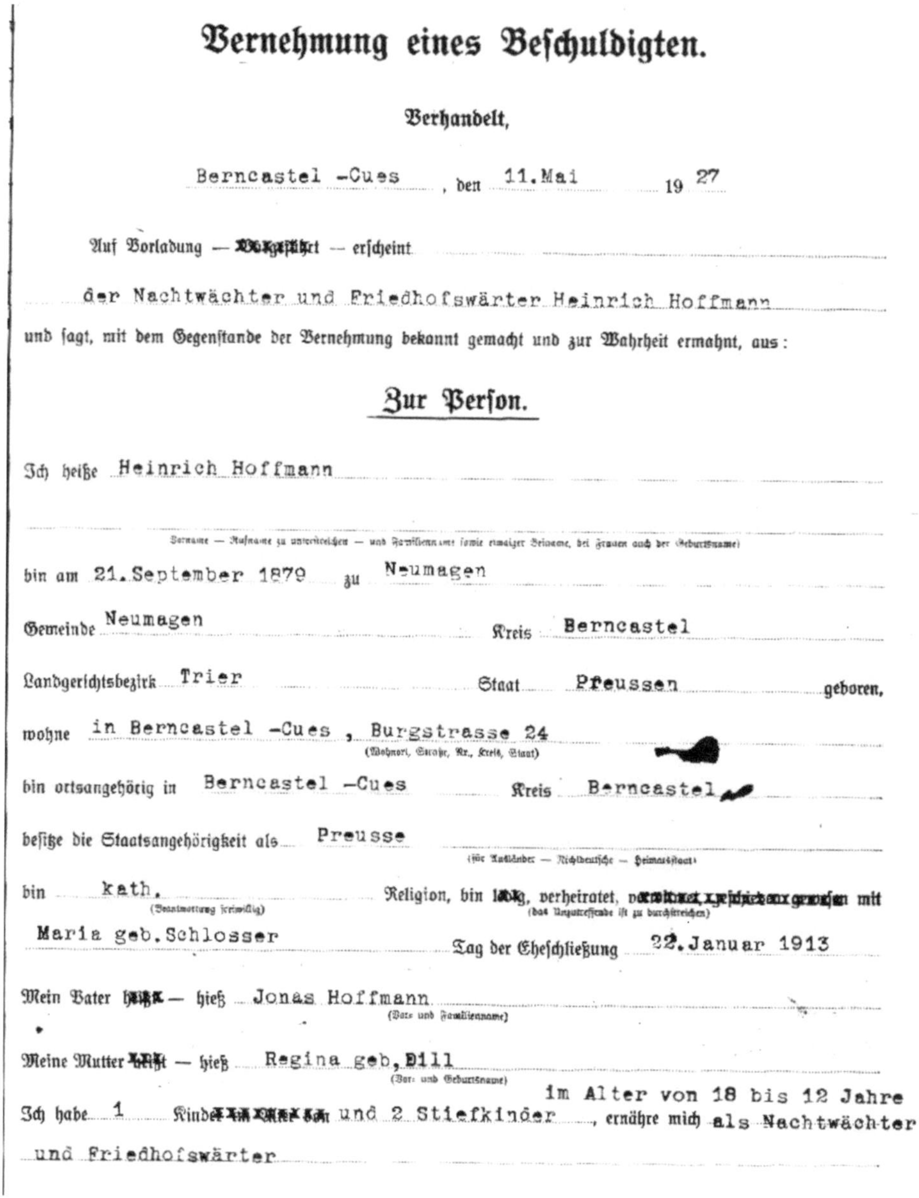

Vernehmung eines Beschuldigten.

Verhandelt,

Berncastel -Cues , den 11.Mai 19 27

Auf Vorladung — ~~Borgeführt~~ — erscheint

der Nachtwächter und Friedhofswärter Heinrich Hoffmann

und sagt, mit dem Gegenstande der Vernehmung bekannt gemacht und zur Wahrheit ermahnt, aus:

Zur Person.

Ich heiße Heinrich Hoffmann

Vorname — Aufname zu unterzeichnen — und Familiennamen sowie einziger Beiname, bei Frauen auch der Geburtsname)

bin am 21.September 1879 zu Neumagen

Gemeinde Neumagen Kreis Berncastel

Landgerichtsbezirk Trier Staat Preussen geboren,

wohne in Berncastel -Cues , Burgstrasse 24
(Wohnort, Straße, Nr., Kreis, Staat)

bin ortsangehörig in Berncastel -Cues Kreis Berncastel

besitze die Staatsangehörigkeit als Preusse
(für Ausländer — Richtdeutsche — Heimatstaat)

bin kath.
(Staatmettung freiwillig)
Religion, bin ~~ledig~~, verheiratet, ~~verwitwet, geschieden getrennt~~ mit

Maria geb.Schlosser Tag der Eheschließung 22.Januar 1913

Mein Vater ~~lebt~~ — hieß Jonas Hoffmann
(Vor= und Familienname)

Meine Mutter ~~lebt~~ — hieß Regina geb, Dill
(Vor= und Geburtsname)

Ich habe 1 ~~Kinder im Alter von~~ und 2 Stiefkinder im Alter von 18 bis 12 Jahre , ernähre mich als Nachtwächter und Friedhofswärter

Abb. 128: Vernehmung von Nachtwächter Hoffmann am 11. Mai 1927

---

[386] Bei den beiden Stiefkindern handelte es sich um Maria Theresia (*08.1907 Bernkastel) und Johann Nikolaus Görgen (*04.07.1909 Bernkastel).

Beschuldigter ließ sich hierauf vernehmen wie folgt:

Zur Sache.

Ich gebe zu, in der Nacht vom 2. zum 3. Mai meinen Dienst um 2 Uhr abgebrochen zu haben und in voller Uniform mit meinem Kollegen Schmitt nach Andel gefahren zu sein. Der Sachverhalt ist folgender: Als wir, Nachtwächter Schmitt und ich, am Montag den 2. Mai kurz vor 12 Uhr nachts auf unserem Dienstgange am rechtsseitigen Brückenkopf zusammentrafen, erzählte Schmitt mir, er sei in der vorhergehenden Nacht auf der Andeler Kirmes gewesen, und man erzähle nunmehr in der Stadt, dass er in stark betrunkenem Zustande im Festzelte und im Strassengraben herumgetrollt sei und dadurch Aufsehen erregt habe, wogegen er unbedingt Verwahrung einlegen müsse. Wir gingen nun auseinander und trafen kurz vor zwei Uhr wieder auf dem Berncasteler Brückenkopf zusammen. Im Augenblicke unseres Zusammentreffens fuhr Rechtsanwalt Dr. Rochhold mit seinem Auto am Hotel Römischer Kaiser vor. Schmitt und ich traten an das Auto heran, und als Rochhold unser ansichtig wurde, lud er uns zur Mitfahrt nach Andel ein, wobei er ausdrücklich bemerkte, **dass wir in 10 Minuten wieder zurück seien.** *Schmitt war sofort bereit mitzufahren, um diese Gelegenheit zur Anstellung von Erhebungen nach dem Urheber des über ihn verbreiteten Gerüchts zu benutzen. Um ihn hierbei zu unterstützen, und weil der Aufenthalt in Andel nur ganz kurze Zeit dauern sollte, war ich ebenfalls zur Mitfahrt bereit. Wir fuhren nun mit Rochhold nach Andel und kehrten dort in der Wirtschaft Remy ein, wo wir eine Flasche Wein tranken, die Rochhold bezahlte. Nach kurzem Aufenthalt in der Wirtschaft Remy trat der Oberlandjäger Biewer ein, kam auf uns zu und liess sich mit Schmitt in ein Gespräch ein, das ich nicht genau verstanden habe, weil in der Wirtschaft große Unruhe herrschte. Das Gespräch verlief in ruhigem Tone. Ich habe nur daraus entnehmen können, dass es sich um den von Schmitt erwähnten Vorgang in der vorhergehenden Nacht handeln könne. Nach etwa 10 Minuten verliessen wir die Remy'sche Wirtschaft und begaben uns zu Fuss nach Hause, weil inzwischen gemeldet wurde, dass das Rochhold'sche Auto defekt sei und wir dasselbe zur Rückfahrt nach Berncastel nicht mehr benutzen könnten. Unterwegs hat Schmitt von dem Gespräch, das er mit Biewer in der Wirtschaft hatte, nichts erwähnt. Nach unserer Ankunft in Berncastel-Cues — etwa um 3 Uhr — nahmen wir beide unseren Dienst wieder auf. Ich betone noch, dass ich mich zur Mitfahrt nach Andel um 2 Uhr nachts nicht hätte bewegen lassen, wenn ich mich nicht vorher genügend davon überzeugt gehabt hätte, dass in Berncastel-Cues sowohl in den Wirtschaften, als auch auf den Strassen alles in Ordnung sei.*

Weiteres habe ich zu meiner Rechtfertigung nicht anzugeben.

v(orgelesen), g(enehmigt) [und] u(nterzeichnet)

gez(eichnet) Heinrich Hoffmann

Beglaubigt Back, Stadtobersekretär.

Es fällt auf, dass die Aussagen der beiden Nachtwächter einander gleichen. Demnach haben beide entweder wahrheitsgemäß berichtet, was sich wirklich zugetragen hatte, oder sie hatten ihre Aussagen vorher abgesprochen. Bedenkt man die Bauernschläue, die beide immer wieder an den Tag legten, ist wohl eher von letzterem auszugehen. So dumm und weltfremd, anzunehmen, dass sie nach Andel fahren, eine Flasche Wein trinken, nebenbei ermitteln und anschließend wieder nach Bernkastel zurückfahren könnten — und das alles **in nur 10 Minuten** — konnten sie nicht wirklich sein. Diese Zeit war alleine schon aufgrund der damaligen Autos und Straßenverhältnisse nicht zu schaffen.

Abb. 129: Burgstraße 24 – Wohnort von Heinrich Hoffmann (JMB 2019)

Am 12. Mai wurden die beiden von Nachtwächter Schmitt genannten Entlastungszeugen — der Kaufmann Martin Schwarz, 29 Jahre alt, und sein Schwager Matthias Wagner, Geschäftsführer des hiesigen Verkehrsbüros, 26 Jahre alt, beide wohnhaft zu Bernkastel-Kues — befragt. Sie bestätigten soweit die Aussagen der beiden Nachtwächter, allerdings gab Wagner an, dass er den Nachtwächter Hoffmann noch um 5 Uhr morgens in Andel gesehen habe — als dieser schon wieder zwei Stunden lang in Bernkastel gewesen sein will!

Oberlandjäger Biewer blieb jedoch bei seiner Behauptung. In zwei Briefen vom 21. Mai und 21. Juni 1927 an seine Vorgesetzten behauptete er weiterhin, daß zwei Zeugen — die Andeler Karl Sandmann und Johann Franzen — den Nachtwächter Schmitt auf der Andeler Kirmes in betrunkenem Zustand gesehen hätten. In den beiden beiliegenden Vernehmungsprotokollen sagten aber sowohl Sandmann als auch Franzen, über den Nachtwächter: „**zeigte derselbe keinerlei Spuren einer Betrunkenheit**"!

Dieser Widerspruch fiel auch dem Landrat auf, der daraufhin Aufklärung von Biewer verlangte.[387]

Wie die Sache ausging ist in den Akten des Archivs der Stadt Bernkastel-Kues nicht überliefert. Gleiches gilt für den Ausgang des Disziplinarverfahrens gegen Schmitt und Hoffmann. In jedem Fall behielten die beiden Nachtwächter ihre Posten.

13.8 Anzeige wegen nächtlicher Ruhestörung

Nur einen Monat nach dem Disziplinarverfahren — am 27. Juni 1927 — berichtete der Nachtwächter Hoffmann von einer nächtlichen Ruhestörung. Gut möglich, dass er von seinen Vorgesetzten zu einem schärferen Vorgehen gegen nächtliche Unruhestifter ermahnt worden war, oder, dass er von sich aus wollte, dass man ihn zur Abwechslung einmal als diensteifrigen und pflichtbewussten Angestellten wahrnahm.

Sein Bericht lautet:[388]

Berncastel-Cues, den 27.6.27.

Bericht

In der Nacht zum 27. d(ieses) M(ona)ts haben eine Anzahl junge Leute von hier durch lautes Singen und Schreien ruhestörenden Lärm erregt. Der Bäcker Jakob Haas, 27 Jahre alt, beschäftigt bei Hil(arius) Hansen, hier, Markt 18[389], den ich zurecht gewiesen hatte, griff mir in der hiesigen Burgstraße vor dem Hause[390] der W(it)w(e) Westhöfer[391] nach der Kontrolluhr, wodurch dieselbe vom Riemen abriß und zu Boden geschleudert wurde. Die Uhr ist dadurch beschädigt und geht nicht mehr. Der Uhrmacher Kronser erklärte, daß sie in die Fabrik geschickt werden müsste.

Hoffmann,
Nachtwächter.

---

[387] LHAK 615, Nr. 405, Bild 1044r.
[388] LHAK 615, Nr. 405, Bild 1048.
[389] Heute Markt 26 [Bra25].
[390] Es handelt sich um das Haus Burgstraße 23, das damalige Nachbarhaus von Nachtwächter Hoffmann [Bra25].
[391] Hierbei handelte es sich um Maria Anna Maas, Witwe des Wagnermeisters Peter Westhöfer [Bra25].

Am 7. Juli wurde der Schneider Gustav Reuter, 19 Jahre alt, wohnhaft hier bei Schneidermeister Kilian, Grabenstraße, in der Sache verhört.[392]

Er gab zu Protokoll: „Die mir bekanntgegebenen Aussagen des Bäckermeisters Haas sind zutreffend. Steinbach hat den Haas ohne weiteres angegriffen, worauf der Nachtwächter Hoffmann hinzukam und die beiden auseinandernahm. Hierbei fiel die Kontrolluhr des Nachtwächters zu Boden. Es trifft keinesfalls zu, dass Haas dem Nachtwächter die Uhr entrissen hat. Ich stand bei dem Handgemenge direkt nebenan und konnte den Vorfall genau beobachten."

In derselben Verhandlung erklärte Nachtwächter Hoffmann:

„Die Angaben des Haas sowohl als auch des Reuter entsprechen nicht den Tatsachen. Nachdem ich den Steinbach und Haas getrennt, forderte ich letzteren wiederholt auf, den Platz zu verlassen. Bei dieser meiner wiederholten Weisung griff Haas nach der über meiner Schulter hängenden Kontrolluhr und riss mit einer solchen Gewalt an dem Lederriemen, an dem die Uhr befestigt ist, dass der Riemen zerriss und die Uhr zu Boden fiel. Haas, der den Riemen in Händen hielt, warf mir denselben vor die Füsse mit den Worten: 'Da hast du das faule Ding.'

Wenn die Kontrolluhr ohne Einwirkung des Haas zu Boden gefallen wäre, hätte doch keinesfalls der ca. 2 cm breite, starke Lederriemen zerreissen können. Der klare Beweis dafür, dass Haas mir die Uhr entrissen hat, geht daraus hervor, dass er den Riemen in Händen hielt.

Für die Richtigkeit meiner Angaben benenne ich den Schreiner Johann Steinbach als Zeugen."

Am 11. Juli befragte man den Schreiner Johann Steinbach als Zeugen.[393] Dieser erklärte den Tathergang selbst nicht beobachtet zu haben:

„Ich vermag nicht anzugeben, ob Haas dem Nachtwächter die Uhr entrissen hat, da ich mich um die Zeit als der Nachtwächter rief: 'Wo ist meine Uhr', in unser Haus[394] zurückbegab. Ich sah wohl noch wie Hoffmann sich bückte und die Uhr vom Boden aufhob."

Am 22. Juli sagte der beschuldigte Bäckermeister Jakob Haas abermals aus:

„Meine unterm 28.6. gemachten Aussagen halte ich voll und ganz aufrecht. Als weitere Zeugen, daß ich dem Nachtwächter die Uhr nicht weggerissen habe, gebe ich den Friseur Otto Neumann und Bürogehilfe Hans Peters an. Dem Nachtwächter ist die Uhr, als er mich und Steinbach trennte, ohne daß ich dieselbe erfaßte, zu Boden gefallen. Die Angabe des Hoffmann, daß ich den zerrissenen Lederriemen in Händen hielt und ihm denselben mit den Worten: 'Da hast du das faule Ding' vor die Füsse warf, sind unzutreffend."

Die beiden von Jakob Haas benannten Zeugen konnten jedoch keine sachdienlichen Angaben zur Sache machen.

Nachdem die von ihm benannten Zeugen keine Entlastung für ihn herbeiführen konnten, wurde Bäckermeister Jakob Haas am 28. Juli 1927 erneut vorgeladen und erklärte in seiner

---

[392] LHAK 615, Nr. 405, Bild 1049l.
[393] LHAK 615, Nr. 405, Bild 1049r.
[394] Die Familie Steinbach bewohnte das Haus Burgstraße 78 [Bra25].

Befragung folgendes:[395]

„Ich muß entschieden bestreiten dem Nachtwächter Hoffmann die Kontrolluhr abgerissen zu haben. Der Vorfall trug sich folgendermaßen zu. Ich ging mit meinen Kollegen die Burgstraße herauf. Als wir am Hause Steinbach ankamen, rief jemand von oben: 'Wenn ihr jetzt nicht ruhig seid, komme ich sofort herunter und schlage euch in die Fresse herein.' Gleich darauf kam der eine Sohn des Steinbach mit einer Latte in der Hand und machte die Aussage: 'Jetzt kriege ich dich mal, auf dich habe ich schon lange gespitzt.' Darauf schlug dieser auf mich ein und traf mich am rechten Ellenbogen und riß mir meinen Gummimantel entzwei. Inzwischen kam Nachtwächter Hoffmann hinzu und nahm den Steinbach von mir. Hierbei fiel die Uhr zu Boden. Ich habe dabei den Nachtwächter Hoffmann nicht angerührt, was ich durch den Zeugen Gustav Reuter bezeugen kann."

Die nächsten zwei Wochen in Sachen der defekten Kontrolluhr verliefen ruhig, aber am 10. August 1927 wurde Nachtwächter Hoffmann abermals vorgeladen und erklärte:[396]

„Ich halte meine Aussagen vom 7. Juli d(iese)s J(ahre)s aufrecht und bin jederzeit bereit zu beschwören, daß Haas mir die Uhr entrissen hat. Meine Frau, die den Vorfall mit zugesehen hat, benenne ich als Zeugen. Außerdem stelle ich hierdurch gegen Haas **Strafantrag wegen Widerstandsleistung**, da er meiner 5maligen Aufforderung den Platz zu verlassen nicht Folge geleistet hat, sondern jedesmal auf mich eingedrungen ist, mich an der Brust faßte und mir dadurch als Nachtwächter Widerstand leistete. Bei einem dieser Angriffe hat Haas die Uhr weggerissen."

Zwei Tage später — am 12. August — verhörte man die Ehefrau des Heinrich Hoffmann, die folgendes zu Protokoll gab: „Ich habe den ganzen Vorfall vom Fenster aus zugesehen. Mein Mann hat Haas mindestens 4mal aufgefordert ruhig zu sein und den Platz zu verlassen. Haas leistete den Aufforderungen keine Folge, fuchtelte dauernd mit den Händen um meinen Mann herum und riß ihm schließlich die Kontrolluhr von der Schulter, wobei der Lederriemen in Stücke ging. Ich sah deutlich, wie Haas den gerissenen Riemen in Händen hielt und meinem Mann vor die Füße warf."

Die plötzliche Strafanzeige des Nachtwächter gab dem Fall eine ganz neue Dimension.

Mit den Aussagen der Eheleute Hoffmann während einer weiteren Befragung konfrontiert, gab Bäckermeister Haas nach, um größeren Schaden von sich abzuwenden. Er erklärte:[397]

„Obwohl ich nach wie vor auf meinen früheren Aussagen, die durchaus der Wahrheit entsprechen, beharre, erkläre ich mich hierdurch **bereit, die Reparaturkosten zu tragen** und zwar aus dem Grunde die Angelegenheit aus der Welt zu räumen. Da es mir aber bei meinem Verdienst nicht möglich ist, den Betrag von 35,50 Mk in einer Summe zu bezahlen, bitte ich mir ratenweise Zahlung zu gestatten. Mit den Zahlungen werde ich am 22. d(iese)s M(ona)ts beginnen und in 3 weiteren Wochenraten den Betrag von 35,50 Mk bei der Stadtkasse einzahlen."

---

[395] LHAK 615, Nr. 405, Bild 1051l.
[396] LHAK 615, Nr. 405, Bild 1051r.
[397] LHAK 615, Nr. 405, Bild 1052l.

Als Antwort auf die Zahlungsbereitschaft des Jakob Haas erklärte Nachtwächter Heinrich Hoffmann:[398]

„Nachdem Haas sich bereit erklärt hat die Reparaturkosten für die Kontrolluhr zu bezahlen, betrachte ich die Angelegenheit als erledigt und **ziehe meinen Strafantrag** wegen Widerstandsleistung hierdurch **zurück**."

Damit hatte die geschundene Nachtwächterseele — fürs Erste — „ihre liebe Ruhe" wieder.

13.9 Schlußfolgerung

Die vielen Informationen, die im Archiv der Stadt Bernkastel-Kues[399] rund um die Arbeit der Nachtwächter gefunden wurden, tauchen den Fall um den Tod des Franz Klock nunmehr in ein anderes Licht.

Zunächst schien klar, dass die Hauptschuld bei dem Nachtwächter Heinrich Hoffmann zu suchen sei, der in der Silvesternacht — als man gewiss doch auch mal über die Strenge schlagen durfte — den „unschuldigen" 23jährigen Kraftwagenführer erschossen hatte. Die vielen Protokolle, die im Rahmen der Recherchen zu diesem Fall neu aufgetaucht sind, lassen aber auch einen anderen Schluss zu. Mit Ende des verlorenen ersten Weltkriegs und einer damit einhergehenden wirtschaftlich schwierigen Situation scheint die öffentliche Ordnung des Landes — zumindest bei Teilen der Bevölkerung — mehr und mehr verloren gegangen zu sein. In der Stadt Bernkastel-Kues ist immer wieder von jungen Leuten die Rede, die nachts angetrunken und lärmend durch die Gassen zogen und mit ihrem Lärm die Nachtruhe störten. Von amtlicher Seite scheint man dem nicht wirklich nachgegangen zu sein. Außer ein paar öffentlichen „Du, Du, Du!"-Bekanntmachungen mit erhobenem Zeigefinger scheint nicht viel passiert zu sein. Behördlicherseits wurde das Problem — ähnlich wie heute leider vielfach zu beobachten — auf die schwächsten Glieder des Apparates abgewälzt. Im Falle der nächtlichen Ruhestörungen waren dies die Nachtwächter.[400] So einfach wie die höheren Beamten es sich vorstellten, einen Mitbürger anzuzeigen, war sie Sache aber nicht, denn mit diesen Mitbürgern mußte der Nachtwächter anschließend weiterhin zusammenleben — im Gegensatz zu einem in Trier ansässigen Landrat. Oder wie es Nachtwächter Hoffmann ausdrückte: „Anzeigen wegen Übertretung der Polizeistunde sowie nächtlicher Ruhestörung [würde er] nicht gerne vorlegen, **um sich mit der Bürgerschaft nicht zu verfeinden**."

Nur ein paar Tage vor jener ominösen Silvesternacht des Jahres 1929 hatten 9 Stadtverordnete vor dem immer größeren Problem der ausufernden nächtlichen Ruhestörungen eindringlich gewarnt und was tat man von Seiten der Obrigkeit: man ließ eine Bekanntmachung

---

[398] Ebenda.

[399] Als Depositum im Landeshauptarchiv Koblenz als Bestand 615 vorhanden.

[400] Hierbei ist zu bemerken, dass sich die Nachtwächter Schmitt und Hoffmann im Laufe der Jahre so vieler Dienstvergehen, gar Betrügereien und Manipulationen schuldig gemacht hatten, dass man sie in einem funktionieren Behördenapparat längst aus dem Dienst hätte entfernen müssen. Über die Behörden in Bernkastel Stadt und Land hatte sich Amtsrichter Rech an anderer Stelle bereits eingehend ausgelassen (siehe Abschnitt 10.2).

in der Zeitung drucken und überließ das Problem einem Nachtwächter und seinem Stiefsohn! So wie heutzutage in viel zu vielen Bereichen des öffentlichen Lebens war man „oben“ scheinbar nicht mehr an den Problemen der eigenen Bevölkerung interessiert.

Ob der Nachtwächter Hoffmann den Schuss auf Franz Klock vorsätzlich abgab oder nicht, ob er ihn nur erschrecken wollte oder seinen Tod billigend in Kauf nahm, wird sich heute nicht mehr klären lassen. Ziemlich sicher dürfte er mit der Situation der Silvesternacht jedoch überfordert gewesen sein. Hätten die Behörden rechtzeitig einzelne Störenfriede mit entsprechend harten Maßnahmen bestraft, so wäre dieser Tote vermutlich zu verhindern gewesen. Schließlich war der 1. Januar 1930 nur der Kulminationspunkt der Versäumnisse des vorausgegangenen Jahrzehnts.

13.10 Das Leben nach der Tat

Der Beruf des Nachtwächters in Bernkastel war mit dem schrecklichen Todesfall am 1. Januar 1930 Geschichte.

Ob und wie Heinrich Hoffmann angeklagt und bestraft wurde, ließ sich nicht ermitteln. Eine etwaige Strafe scheint zumindest nicht so lange gewesen zu sein, wie man sie bei einem Urteil auf „vorsätzlichen Mord“ erwarten würde.

Am 23. September 1933 heiratete sein Stiefsohn, der Schuhmacher Johann Nikolaus Görgen, auf dem Standesamt in Bernkastel-Kues die aus Mertesdorf stammende Hausangestellte Klara Koster.[401] Heinrich Hoffmann unterzeichnete die Heiratsurkunde (siehe Abbildung 130) als „Friedhofswärter im Ruhestand“ — seinen anderen früheren Beruf als Nachtwächter wollte er anscheinend nicht mehr erwähnen.

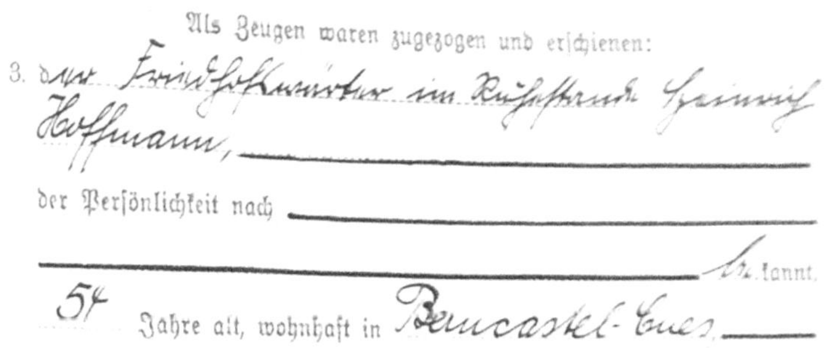
Als Zeugen waren zugezogen und erschienen:
3. der Friedhofswärter im Ruhestand Heinrich Hoffmann,
der Persönlichkeit nach
bekannt,
54 Jahre alt, wohnhaft in Bernkastel-Kues

Abb. 130: Heinrich Hoffmann als Zeuge im Heiratsakt vom 23. September 1933

Heinrich Hoffmann verstarb am 29. November 1955 im Alter von 76 Jahren in Bernkastel-Kues.[402]

401 SA/BKS H 1933/22.
402 SA/BKS S 1955/89.

14 Der Doppelmord an Barbara Ulbrich und ihrem Sohn Emanuel

14.1 Tod des Verwalters

Erstmals erfahren wir von einem Verbrechen im oberhalb von Bernkastel auf halber Höhe zur Burg Landshut gelegenen Schützenhaus aus einem Zeitungsartikel.

Die „Bernkasteler Zeitung" vom 18. Januar 1954 berichtet unter dem Titel „Der mysteriöse Fall auf dem Schützenhaus — Landeskriminalpolizei greift ein":

In den frühen Abendstunden des 15.1.1954 wurde der 40jährige, ledige Kellner Hans Lippert, der vom Pächter des Gasthauses Schützenhof in Bernkastel zum Verwalter bestellt war, in dem verriegelten Kellerraum des Gasthauses erhängt vorgefunden.

Die kriminalpolizeilichen Ermittlungen ergaben einwandfreien Selbstmord. Es wird zur Zeit geprüft, ob der Selbstmord des Lippert mit dem mysteriösen Verschwinden der 34jährigen Ehefrau und des 3jährigen Sohnes des Pächters Ulbrich im Zusammenhang steht, da in der Nähe des Schützenhauses Kleidungsstücke der Ehefrau Ulbrich und des Kindes gefunden worden sind.

Ulbrich und seine Familie haben gegen Ende der Saison 1953 Bernkastel verlassen und den Schützenhof dem ihnen bekannten Kellner Lippert in Obhut gegeben.

Ulbrich nahm in Königstein eine Stelle als Oberkellner an. Frau Ulbrich verließ mit ihrem Kind am 5.12.1953 Königstein, um in Bernkastel in dem Schützenhof nach dem Rechten zu sehen. Wie Lippert bereits vor seinem Selbstmord dem Pächter Ulbrich mitgeteilt hat, war dessen Frau tatsächlich für kurze Zeit in Bernkastel und soll dann mit unbekanntem Ziel abgereist sein. Die Anwesenheit der Frau Ulbrich in Bernkastel wird auch von anderen Zeugen bestätigt.

Die Tatsache der Auffindung von Bekleidungsstücken der Verschwundenen läßt ein Verbrechen nicht als ausgeschlossen erscheinen.

Die Mordkommission der Landeskriminalpolizei Trier ist seit dem 15.1.1954 in Bernkastel tätig. Eine örtliche Suchaktion verlief bisher erfolglos.

Die Bevölkerung wird um Mitarbeit gebeten. Wer hat Frau Ulbrich und ihren dreijährigen Jungen in der letzten Zeit gesehen?

Nachricht an die Landeskriminalpolizei Abteilung Trier oder jede andere Polizeidienststelle.

Demnach ging es nicht nur um den Kellner Hans Lippert, der sich im Keller des Schützenhauses erhängt hatte. Es waren auch zwei weitere Personen als vermisst gemeldet worden, nämlich die Ehefrau und der kleine Sohn des Pächters des Gasthauses. Ob die beiden Fälle zusammenhingen war momentan Gegenstand polizeilicher Untersuchungen.

14.2 Wichtiger Zeuge gesucht

Zwei Tage später, am 20. Januar 1954, wandte sich die „Bernkasteler Zeitung" mit dem Suchaufruf „Wichtiger Zeuge gesucht" an ihre Leser:

> *In der Vermißtensache Ehefrau Ulbrich und Sohn Emanuel werden Personen gesucht, die am 5.12.1953 mit dem Touring-Omnibus von Frankfurt-Main nach Bernkastel-Kues gefahren sind. Bisher ist bekannt, daß eine Person mit Namen Krischel am genannten Tage diesen Omnibus benutzt hat und in Bernkastel-Kues ausgestiegen ist. Krischel wohnt vermutlich im Raume Bernkastel. Da die Aussagen für das Ermittlungsverfahren von großer Wichtigkeit, wird der Zeuge gebeten, sich baldmöglichst bei der Kriminalpolizei Trier oder der Polizeiverwaltung Bernkastel zu melden. Unkosten werden ersetzt.*

Dem Artikel war ein Foto der beiden Vermissten beigefügt (siehe Abbildung 131).

Abb. 131: Barbara Ulbrich mit ihrem 3 ½ jährigen Sohn (TV)

14.3 Mutter und Sohn ermordet aufgefunden

Noch am selben Tag fand man bei einer Suchaktion die Leichen der beiden Vermissten.

Die „Bernkasteler Zeitung" schrieb am 21. Januar unter der Überschrift „Ehefrau Ulbrich und Sohn Emanuel ermordet. Die Leichen wurden gestern hinter dem Schützenhaus aufgefunden — Wer ist der Mörder?":

> *Die seit etwa einer Woche durchgeführten Suchaktionen nach der seit einigen Wochen verschwundenen Ehefrau des Pächters Ulbrich und des dreieinhalbjährigen Sohnes Emanuel, wurden gestern in verstärktem Maße fortgesetzt. Bei dieser Aktion wurden gegen 14 Uhr durch die Mordkommission der Kriminalabteilung Trier unter Leitung von Kriminalrat Lölgen und der hiesigen Polizei die beiden Leichen der Ehefrau und des Sohnes etwa 35 Meter hinter dem Schützenhaus aufgefunden. Die Leichen lagen etwa 35 cm unter einem Bretterstapel vergraben. Die Ermordeten wiesen beide schwere Gesichtsverletzungen auf, woraus zu schließen ist, daß sie vermutlich erschlagen wurden. Der kleine Sohn hatte außerdem eine fingerdicke Schnur um den Hals, mit welcher er anscheinend erdrosselt wurde. Ein Verbrechen liegt auf jeden Fall vor. Ueber die Täterschaft kann noch nichts gesagt werden; es steht jedenfalls noch nicht fest, ob der Selbstmörder Lippert der Mörder ist. Ob die Ehefrau Ulbrich und ihr Sohn mit einem Hammer erschlagen wurden, der in der Nähe gefunden wurde, ist auch noch nicht geklärt. Genauere Ergebnisse wird erst die Obduktion der beiden Leichen ergeben.*
>
> *Die Ermordete wurde angekleidet aufgefunden und hatte ihren Pelzmantel an, während der kleine Sohn nur mit einer Hose und einem Hemd bekleidet war.*

Abb. 132: Das Schützenhaus um 1955 (RK)

14.4 Vernehmung des Pächters Ulbrich

Am Tag nach der Auffindung der beiden Leichen wurde am 21. Januar der Ehemann und Vater der beiden Ermordeten verhört. Die „Bernkasteler Zeitung" vom 22. Januar berichtete unter dem Titel „Motiv der Mordtat noch ungeklärt":

Die Vernehmungen im Mordfall Ulbrich wurden gestern weiter fortgesetzt, nachdem der Ehemann durch die Kriminalpolizei von Bad Königstein zum Verhör nach hier gebracht wurde.

Trotz aller Bemühungen gelang es der Kriminalpolizei nicht, etwas über das Motiv der Tat zu erfahren. Auch Ulbrich selbst konnte hierüber keine Aussagen machen. Verschiedene Zeugen wurden im Laufe des Tages vernommen. Eine Frau sagte aus, daß sie in der Nacht vom 11. zum 12. Dezember Schreie einer Frau und eines Kindes vernommen habe. Inwieweit diese Schreie mit der Mordsache in Verbindung stehen, konnte noch nicht festgestellt werden. Um die gleiche Zeit, etwa 14 Tage vor Weihnachten, wurde Frau Ulbrich von einer Blumenfrau in Trier gesehen, bei welcher sie Blumen kaufte. Auch ein weiterer Zeuge bekundete, daß er Frau Ulbrich am 14. Dezember noch gesehen habe. Nach den Ermittlungen der Kriminalpolizei befand sich der Ehemann der Ermordeten zu dieser Zeit in Bad Königstein.

Wie wir weiter erfahren, wurde die furchtbare Tat nicht im Hause ausgeführt, da sich keinerlei Blutspuren fanden. Auch Schleifspuren bis zur Leichenfundstelle wurden nicht ermittelt. Außer dem Hammer wurde auch noch ein Beil gefunden, welches in dem Raume lag, wo Lippert Selbstmord beging. Beide Gegenstände waren gesäubert und wiesen keine Blutspuren auf. Die Stiefel der Ehefrau Ulbrich und die Schuhe des Sohnes Emanuel werden noch vermißt.

Der Pächter Ulbrich wurde in den späten Abendstunden des gestrigen Tages noch dem Untersuchungsrichter vorgeführt.

14.5 Bericht im Trierischen Volksfreund

Ebenfalls am 22. Januar 1954 berichtete die Zeitung „Trierischer Volksfreund" auf einer ganzen Seite unter dem Titel „Der Doppelmord in Bernkastel" über das Kapitalverbrechen.

Der vollständige Bericht lautet:

Die Kriminalpolizei stellte nunmehr fest, daß es sich bei der Bluttat von Bernkastel einwandfrei um einen Doppelmord handelt. Die Ermittlungen des Gerichtsarztes deckten die ganze Grausamkeit des Verbrechens auf, dessen Täter bis gestern abend noch nicht feststand. Verdachtsmomente bestehen in starkem Maße gegen den Angestellten des Pächters, Lippert, der Selbstmord verübt hat. Nach einer Version rekonstruiert man, daß er der alleinige Mörder ist und daß er keinen anderen Ausweg mehr wußte als den Tod, nachdem er erfahren hatte, daß die Polizei ihn verfolgte. Seine Verhaftung sollte jedoch wegen anderer Straftaten erfolgen, die mit dem

Mord nicht in unmittelbarem Zusammenhang stehen. Die Ermordete weilte längere Zeit in Königstein im Taunus in der Nähe ihres Mannes, der dort Kellner war. Das Mobiliar der Familie befand sich in Bernkastel. Pachtlokal und Mobiliar sollte der Kellner Lippert während der stillen Wintermonate bewachen. Er hatte seinen Freund Ulbrich wiederholt vor und nach der Bluttat in Bernkastel getroffen. Beide zusammen wurden mehrmals betrunken in der Stadt gesehen. Zur Vernehmung wurde der Mann der Ermordeten mit der Polizei von Königstein nach Bernkastel gebracht und gestern eingehend über Lebenslauf, Familienleben und seinem Verhältnis zu Lippert vernommen. Völlig unklar ist das Motiv der Tat.

Die Kunde von dem Auffinden der beiden Leichen der ermordeten Pächterin des Schützenhauses in Bernkastel, Frau Barbara Ulbrich, und ihres dreijährigen Sohnes Manuel verbreitete sich am Dienstagnachmittag wie ein Lauffeuer durch die ganze Stadt und die Umgebung. Der Fundort war durch Beamte der Polizei entdeckt worden. Das Geheimnis um das Schicksal der seit Anfang Dezember vermißten Personen war auf schreckliche Weise enthüllt worden.

Frauen und Männer standen in großen und kleinen Gruppen in den Straßen, erschüttert über das grausame Geschehen, welches das einsame Haus auf der Höhe der Stadt zum Tatort eines der schwersten Kapitalverbrechen der Nachkriegszeit gemacht hat.

Wer war der Mörder?

War es der 41jährige Kellner des Schützenhauses, Lippert, den das Wissen um den Doppelmord zum Selbstmord trieb? Wenige Stunden nach dem grauenhaften Fund wurde der Gatte der Ermordeten und Vater des kleinen Jungen Manuel, Walter Ulbrich, aus Gründen der Vorsicherung in Königstein vorläufig festgenommen. Das besagt nicht, daß er als Täter angesehen wird, doch rechtfertigen die bisherigen Ermittlungen der Mordkommission Trier die in unermüdlicher Kleinarbeit auch den geringsten Fingerzeig registrierte, diesen Schritt. Die Untersuchungen der nächsten Tage werden vielleicht zu einer Klärung führen.

Die Ermittlungen werden sehr schwierig sein, denn derjenige, auf dem der Verdacht der Hauptschuld liegt, hat seinem Leben selbst ein Ende gesetzt. Diese Tatsache des Selbstmordes wurde, wie die Mordkommission mitteilt, einwandfrei geklärt. Die Leiche Lipperts wurde am Dienstag zur Beerdigung freigegeben.

Wer sind diese beiden Männer Ulbrich und Lippert?

Sie werden mit dem Doppelmord in enge Verbindung gebracht werden. In Bernkastel-Kues sind sie wenig bekannt. Die Bevölkerung der Stadt hatte wenig oder gar keine Verbindung zu ihnen. Ulbrich hatte das Schützenhaus, ein Lokal auf der Höhe von Bernkastel unterhalb der Burg, gepachtet. Er war ebenso wie sein Kellner Lippert von auswärts zugezogen. Im Leben der Stadt traten beide nicht in Erscheinung. Das Schützenhaus, das Ulbrich im letzten Sommer gepachtet hatte wies im Verhältnis zu den Lokalen im Stadtgebiet einen unbedeutsamen Besuch auf. Schon durch seine Lage auf dem Berg bedingt, hatte die Bernkastel-Kueser Bevölkerung fast keine Berührung mit den Bewohnern des Hauses. So ist es auch nicht verwunderlich, daß der Doppelmord vier Wochen lang verborgen blieb. Und es wäre wohl noch eine geraume Zeit ins Land gezogen, hätten nicht Ulbrich und Lippert selbst den ersten Schritt zur Aufdeckung der Tat getan: Ulbrich durch seine Vermißtenmeldung Mitte Dezember und Lippert durch seinen plötzlichen Selbstmord, der erstmalig ein grausames Verbrechen vermuten ließ und dem einige Diebstähle des Selbstmörders vorausgingen, durch die er die Aufmerksamkeit auf sich gelenkt hatte.

Warum starb Kellner Lippert?

Auch die Beantwortung dieser Frage stützt sich vorläufig nur auf Vermutungen. Gewiß tat er es nicht wegen der von ihm begangenen Diebstähle. Vielleicht wäre er der einzige gewesen, der auf die Frage nach dem Täter eine konkrete Antwort hätte geben können. Die Untersuchungen der Leichen haben ergeben, daß der Mord mindestens vier Wochen zurückliegt. Noch Anfang Januar war Lippert zusammen mit Pächter Ulbrich in verschiedenen Lokalen der Stadt stark betrunken aufgetaucht. Wußte oder ahnte Ulbrich wirklich nichts über das Schicksal seine Familie? Die Sorglosigkeit, mit der er die Wochen seit dem Verschwinden seiner Frau und seines Kindes verbrachte, ist nahezu unbegreiflich. In dem geheimnisvollen Dunkel um die Täterschaft wird auch das Motiv zu diesem Doppelmord eine große Rolle spielen. Die Ermittlungen der Kriminalpolizei in Verbindung mit der Stadtpolizei von Bernkastel gehen inzwischen mit unverminderter Intensivität(sic!) weiter.

In der Leichenhalle aufgebahrt

Die Leichen der ermordeten Frau und ihres Sohnes sind in der Leichenhalle des Moselkrankenhauses in Kues aufgebahrt. Sie sind furchtbar verstümmelt, da sie durch wuchtige Schläge auf den Kopf erschlagen wurden. Der Schlägel mit langem Stiel wurde unweit der Stelle aufgefunden, wo man die Leichen ausgegraben hat.

Die Vernehmung des Ehemannes Ulbrich

Walter Ulbrich, der Ehemann der ermordeten Frau, wurde, wie bekannt, freigelassen, nachdem er mit den Mitgliedern des Schützenvereins die Leiche des erhängten Lippert am Freitag im Felsenkeller des Schützenhauses aufgefunden hatte. Er war verhört worden. Da sich keine Belastungsmomente ergaben, die gegen ihn sprachen, wurde er nach dem Verhör noch am gleichen Tage wieder freigelassen. Inzwischen wurden dann die Leichen gefunden und Ulbrich in der Nacht zum Dienstag mit einem Wagen der Trierer Kriminalpolizei in Bad Königstein abgeholt und nach Bernkastel gebracht. Er wurde in den Morgenstunden den Leichen seiner Frau und seines Sohnes gegenübergestellt. Dann wurde er zum weiteren Verhör in das Rathaus gebracht. Das Verhör dauerte den ganzen Nachmittag des Mittwoch an. Eine Verlautbarung über das Ergebnis wurde bisher nicht bekanntgegeben. Ulbrich macht einen gebrochenen Eindruck.

Personalien von Ulbrich und Lippert

Ulbrich übernahm im Frühjahr 1953 als Pächter das Schützenhaus. Gastwirte in Bernkastel betonen, daß das Schützenhaus kaum eine Existenz für eine Familie bieten könne. Es handelt sich um das Vereinshaus der Schützengesellschaft von

Bernkastel, die nahebei ihren Schießstand besitzt. Das Schützenhaus verfügt über Restaurationsbetrieb, wird aber kaum von Einheimischen oder Fremden besucht. Ulbrich stammt aus Berlin, Lippert aus Delitzsch in Sachsen. Es heißt, daß Ulbrich den Kellner Lippert mit nach Bernkastel gebracht haben soll. Beide waren wohl längere Zeit miteinander bekannt oder befreundet. Wie aus Gesprächen mit Leuten

Abb. 133: Walter Ulbrich mit seinem damals einjährigen Sohn (TV)

aus Bernkastel hervorgeht, hat zwischen den Eheleuten Ulbrich kein gutes Verhältnis bestanden. Wiederholt sollen Lippert und Ulbrich betrunken gewesen sein. Noch in den Mittagsstunden des Heiligen Abend standen sie so sehr unter Alkoholeinfluß, daß sie beinahe nur „auf allen Vieren" den Fußweg zum Schützenhof, der in halber Höhe des Berges liegt, hinaufgehen konnten.

Die Reaktion der Bevölkerung an der Mosel

Seit Menschengedenken hat sich ein solches Verbrechen in Bernkastel und Umgebung nicht ereignet. Die Bevölkerung ist bestürzt. Kommt man mit den Einwohnern ins Gespräch, so spürt man aus jedem Wort die Aufregung über diese grausige Untat. Die erste Reaktion war ein Gemütsaufruhr, die zweite Abscheu, zu der sich eine gewisse Aengstlichkeit gesellte. Von vielen Einwohnern wird bestätigt daß die Straßen, Gassen, Gasthäuser und Schenken von Bernkastel am Abend, nachdem die Leichen aufgefunden worden waren, menschenleer waren. Verlassen lagen die Straßen. Die Einwohner blieben, erschüttert durch diesen Doppelmord, in ihren Häusern. In den Mittagsstunden des Dienstag verfolgten noch viele hundert Menschen von der Moselbrücke und den Uferstraßen aus die Suchaktion der Trierer Mordkommission, die gemeinsam mit der örtlichen Polizei unter dem Kommando von Kommissar Blum stand. Das Schützenhaus bietet in den Nebelschwaden und Regenschleiern, die durch Bernkastel wallen und an den Rebhängen hängenbleiben, einen trostlosen Eindruck.

Ebenfalls auf dem eine Seite langen Artikel des „Trierischen Volksfreundes" vom 22. Januar 1954 ist der Obduktionsbericht der drei Toten abgedruckt.
Unter der Überschrift „**Die Feststellung der Todesursachen**" heißt es:

Medizinalrat Dr. Faas untersuchte die Leichen. Er stellte fest, daß die Frau durch einen Axthieb mit der Schärfe gegen die rechte Kopfseite und einen Schlag mit der umgedrehten Axt tödlich getroffen worden war. Außerdem hatte der Mörder der Frau durch einen Fausthieb das linke Auge eingeschlagen. Die Schwellungen an der rechten Hand der Ermordeten lassen nach Ansicht des Arztes darauf schließen, daß die Frau mit der Hand Abwehrbewegungen gegen den Täter machte und dabei von diesem getroffen wurde.

Der kleine Manuel war mit einem Teil des Strickes, den Lippert benutzte, als er sich selbst aufhing, erdrosselt worden. Dieser Mord war nicht minder grausam ausgeführt worden als der an Frau Ulbrich. Nach Ansicht des Arztes war das Kind sofort tot. Die Frau hatte Gehirnblutung und Schädelbruch erlitten. Der Zustand der Leichen war trotz der über fünf Wochen, die seit Verübung der Tat zurückliegen, noch verhältnismäßig gut. Das war darauf zurückzuführen, daß die Leichen nicht tief vergraben waren und daß das Erdreich über ihnen so locker war, daß die Leichen Luftzufuhr hatten. Die Leiche Lipperts zeigte die Stranguliermerkmale seiner Todesursache.

Beerdigt und wieder ausgegraben

Nachdem die Leiche Lipperts bestattet worden war, wurde sie gestern wieder zu einem bestimmten Zweck ausgegraben. Man untersuchte die Kleidungsstücke genau nach Blutflecken und setzte den Toten wieder bei.

Verdächtige Aeußerungen der Frau

Wie man uns berichtet, hatte Frau Ulbrich noch in den letzten Wochen vor ihrem

Tode einer Frau von Bernkastel gegenüber Aeußerungen gemacht, die in dem Verfahren vielleicht noch eine Rolle spielen. Die Aeußerungen betrafen ihren Mann, von dem sie Bedenkliches wisse. Die Polizei prüft natürlich alle Angaben dieser und ähnlicher Art genau nach.

Abb. 134: Blick von der Terrasse des Schützenhauses 1953 (RK)

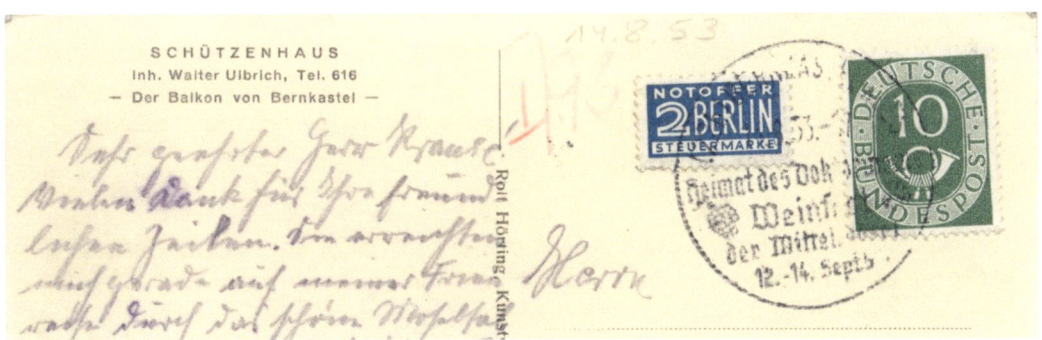

Abb. 135: Rückseite der Ansichtskarte von 1953 – Inhaber Walter Ulbrich (RK)

Zum Schluss enthält der Artikel noch Informationen über verschiedene Zeugenaussagen. Unter der Überschrift „**Zeugen melden sich: 'Nächtliche Schreie von Mutter und Kind'**" heißt es:

Das Verhör mit Ulbrich wurde gestern abend um 20 Uhr abgebrochen. Er wurde dem Untersuchungsrichter vorgeführt. Nach dem Ergebnis der bisherigen Ermittlungen steht fest, daß Ulbrich in der Nacht vom 11. zum 12. Dezember in Bad Königstein weilte. Dies wird bedeutsam, weil zwei Zeuginnen, die gestern abend ebenfalls vernommen wurden, in dieser Nacht gegen 23 Uhr Schreie von Mutter und Kind gehört haben wollen. Die Zeuginnen befanden sich etwa 200 Meter Luftlinie unterhalb des Schützenhauses im Garten ihrer Wohnungen. Zeugen, die in den Morgenstunden des Donnerstag vernommen wurden, gaben an, daß sie Frau Ulbrich noch am 14., am 15. und 17. Dezember gesehen und mit ihr gesprochen haben. Kriminalinspektor Mattern, der in der Nacht auf Donnerstag in Königstein weilte und hier Ermittlungen führte, hat festgestellt, daß Ulbrich erst am 12. Dezember nach Bernkastel fuhr. Weiterhin stellte er klar, daß in den Abrechnungen von Ulbrichs Kellnertätigkeit Lücken um den 22. und 24. Dezember und den 15. Januar liegen. Dieser letzte Tag ist der Tag, an dem er nachgewiesenermaßen nach Bernkastel reiste.

Die seltsamen Kleiderfunde

Verständlich ist, daß Stadt- und Polizeibehörden, wie auch die Mordkommission ungewöhnliche Zurückhaltung in der Beurteilung des Falles zeigen. Die Verhöre dauern an. Der ermordete Junge war, wie noch bekannt wird, nur mit Hemd und Hose bekleidet, während die Frau voll angezogen war und einen Pelzmantel trug, als man sie ausgrub. Nahe der Fundstelle der Toten fand man eine fast neue Handtasche und Wäschestücke, die jedoch so frei von Witterungseinflüssen waren, daß man annehmen muß, Lippert hat die Sachen erst kurz vor seinem gewaltsamen Ende dorthin gelegt. Er hatte sich vor seinem Tode in dem Schützenhof verbarrikadiert und sogar zwei Gefäße voll Wasser hinter die Türe gestellt, damit sie nicht so leicht geöffnet werden konnte. Die Tür hatte Lippert von innen mit dem Schlüssel abgesperrt.

Die Arbeit der Mordkommission am Tatort

Die Untersuchungen der Mordkommission werden mit aller Energie und Sorgfalt weitergeführt. Kriminalinspektor Mattern und Kriminalsekretär Zotz leiten die Untersuchungen an Ort und Stelle. Sie werden unterstützt von der örtlichen Polizei. Der mysteriöse Mord ist bis zur Stunde noch nicht aufgeklärt. Ob alle Hintergründe, die in die Tat hineinspielen, jemals offengelegt werden können, ist noch sehr die Frage.

Das Kriminaltechnische Institut

Die mutmaßlichen Mordwerkzeuge, ein Beil und ein Hammer, wiesen keinerlei Blutspuren auf. Man nimmt an, daß der Mörder sie sorgfältig abgewaschen hat. Die beiden Mordwerkzeuge und die Hose des am Donnerstag exhumierten und dann am gleichen Tage wieder begrabenen Selbstmörders Lippert werden zur Untersuchung in das Kriminaltechnische Institut in Wiesbaden geschickt. Wie weiter mitgeteilt wird, fehlen noch die Schuhe des Jungen und der Barbara Ulbrich.

Das Schützenhaus

Das Schützenhaus lehnt sich an den Felshang unter der Burg an. Die Fenstervorhänge sind nicht zugezogen. Durch die Scheiben sieht man auf weißgedeckte Tische. Jeden Augenblick, so glaubt man, können Gäste kommen und sich hier niederlassen. Doch welche Schreckensszenen mögen sich in diesem nun stillen Hause abgespielt haben.

Wo und in welchem Zimmer mag der Mörder die unglückliche Frau Ulbrich und den unschuldigen Jungen ermordet haben? Noch stehen die untersuchenden Beamten vor einem Rätsel, noch ist die Mordstunde in Dunkel gehüllt. Der Weg zu der Stelle, wo Frau und Sohn verscharrt wurden, führt durch das Haus. Es ist verriegelt. Ueber eine Felsklippe gibt es einen zweiten Pfad und nicht ohne Erschütterung blickt man von dem Felsvorsprung auf das „Grab" in dem Schieferboden, in welchem die verstümmelten Leichen aufgefunden wurden. Die Felswand macht hier einen Dreiecksknick. Der Pfad erweitert sich zu einem kleinen Plateau. Der Verstand versagt vor der Tatsache, daß der Mörder hier seine Opfer kaltblütig erschlug und verscharrte. Es ist ein lieblicher Ort inmitten von Rebstöcken, doch welch blutige Untat ist nun für immer damit verknüpft. Das flache Grab liegt frei; ringsum lagern Bretterstapel.

Abb. 136: Hinteransicht des Schützenhauses mit dem verschlossenen Schießstand (TV)

14.6 Abschluss der Mordsache Ulbrich

Die „Bernkasteler Zeitung" vom 25. Januar 1954 berichtet unter dem Titel „**Mordsache Ulbrich abgeschlossen.** Täter Lippert entzog sich durch Selbstmord dem Gericht. Ehemann Ulbrich nicht belastet — Welches Motiv führte zum Doppelmord?" wie folgt:

Die Mordkommission der Landeskriminalabteilung Trier hat die Ermittlungen in der Mordsache auf dem Schützenhaus in Bernkastel zum Abschluß gebracht. Zur Zeit werden noch einige Ermittlungen geführt, die jedoch an dem Endergebnis nichts mehr zu ändern vermögen.

Das in einer langen Arbeit zusammengetragene Beweismaterial, sowie eine strenge und kritische Auswertung der Zeugenaussagen berechtigen zu der Schlußfolgerung, daß der am 25.8.1913 geborene Kellner Hans Wilhelm Lippert der Mörder der Ehefrau Ulbrich und ihres 3 ½jährigen Sohnes Emmanual ist. Lippert hat sich durch einwandfreien Selbstmord der Verantwortung entzogen.

Die Tat läßt sich etwa folgendermaßen rekonstruieren: Nach vorübergehender Anwesenheit in Königstein (Taunus), kehrte Frau Ulbrich am 5.12.1953 mit dem Touring-Omnibus nach Bernkastel — ihrem ständigen Wohnsitz — zurück. Ihrem Ehemann gegenüber hatte sie die Absicht geäußert, im Schützenhaus mal wieder nach dem Rechten sehen zu wollen. Ihre Anwesenheit in Bernkastel wurde von verschiedenen Zeugen bestätigt. Auch wurden Frau Ulbrich und Lippert gemeinsam in der Stadt gesehen. Die letzte derartige, positive Beobachtung wurde am 11.12.1953 gemacht. Von diesem Zeitpunkt an wurden Frau Ulbrich und ihr Kind nicht mehr gesehen.

Einwandfreie Zeugen haben bekundet, daß sie in der Nacht vom 11. zum 12. Dezember 1953, gegen 23:30 Uhr, eine laut schreiende Frauen- und Kinderstimme gehört haben. Der Oertlichkeit nach war eine derartige Wahrnehmung durchaus möglich.

Das kann als Bestätigung dienen für die ursprüngliche Annahme der Kriminalpolizei, daß die Tat nicht im Raum des Schützenhauses, sondern in unmittelbarer Nähe des Felsenkellers, der letzten Behausung des Lippert, verübt wurde.

An der Stelle sind auch blutbespritzte Schieferstücke und Stoffreste gefunden und sichergestellt worden, während in den gesamten Innenräumen des Schützenhauses keinerlei Blutspuren nachweisbar waren. Von dieser Stelle aus dürfte Lippert die beiden Leichen zu dem etwa 35 Meter entfernt gelegenen und am 20.1.1954 von der Mordkommission der Kriminalpolizei Trier ausfindig gemachten Fundort geschleppt und verscharrt haben.

Feststellungen des Gerichtsarztes

Die Art der Verletzungen lassen den Schluß zu, daß Frau Ulbrich mit einem inzwischen sichergestellten Beil zwei wuchtige Schläge auf das Schädeldach und den Hinterkopf erhielt. Die Schläge waren so wuchtig geführt, daß nach dem ersten Schlag Bewußtlosigkeit eingetreten sein muß und der zweite Hieb dann den Tod von Frau Ulbrich herbeigeführt haben dürfte. Der auf das Schädeldach geführte Schlag rührt von der Schneidefläche des Beiles her, die Verletzung auf dem Hinterkopf ist mit dem stumpfen Teil des Beiles beigebracht worden.

Der Tod des Kindes ist eingetreten durch Erdrosselung mit einem Strick, den der Täter von der Kinderschaukel abgeschnitten hatte. Andere Anzeichen einer Gewaltanwendung waren nicht nachweisbar.

Was hatte der Täter für ein Motiv?

Eine endgültige Klärung des Tatmotivs dürfte nicht mehr möglich sein. Es ist bekannt, daß Lippert des öfteren betrunken war und in diesem Zustand sehr bes-

tialisch werden konnte.

Nach der Untersuchung des Arztes scheidet ein sexuelles Motiv aus. Es bestehen Gründe zu der Annahme, daß Frau Ulbrich Lippert Vorhaltungen über die von ihm getriebene Mißwirtschaft und die teilweise Verschleuderung der vorhandenen Warenbestände gemacht hat und es dadurch zu heftigen Auseinandersetzungen gekommen ist, in deren Verlauf der als jähzornig bekannte Lippert die Tat verübte. Wahrscheinlich hat er zunächst die Ehefrau ermordet und dann das Kind als Mitwisser beseitigt.

Die am 15.1.1954 in der Nähe des Leichenverstecks gefundene Beuteltasche sowie Handschuhe und andere Kleinigkeiten der Ermordeten, können ihrem Aussehen nach, höchstens einen Tag dort gelegen haben. Diese Tatsache läßt sich so deuten, daß Lippert die Sachen zunächst versteckt hatte und sie dann kurz vor seinem Selbstmord ins Freie brachte, um bei Entdeckung der Mordtat, mit der er rechnen mußte, den Verdacht von sich zu lenken und so eine falsche Spur zu legen.

Im Ermittlungsverlauf bestand Veranlassung, den Ehemann der Ermordeten in den Kreis der Verdächtigen mit einzubeziehen. Er wurde auch im Verlaufe der Erhebungen wegen Verdachts der Mittäterschaft und Anstiftung festgenommen. Er mußte jedoch wieder entlassen werden, weil ihm eine Beteiligung an der Tat in irgend einer Form nicht nachgewiesen werden konnte, Für ihn sprach, daß er tatsächlich das Möglichste getan hat, um den Aufenthaltsort der zunächst Vermißten ausfindig zu machen. Ferner steht fest, daß er bis zum 12. Dezember 1953 noch auf seinem Arbeitsplatz in Königstein (Taunus) war und im Laufe des 15.12. nach einer telefonischen Anfrage bei der Gendarmerie Bernkastel zum Schützenhaus gekommen ist.

15 Register

Auf den folgenden Seiten werden verschiedene Register zur schnelleren Auffindung von Informationen innerhalb dieses Buches zur Verfügung gestellt.

Im *Personenregister* sind alle in diesem Buch genannten Personen in alphabetischer Reihenfolge in der Form „Nachname, Vorname, {Namenszusatz, Beruf(e), Heirat(en),} Seitenzahl(en)" aufgelistet. Personen von denen nur der Vorname bekannt ist, finden sich entweder bei ihrem Ehepartner — falls dieser mit vollem Namen bekannt ist — oder am Ende des Registers.

Im *Ortsregister* wird der Ort Bernkastel nicht aufgelistet, da dieser im Buch so häufig vorkommt, daß die Angabe der Seitennummern keinen Mehrwert bei einer Suche bringen würde.

Personen

Berufe, Ämter, Funktionen, Institutionen und Orden

Orte, Regionen und Länder

Gebäude, Bauwerke, Höfe und Mühlen

Straßen, Plätze und Stadttore

Flurnamen

Verbrechen, Vergehen und Todesursachen

Literaturverzeichnis

[Ber44]   *Der Bergwerksfreund, ein Zeitblatt, für Berg- und Hüttenleute, für Gewerke, sowie für alle Freunde und Beförderer des Bergbaues und der demselben verwandten Gewerke.* Siebenter Band, Verlag von Wilhelm Hermes, Berlin, 1844

[BJ15a]   BANGOR-JONES, Malcolm: *Mysterious German and precious gold of Kildonan.* http://www.helmsdale.org/gold-rush.php, 2015

[BJ15b]   BANGOR-JONES, Malcolm: *Prospector had cash — but only for whisky.* http://www.helmsdale.org/gold-rush.php, 2015

[BKS39]   *Einwohnerverzeichnis der Stadt Bernkastel-Kues.* Stadt Bernkastel-Kues, 1939

[Bra06]   BRAUN, Jörg M.: *Ortsfamilienbuch Monzelfeld 1600 bis 1900.* Westdeutsche Gesellschaft für Familienkunde, Band 226, Köln, 2006

[Bra09]   BRAUN, Jörg M.: Kindersterblichkeit und Lebenserwartung im 18. und 19. Jahrhundert — ein Vergleich der Ortschaften Monzelfeld, Gonzerath, Longkamp und Kommen im Hunsrück mit Ürzig, Kinheim, Kröv und Osann-Monzel an der Mosel. In: *Kreisjahrbuch Bernkastel-Wittlich, Wittlich* (2009), S. 262–270

[Bra13]   BRAUN, Jörg M.: Ein Kelch des Bernkasteler Ratssilbers von 1661. In: *Mitteilungen der Westdeutschen Gesellschaft für Familienkunde, Köln* (2013), S. 45–49

[Bra17]   BRAUN, Karl: *Bilder aus der deutschen Kleinstaaterei, Erster Band.* IP Verone Publishin House Ltd., Nikosia, Zypern, 2017

[Bra19]   BRAUN, Jörg M.: *Johann Meisterburg — der Brandstifter von Bernkastel.* Westdeutsche Gesellschaft für Familienkunde, Band 341, Köln, 2019

[Bra20a] BRAUN, Jörg M.: Begann Johann Meisterburg seine Laufbahn als Brandstifter bereits als Zwölfjähriger? In: *Familienkundliche Blätter der Bezirksgruppe Trier der WGfF, Heft 42, Trier* (2020), S. 8–10

[Bra20b] BRAUN, Jörg M.: Über den Tod der fünfjährigen Anna Conrad aus Bernkastel. In: *Familienkundliche Blätter der Bezirksgruppe Trier der WGfF, Heft 42, Trier* (2020), S. 5–7

[Bra20c] BRAUN, Jörg M.: Über den Tod des Juden Lazar Ackermann. In: *Familienkundliche Blätter der Bezirksgruppe Trier der WGfF, Heft 42, Trier* (2020), S. 3–4

[Bra21]   BRAUN, Jörg M.: *Die Einwohner der Stadt Bernkastel von 1500 bis 1900.* Westdeutsche Gesellschaft für Familienkunde, Band 352, Köln, 2021

[Bra22]   BRAUN, Jörg M.: Leben, Flucht und Tod des Johann Hirschling. In: *9. Jahrbuch* der Westdeutschen Gesellschaft für Familienkunde, Köln (2022), S. 11–23

[Bra23] BRAUN, Jörg M.: *Fixfeuer — Flammen über Bernkastel*. Books on Demand, Norderstedt, 2023

[Bra25] BRAUN, Jörg M.: *Häuserbuch der Stadt Bernkastel — anhand des Urhandrisses von 1830 bis heute*. Manuskript, 2025

[Cal11] CALLENDER, Ronald M.: The Dunker Dossier. In: *British Mining – Memoirs 2011* No. 92 (2011), S. 136–159

[Cas]   CASPARI, Helmut: Die   Geschichte   der   Mittelmosel-Zeitung.   In: *http://www.genealogie-caspar.eu/*

[Cen88] *Central-Blatt für das Deutsche Reich*. Reichsamt des Innern, 1888

[Chr18] CHRISTIAN, Justen: *Heinrich Rodewald — Schriften zur Geschichte Irmenachs*. Books on Demand, 2018

[Cra10] CRAMM, Tilo: *Der Bergbau zwischen Dortmund-Syburg und Schwerte*. Förderverein Bergbauhistorischer Stätten Ruhrrevier e.V., 2010

[Fis82] FISCHER, Dr. F.: *Rudolf von Wagner's Jahres Bericht über die Leistungen der Chemischen Technologie mit besonderer Berücksichtigung der Gewerbestatistik für das Jahr 1881*. Verlag von Otto Wigand, Leipzig, 1882

[Hey02] HEYEN, Franz-Josef: *Das Stift St. Simeon in Trier*. Germania Sacra, NF 41, Das Erzbistum Trier, Bd. 9, Walter de Gruyter, 2002

[HG07]   HENSEL-GROBE, Meike: *Das St.-Nikolaus-Hospital zu Kues — Studien zur Stiftung des Cusanus und seiner Familie (15.–17. Jahrhundert)*. Franz Steiner Verlag, Stuttgart, 2007

[Hol59] HOLLEBEN, Ernst Albert Ludwig v.: Zwei Fälle von Brandstiftungen. In: *Archiv für Preußisches Strafrecht, Berlin* 7 (1859), S. 185–206

[Hur55] HURTER, Friedrich Emanuel v.: *Zur Geschichte Wallensteins*. Hurter'sche Buchhandlung, Schaffhausen, 1855

[Kei17] KEIL, Leonard: *Das Promotionsbuch der Trierer Artistenfakultät 1473 – 1603*. Fr. Lintzsche Buchhandlung, Trier, 1917

[Kra83] KRAUSE, Dr. G.: *Chemiker-Zeitung. Central-Organ für Chemiker, Techniker, Fabrikanten, Apotheker, Ingenieure*. Verlag der Chemiker-Zeitung, Coethen, 1883

[Krä59] KRÄMER, Wolfgang: *Kurtrierische Hexenprozesse im 16. und 17. Jahrhundert — vornehmlich an der unteren Mosel*. Franz Scharl, München, 1959

[Kru15] KRUDEWIG, Johannes: *Übersicht über den Inhalt der kleineren Archive der Rheinprovinz – Vierted Band*. Hermann Behrendt, Bonn, 1915

[Mar59] MARX, Jakob: *Geschichte des Erzstifts Trier*. Fr. Lintz'sche Buchhandlung, Trier, 1859

[Möl06] MÖLLER, Hans-Jürgen: *Therapie psychischer Erkrankungen. Teil II – Behandlung spezieller Erkrankungen*. Georg Thieme Verlag KG, Stuttgart, 2006

[Mü92] MÜNSTER, Otto: *Familienbuch 1 Graach 1654–1864*. Selbstverlag, Bullay, 1992

[OS01] OEHMS, Karl G. ; SCHMITT, Thomas J.: *Die katholische Pfarrei Sankt Martin in Kinheim-Kindel an der Mosel (1671) 1803-1899*. Westdeutsche Gesellschaft für Familienkunde, Köln, 2001

[Pri42] PRINCE, Alexander: *The Record of patent inventions, being a monthly abstract of all specifications of patents of Inventions; to which is added, a list of new patents granted and law reports of patent cases.* 1842

[SB24a] SCHMITT, Franz ; BRAUN, Jörg M.: *Chronik der Stadt Bernkastel.* Stadt Bernkastel-Kues, 2024

[SB24b] SCHMITT, Franz ; BRAUN, Jörg M.: *Chronik der Stadt Bernkastel-Kues.* Stadt Bernkastel-Kues, 2024

[SB24c] SCHMITT, Franz ; BRAUN, Jörg M.: *Chronik des Dorfes Cues.* Stadt Bernkastel-Kues, 2024

[Sch81] SCHMITT, Franz: *Chronik von Cues.* Herausgegeben von der Stadt Bernkastel-Kues, Selbstverlag, 1981

[Sta23] STAHL, Hermann: *Die Revolution von 1848/49 an der Mittelmosel.* Sonderabdruck aus der Bernkasteler Zeitung, 1923

[Stö79] STÖCK, Anton: Vom Bergbau und den Thermalquellen um die alte Stadt Bernkastel. In: *Mittelmosel-Nachrichten* (1979)

[Vog35] VOGTS, Hans: *Die Kunstdenkmäler des Kreises Bernkastel.* Rheinischer Verein für Denkmalpflege, Verlag Schwann, Düsseldorf, 1935

[Wec66] Wechsel. — Indossament. — Cession. — Bergwerksgesellschaft. In: *Archiv für das Civil- und Criminal-Recht der königlich Preußischen Rheinprovinzen, Köln, Druck und Verlag von Peter Schmitz* (1866), S. 68–74